书山有路勤为径,优质资源伴你行
注册世纪波学院会员,享精品图书增值服务

［美］罗伊·波洛克　　安德鲁·杰斐逊　　卡尔霍恩·威克　著
（Roy Pollock）　　（Andrew Jefferson）　（Calhoun Wick）
本书翻译组　译

将培训转化为商业结果实践手册

（钻石版）

学习发展项目6Ds®法则
实施案例、工具、方法

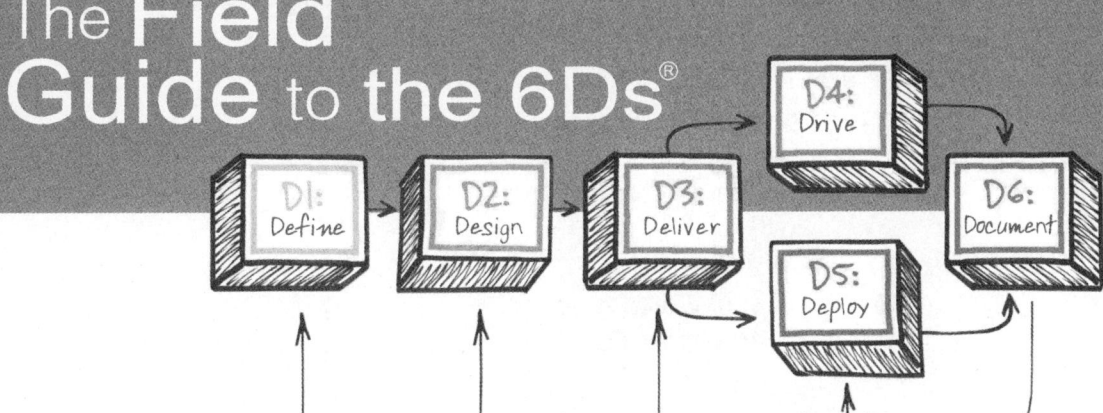

The Field Guide to the 6Ds®

How to Use the Six Disciplines to Transform Learning into Business Results

电子工业出版社
Publishing House of Electronics Industry
北京·BEIJING

The Field Guide to the 6Ds®: How to Use the Six Disciplines to Transform Learning into Business Results by Roy Pollock, Andy Jefferson and Calhoun Wick
ISBN: 9781118648131
Copyright © 2014 by John Wiley & Sons, Inc.
All Rights Reserved. This translation published under license with the original publisher John Wiley & Sons, Inc. Copies of this book sold without a Wiley sticker on the cover are unauthorized and illegal.
Simplified Chinese translation edition copyrights © 2024 by Publishing House of Electronics Industry Co., Ltd.

本书中文简体字版经由 John Wiley & Sons, Inc. 授权电子工业出版社独家出版发行。未经书面许可，不得以任何方式抄袭、复制或节录本书中的任何内容。若此书出售时封面没有 Wiley 的标签，则此书是未经授权且非法的。

版权贸易合同登记号　图字：01-2014-5781

图书在版编目（CIP）数据

将培训转化为商业结果实践手册：学习发展项目 6Ds 法则实施案例、工具、方法：钻石版／（美）罗伊·波洛克（Roy Pollock），（美）安德鲁·杰斐逊（Andrew Jefferson），（美）卡尔霍恩·威克（Calhoun Wick）著；《将培训转化为商业结果实践手册》翻译组译. -- 北京：电子工业出版社，2024.9.
ISBN 978-7-121-48567-1

Ⅰ. F272.921

中国国家版本馆 CIP 数据核字第 2024PV1844 号

责任编辑：杨洪军
印　　刷：北京盛通印刷股份有限公司
装　　订：北京盛通印刷股份有限公司
出版发行：电子工业出版社
　　　　　北京市海淀区万寿路 173 信箱　邮编 100036
开　　本：720×1000　1/16　印张：31　字数：595.2 千字
版　　次：2024 年 9 月第 1 版
印　　次：2024 年 9 月第 1 次印刷
定　　价：128.00 元

凡所购买电子工业出版社图书有缺损问题，请向购买书店调换。若书店售缺，请与本社发行部联系，联系及邮购电话：(010) 88254888，88258888。
质量投诉请发邮件至 zlts@phei.com.cn，盗版侵权举报请发邮件至 dbqq@phei.com.cn。
本书咨询联系方式：(010) 88254199，sjb@phei.com.cn。

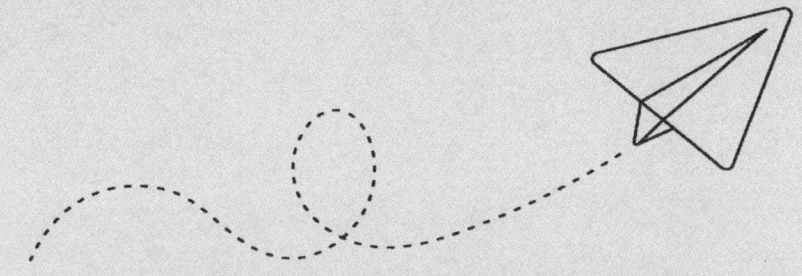

学习项目与版权课程研究院

专家委员会

联席院长： 刘美凤　付豫波　杨智伟

院　　长： 张善勇

副 院 长： 王二乐　唐平　邹海龙

研 究 员（按姓氏音序排列）：
　　　　陈信泉　杜卫刚　董卫民　金晓丹　乔　锐
　　　　李　墨　宋洪波　肖铁岩　杨忠一

专家委员会成员（按姓氏音序排列）：
　　　　崔学良　丁　捷　贾　晶　蒋跃英　祁生胜
　　　　李　勇　李文德　冷　明　马成功　邵庆祥
　　　　徐升华　赵俊辉　赵明辉　赵少宾　邹习文

赞誉

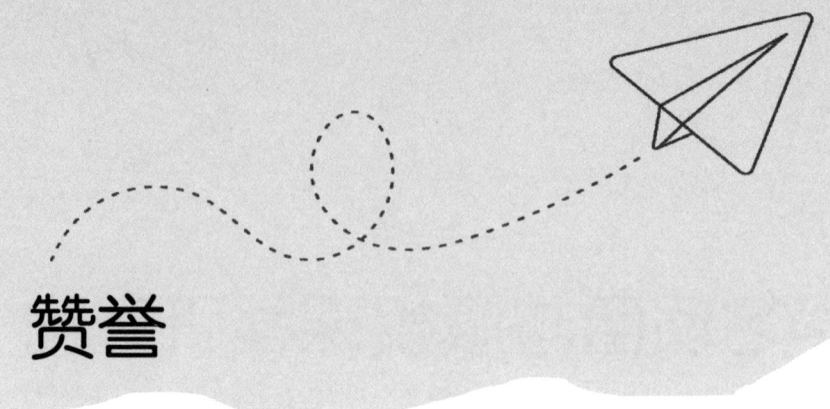

《将培训转化为商业结果实践手册》是我读过最有用的实践手册。它为学员提供了具体的工具、翔实的案例及实践指导。最令人赞叹的是，作者运用贴合实际和以商业为导向的方法，提升了学习和发展的价值。

——周涛博士
中国上海韬钰（TOPLearning）企业管理咨询有限公司首席顾问

对于那些寻找组织学习的价值和证据的人来说，本书就像一个巨大的藏宝箱。书中用真实的案例讲述了 6Ds® 法则在实践中的应用，让读者可以根据自身的情况选择合适的解决方案。无论你从事哪一行，无论你来自哪个国家，都能从中获益。

——金美晶博士
韩国 Credu 学习与表现研究所负责人

本书分享了众多组织的成功经验，以及应用 6Ds® 法则的行动指导。它既是一本全面的实践手册，也是所有期待将培训转化为商业结果的讲师们的资源宝库。

——Jim Kee
新加坡友邦保险公司集团教育与发展副总监

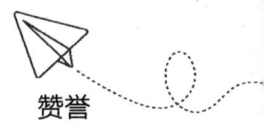

赞誉

通过运用《将培训转化为商业结果实践手册》中的法则,我们可以更好地执行项目,并对学习的实际结果进行评估。这一点体现在我们学到的新技能和态度中,也体现在我们的工作绩效上。

——兰迪·艾珀德

美国木工联合会教育与培训国际事务部执行总监

《将培训转化为商业结果实践手册》是《将培训转化为商业结果》一书的最佳搭档。它介绍了 6Ds® 法则的概念,并提供了快速实践的框架。所有负责教育培训工作的读者都可以利用书中的案例研究和工具,让组织的学习水平更上一层楼。

——梅格·普莱彻

美国美乐特公司国内学习与发展总监

波洛克、杰斐逊和威克为培训和人力发展行业的从业者带来了一份丰富全面的指导。他们着眼于业务收益、学以致用、为学习转化创造环境,以及学习结果评估。6Ds® 法则的最终目标是确保培训为学员、讲师和组织带来最优价值。

——Zairi Chew Long Po

马来西亚保诚国储回教保险有限公司产品与技术职员

《将培训转化为商业结果实践手册》是一本将理论代入实际的经典著作,指导学员将 6Ds® 法则理论与实际应用相结合。这本手册把"怎样做"与"为什么做"联系起来,为致力于变革发展方式的人们提供了答案。我手上的这本书已经贴满了便利贴。每个人都应该认真读读这本书,让自己做得更好。

——克里斯·佩莱格里诺

Genworth 金融公司学习与发展总监

将培训转化为商业结果实践手册

  《将培训转化为商业结果实践手册》将强大的 6Ds® 模型重新整合，形成一套灵活的行动包，让你可以随时随地使用。了解组织现状，观察他人应对变革的方式，设计策略，选择所需工具……这本书涵盖了一切，是所有致力于将培训转化为绩效的管理者和学员的资源宝库。

——克林特·史密斯

澳大利亚 LearnWorks Performance Design Services 总裁

  学习领域的又一个进步。这本手册是《将培训转化为商业结果》的延伸，内容与时俱进，提供了成功实现学习转化的最实用的工具，并以强大的案例研究为支持。

——爱德华·陶德

De Bono Global 资深执行顾问

Survive and Thrive 和 *A Blueprint for Innovation in Challenging Times* 作者

  《将培训转化为商业结果实践手册》是所有讲师必读的一部著作。它有着深入实际的洞察力和全面易读的设计，以实现预期商业结果为目标，从界定商业目标、设计学习体验，到引导学以致用、总结培训效果，为整个学习过程提供了指导。

——Alicia She Tu

马来西亚保诚回教保险办事处培训经理

  如果你从事的是教学设计、组织发展、管理变革、人力资源或人力资本行业，那么一定不要错过这本书。我喜欢这本书直面读者的写作风格。整本著作思路清晰利落，书中随处可见方便易用的解决方案。

——贝弗利·凯

职场系统国际公司创始人

Love'Em or lose'Em:Getting Good People to Stay 和 *Help Them Grow or Watch Them Go:Career Conversations Employees Want* 合著者

赞誉

《将培训转化为商业结果实践手册》提供了大量的实用建议，所有从事培训和发展行业的人都可以从中获益，推动组织的学习转化。书中的工具、案例回顾和行动指南部分尤其有用。

——托尼·宾汉姆

人才发展协会（ATD）主席兼CEO

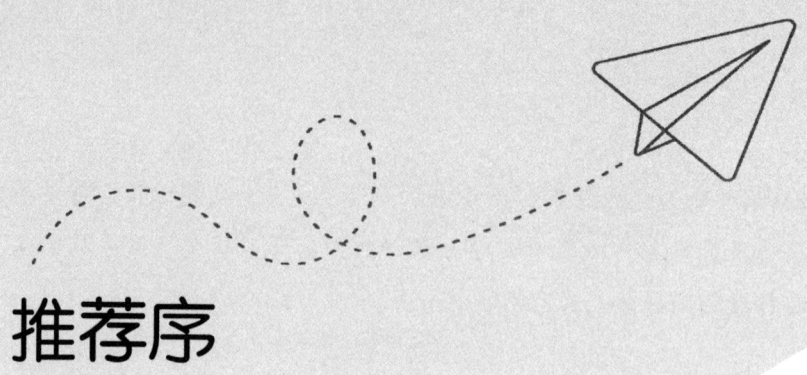

推荐序

见信思行悟——本书使用指南

《将培训转化为商业结果》一书在中国出版已超过十年，最新修订版于2023年底发布。在新版推荐序中，我提及了6Ds®法则在中国的新应用——产教融合。6Ds®法则在产教融合的应用，基于项目实践的深刻认识，即实践出真知。本书是《将培训转化为商业结果》的实践手册，其核心内容基于六个法则，包含43个实践案例、26个工具和25个行动指南，旨在为学习项目设计人员指明方向，提供指导建议。行动中少走弯路的关键在于观察他人做法，借鉴可取之处，这是案例学习的核心。每次开设工作坊前，我建议学员先阅读本书，因为对新接触6Ds®法则的学员而言，真实案例更具说服力。如果回到单位与领导和业务部门沟通时，展示本书也易于赢得信任。有些案例，如D3.4"如何通过学以致用提升领导力效能"，可直接应用，它讲述了如何设计8周领导学习循环项目，以《周一清晨的领导课》这本书为理论基础，共同开展核心领导技能和推动技能的即时应用，通过设立明确的预期绩效，解决绩效问题，提升领导者绩效。

当前很多企业寻求降低培训成本，6Ds®法则读书会可替代传统培训课程，成本更低，效果更佳。近年来，很多企业开展6Ds®法则读书会项目，取得了显著成效。

为发挥本书的价值，我提出了五步法，帮助更多人将培训转化为商业成果，并期待更多人实践 6Ds® 法则，共同打造中国版的 6Ds® 法则实践手册。

一、看见结果：基于最佳实践来学习

在《第五项修炼·实践篇》中，有一个故事发生在南非纳塔尔北部的一个部落。部落成员见面时最常说的问候语是"Sawu bona"，相当于英语中的"Hello"，意为"我看见你了"。如果对方是部落成员，你可以回答"Sikhona"，意为"我在这儿"。这段对话的次序至关重要，因为它传达了一个深刻的信息：在你看见我之前，我仿佛不存在；换句话说，因为你看见了我，我才得以存在。

这段对话对于培训新理念具有重要的启发意义。在当前信息过载的时代，各种理论层出不穷。正如《企业巫医》一书中所述，培训咨询市场充斥着精英和骗子，很多企业感到迷茫，不知道哪种方法论才是可靠的。最有价值的是前人留下的第一手经验。历史的经验告诉我们，只有通过科学地梳理历史，才能形成真正的知识。6Ds® 法则源于罗伊等人在辉瑞公司的实践，并已在很多世界级企业中得到广泛应用。本书中的 43 个案例都是真实发生的，涵盖了背景、行动、结果和建议。第一法则是界定业务结果，而使用本书的第一步就是看到 6Ds® 法则的结果，这将为你的学习之旅奠定基础。

二、赢得信任：得到领导的认同和支持

与其他学习方法论相比，6Ds® 法则特别强调学员领导对培训的认同和支持，这在很大程度上决定了培训的成败。在现实工作中，培训部门与业务部门之间的沟通常常面临挑战，因为培训的价值往往不易被看到，从而难以获得学员领导的支持。调查显示，56%的管理者认为培训无效，而培训的有效转化率仅为 16%（《将培训转化为商业结果》一书第一章）。

为了赢得领导的认同和支持，本书提供了世界各地优秀企业的案例，这

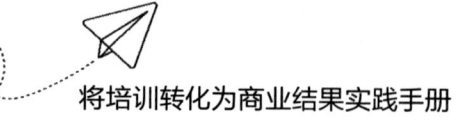

些案例是 6Ds®法则价值的有力证明。你可以从中挑选一些案例与领导分享。例如，本书中的案例 I.5，杨森制药的"如何使用 6Ds®法则框架重新构建销售领导课程"；案例 D1.2，埃萨集团的"如何将华而不实的培训项目转化为成功的业务转型"；以及案例 D3.3，塑帕克包装集团的"如何通过完整体验获得商业成果"等。这些都是非常适合向领导展示的案例，有助于领导认可 6Ds®法则培训项目模式的有效性。

三、共同思考：通过共创设计学习发展项目

6Ds®法则学习项目的成功依赖于培训部门、业务部门、学员、讲师、导师和教练等多方的积极参与。第一法则的关键在于，与业务负责人就学习需求和预期结果达成共识。第二法则是各方共同设计学习流程和体验。第三到第五法则是从学习与转化的角度出发，共同思考并承担各自的责任和任务。第六法则是对项目效果的共同评估。

参与方不仅限于企业内部人员，还包括培训供应商。书中提供了多个案例，展示了外部顾问和供应商如何转变为战略合作伙伴。例如，案例 D1.2 中的新加坡环球培训公司、D1.3 中的悉尼独立绩效顾问罗伊斯·艾萨考维兹，以及 D1.4 中的 UL 公司等，都是这一转型过程的典型例子。

四、行动指南：在协作中推动项目实施

实践 6Ds®法则的最佳途径是团队协作和项目管理。协作的基础在于解决信任和冲突问题，而前提是建立一个以流程为导向的组织。尽管很多企业在学习并应用 6Ds®法则，但提升培训项目价值的过程仍充满挑战。很多学习项目看似具备了准备、学习、转化和评估的四个阶段，每个阶段也安排了很多活动和任务，但往往缺乏内在逻辑。《将培训转化为商业结果》一书的第 3 版相较于第 2 版，更加强调了逻辑的重要性而非仅仅依赖工具。只有当项目的内在管理逻辑清晰时，行动才能取得预期的成效。

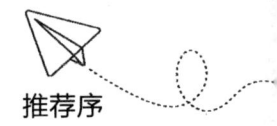

本书提供了 26 个工具（包括工具、检查清单和流程图）以及 25 个主题的具体行动指南。起点是工具 I.1——6Ds®法则计分卡，它帮助确定项目的差距和最需改进的领域。随后，可以使用工具 I.2 的引导表来查找相关的章节、案例、工具和行动指南。书中曾详细介绍了基于 6Ds®法则逻辑设计的学习转化软件系统，这一内容在《将培训转化为商业结果》第 2 版中有所体现，但在第 3 版中被删减，仅在"新的技术、新的可能"一节中留下了伏笔。尤其是人工智能（AI）的兴起，为基于新学习理论构建的 6Ds®法则学习项目模式提供了更多可能性，这标志着 6Ds®法则的新未来。我们已经将联通学习理论、6Ds®法则与 AI 相结合，作为新的学习项目设计研究方向，致力于基于中国企业的实践，进一步提升学习转化的价值。

五、反思感悟：成为更具个性化的 6Ds®法则学习方法论

经过十年的 6Ds®法则实践，我深刻感受到 6Ds®法则必须与企业实际场景相结合，才能在组织中实现价值并赢得领导的认可。一些学员在完成工作坊后回到单位，通过不断的反思和迭代，结合企业实际情况，形成了自己的模式，重构了企业的学习体系。特别是与业务部门建立的战略合作伙伴关系，有效解决了企业的实际问题，创造了商业价值。然而，也有学员在学习时认为学习项目设计很简单，只是套用模板，过分关注工具和方法，忽视了背后的价值观和逻辑，结果只停留在形式上，引起了业务部门的不满，导致矛盾和冲突。

我们始终认为，6Ds®法则不是万能的解决方案，而是基于大量实践提出的一套学习项目设计方法论。它让我们认识到转化是学习价值链中最关键的环节，也是我们常常忽视的部分。我们需要将重点放在改善学习转化上，至于具体的改善方法和工具，则因人而异，这也是本书的核心价值所在。要真正做好学习项目设计，就需要不断的反思和感悟。

随着人工智能时代的到来,学习将经历怎样的变化,这是我们当前需要深思的问题。迎接未来的最好方式是创造未来。通过在企业实践中总结和提炼,形成 6Ds®法则+的新学习模式,我们期待与大家共同创造一本中国版的实践手册,并期待你的参与。

张善勇

中国成人教育协会企业教育专委会副理事长

中国教育战略学会产教融合专委会副秘书长、学术委员

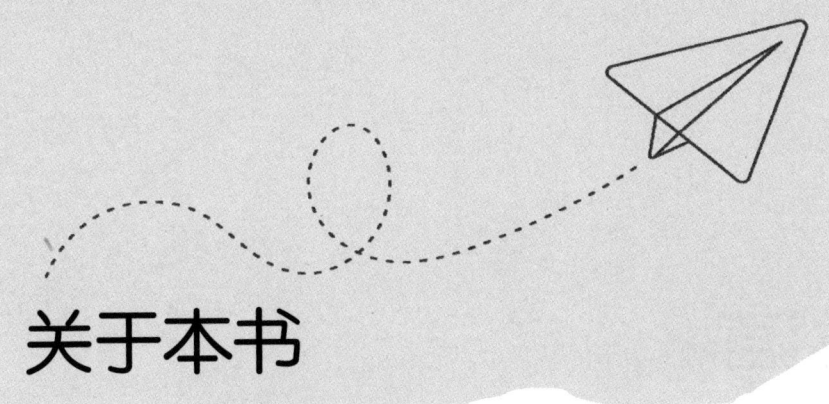

关于本书

《将培训转化为商业结果》于 2006 年首次出版以来，世界各地的企业通过学习 6Ds® 法则，进一步认识了培训和发展的重要价值。我们在第 1 版和第 2 版中都设置了案例研究和实践建议栏目，并继续通过网络和实体课程为广大受众提供 6Ds® 法则的专业培训。尽管如此，读者仍然希望能看到更多实例、工具和建议。于是，《将培训转化为商业结果实践手册》应运而生。

出门旅行时，人们需要带上旅行手册。我们这本实践手册和所有手册一样，都是为了给人们指明方向，提出指导和建议。在这些手册中，最有价值的内容就是前人留下的第一手经验。这也是我们推荐本书的原因：书中提供了 43 个实践案例（"怎样做"部分的案例回顾），这些案例来自世界各地的革新者，他们乐于与大家分享自己的故事和经验。没有他们，就不会有本书。

本书沿用了 6Ds® 法则的框架。书中不但列举了大量的参考资料，还提供了诊断工具，帮读者快速定位问题。第一部分向尚未学习《将培训转化为商业结果》一书的读者介绍了每个法则，并提供了快速测试和行动建议。第二部分主要是工具、检查清单和流程图，帮助读者在组织中实践 6Ds® 法则。第三部分包括 43 个 6Ds® 法则的实践案例，涵盖了众多项目、企业、行业和地区。第四部分是围绕 25 个主题的具体行动指南。

读者可通过 6Ds® 网站或 6Ds® 法则工作坊项目了解更多信息、材料和工具。参加本书翻译的人员有马新馨、晋晶、赵金华。

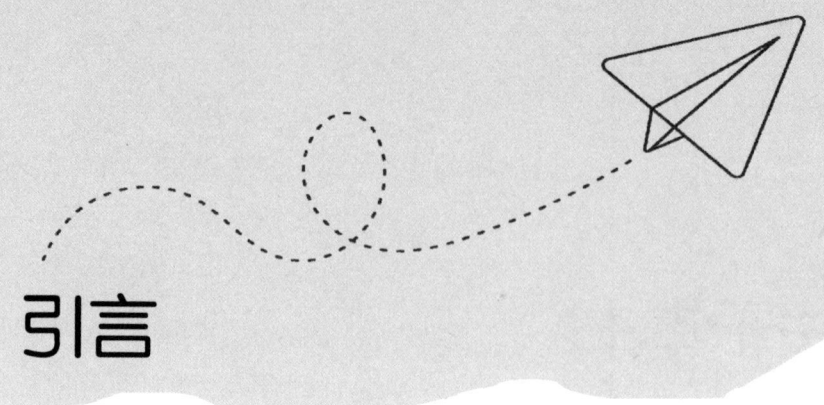

引言

新千年伊始，我们便着手研究如何让培训和发展创造更多价值。在当今的商业环境里，竞争日趋激烈，全球化程度逐渐加深，对专业知识的要求也越来越高。因此，学习速度和学习效率的重要性不容小觑。我们相信，有效的培训是提升竞争优势的重要手段；我们更坚信，培训可以带来并且应该带来比现在更多的投资回报。

我们发现，培训价值取决于它的转化和应用情况，以及它对绩效的改善情况（见图I.1）。大量证据表明，转化是学习价值链上最薄弱的环节，所以我们把重心放在了改善学习转化上。

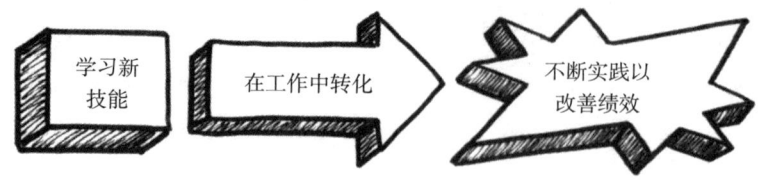

图I.1 在培训创造商业价值的过程中，转化是一个关键步骤

在多数情况下，培训都可以完成学习目标；培训成功地将新技能和新知识传授给了学员，但是也仅此而已。学员无法在工作中转化新技能和新知识，或者应用它们改善绩效。我们用"学习废品"（Learning Scrap）来指那些培训后却无法应用的知识，即浪费的时间、精力和机会。这一比喻就像生产废品

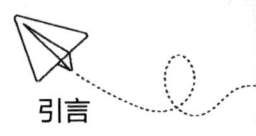

引言

产生的成本——生产的产品不能满足客户的期望,浪费了材料、劳动力、资本和机会等成本。生产废品和学习废品的代价很高,而且会对企业的竞争力造成负面影响。

起初,我们一直把重点放在培训后阶段,因为在这一阶段出现了剧烈下降。以往,将培训转化为商业结果这一过程并没有得到人们的足够重视。我们与 Fort Hill 公司的同事们合作,设计出了一款针对学习转化的软件系统(ResultsEngine®)。这一系统大大改善了转化和结果,但是仅适用于某些项目。这一缺陷令我们寝食难安。大家用的软件和方法都是一样的,所以一定有其他因素的干扰,让组织的培训效果呈现出不同水平。我们决定找出其中的原因。

➲ 6Ds®法则的起源

通过研究客户的培训效果,阅读文献,与学习管理者交流,以及对多个企业、领域和行业的项目进行观察,我们发现,在培训前、培训中和培训后阶段,都存在许多影响因素,这些因素决定了学习是转化为业务收益还是成为废品。虽然我们早就应该想到这一点,但是这些因素并不属于培训部门的常规责任,这着实出人意料。例如,如果在培训开始时没有明确说明此次培训的业务目标,那么大家就不会重视这个目标。同样,无论培训的构思有多巧妙、过程有多精彩,如果没有得到学员上司的认同和积极支持,就注定是一场失败。

➲ 关键时刻

我们发现,人们投入培训分析、设计、发展、执行和评估中的所有精力,其价值都是由"关键时刻"(Moment of Truth)决定的。"关键时刻"是指员工在培训后回到工作岗位时,(有意或无意)决定如何完成任务的那一刻。他们此时会面临两个选择:使用刚刚学到的新方法,或者采用惯常的旧方法(可能什么改变也没有)(见图 I.2)。

图 I.2　决定学习创造价值还是成为废品的"关键时刻"

员工选择哪条路，取决于以下两个问题：

- 我是否能够学以致用？
- 我是否愿意付出努力？

只有两个问题都得到了肯定的回答，员工才会选择使用新方法。在图 I.2 中，"新方法"处于较高的位置，因为改变行为需要付出额外的努力。整个学习体验，包括招生、培训及培训后的工作环境，都必须确保员工在行动那一刻自信地说出"我能"和"我愿意"。只有肯定回答了这两个问题，员工才不会妥协于旧方法，培训才能发挥应有的价值（见图 I.3）。我们会在后面的讨论中反复提到这两个问题。

⊃ 6Ds® 法则

经过提炼，我们总结出了六项法则，这些法则得到了培训组织的实践检验。为了便于记忆，我们称之为 6Ds® 法则（见图 I.4）。之所以称为"法则"，是因为这些内容并不新鲜，甚至可以说是常识。但是这些常识却并未得到普遍应用。培训机构能否获得有效的结果，关键不在于他们对这些法则的掌握程度，而在于他们执行法则时的彻底性、连贯性和严格性。

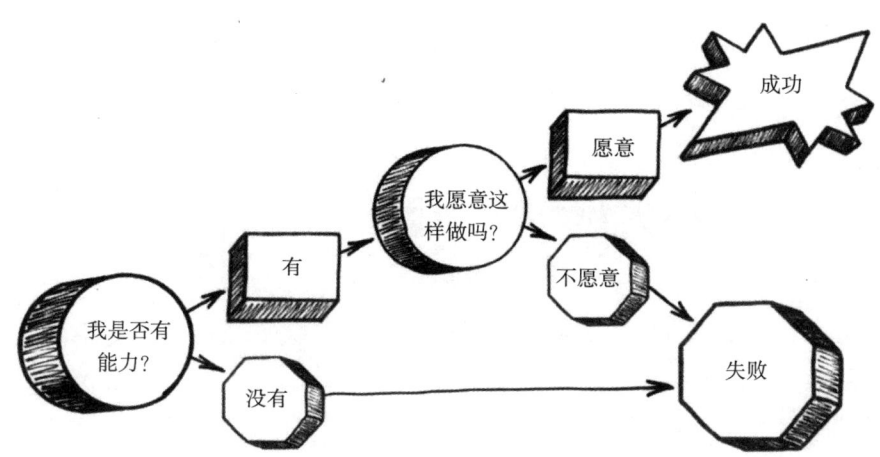

图 I.3　只有肯定回答了两个关键问题，培训才能创造价值

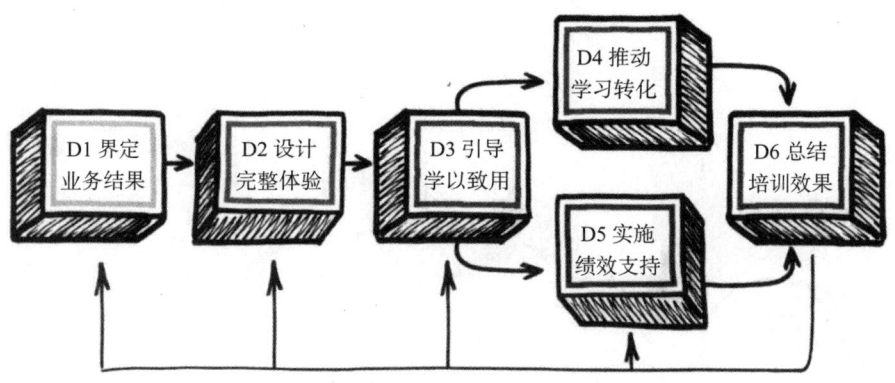

图 I.4　将学习转化为商业结果的 6Ds® 法则

6Ds®法则的核心理念认为，在组织里，培训是一种商业功能。它是达到目的——改善绩效的一种手段，其本身并非我们的目的。培训部门越重视绩效，他们在业务伙伴眼中越有价值。6Ds®法则给培训组织创造的价值远超ADDIE。通过运用6Ds®法则，组织收获了更多商业价值，培训部门也得到了更高的评价。我们相信你也能从中受益。

↗ 教学设计的重要性

有一点需要注意，6Ds®法则并不能替代教学设计的相关内容。这些法则更像教学设计模型的延伸和补充,如 ADDIE 侧重于教学本身。而 6Ds®法则则是一种完整的过程研究法,既能加强前端的业务连接,又可以推动并评估后端的学习转化(见图 I.5)。

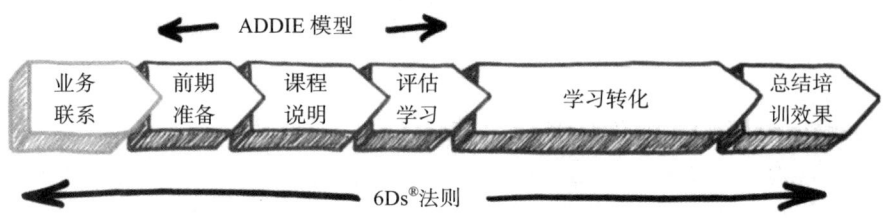

图 I.5　6Ds®法则延伸和补充了其他课程设计模型(如 ADDIE 模型)

↗ 效果证明

自从我们开始教授和出版 6Ds®法则相关理论以来,越来越多的培训组织将这些法则视为经营理念。这本手册("怎样做"部分)收录了来自世界各地的 43 个案例,是 6Ds®法则价值的有力证明。

6Ds®法则不仅适用于内部培训部门,也适用于外部顾问和培训机构。在案例 I.1 中,来自凯撒医学集团的高级电子课程设计师索娜尔·卡纳讲述了在 6Ds®法则的帮助下,前台运营改善部门运用点对点的方法,将重点转移到了绩效上。在案例 I.2 中,来自新加坡环球培训公司的首席顾问 Cheryl Ong 介绍了她如何运用 6Ds®法则更好地满足客户需求,为她的培训和咨询工作创造更多竞争优势。在案例 I.3 中,来自悉尼的独立绩效顾问罗伊斯·艾萨考维兹以 6Ds®法则为提纲,向客户介绍和传递了他的价值主张。在案例 I.4 中,来自 UL 的艾伯托·马萨切西和一支精英团队讲述了他们运用 6Ds®流程持续改善一项国际性培训项目的故事,而该项目的主题就是持续改善。

6Ds®法则不仅可以用于设计和执行项目,也可以用于全局思考,如涵盖众多课程的整体课程设计或完整的职业规划。在案例 I.5 中,来自杨森制药的管理发展总监塞西尔·约翰逊分享了他和团队运用 6Ds®框架重新设计整个销售领导课程的经历。

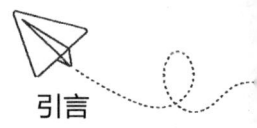

引言

⊃ 做好准备

本书的目标是为 6Ds® 法则设计一部易读易用的指南。你可以从头开始读完整本书,但是真正的实践手册并不需要你从头读到尾,而是在你需要的时候就能派上用场。所以,你可以直接跳到感兴趣的部分,或者先浏览一遍。书中的每章、每个案例都是独立的。

如果你不清楚该从哪里开始,你可以利用 6Ds® 法则计分卡(见工具 I.1)来确定你最需要改善的地方。然后使用 6Ds® 法则引导表(见工具 I.2)找到相关章节、案例研究、工具和行动指南。

还有一种办法是利用 6Ds® 法则流程图(见工具 I.3)确定最佳流程。

如果你喜欢,你也可以直接翻到实践建议汇总部分(见工具 I.4),从最适合你的内容开始。

无论你选择哪种方法,你都会有所收获。在实践中,这些收获可以提升培训和发展的价值,巩固你作为战略伙伴的地位,帮你获得事业成功。

⊃ 介绍 6Ds® 法则

实践 6Ds® 法则的最佳方式是"团队合作",也就是说,组织中的所有学习专家以 6Ds® 法则理念和理论为基础,将 6Ds® 法则应用到培训设计和执行过程中。在案例 I.6 中,泰德·乔伊斯讲述了他是如何创造性地把 6Ds® 法则介绍给德勤学习团队的。

你可以像泰德一样,先让大家去读《将培训转化为商业结果》,然后讨论其中的想法和应用。此外,6Ds® 公司及其认证机构也可以为学习团队及其商业伙伴提供定制的 6Ds® 法则工作坊。Wiley、ATD 和其他机构也开设了对外的工作坊。这些互动、现场和在线工作坊可以带领学员深入探索 6Ds® 法则,然后在自己的项目中加以实践。有关工作坊的开课日期和地点,请浏览 6Ds® 网站。

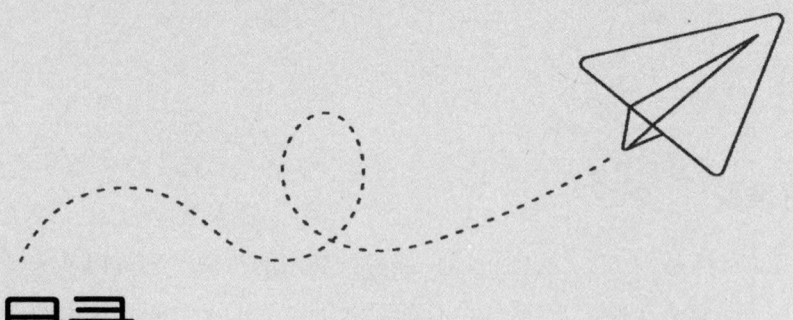

目录

第一部分　6Ds®法则 ... 1

- 第一法则　界定业务结果 ... 3
- 第二法则　设计完整体验 ... 18
- 第三法则　引导学以致用 ... 32
- 第四法则　推动学习转化 ... 48
- 第五法则　实施绩效支持 ... 62
- 第六法则　总结培训效果 ... 74
- 柯达　物有所值 ... 89

第二部分　工具：流程图、规划表、评分表和检查清单 ... 93

- 工具 I.1　6Ds®法则计分卡 ... 95
- 工具 I.2　6Ds®法则引导表 ... 97
- 工具 I.3　6Ds®法则流程图 ... 102
- 工具 I.4　实践出真知 ... 109
- 工具 D1.1　6Ds®法则结果规划轮 ... 122
- 工具 D1.2　流程图：培训是否必要 ... 123
- 工具 D1.3　第一法则检查清单 ... 126

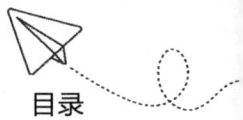

工具 D2.1	致管理者：培训前沟通指南	127
工具 D2.2	学习合约模板	130
工具 D2.3	阶段一的学习流程图（应用前）	132
工具 D2.4	阶段一的学习目标和示例（应用前）	134
工具 D2.5	致管理者：培训后沟通指南	136
工具 D2.6	第二法则检查清单	139
工具 D3.1	幻灯片信噪比测试	140
工具 D3.2	价值链计划表	141
工具 D3.3	第三法则检查清单	143
工具 D4.1	学习转化氛围评分表	145
工具 D4.2	学习转化氛围改善计划表	148
工具 D4.3	第四法则检查清单	150
工具 D5.1	绩效支持规划表	151
工具 D5.2	不同类型的绩效支持及其应用	153
工具 D5.3	第五法则检查清单	155
工具 D6.1	评估可信度检查清单	156
工具 D6.2	评估计划表	157
工具 D6.3	第六法则检查清单	159
工具 C.1	6Ds®法则个人行动规划表	160

第三部分　案例回顾（怎样做） ... 167

案例 I.1	如何把大家的关注点转移到结果上	174
案例 I.2	如何使用 6Ds®法则划分服务	177
案例 I.3	如何使用 6Ds®法则框架设计提案和流程	180
案例 I.4	如何对六西格玛绿带精益生产项目实施持续改善	185
案例 I.5	如何使用 6Ds®法则框架重新构建销售领导课程	194

案例 I.6	如何向团队介绍 6Ds® 法则	198
案例 D1.1	如何从"接单员"变成"业务伙伴"	200
案例 D1.2	如何把华而不实的培训项目转化为成功的业务转型	203
案例 D1.3	如何界定业务结果和学习序列	209
案例 D1.4	如何通过深入分析设计企业需要的培训项目	213
案例 D1.5	如何把 6Ds® 法则添加到我们的学习服务工具箱	218
案例 D2.1	如何用更少的时间增加学习解决方案的数量和种类	222
案例 D2.2	如何利用往期学员帮助新学员及其领导设立预期目标	229
案例 D2.3	如何为企业构建精英库	233
案例 D2.4	如何重新界定领导力发展项目的终点线	239
案例 D2.5	如何强化和扩展初级经理的学习体验	242
案例 D2.6	如何通过学习路径法让员工在规定时间内获得进步	247
案例 D2.7	如何为"SteerIn"项目设计完整体验	253
案例 D2.8	如何建立学习与业务影响之间的联系	259
案例 D3.1	如何通过体验式学习获得学员的感性和理性关注	263
案例 D3.2	如何通过改善信噪比实现报告文化的变革	269
案例 D3.3	如何通过完整体验获得商业成果	280
案例 D3.4	如何通过学以致用提升领导力效能	290
案例 D3.5	如何将一线主管转化为安全领导	297
案例 D3.6	如何在领导发展项目中发挥主动性	300
案例 D4.1	如何利用即时应用清单保证学习转化	304
案例 D4.2	如何通过学习转化改善精益生产	309
案例 D4.3	如何设计出低成本、易操作的跟进项目	315
案例 D4.4	如何利用间隔学习法和游戏学习法让产品发布培训更有成效	318
案例 D4.5	如何利用管理者推动学习转化	324

案例 D4.6　如何让管理者对学员的成就表示认可 328
案例 D4.7　如何持续改善优先级管理培训 331
案例 D4.8　如何将学习转化为行动 336
案例 D5.1　如何利用主要决策者传播企业文化 344
案例 D5.2　如何通过胜任教练改善绩效 348
案例 D5.3　如何推动学员实现最优学习转化 352
案例 D5.4　如何为技术能力培训项目实施绩效支持 358
案例 D6.1　如何引导客户做到以终为始 363
案例 D6.2　如何通过评估实现巅峰服务 369
案例 D6.3　如何利用 NPS 追踪和改善领导力影响 376
案例 D6.4　如何利用成功案例证明培训的价值 381
案例 D6.5　如何提升玛氏大学的品牌影响力 384
案例 C.1　如何将 6Ds® 法则逐步融入组织文化 387

第四部分　行动指南 391

行动 D1.1　如何使用结果规划轮确定业务目标 393
行动 D1.2　如何确定是否有必要进行培训 397
行动 D1.3　如何使用（和避免使用）学习目标 399
行动 D2.1　如何提升学员的学习动机 403
行动 D2.2　如何培养结果意向 407
行动 D2.3　如何通过课前准备改善培训的效果 411
行动 D2.4　如何重新定义学习的终点线 414
行动 D3.1　如何使用（和避免滥用）幻灯片 417
行动 D3.2　如何吸引和维持学员的注意力 420
行动 D3.3　如何在课间休息之后重新集中学员的注意力 423
行动 D3.4　如何构建支架式教学（Scaffolding） 427

行动 D3.5	如何构建学习的价值链	430
行动 D3.6	如何引入练习	433
行动 D3.7	如何完善预测值评估	436
行动 D4.1	如何提醒学员应用所学知识	440
行动 D4.2	如何推动学员制定行动规划	443
行动 D4.3	如何通过商业论证推动学习转化	446
行动 D5.1	如何为管理者和教练提供绩效支持	449
行动 D5.2	如何发挥同级教练的作用	451
行动 D5.3	如何设计高效的绩效支持	453
行动 D6.1	如何保证评估的相关性	456
行动 D6.2	如何改善评估的可信度	458
行动 D6.3	如何让评估更加令人信服	462
行动 D6.4	如何使用成功案例评估法	465
行动 D6.5	如何设计优秀的调查	468

第一部分

6Ds®法则

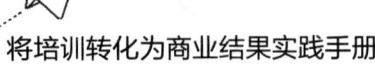
将培训转化为商业结果实践手册

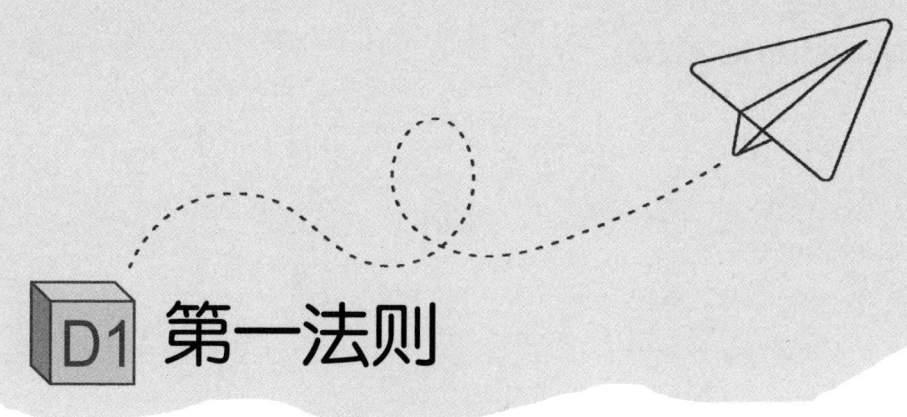

D1 第一法则

界定业务结果

在 Strategic Learning Alignment 一书中,丽塔·史密斯简要总结了第一法则的核心理念:"学习机构存在的唯一目的就是推动业务结果。"换句话说,企业投资于培训和发展项目,目的就是改善关乎企业策略和目标的关键领域的绩效。因此,培训的价值就体现在是否能显著改善绩效上。当培训消耗了资源(时间和金钱),却无法明显改善绩效时,这样的培训就是一种浪费。

所以,首要和最关键的法则就是正确抓住企业需要达到的目标。在案例 D1.1 中,甲骨文公司北美销售人员发展部门高级总监帕特里夏·格雷戈里和总监史蒂夫·阿克莱姆指出,重视业务结果,可以推动培训和发展专家从"接单员"变成战略业务伙伴。

相反,如果不能明确界定业务结果,就会导致时间、精力和金钱投入的风险猛增,培训项目起不到任何作用。在案例 D1.2 中,埃萨集团首席人力资源官和人力资源高级副总裁 Sujaya Banerjee 及其同事解释了正确理解业务需求可以怎样帮助企业培训团队避免"华而不实"的培训项目。通过重视业务结果,她和同事们有效推动了业务转化,成绩得到了公司 CEO 的认可和赞扬。

实践第一法则的关键步骤包括:

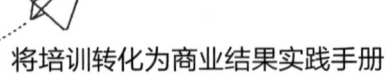

- 了解业务情况。
- 与决策者交流。
- 确定组织培训的必要性。
- 完成绩效差距分析。
- 区分培训的业务目标和学习目标。
- 通过业务目标向学员及其经理说明结果。

了解业务情况

6Ds®法则的核心原则之一认为，培训是一项商业功能。培训专家对所服务的组织了解越多，包括组织的目标、愿景、使命和运营，他们发挥的作用越大，成就也越多。与"闭门造车"的培训部门相比，领导者认为培训项目与企业的一致度越高，就越愿意为培训项目提供支持。

使用快速测试 D1.1 评估当前情况并进行改善。

 快速测试 D1.1　业务契合

1. 你能否简要说明组织是如何创造收入的（如果是非营利性组织，请说明是如何履行使命的），以及期间遇到的关键问题？

能	不能
祝贺你！作为组织的一分子，了解组织业务非常重要，这可以让你从"接单员"转变为值得信赖的顾问。	你需要更进一步了解组织的业务，从而发挥更多作用，提升自己在组织中的价值。全面的业务知识有助于你设计出更契合、更有效的项目。 建议行动包括： ☐ 在企业中寻找一位导师，向你解释关键

4

续表

能	不能
	术语和概念。 ☐ 回顾你所就职部门的业务规划。 ☐ 申请参加业务总结和规划会议；向导师请教不清楚的问题。

2. 在企业领导眼中，培训部门与企业业务需求的契合度如何？

良好到优秀	一般到较差	不了解
非常好。培训部门与业务需求的契合度越高，得到的支持越多；有趣的是，受到的监督就越少。	这是个问题。如果培训没有与业务完全契合，那就需要更多数据来证明它的价值，而且还会面临削减预算的风险。 建议行动包括： ☐ 与业务经理面谈，找出他们认为不契合的地方。 ☐ 设计项目前，首先要清楚地了解业务需求。 ☐ 与企业领导面谈，使用结果规划轮确定真正的业务需求和成功的标准。	你需要补上这部分的知识，因为它们对部门的影响至关重要。如果培训不能与业务契合，就有可能被视为浪费资源。 建议行动包括： ☐ 对培训的业务客户进行调查或面谈，了解培训与他们需求的契合情况。 ☐ 采取适当行动，根据以上结果进行改善。

与决策者交流

企业是培训的客户。无论是直接还是间接，企业都要向培训支付成本，直到最后才能确定培训创造的价值是否值得这笔开销。企业从培训中"购买"的是对改善绩效的期待，课程和项目只是实现这一期待的手段。培训部门是否能生存下去，取决于客户的感受："这笔钱是否花得值得？"如果答案是肯定的，那么客户就会继续投入。

要获得客户的满意，我们需要聆听他们的想法，了解他们的目标、需求和对成功的定义。请记住，在企业培训中，学员并不是最终的客户；这些人很少有机会参与购买决策。因此，一方面，我们要让学员投入培训中，去学习，去实践；另一方面，我们要确保企业领导对培训的结果满意。所以，我们必须和这些股东进行直接交流；培训需求的优先级是由他们决定的，而不是培训部门。

我们可以从 6Ds®法则结果规划轮（见图 D1.1）入手。图中的四个问题看似简单，却帮助过各种规模的组织。在设计培训项目之前，这些问题可以帮助组织更清楚地了解和共享真正的业务问题。

行动 D1.1 提供了结果规划轮的简要使用说明。

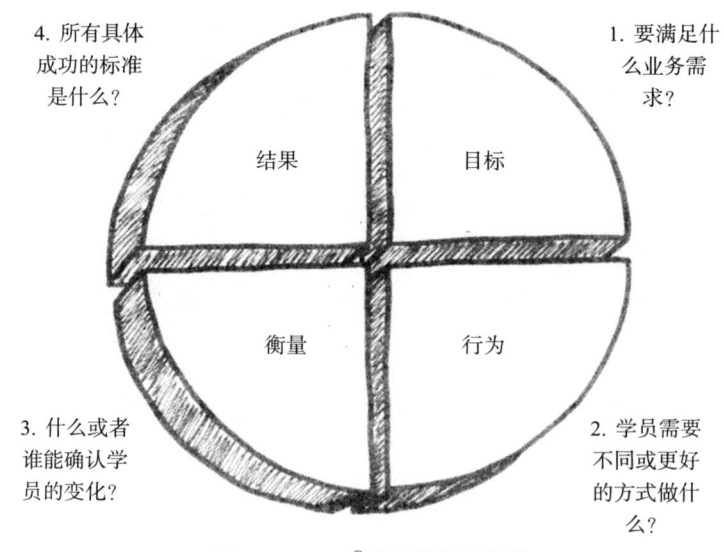

图 D1.1　6Ds®法则结果规划轮

在案例 D1.3 中，来自塔塔汽车的总经理助理 Hemalakshmi Raju 和项目经理 Anjali Raghuvanshi 分享了他们利用结果规划轮为内部服务商培训界定业务结果的经历。在案例 D1.4 中，Primeast 集团常务董事拉塞尔·埃文斯和副董事克莱夫·威尔逊介绍了他们如何利用 PrimeFocus™ 这一综合框架来确保传达正确的引导，实现业务目标。在案例 D1.5 中，默克集团学习和发展资深专员理查德·洛讲述了如何将结果规划轮添加到学习服务工具箱中，从而帮助默克理工研究所在研究和发展中更好地满足客户需求。

最后，在案例 D6.1 中，KnowledgeAdvisors 公司的战略评估顾问佩吉·帕尔斯基介绍了利用逻辑建模来帮助企业领导者回答两个关键问题：

- 为什么要进行培训？
- 你希望培训能够带来哪些结果？

逻辑建模确保了培训和预期业务收益之间存在明确界定和合理存在的"影响链"。

当存在多名关键股东时，由于他们各自的期望存在差异，所以和所有股东交流极为重要。我们的客户之一就遇到过这样的难题。他利用结果规划轮和四位股东进行了面谈，讨论一项重要培训的规划。他发现，这四位股东对于业务目标和成功标准的看法千差万别。

很明显，在这种情况下，无论培训部门设计或呈现出怎样的项目，都不能令所有股东满意。因此，这位客户在四位股东之间传阅了面谈的结果，然后召开会议进行讨论。经过一番激烈的讨论，他们对项目目标、预期结果和成功标准得出了一致看法。这里的关键在于，如果这位客户没有运用结构化的方法与四位股东进行面谈，他就永远不会意识到股东之间看法的差异，培训项目也无法达到部分或所有股东的预期。

根据快速测试 D1.2 评估当前情况并进行改善。

快速测试 D1.2　业务结果

1. 你能否简要陈述培训需要满足的业务需求？（记住，"培训"本身并不是一种业务需求。业务需求与增加收入、改善效率和降低成本有着根本上的联系。)

能	不能
祝贺你！对于如何设计和实施有效的学习项目，你已经掌握了所需的要领。	在进行下一步之前，先弄清楚这个问题。投资培训的唯一目的就是（直接或间接）推动业务结果。 建议行动包括： ☐ 与企业领导面谈，使用结果规划轮或相关工具，明确潜在的业务推动因素。

2. 如果培训和强化活动获得了成功，你能否说出员工的工作表现会发生哪些关键改变？（学员会在哪些方面出现进步和改变？）

能	不能
很好。这一点很关键，只有行动才能带来结果。要改善绩效，人们必须采用新的、更有效的行为方式，否则，就会像爱因斯坦说的那样，"精神错乱的定义是一次又一次地做相同的事情，却指望有不同的结果"。	在进行下一步之前，先弄清楚这个问题。为了真正有效地达到培训的目的，你必须描述行为和表现（如何将新技能和新知识应用到工作中）。 建议行动包括： ☐ 与企业领导面谈，使用结果规划轮或相关工具，明确预期的表现改变。 ☐ 对比高效率员工和低效率员工的行为差异。 ☐ 不断地提出问题，直到将"知识"转化为直观的行动。

3. 你是否思考过这个问题：将新行为应用到工作中后，哪些方面会发生改变？哪些人会注意到这些新行为？

是	否
继续保持。这一点很重要，它确定了所需的数据来源。这些数据决定了培训是否	停下来思考这个问题。从技术上说，不用考虑哪些人或方面可以证实改变，就可

续表

是	否
达到预期目标。 ☐ 开始思考如何评估培训的影响，以及如何获得和分析数据。	成功地实施培训，但是这样你也无法总结培训的效果。 建议行动包括： ☐ 有条理地思考业务目标和预期表现。它们会对哪些人和方面造成影响？ ☐ 与培训出资人一起思考和确定潜在的数据来源（客户、公司记录等）。对比各项来源的相对优势。

4. 你是否清楚项目出资人对于成功的定义是什么？

是	否
这一定义是否贴合实际？ ☐ 是 现在可以着手设计培训了。在规划中注明你准备如何收集数据，以满足出资人"满意的条件"。着重强调管理层在实现目标中的作用。 ☐ 否 你需要与出资人进行一次"深入交流"，向他解释在提供了时间、资源、管理层支持和其他条件之后，为什么培训不能达到预期效果。	暂停！如果你不知道管理层会如何判断培训成功与否，那么你失败的概率就会很高，因为你的操作有可能是建立在一系列错误的设想之上的。 建议行动包括： ☐ 直接询问出资人"你会根据哪些因素来判断培训成功与否"。 ☐ 弄清楚"什么程度"和"什么时候"两个问题。

确定组织培训的必要性

"对于一个拥有一把新锤子的小男孩来说，任何事物都可以是钉子"。遗憾的是，对于许多企业管理者来说，培训就是那把锤子，所有的绩效问题都是钉子。培训从业者要想摆脱"接单员"的角色，就必须学会向企业管理层说明何时才是进行培训的恰当时机（见行动D1.2）。

你可以请医生给你开你想要的任何药物，但是对于医生来说，不经过诊断就开处方属于玩忽职守。同样，如果没有事先了解培训是否能够解决问题，学习专家们绝不能因为管理者要求就去实施培训。

如果绩效问题是由于缺乏技能或知识导致的，那么培训就是解决方案中的关键。但是，也有许多绩效问题是不能通过培训解决的——培训甚至会使情况变得更糟（见图D1.2）。这些问题包括：

- 期望或绩效标准不明。
- 缺乏反馈。
- "态度问题"。
- 缺乏动力。
- 缺乏工具、信息和时间。
- 激励或奖励不够。

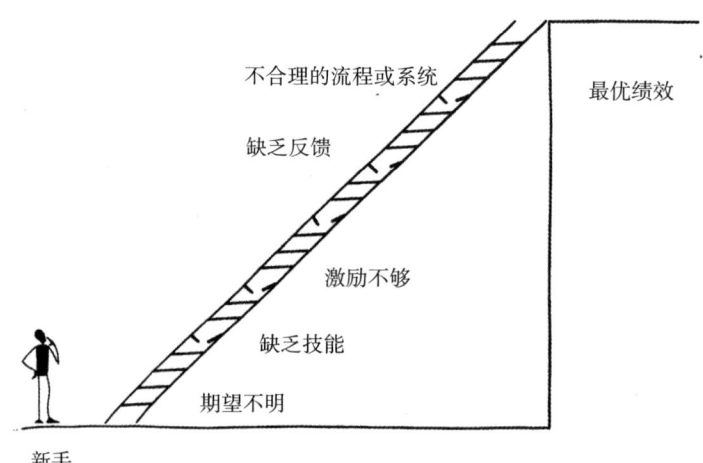

图D1.2 导致绩效问题的原因可能是多方面的，而培训只能解决那些由于缺乏知识或技能导致的绩效问题

我们为什么要在这里说这些问题？不是所有的学习专家都应该了解这些问题吗？显然不是。滥用培训这一现象比大家想得更为普遍。据 6Ds®法则工作坊中的学员估计，在他们进行的培训中，有 10%~50%都是针对那些培训不能解决的问题进行的。这些培训是对时间、金钱和人才的巨大浪费，也消磨了讲师和学员的热情。

如何避免这样的问题？

- 建立培训审批流程，提供明确的商业案例和需求分析。
- 使用工具 D1.2 中的流程图，探讨并排除其他可能的原因和解决方案，确保培训是正确的解决方案。
- 记住，培训只是解决方案的一部分，不能代表整个解决方案。要发挥培训的作用，必须针对正确的问题，并在培训前后获得管理层的积极参与和支持（见第二法则）。

完成绩效差距分析

清楚了解了培训的业务目标，并确定培训是解决方案中的关键部分之后，你需要确定具体哪些人员需要学习。结果规划轮向股东（一般是企业高层领导）提出了这样一个问题："学员需要不同或更好的方式做什么？"这是一个很好的切入点，但是很少有高层领导对专业知识和技能差距有清晰的认识。

为了设计出有效的学习项目，需要对从事或直接监督工作的员工进行观察、访谈、调查和任务分析，得出绩效差距分析。"绩效差距分析"比"培训需求分析"更有意义，因为后者假定培训就是问题的解决方案，而我们说过，培训并不是一剂万能药。

为了准确掌握人们需要学习的内容，你需要亲自体会一把；高层管理者和人力资源专家虽有远见卓识，却很少接触普通的日常工作，无法掌握关键细节。这方面的参考文献众多，你可以从中获得更具体的指导，如鲁滨孙的 *Performance Consulting*（2008）、马杰和派普的 *Analyzing Performance Problems*（1997），或 Barbazette 的 *Training Needs Analysis*（2006）。

快速测试 D1.3 可以判断你是否对问题有足够的了解。如果答案为"是"，就可以进入设计阶段；如果为"否"，测试列举了一些你应该采取的措施。

 快速测试 D1.3　业绩差距分析

1. 你是否确定缺乏知识和技能是导致绩效差距的原因？

是	否	不清楚
非常好。这说明培训将成为解决方案的重要组成部分。但是你要记住，导致问题的因素众多，培训并不代表整个解决方案。确保设计出完整的体验，将培训转化环境包括在内。	暂停！如果你认为缺乏知识和技能不是导致问题的主要原因，那么培训也许会失败。鲍勃·马杰曾说过："如果问题并不是由缺乏技能导致的，那么就不用考虑培训了。" ❑ 使用工具 D1.2 找出问题根源并设计解决办法。	暂停！如果你不确定缺乏知识和技能是导致问题的主要原因，那么在确定之前，不要展开培训。 思考这个问题："如果员工的生命取决于此，他们的绩效还会这样不理想吗？"如果答案为"会"，那么培训很可能是解决方案的一部分；如果答案为"不会"，那么就需要其他办法了。 ❑ 使用工具 D1.2 找出和解决导致绩效不佳的真正原因。

2. 如果确定缺乏知识和技能是导致问题的主要原因，你是否能找出具体的差距在哪里？

是	否
很好。将你掌握的知识转化成学习目标,自行设计或与教学设计师或服务商合作,创造出实现目标的学习体验。	找出具体的差距,否则就有可能设计出人们不需要的内容,错过大家的真正需要。 ☐ 查阅文献或向专家进行咨询,了解需求分析,确保找出关键的技能缺失点。

区分培训的业务目标和学习目标

在第一法则的实践过程中,必须注意区分培训的业务目标和学习目标。

学习目标是指学员即将学到的内容——在培训结束之后,他们会掌握哪些能力("完成本课程后,学员可以……")。相反,培训的业务目标是指在工作中应用培训会带来哪些效果。业务目标解释了培训是如何帮助组织和学员改善绩效的。表 D1.1 中列举了二者的差别,具体例子可参考表 D1.2。

表 D1.1 业务目标和学习目标的比较

	业务目标	学习目标
时间	岗位工作中	课程结束时
关注点	行动和结果	知识或能力

表 D1.2 业务目标和学习目标的范例

业务目标	学习目标
在一年时间内,将员工敬业度提高 10%	培训结束后,学员将掌握 SBR 的运用,在与一位直属员工的模拟对话中提供反馈
到年底为止,将转投竞争对手产品的客户数目控制在 5% 以下	在线课程结束后,学员将了解我们的产品与竞争对手产品相比的三项关键优势

续表

业务目标	学习目标
在六个月内,将客户调查中的"净推荐值"增加10%	自学课程结束后,客户服务代表将运用在课程中学到的原则,至少能将八成的录音电话正确归类为"愿意推荐"或"拒绝推荐"

培训只是企业用来实现目标和愿景的手段之一。企业中的每个职能部门都有自己的业务目标,将这些目标汇总在一起,就可以实现组织整体的成功(见图D1.3)。

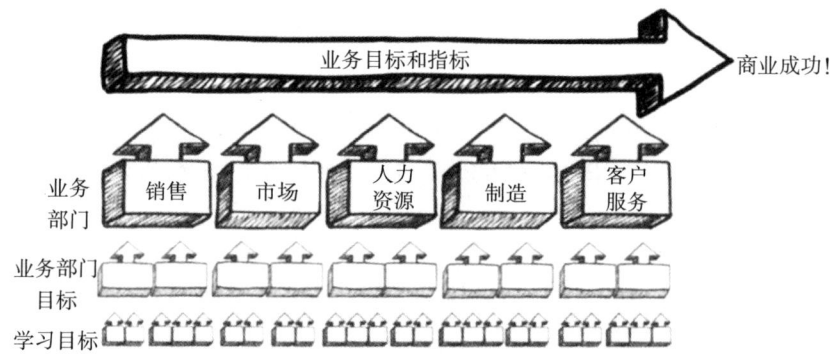

图D1.3　培训的学习目标是为了支持业务部门目标,后者结合起来才能创造商业成功

培训的业务目标解释了培训是如何匹配整体规划、推动组织成功的。因此,培训关乎高层管理者和直线经理的利益。与之相比,学习目标的地位就略低一级。学习目标是为了支持业务目标的实现而存在的。通常情况下,一个业务目标需要多个学习目标的支持(以及其他类型的支持)。图D1.3说明了学习目标本身并不足以解释培训的价值;学习目标应该仅限培训专家内部交流使用(见行动D1.3)。

通过业务目标向学员及其经理说明结果

初入职场的销售员工必须学会区别产品的特色和效果。特色是指产品本身的特点，如计算机内存、汽车马力，或者扶手椅的面料。效果则说明了这些特色会给客户带来哪些价值，向潜在买家或用户回答了"它能给我带来哪些好处"这一问题。

我们认为，学习目标就像特色一样，"你将学到这些内容"。学员或学员的上司需要自己去思考培训的效果。人们收到通知去参加企业的培训项目时（或者经理收到命令要安排下属参加培训），首先想到的关键问题是：

- 这个项目值得我花时间参加吗？
- 这个项目能给我带来帮助吗？

由于学习目标过于抽象和程式化，并不能直接回答这两个问题。朱莉·德克森在其短篇著作 *Design for How People Learn*（2012）中，建议大家"……跳过课程开始时的学习目标介绍"。为什么？因为这些介绍是"一堆枯燥的课程设计术语"。而且，学习目标虽然介绍了学员即将学到的内容，却并未回答每位成年学员心里的疑问："我为什么要学习这些内容？"

不要误会我们的意思。学习目标对于划定教学范围和设计掌握标准来说非常重要。我们只是觉得它不能全面地描述培训的效果，无论是对参加培训的学员还是为培训买单的企业经理来说。培训部门内部可以使用学习目标进行交流，但是和学员及其上司交流时，记得使用业务目标（论证）。明确了商业利益之后，你可以获得更多的认同和参与率。

使用快速测试 D1.4 评估当前情况并进行改善。

快速测试 D1.4　业务目标

1. 你能否简明有力地介绍培训的业务目标及它与企业整体目标的联系？

能	否
祝贺你！培训需要转化成商业结果，在设计培训的道路上，你走过了一个重要的里程碑。 ❏ 在与组织其他部门或人员进行交流时，一定要强调培训的业务目标和商业利益。	如果你的商业论证明确，就可以极大提高培训成功的概率。 ❏ 如果你不确定业务目标是什么，就需要与出资人交流。虽然他们需要你的帮助来明确业务目标（结果规划轮等），却是业务目标的制定人。 ❏ 如果你认为自己已经了解了业务目标，却不知如何表达，尽量去寻找解决办法，然后向业务领导寻求帮助。

2. 你的课程说明和介绍中是否包含学习目标？

是	否
千万不要这样做。学习目标并不能全面传达项目带来的收益，而且通常都很枯燥。 ❏ 采用朱莉·德克森的建议："要想获得学员的注意，告诉他们将会达成的目标，除了枯燥的课程介绍，还有许多方法。"	很好，只要你使用了业务目标和结果描述就是好事。成人学习的原则之一就是，学员只有知道了为什么要学这些内容，才会愿意去学习。 ❏ 向学员及其上司说明培训的商业论证——培训可以如何帮助他们，以及培训与全局战略之间的关系。 ❏ 如果你不确定，就请教别人。

总 结

不少卓有成效的学习组织都将第一法则纳入了他们的标准作业程序。在设计和执行培训项目之前,他们会确定以下几点:

- 企业领导确定了明确的业务需求,并得到了一致认可。
- 培训是解决方案中的必要部分。
- 解决方案中还包括其他重要部分。
- 明确哪些员工需要参加培训以改善和改变绩效。
- 与出资人讨论、评估和判断培训成功与否的标准。
- 简要说明培训给组织和个人带来的利益。
- 与组织管理者和学员交流时,应使用业务结果,避免使用学习目标。

工具 D1.3 中提供了一份检查清单,包括第一法则中最重要的元素。在设计和执行培训项目之前,请务必完成该清单。

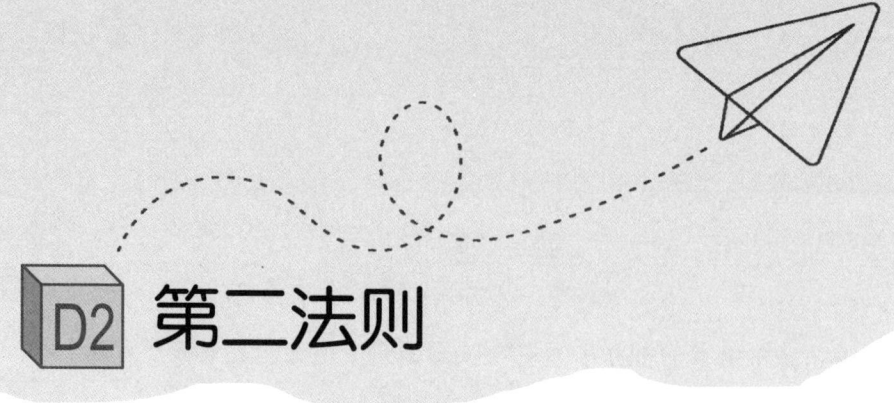

D2 第二法则

设计完整体验

第二法则的核心理念是指,从培训到绩效改善是一个过程,并不是一项活动;培训前和培训后的工作和课程本身一样重要。这一部分的案例都说明了一个道理:优秀的培训组织在规划中结合了前期交流和后期支持,为学员带来了完整的体验。这样全面的培训设计需要学习专家额外的努力和全新的技能,而学习转化和商业影响的改善则是对这些努力的丰厚回报。

实践第二法则的关键要素包括:

- 学习是一个过程,而不是一场活动。
- 管理学员期望。
- 培养意向。
- 强调结果,而非说明。
- 学习始于课堂之外。
- 重新定义终点线。
- 给予成就感。

第一部分 6Ds®法则

学习是一个过程，而不是一场活动

20 世纪，流程思维极大提升了制造业的生产力。如今我们可以以更低的成本享受更高品质的产品，并且拥有更丰富的选择，这些都是前所未有的。戴明、朱兰及其他研究者最先提出了关于持续改善的流程思维，后来这一理论被摩托罗拉集团扩展成了六西格玛管理法（Six Sigma Way）。该理论认为，企业中的每项事务都是一个过程，每个过程都可以"持续不断地得到改善"。流程思维将品质定义为企业成果和客户需求之间的一致程度。"如果流程或产品没有满足管理者的期望，那么它们就是一种缺陷"。

就培训来说，管理者期望这笔投资可以改善绩效（见图 D2.1）。如果培训结束后员工的绩效并未得到改善，那么即使他们真的学到了新知识和新技能，在管理者看来，这样的培训也是徒劳无功的。这也解释了 Corporate Executive Board 公司进行的一份调查。在这份调查中，有 56%的管理者表示，完全取消培训和发展项目之后，员工的绩效可能不会改变，也可能会得到改善。

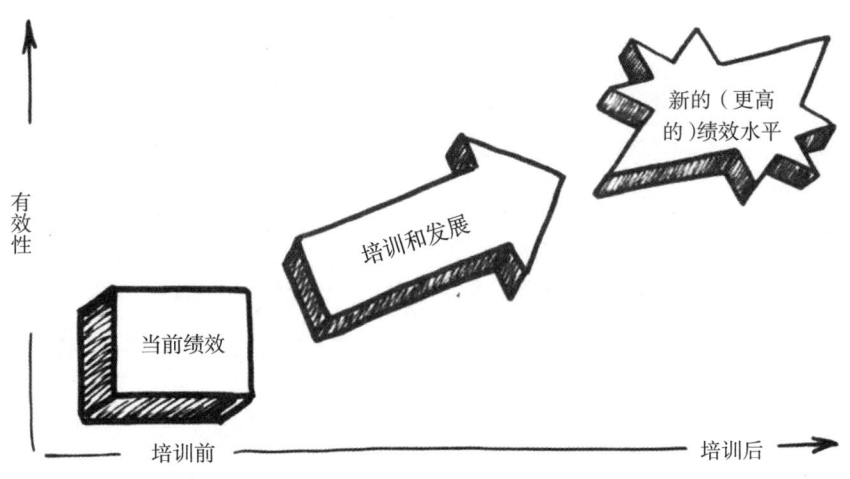

图 D2.1 管理者希望可以通过培训改善绩效

虽然培训转化过程比课程本身更容易出问题，但结果都是客户的不满和未来培训支持的流失。学习专家在实践第二法则时，需要从活动策划者转变为过程控制者。流程思维迫使我们思考和管理所有影响结果的因素，以及定位、修复、评估和持续改善薄弱环节。

案例 D2.1 展示了流程思维和流程再造的效果。在该案例中，美国存管信托和清算公司副总裁 Kaliym Islam 讲述了他运用流程再造法显著改善企业学习部门效率和成果的经历。关于流程改善的更多讨论，请参见由兰利、诺兰、诺曼和普罗沃斯特等人合著的 *The Improvement Guide*（2009）。关于在培训中应用流程思维的更多信息，请参见 Islam 的著作 *Developing and Measuring Training the Six Sigma Way*（2006），以及 Van Adelsberg 和 Trolley 的著作 *Running Training Like a Business*（1999）。

使用快速测试 D2.1 评估当前情况并进行改善。

 快速测试 D2.1　将培训当成一个过程

1.你是否掌握了流程改善的基本方法（六西格玛、全面质量管理、精益理念等）？

是	否
非常好。这些工具适用于所有业务流程，能够为你带来巨大价值。 ❏ 如果你还没有运用过这些理论，你可以尝试从学员的角度来规划整个过程，寻找可能出现问题的地方。	掌握流程改善的基本方法不仅可以让培训更有用、更高效，还可以在许多方面助你一臂之力。 ❏ 通过读书或参加短期课程了解你的组织采用的方法。 ❏ "实践出真知"，加入组织中的流程改善团队。大部分企业都有生产及其他方面的相关专家和日常项目。

2. 你的课程设计是否包括培训前及培训后阶段的规划？

是	否
非常好。大部分培训组织仍然局限于"一次性活动范式"，你已领先于它们。 ❑ 利用第二法则检查清单寻找进一步改善培训过程的机会。	如果你只关注培训课程，那么这次培训很可能收效甚微。证据表明，培训前和培训后阶段也决定着培训的成功与否。 ❑ 利用第二法则检查清单确定待改善的问题。 ❑ 从细节开始，如专注于改善培训前的交流。

管理学员期望

期望非常重要。实际上，期望塑造了人们对于现实的体验。关于这一点，最经典的例子就是 MIT 许多年前进行的一项研究。在这项研究中，实验者将学生分为两组，在上课前向他们介绍了该堂课的客座讲师，但是两次介绍的内容却略有不同。尽管学生在同一个教授的指导下进行了同样的学习，但是进行课后评价时，根据对客座讲师的不同描述，如"亲切和蔼"或"不苟言笑"，学生反馈的内容大相径庭。

Kahneman 和 Tzversky 曾通过一系列精心实验证明，看似无关的行为也会影响人们的后续判断，就好像游戏中的轮盘和扔骰子。Ariely 的实验更有意思：实验者准备了两杯啤酒，并事先告诉一部分实验对象其中一杯加入了某种"神秘原料"。当问到对这两杯啤酒的评价时，实验对象的看法是由他们是否知道"神秘原料"的存在决定的。由此可见，他们的看法受预先收到的信息影响，而不是常识。如果实验对象先尝过这两杯啤酒，然后才被告知其中的"神秘原料"是醋，就不会出现这样的情况；但是，如果事先告诉他们酒

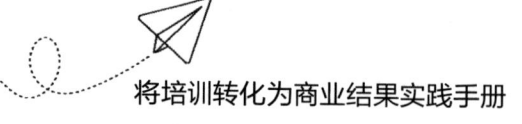

中的"神秘原料"是醋,他们的判断就会受到影响。

这些实验和培训与发展有什么联系?是这样的,学员对即将进行的培训项目形成的先入之见会对他们的期望和实际体验产生影响。期望属于一种预示。例如,如果人们抱着一种"这根本就是在浪费时间"的心态来参加培训,那么结果肯定不理想。一旦学员认定了这样的培训不会创造任何价值,他们就会对新知识产生抵触,并且不愿参与其中,最终失去改善的机会。

相反,如果学员认为培训项目与他们的工作相关并且能够发挥作用(这是成年学员要求的两个关键标准),那么培训成功的概率就会大大增加。这些学员愿意全心投入,乐于接受新想法,自然会拥有更积极的学习体验。

总而言之,以上这些实验都说明了一个道理:在培训开始前,要努力让学员培养积极的态度,以获得更好的结果。在案例 D2.2 中,来自埃默里大学的万达·海斯介绍了她的一些创造性举措。她利用这些方法确保即将参加埃默里 ETL 项目的学员都能清楚了解培训的目标和最终的结果。行动 D2.1 详细介绍了如何通过培训前交流来培养积极的学习态度。

培养意向

如果学员能怀着一种学习新知识的态度来参加培训,培训就会收到更好的效果。还有一点很重要,学员必须有学习的意向。布林克霍夫和阿普金首次提出了"学习意向"的概念,即抱有明确的个人学习目标来参加培训。布林克霍夫和孟德斯诺表示,学员及其直线经理在培训前进行沟通,可以有效培养学习意向,最终推动学习转化和结果。工具 D2.1 向管理者介绍了如何进行培训前沟通。工具 D2.2 为学习合约样本。

彼得·布洛克将研究进一步深化。在培训开始时,他会向学员提出下列问题,并要求他们与两位邻座分享自己的回答:

1. 你期待获得怎样的体验？
2. 你打算投入多少精力和热情？
3. 在培训期间，你愿意承受多少风险？
4. 你是否关注其他学员的体验？

布洛克在报告中指出，让人们分享彼此的答案，可以使整个学习氛围变得更加积极。通过这些问题，学员可以明白，学习体验的好坏取决于他们是否愿意参与；这不仅是讲师的职责，也是学员的责任。

学员在课堂上学习只是将培训转化为商业价值的第一步。他们必须将学到的内容在工作中进行转化和应用。因此，我们不仅要培训学员的学习意向，还要培训他们的结果意向——明确表示愿意通过回顾和应用所学知识来改善绩效的意向（见行动 D2.2）。在案例 D2.3 中，安捷伦科技有限公司全球学习和领导力发展总监迈克·吉伦介绍了他们使用的一些方法，用以设计完整体验，培养结果意向，并贯穿整个高潜质人才领导力发展项目。

强调结果，而非说明

如何介绍你的培训项目？这影响着学员来参加培训时的期望和结果意向。遗憾的是，大部分课程介绍都把重点放在了培训说明上（课时、地点、教学法、学习目标等），而忽略了结果，即培训可以为学员及其组织带来哪些帮助。

看一下你的培训简介——不过，如果能找个不熟悉该项目的人来看就更好了。

- 简介是否明确回答了 WIIFM（它能带给我什么）这个问题？
- 简介是否明确说明了管理者派员工参加该培训之后可以获得哪些价值？

- 如果答案为"否",那么你需要重新设计一份培训简介和/或邀请,除了介绍课程内容,还要清楚地说明培训带来的业务结果。

经过这样的修改,你可能会得到意想不到的结果。我们在中国的某位学员采取了这样的建议,为她所有的课程重新设计了一份简介,在其中强调了课程与业务的联系及其带来的业务结果。她并没有改动课程本身或内容,只是修改了它们的描述方式。

修改后不久,她就开始不断收到来自员工和管理者的电话。这些人对全新的课程无比期待。他们表示,与旧的课程内容相比,新的课程更好地满足了他们的需求和目的!

使用快速测试D2.2评估当前情况并进行改善。

 快速测试 D2.2　说明 vs 结果

1. 你是否能明确指出说明和结果的区别,并且在课程简介中清楚地区分二者?

能	不能
祝贺你!在编写培训课程简介时要牢记这一点。 ❏ 检查你的课程简介和邀请。找出有关结果的内容,并将其中的说明修改为价值介绍。	你要好好学习这一技巧,因为它可以更好地向学员和管理者推广你的培训项目带来的价值。 ❏ 请教组织中负责推广的同事。请他告诉你二者的区别,并帮助你设计培训简介,将重点放在结果上。 ❏ 你也可以与销售培训的讲师们聊聊,或者学习销售培训中有关"说明 vs 结果"的内容。

2. 你的课程简介是否清楚说明了参加培训后可以带来哪些结果?对于学员及其管理者来说,这些内容是否足够明确?

能	不能	不确定
祝贺你！这有助于培养学员的积极态度和学习意向，并鼓励管理者派更多直线下属参加培训。	你需要改善这一点。它可以为你的培训赢得更多支持，让学习过程更轻松、更有效。 ☐ 修改课程简介和邀请，强调培训可以为个人和组织带来哪些结果。 ☐ 让一些学员和经理检查修改后的简介，看看传达的信息是否清楚。 ☐ 让负责推广的同事过目，请他们提供一些改善建议。	这个问题事关培训的有效性，为了找到答案，你需要做一些市场调查。 ☐ 让一些潜在学员和管理者看看你的课程简介。他们能否说出参加培训后可以获得哪些结果？如果不能，你需要对简介进行修改。 ☐ 请负责推广的同事看看你的简介，并提供一些改善建议。

学习始于课堂之外

时间不停流逝，无法回头，是一项越来越宝贵的资源。为了紧跟企业的步伐，培训组织必须让学习过程更有效率，减少人们在工作之余花在学习活动上的时间。这并非易事。由于培训课程的时间被不断压缩，阶段一的独立学习（通常称为"前期准备"[①]）变得越来越重要。

为了确保阶段一的学习有效，必须满足以下五个条件：

1. 必须有扎实的理论依据。
2. 必须清晰有力地向学员传达这一阶段学习的目的。

[①] 我们尝试过（虽然没成功）从学习术语中删去"前期准备"这个词，因为我们觉得这个词好像在暗指这些工作不是真正的工作，后面才是真正的工作。如果把布置的功课称作"前期准备"，大家可能就不会完成了。

3. 学习内容应该与可支配时间相符。
4. 内容应该引人入胜，鼓励学员思考。
5. 后续课程应该建立在阶段一的学习的基础之上，而不是单纯的重复。

阅读行动 D2.3 获得更多信息。工具 D2.3 中的流程图可以帮你选择合适的阶段一的学习。工具 D2.4 提供了一些范例。

快速测试 D2.3 评估当前情况并进行改善。

 快速测试 D2.3　阶段一的学习

1. 你的课程设计是否包括阶段一的学习？

是	否
非常好。每个培训项目都应该包括阶段一的学习。对于某些项目，你可能觉得学员没必要在课前进行自主学习，但是阶段一的学习应该是一个积极的、必要的环节，不应该被忽略。	即使你觉得某些项目不需要进行课前准备，但是阶段一的学习始终都是必要的。 ☐ 修改课程设计的标准作业程序和审批流程，确保将阶段一的学习纳入其中。课程设计中还应有理有据地说明前期准备的内容及原因。 ☐ 使用检查清单，确保课程设计中包括阶段一的学习。

2. 培训课程是不是对阶段一的学习的延伸和发散，而非简单的重复？

是	否	不确定
非常好。遗憾的是，很少有组织可以做得像你这么好。 ☐ 做好督促工作，继续保持。	如果培训不是建立在前期准备的基础上的，前期准备还有什么用？ 如果讲师在课堂上只是把前期准备的内容重复一遍，那么这样的培训就是浪费时间。 ☐ 修改课程设计，充分利用课前准备，并在前期准备的基础上准备课程内容。	这个问题很重要。如果讲师在课堂上又把前期准备的内容重复了一遍，他们就是在浪费宝贵的时间。

续表

是	否	不确定
	☐ 如有必要，修改前期功课的内容，让这些准备更有意义。	☐ 和近期的几位学员聊聊，或者旁听一节课，找出问题的答案。

重新定义终点线

在如何设计完整体验的研究中，卡尔霍恩·威克提出了一个重要想法：重新定义终点线。

在目前绝大多数的企业培训项目中，在课程（阶段二）结束后，学员可以马上获得毕业奖励或证书。我们认为这种做法传达了一个完全错误的信息："你已经圆满完成了学习过程。"实际上，真正的学习始于课程结束后。学员需要努力转化和应用新知识与新技能，从而改善绩效。

成功的培训项目会将终点线放在课程结束后的几周或几个月以后。只有学员的绩效得到了真正的改善，培训才能算圆满收场（见图D2.2）。

在案例D2.4中，幸福卫理公会医疗的组织效能经理贾斯廷·基顿讲述了他和团队一起为Coaching Clinic项目重新定义终点线的经历。在案例D2.5中，安捷伦科技有限公司全球学习和领导力发展总监Christopher Goh Soon Keat介绍说，他们在进行一项面对初级经理的核心领导力项目时，把终点线定在了课程结束三个月之后。

有关具体指导及更多实例，请阅读行动D2.4及威克、波洛克和杰斐逊的著作。

工具D2.5向管理者介绍了如何进行快速、有效的培训后交流。

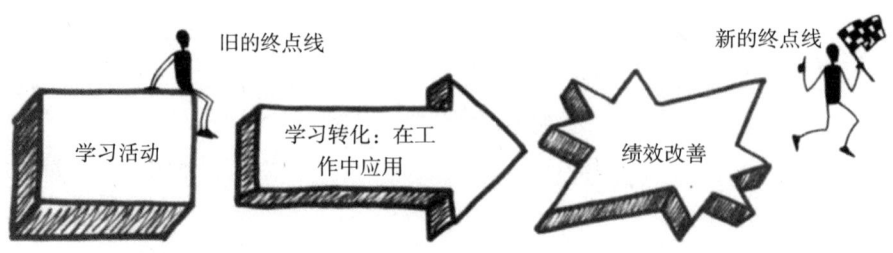

图 D2.2 重新定义培训的终点线：绩效改善

给予成就感

在《驱动力：在奖励与惩罚已全然失效的当下如何激发人的热情》一书中，丹尼尔·平克收集了大量关于内在动机的影响力的实例，并得出这样的结论：对于大多数人来说，激励他们出色完成工作并获得认可的推动力，远比金钱和地位重要。通过仔细研究脑力劳动者的日常工作记录，阿玛贝尔和克雷默发现，工作进步后的成就感往往代表着更高的生产力、创造力和敬业度。可惜的是，他们发现"有太多太多的管理者都没有意识到进步的重要性，因此也不会费心去考虑或者采取行动去支持这一点"。

艾瑞里用实例证明了人们的努力被无视之后那种极其负面的影响。他发给人们一些文件，让他们从中找出所有出现"ss"的地方，完成后会给他们支付一些报酬。完成一页后，人们可以再索取另一页，也可以随时退出。这样一轮又一轮之后，报酬越来越少；到了第 11 页的时候，报酬降到了零。

人们把完成后的文件交上去之后，出现了这样的情况。面对第一组实验对象，实验者会浏览一遍文件，赞许地点点头，然后把它放在一叠已经完成的文件上。面对第二组实验对象，实验者故意表现出无视的态度：没有眼神交流，看也不看就把文件塞到一堆纸里。而第三组实验对象的境遇更惨：完成的文件刚刚交上去，就当着他们的面被塞进了碎纸机。

实验结束之后，不出意料，第一组完成的文件数量最多，第三组则最少。对于培训专家来说，最让他们惊讶的是第二组。这组对象的成果和第三组非常接近。这说明，如果人们的努力被无视，他们的内在动机就会大受打击，就好像他们的努力被破坏了一样。以往的培训部门还无法充分利用学员的内在动机：学员付出努力，将学到的知识应用到工作中，他们的努力应该得到认可（见图 D2.3）。提供奖励或者一份毕业证书都是不错的选择；如果想更有分量一些，来自学员上司的认可绝对意义非凡，如案例 D4.6。

使用快速测试 D2.4 评估当前情况并进行改善。

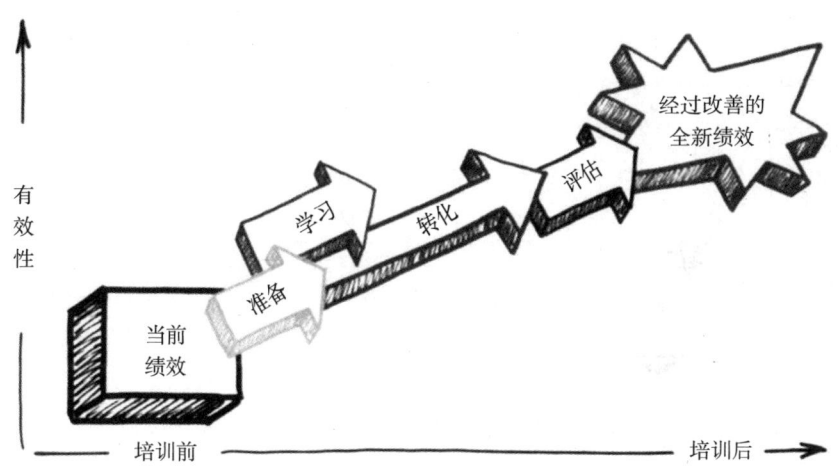

图 D2.3　学习过程的四个阶段

 快速测试 D2.4　过程与成就感

1. 你是否在课程（课堂教学或电子课程）结束后就立即向学员颁发证书或奖励？

是	否
这样做其实是在传达一个错误的信息。参加课程并不能为学员创造价值，只有在工作中应用才有意义。 ❏ 重新定义终点线。根据学员对新知识的应用情况提供奖励或证书。根据成果的类型和战略意义选择合适的期限和机制。	❏ 很好。能够将学习过程延伸到工作实践中，你已经领先一步。

2. 学员将所学知识应用到工作中之后，你是否为他们提供了评估成绩的标准？

是	否
很好。做有意义的事，感受进步的喜悦，这是促使员工不断努力的强有力动机。	你可以在培训结束后让学员获得一定的成就感，从而提高培训的商业影响力。最简单的方法就是自我评估。 ❏ 阅读 *The Progress Principle* 一书，了解成就感的重要性。 ❏ 使用学习转化支持系统培养分散学习法和成就感，如Qstream。

3. 针对学员运用所学知识取得的成就，公司是否准备了认可和奖励机制？

是	否
很好。有很多培训项目都没能做到这一点。如果没有认可或奖励机制，培训基本上就失去了意义。	这一点非常重要，绝对不能遗漏。 记住，忽视别人的努力和破坏别人的努力一样，都会挫伤人们的积极性。 ❏ 行动起来！设置时间线和奖励机制，对员工的成就进行评估和认可，如后续研讨会、整合交流、自我评估或其他形式的评估。为了达到最大的影响程度，应该由学员的直线经理来执行这一过程。

全面整合

为了将培训转化为结果,我们需要把学员自始至终的所有体验整合起来。培训过程中的每个环节不仅要相互联系,还要烘托出关键的主题和概念。培训讲师的工作不一定是最轻松的,但是一定要让学员拥有最轻松的学习体验。设计培训课程时,必须进行全面的考虑,如以往的培训课程、工作经验,以及为了实现理想的结果所需的教练和辅导。这也是史蒂夫·罗森鲍姆和吉姆·威廉姆斯合著的 *Learning Path Methodology*(2004)一书的核心观点。在案例 D2.6 中,史蒂夫分享了他的经验。在设计和管理新员工的培训项目时,他采取了整体分析法,大大提高了培训效率,同时改善了员工保留率。

案例 D2.7 和案例 D2.8 也证明了设计完整体验的重要性。在案例 D2.7 中,塔塔集团的总经理助理 Ishita Bardhan 和高级经理 Kanika Sharma 讲述了完整的学习体验可以为新雇员带来哪些帮助。在案例 D2.8 中,PowerUpSuccess 集团合伙人雷蒙德·弗恩和乔纳森·洛表示,他们首先对业务需求进行了全面的深入分析,然后把分析结果和学习及绩效支持联系起来,帮助一家衍生软件公司成功实现了商业结果。

> **总 结**
>
> 在培训项目中,除了课程本身,培训前和培训后阶段也是决定最终结果的重要因素。6Ds®法则的第二法则是设计完整体验,因为培训并不仅仅指课堂上的学习。工具 D2.6 中的检查清单可以帮助你更好地应用第二法则。

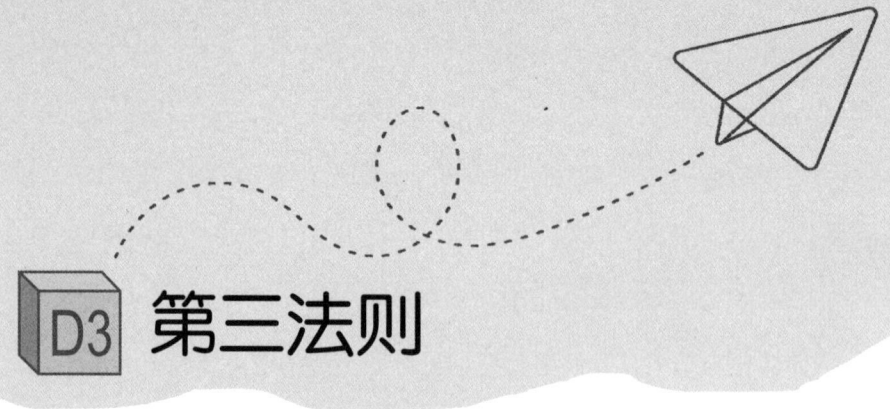

D3 第三法则

引导学以致用

6Ds®法则的核心原则指出，只有将学习进行转化并在工作中运用，才能实现培训的商业价值。第三法则从方法、机制、顺序、时机、参与等方面入手，确保培训本身可以辅助学习内容在工作中的后续应用。因此，设计课程时，应该保证学员能以最轻松的方式完成学习和运用，而讲师则应投入最多的精力进行设计和讲授。

第三法则的关键要素包括：

- 解决"学"与"做"的问题。
- 学习"如何学习"。
- 防止注意力负载。
- 确保充分练习。
- 连"点"成"线"。
- 关注相关性和应用性。

解决"学"与"做"的问题

在引言部分我们说过,培训项目是否有效,取决于学员在实践前的"关键时刻"对以下两个问题的回答:

- 我是否能够学以致用?
- 我是否愿意付出努力?

这两个问题非常重要,它们的答案在很大程度上取决于培训的设计和实施情况。

对于第一个问题,对于学员来说,如果想让他们真正做到学以致用,必须满足以下三个条件:

- 学员对自己的能力有信心。
- 学员拥有实践的机会。
- 学员能够及时获得所需帮助。

自信来源于历练。如果一门课程偏向于"怎样做"而不是"为什么这样做",并且为学员提供了大量可靠的实践机会,那么学员会对自己的能力更有信心。经验丰富的前辈们提供的支持和帮助也可以鼓舞士气,推动学以致用(见第五法则)。

对于第二个问题,学员必须符合以下三个条件,才会愿意付出努力:

- 学员认为所学内容具有相关性和应用性。
- 学员确信新方法优于以往的做法。
- 学员相信他们的努力可以得到应有的认可和回报。

第三法则（引导学以致用）深刻影响着第一和第二法则。成人教育学的基本原则之一认为，"成人的学习动机来源于学习是否可以帮助他们应对实际生活中的工作和问题"。学员必须相信即将学到的内容可以"帮助他们完成工作或解决问题"，才会付出时间和精力去学习和实践。换句话说，培训必须能够凸显自身的价值（见"连'点'成'线'"部分）。

如何评估培训设计？其中一个标准就是："这样的设计是否可以让学员做出'我能'和'我愿意'这两个回答？"如果不能，就要想办法解决这个问题。

使用快速测试 D3.1 评估当前情况并进行改善。

 快速测试 D3.1　"我能"和"我愿意"

1. 在培训后反馈调查中，学员是否做好了学以致用的准备？

是	否
非常好。这些信息非常有意义，它可以告诉你学员能否学以致用。虽然肯定的回答并不一定能保证培训的转化和应用，但是如果学员还没有做好准备，他们也不会做出肯定的回答。 ☐ 找出存在这方面问题的项目，并从根源上解决。	你忽略了一些很关键的点。 ☐ 在调查中加入一两个问题，了解学员是否有能力实践所学知识。 ☐ 找出存在这方面问题的项目，并从根源上解决。

2. 你是否评估过关键项目的培训转化率（在工作中应用培训内容的学员数量）？

是	否
非常好。你已经领先于人,因为大部分学习组织都不清楚培训的实际转化率。 ☐ 继续改善。想办法让更多的学员回答"我能"和"我愿意"。	不知道转化率,就无法真正了解培训是否有效。 ☐ 最简单的方法:(在培训结束后一定时间)询问学员是否能在工作中应用所学知识并取得成效。 ☐ 如条件允许,最好通过独立的观察员或指标来保证应用情况。

学习"如何学习"

近些年来,有关人们学习和记忆的研究取得了巨大的进展,涌现出众多优秀著作。研究表明,我们在组织教育中的大部分努力都事倍功半。

例如,我们都知道,集中注意力是学习的第一步和关键。大脑不断地从外部接收信息,数量远远超出了它本身的处理能力(见图 D3.1)。人类大脑只能同时接受一束信息流或渠道,其他信息未经加工就被直接忽略。用一个更通俗易懂的例子来说,如果你在聚会上和一个人聊得非常投机,你会自然地把其他人"屏蔽"。尽管你还能听到别人的谈话,但大脑却忽略了具体的内容,除非这些内容能够吸引你的注意,如你听到了自己的名字,或者有人开始发火。

所有的证据都表明,一心多用并不存在。人们可以快速地在不同任务间切换,但是每次只能专注于一件事。所以,我们的注意力就像一个非常窄的漏斗,而学习的内容就是通过这个漏斗进入大脑的。如果注意力不集中,人们就没办法学习,而"枯燥的内容无法吸引人们的注意力"。可惜,大部分的企业培训都很枯燥,基本上就是毫无新意的幻灯片(见行动 D3.1)。

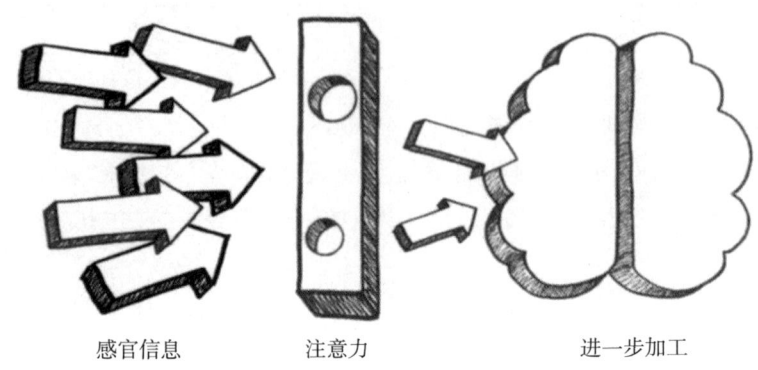

感官信息　　　　注意力　　　　　　进一步加工

图 D3.1　大脑接收的信息数量远远超出了它的处理能力。
人们的注意力有限，所以大脑过滤和忽略了大部分信息

集中注意力并不容易。乔纳森·海特在《象与骑象人》（*The Happiness Hypothesis*，2006）一书中借用了佛教的类比，把大脑意识比作骑象人：

"骑象人……是指人们有意识、受控制的思想，也就是'智'；而大象则是本能反应、情感和直觉等构成情绪脑的因素，也就是'心'。"

朱莉·德克森在其著作 *Design for How People Learn* 中将海特的类比延伸到了培训和发展领域。骑象人可以控制大象，但是只能控制一时，而且过程非常艰难。大象体形庞大，拥有自己的思想，很容易分心。我们在培训时，必须把大象和骑象人都考虑在内，帮助他们合作。毕竟，再有经验的骑象人也不能一直控制大象的注意力。

成年人对一件事的注意力可以保持多久？答案肯定出乎许多人的意料：大多数成年人只能保持 10 分钟。因此，梅迪纳认为，培训课程应该由一系列 10 分钟左右的部分组成。为了维持学员的注意力，讲师每 10 分钟就要调节一下气氛。他们可以使用"引子"——感性刺激——来达到这个目的。"引子"可以是案例回顾、业界趣闻、笑话故事、启迪问题等——只要与主题有关，能

激发学员的情绪反应（如幸福、好奇、怀旧或其他）就可以。

我们发现，监测学员反应的工具（如 Turning Technologies 或 Poll Everywhere 提供的某些工具）可以有效维持学员的注意力，同时还能掌握学员的理解程度（更多相关内容及方法请参考行动 D3.2）。

由于精神和生理上的需求，人们需要适时的休息，但是休息过后如何重获他们的注意力就成了一个难题。在行动 D3.3 中，爱默生集团的培训总监特伦斯·多纳休讲述了他通过快速竞赛重获学员注意力的故事。我们通过借鉴他的经验，获得了不错的成效。

体验式学习是一种特别有效的方法，因为它既能抓住学员的注意力，又能唤起他们的情绪反应——这两点恰好是促进记忆的强力催化剂。在案例 D3.1 中，新加坡 ROHEI 集团的首席顾问 Praise Mok 告诉我们，他曾经运用体验式学习来获得学员的注意力和情绪反应。

总之，你必须选择最有效的教学方式。首先，你要吸引和维持大家的注意力；这也是最关键的一步，需要设计者和讲师的思考、规划和创意。

防止注意力负载

学习过程中的另一个瓶颈是加工速度和能力。人们接收到信息之后，会将它们转化为工作（短期）记忆（见图 D3.2）。如果需要把信息作为长期记忆储存，以便日后应用，就需要进行进一步加工（编码）。编码过程越详细，即新知识和已有知识之间的神经连接越多，信息在大脑内储存得越久，取用也越容易。但是有一个问题：这样的加工过程需要时间和精力。

当人们在短时间内接收了大量的信息时，大脑无法对所有的信息进行加工和处理，就会出现注意力负载。加里·拉森的漫画作品 *Far Side* 中有这样一个年轻人，他说自己的脑子里装满了东西，所以想从课堂上早退。相信很多人都有过类似的感觉，这就是注意力负载：短时间内大量的信息如洪水般涌来，淹没了你的大脑，让大脑失去了处理能力。

图 D3.2　学习、存储、检索和应用过程中的关键环节

注意力负载不仅仅是信息量失控的问题，"当负载达到了一定程度，整个学习系统就会暂停运行"。所以，"填鸭式"地传递过多信息，无论内容多么简单，学习效果也会大打折扣。

使用 E-Learning 和多媒体教学的培训项目都会出现注意力负载的问题：

- 同时传递信息的渠道过多，如同时使用文字、旁述和影片等形式。
- 配图、图表和视频中包含的信息量过大；使用重点突出的简笔画更易于理解。
- 过分重视视觉效果，忽略了学习的本质目标。

出现以下情况时，课堂教学也会发生注意力负载的问题：

- 专业讲师提供的信息远远超出了非专业学员的需要或理解范围。
- 幻灯片由大量文字组成，学员无法兼顾听讲和阅读。
- 视觉效果过于花哨，容易让学员"走神"。

在案例 D3.2 中，科磊公司全球学习总监格伦·休斯分享了这样一个项目：他把公司的报告形式进行了改革，使会议更有效率，沟通更加清晰，决策更加完善。这个项目的要点之一就是教会大家如何改善幻灯片中的"信噪比"（读者可以使用工具 D3.1 来评估幻灯片中的"信噪比"）。

如果培训课程需要在极短的时间内灌输大量内容，就会让讲师和学员陷入一种被动的局面（"没办法，我们必须学完这部分"）。在这种情况下，学员没有充足的时间进行练习、反思、巩固或理清思路。结果呢？有些学员会跟不上进度——他们还没搞清楚基本的概念，头脑一片茫然，但是讲师却继续讲更难的东西了。

实现学以致用需要充分的时间和积极的练习，这样学员才能了解所学知识，把它们和已有知识联系起来，进行编码以便日后检索和应用。讲师可以通过不断重复同一内容来强化这一过程。"间隔学习法"——每隔一段时间复习一次——是认知学研究中最著名的研究之一。这种学习法将学习划分成若干时间段，从而避免注意力负载，促进精细编码，保证学习效率和效果。在同样的学习时间里，"间隔学习法"比"一次过"的教学法有用得多。

确保充分练习

萨拉斯及其同事曾就 200 多篇有关培训和发展学的论文进行研究得出了这样的结论：学习是通过练习和反馈实现的。充分的练习很重要，但练习之后的反馈也不容忽视。只有这样，学员才能自信地在工作中应用培训内容。

尽管没有一条培训法则可以放之四海而皆准，但是 6Ds®法则工作坊中的大多数专家都认为，要想实现学以致用，至少需要把 50%～90%的课堂时间用于练习。不过当我们问起他们在当天的教学中花了多少时间做练习时，大多数专家的回答都与他们的建议背道而驰。这就是理论和现实的差距，也说明了在目前的培训设计和授课过程中，"理论灌输"依然占据主导地位。如果可以减少理论知识的比重，增加练习机会，相信大部分企业培训项目都会获得更好的效果。

什么是练习？练习是指学员应用所学知识的过程，包括回答问题、案例讨论、情景模拟、游戏活动、角色扮演等形式。学员进行练习的环境与实际的工作环境越相似、包含的情境越丰富，练习的效果越好。这是因为，业务目标一般都属于"举一反三"的应用，即在不同的情境下应用所学知识。这种能力是通过不断的练习积累起来的，练习的内容应该丰富、全面，并且难度不断增加。

有趣的是，在练习的过程中，我们要允许学员犯错误。一系列研究表明，与常规的"避免犯错"训练法相比，"错误训练"可以为日后的实践带来更好的效果。在条件允许的情况下犯错，可以激励学员更加努力学习，帮助他们更好地了解所学知识，并教会他们如何处理实际工作中出现的错误。

我想再次引用萨拉斯及其同事的观点："我们鼓励学员犯错，尤其是培训的内容难度较大时。设计培训时，我们可以多设计一些'陷阱'，鼓励学员尝试不同的解决方法，即使行不通也没关系。"

结论："引导学以致用"重要的一点是确保培训提供不同情境下的充分练习，鼓励学员犯错，这样他们才能在工作中大胆地应用学到的知识。

使用快速测试 D3.2 评估当前情况并进行改善。

快速测试 D3.2　练习 vs 理论

1. 在你的培训项目中，你是否了解被动的知识传输和主动练习各占的比例？

是	否
非常好。确保学员有足够的练习时间，这样才能保证培训内容在实际工作中的应用。 ☐ 不断缩短知识灌输所用的时间，增加练习的时间。	你应该了解一下这个问题。课堂上（或 E-Learning）的大部分时间都花在了理论上，学员只能被动地坐着听讲。 ☐ 研究培训的项目安排，看看理论内容（讲座、演示等）和练习（情景模拟、角色扮演等）各占了多少时间。

续表

是	否
	☐ 如果理论内容占据了超过一半的时间，你需要想办法缩短，以增加学员主动学习的时间。

2. 如果你觉得学习内容过多或难度较大，你是否会和培训专家及课程设计者商讨改善办法？

是	否
很好。真正的学习专家应该懂得应用自己的专业知识完善设计中的缺陷和漏洞。	你应该学会利用这个机会。 ☐ 专家们是如何成为专家的？他们也通过不断的练习才取得今日的成就。"填鸭式"的教育并不可取。 ☐ 有许多研究都证明了大量练习的重要性，你可以邀请专家们一起探讨这些研究。

连"点"成"线"

学习是一个创造意义和寻找意义的过程。换言之，人们只会学习那些能够为他们创造意义的内容，也只愿学习对他们来说有意义的内容。再换句话说，如果我不懂乌尔都语，那么用乌尔都语授课的课程对我来说没有任何意义，因为我什么都学不到。同样，如果培训课程用了一堆我不懂的术语和概念，那我参加这个课程就是在浪费自己的时间和公司的资源。

或许某些培训中讲到的概念和术语意义非凡，但是如果我看不到它和我个人之间的相关性（对我个人来说没意义），我也不会花费时间和精力去学习。

因此,连"点"成"线"对于引导学以致用有两方面的意义:

- 帮助学员把新知识和已有知识联系起来,让新知识发挥作用。
- 通过回答 WIIFM 这个问题,实现培训的价值。

所有学习都是把新知识和已有知识联系起来的过程。出于这个原因,加涅在他的"教学过程九阶段"模型中,把"回顾过往知识"放在了第三位。只有把正在学习的新知识和过去学过的知识联系起来,学习才有意义。讲师授课时应该注意学员吸收新知识的速度,并且为他们提供框架,以便辅助理解,尤其当新知识是建立在已有知识的基础上时(更多内容见行动 D3.4)。

培训不仅要创造意义,还应该对学员有意义。对于成年学员来说,培训必须具有相关性和应用性。所以,培训必须在一开始就为"为什么我要学习这些"("它能带给我什么")这个问题提供一个令人信服的答案。

为了找到这个答案,讲师必须清楚培训和业务需求及结果之间的联系。价值链(见图 D3.3)是探寻这些联系的有力工具。

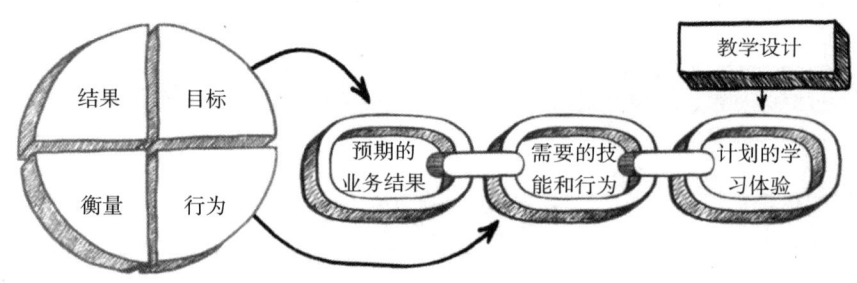

图 D3.3　学习的价值链展示了培训和商业结果之间的联系

工具 D3.2 可以帮助你在工作中应用价值链这一概念。它要求课程设计者找出培训主题与实现业务结果所需的技能之间的联系。行动 D3.5 介绍了构建价值链的过程以及好处。

培训时,讲师应该向学员说明培训项目和业务结果之间的联系,以强化课程及练习的相关性和重要性。实际上，马戈利斯和贝尔认为，进行练习前，必须先说明它的绩效比，这样才能回答 WIIFM 这个问题（见行动 D3.6）。

在案例 D3.3 中，塑帕克包装集团的企业学习总监黛安娜·欣顿及其同事分享了他们的经验。他们曾通过培训为公司化解了棘手的难题，并向学员展示了培训的显著效果和意义。

课程结束后，学员要把学到的内容应用到日常工作中，这就是学以致用。有许多专家都强调过这一点的重要性。在案例 D3.4 中，来自 Oneida Nation Enterprises 的 Melanie Brunet Relyea 和米歇尔·库珀分享了他们的经验。在一次重要的领导力培训项目中，他们让学员每周设置一个改善目标并报告完成情况，确保学以致用。在案例 D3.5 中，BST 公司的瑞贝卡·奈杰尔表示，要让管理者发现和把握工作中的"关键时刻"，借此塑造企业的安全文化，提高领导力水平。在案例 D3.6 中，美国西点军校的伯纳德·班克斯中校说，把课程目标从"我能"转变成"我愿意"，给他们带来了非常不错的改变。

另外，还可以请以往的学员分享他们在培训前、培训中和培训后的改变，让现任学员了解培训与工作的相关性和应用价值。在 *Feasting on Achievement* 一书中，卡尔霍恩·威克和迈克尔·帕佩介绍了企业通过分享成功故事来证明培训相关性的例子（案例 D2.2 中也有提到）。企业可以使用在线系统（如 Waggl）来收集和评价学员在培训结束后取得的成就。

证明培训相关性和实用性的其他方法有：

- 使用具体的、与公司有关的范例。
- 邀请公司管理者作为讲师。
- 强调业务目标，而非学习目标。
- 进行练习前，要说明练习与工作的相关性。
- 练习要尽量贴合实际工作。
- 使用真实的数据、系统、设备或工具。

最后，如果你选择用测试来评估培训的结果和完成情况，请确保测试与培训的学习目标一致，并且能够准确反映学员的能力。具体请见行动 D3.7。

使用快速测试 D3.3 评估当前情况并进行改善。

 快速测试 D3.3 连"点"成"线"

1. 在设计培训课程时，你是否使用过价值链、影响力地图（Impact Map）或类似工具把培训和业务结果联系起来？

是	否
非常好。这样做可以确保学员积极地应用所学知识。明确了这两者的关系，就可以更好地向企业领导和学员说明培训的价值。	你要做出改善。由于成年学员非常注重学习的相关性和实用性，所以你必须清楚地说明培训和业绩之间的联系。 ☐ 满足业务需求需要哪些技巧和行为？使用 6Ds® 法则价值链或布林克霍夫的影响力地图把培训和这些技巧或行为联系起来。 ☐ 无论是培训前、培训中还是培训后，都不能忽视这些联系。

2. 培训项目的讲师是否会反复重申培训与业务需求及学员预期业绩之间的相关性？

是	否
非常好。 ☐ 用工作中遇到的问题或以往学员取得的成就做示范，不断改进。	讲师需要改善这一点。只有了解了"学习这些能为我带来什么"，成年学员才愿意学习和练习。 ☐ 如果培训手册中没有提及培训和业务之间的联系，你需要把这一点补充上，引起讲师的注意。

关注相关性和应用性

作为学习组织，首先要能够证明培训的相关性和应用性，其次要确保学员能够领会这一点。这两点非常关键，因为如果学员在培训结束后还没有感受到培训的相关性和实用性，不确定培训能不能帮助他们走向成功，他们就不会在工作中应用新知识，甚至连试都不愿试。

如何评估培训的相关性和应用性？邀请学员快速完成下面的题目（一级评估）：

1. 我在培训中学到的知识与我的工作有直接关联。
   ○完全不同意　○不同意　○同意　○完全同意

2. 我在培训中学到的知识可以帮助我改善绩效。
   ○完全不同意　○不同意　○同意　○完全同意

3. 我已经准备好应用所学知识。
   ○完全不同意　○不同意　○同意　○完全同意

4. 我十分期待在工作中应用所学知识。
   ○完全不同意　○不同意　○同意　○完全同意

针对所有的培训项目进行调查，然后总结和分析调查结果。哪些项目的相关性或应用性得分较低？分析其中的根源，寻找解决对策，不要让培训变成"废品"。表D3.1列举了影响相关性或应用性评分的常见原因。

表 D3.1　影响相关性或应用性评分的原因

选择错误的受众	培训与学员的工作无关；学员根本就不应该参加本次培训
选择错误的时机	培训与学员目前负责的工作无关，课程的设计与学员今后的工作没有明确相关性

续表

选择错误的示例	学员无法将培训中的例子与现实联系起来,讲师无法构建有理有据的联系
缺少宣传	无法证明培训中教授的技巧可以为学员带来收益,或者证据不够充分
内容过多或过于不切实际	培训内容过多或理论过多,脱离了实际
选择错误的教学法	学员无法通过实践了解培训的相关性和应用性

使用快速测试 D3.4 评估当前情况并进行改善。

 快速测试 D3.4　关注相关性

1. 在培训结束后,你是否持续关注学员对培训相关性和应用性的看法?

是	否
很好。学员对于相关性和应用性的看法远比对食物和设施的看法重要。	你应该关注这一点。因为如果学员看不到培训的价值,就不会在工作中应用它们。有时只是因为信息没有传递到位,但是如果你不主动去问,就永远不会知道。 ❏ 在一级评估中增加有关相关性和应用性的问题。

2. 你是否会定期了解学员对相关性的看法并采取改善措施?

是	否
非常好。定期了解学员的看法可以帮你找出所有影响培训相关性和应用性得分的原因。	只有数据是没用的,你必须行动起来,做出改变。 ❏ 在一级评估中增加有关相关性和应用

续表

是	否
☐ 设计一种固定模式,让改善措施可以在几个项目中同时发挥作用。	性的问题。 ☐ 定期了解相关性和应用性评价,找出导致评分过低的原因,寻找改善方法。

总 结

第三法则"引导学以致用"要点如下:

- 培训的架构和教学方式影响着学员在实际工作中的应用。
- 如果可以减少授课内容,增加学员的练习时间,并辅以讲师指导和反馈,大部分企业培训项目都会收到更好的效果。
- 人们只会学习那些能够为他们创造意义的内容,也只愿学习对他们来说有意义的内容。
- 关注学员对于培训相关性和应用性的看法,如果学员还不了解这方面的内容,应该尽快采取改善措施。

在实践第三法则的过程中,你可以参考工具D3.3中的检查清单。

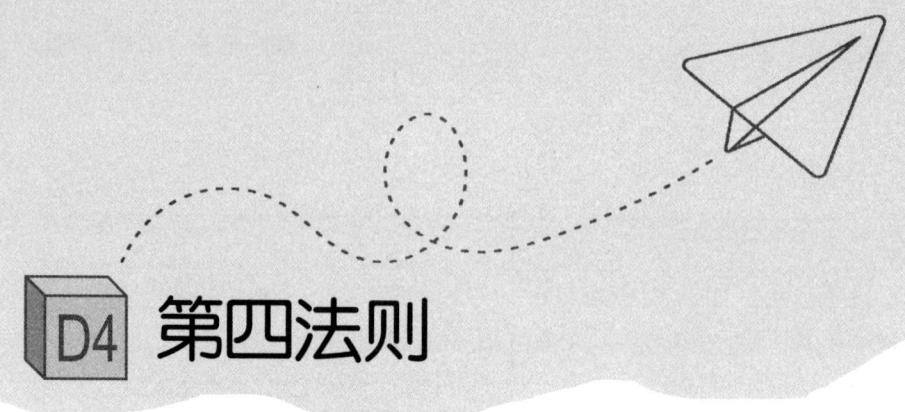

D4 第四法则

推动学习转化

为什么第四法则"推动学习转化"如此重要？因为在目前大部分的企业培训项目中，学习转化是最薄弱的一环。根据专业人士的估计，只有 1/5 的学员会坚持应用所学内容来改善绩效。这意味着有 80%的培训价值由于缺少转化而无法发挥作用（见图 D4.1）。

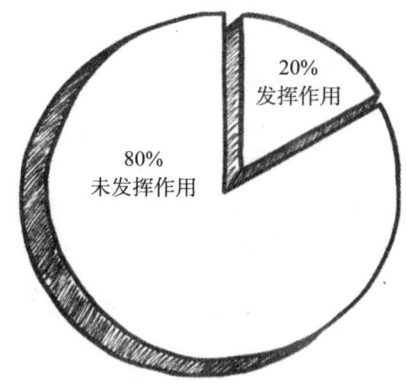

图 D4.1　专家估计有 80%的培训价值由于缺少转化而无法发挥作用

培训转化不充分，是导致客户对学习和发展项目不满的头号原因。企业管理者不了解培训和培训转化的区别。他们为学习项目投资，却没有看到期望的绩效改善，于是就断言"培训彻底失败"。虽然导致失败的真正原因通常是培训后的工作环境（转化氛围），但是人们对于培训的信心还是受到了影响。实际上，在麦肯锡进行的一项调查中，只有 25%的受访者认为他们参加的培训项目明显改善了企业的绩效。制约学习转化的一个重要原因是职责划分不明确。到目前为止，学习转化的责任仍在管理部门和培训部门之间徘徊，因为双方都认为自己没有责任去规划和管理学习转化。温斯顿·丘吉尔曾说过，"没有计划就没有成功"。所以，缺少学习转化规划的培训设计注定会失败。一直以来，推动学习转化都不是课程设计中的一部分，所以，即使最有经验的学习专家也可能忽略这一环节。在案例 D4.1 中，Fort Hill 公司的创始人卡尔霍恩·威克就给我们讲了这样一个案例，还提供了一个"即时应用清单"帮助大家避开这一误区。

我们之前讲过，只有确保学员在培训结束后回到工作岗位时，能够自信地回答"我能"和"我愿意"，培训才能创造商业价值（见图 D4.2）。第四法则的主要作用是让学员做到"我愿意"。也就是说，为学员提供充分的支持和鼓励，让他们在工作中应用所学知识。无论学员学到了什么，无论他们的水平如何，只要他们愿意应用和转化所学知识，培训就不是"废品"。有些学员的态度会比较积极，但是所有员工都会受到工作环境（转化氛围）的影响，尤其是管理者的态度和行为的影响。学习专家应该发挥关键作用，积极调整环境，推动学习转化。

第四法则的实践内容包括：

- 运用流程思维解决转化问题。
- 评估和改善转化氛围。
- 培训结束后继续分享学习心得。
- 管理者的参与。
- 明确培训转化的责任划分。

图 D4.2　"我能吗"和"我愿意吗"这两个关键问题决定着学员的选择

运用流程思维解决转化问题

我们在引言部分提到,把培训转化为商业结果是一个过程,而学习转化是这个过程中的关键步骤(见图 I.1)。和其他商业流程一样,转化也可以通过 PDCA(戴明环,为了纪念质量改革的创始人之一爱德华兹·戴明而得名,见图 D4.3),即"计划—执行—检查—处理"来不断完善。

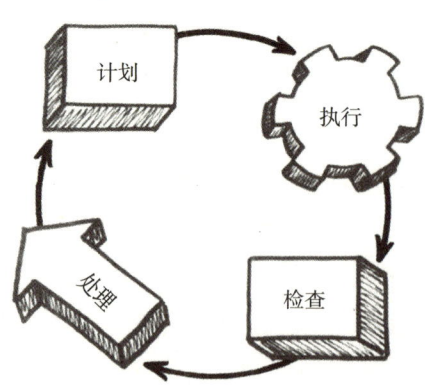

图 D4.3　PDCA(戴明环)

如今,大多数学习组织都使用 ADDIE 或教学系统设计(Instructional

Systems Design，ISD）流程来设计培训项目。这是一种进步，却没有用到流程思维，因为这些方法的关注点"全在课程分析、受众分析、课程战略和战略评估上"。因此，这些方法更适合大众教育而不是企业培训，因为它们不能满足企业培训的业务要求。传统的课程设计流程以达成和评估学习目标为中心，并以此为培训的终点。在这些课程设计中，既没有为培训在工作中的转化提供支持，也没有评估培训是否达成了业务目标。

为了实现培训在工作中的应用，我们需要一个包括学习四阶段（见图D2.3）和6Ds®法则在内的过程。在案例D4.2中，来自海宝公司的Alex Jaccaci和Charlie Hackett分享了他们通过流程思维实现精益生产的故事。

全面质量管理（Total Quality Management，TQM）、六西格玛（Six Sigma）、持续改善法（Kaizen）、零缺陷管理（Zero Defects）、精益生产法（Lean）等流程改善法的核心原则将质量定义为：改善成果不仅需要达到内部标准，还应该满足客户的期望。因此，评价培训效果好坏的真正标准是培训带来的业绩改善是否满足了管理层的需求和期望。

在企业培训中应用流程思维，我们需要设计和监督流程中的每个步骤，无论这些步骤是否属于传统的培训和发展范畴，这样才能确保培训的内容可以满足客户改善绩效的需求。当把焦点从学习目标转移到业务结果时，我们立刻就会意识到工作环境（转化氛围）对于培训转化的深刻影响。这一点也得到了无数研究的证实。所以，第四法则的核心要素之一就是评估和改善培训后的转化氛围。

使用快速测试D4.1评估当前情况并进行改善。

 快速测试 D4.1　流程思维

1. 在课程规划流程中，你是否考虑了"学习—结果"转化流程的四个阶段？

是	否
恭喜你占得先机。大部分培训组织还没有跳出"一次性学习"的限制。 ☐ 学习和实践流程改善技巧，不断完善你的培训项目。	遗漏任何一个阶段，都会增加培训失败的风险。 ☐ 在企业中寻找一位导师，向你解释关键术语和概念。在设计创意和审批流程的过程中新增一个检查步骤，思考一下在培训前和培训后需要哪些必要准备才能实现商业影响。

2. 当你修改培训项目中的某项内容时，如何判断这些修改是否会带来改善？你是否有自己的判断标准？

是	否
祝贺你！你已经掌握了流程改善的基本概念：必须对改变的结果进行评估，才能确定这样的改变是好是坏。	如果你只做出了改变，却不去了解改变的结果，这样的改变有可能事与愿违，也可能竹篮打水一场空。 ☐ 进行重大变革前，首先思考这个问题：如何判断这样的改变是否有效？ ☐ 使用戴明环解决问题。请注意，一定要完成检查步骤，这样才能知道下一步该怎么做。

评估和改善转化氛围

鲁伊勒和戈尔茨坦把转化氛围定义为组织中划分事项重要性等级的所有实践和程序。也就是说，当员工在培训后的"关键时刻"（见图I.2）决定自己是否愿意应用所学知识时，他们会思考这些内容是否具有应用价值。影响员工决定的因素有很多，下面仅列举几点：

- 上司的关注和支持。
- 同事对于新方法的看法。
- 员工自己对于新方法的应用性和潜在收益的看法。
- 企业的文化标准,是随便一试,还是精益求精。

霍尔顿和他在路易斯安那州立大学的其他同事共同设计了一个模型,可以用来评估转化氛围。他们把这个模型命名为通用学习转化系统清单(Learning Transfer Systems Inventory)。该系统包含16类因素,共51个问题。这些问题大体上可以划分为以下三类:

- 应用的能力。
- 应用的动机。
- 工作环境。

从图 D4.4 中可以看到,转化氛围中的所有因素都是互相影响、互相制约的。

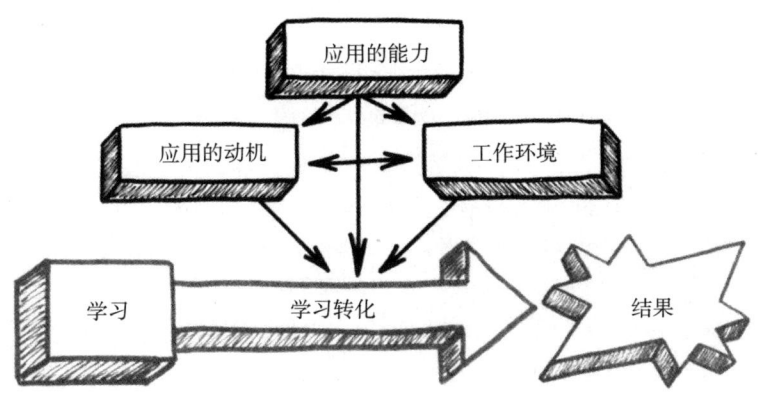

图 D4.4　影响学习转化的主要因素

工具D4.1中提供了简化版的转化氛围评分表。大家可以用它来评估所处环境中的哪些因素可以推动学习转化,哪些因素导致了"学习废品"。然后根据工具D4.2中的转化氛围改善规划表采取相应措施。

培训结束后继续分享学习心得

参加完培训之后,大多数学员都期待能够在工作中应用所学知识。但是,他们的注意力却总被日常事务、琐碎信息和其他重要事项占据,跃跃欲试的冲动也逐渐消失。如果不提醒学员在工作中应用培训内容,再完美的行动规划也毫无用途,学员总有一天会把这些知识抛在脑后。

广告商们也面临着同样的问题。所以,可口可乐、苹果、麦当劳等一些大品牌,每年都会在广告上花费数百万美元。这些商家知道,要想在众多令人眼花缭乱的信息中脱颖而出,必须不断地重复传递他们的信息。

同样,培训组织的信息传递不应该止步于课程结束,而应该定期提醒和鼓励学员应用所学知识。最简单的提醒方式就是发邮件。你一定想不到,虽然每个人都在抱怨有处理不完的邮件,但是他们都很重视邮件提醒。在一项以2 000名员工为对象的研究中,普洛特尼科夫和他的同事发现,如果员工连续12周都收到了每周邮件提醒,那么他们在改变健康习惯方面的进步就比没有收到邮件提醒的员工要大。凯撒医学集团的一项研究也得出了相似的结论。

邮件提醒的优势就是执行起来非常便捷且成本较低。在案例D4.3中,罗布·巴特利特讲到,他曾在DirectWest公司成功地应用了一种简单、便捷的低成本提醒系统。由于那时整个培训管理团队只有他自己,因此这个系统帮了大忙(更多内容请见行动D4.1)。

尽管被动的提醒、建议和指导对于推动转化有一定作用,但是如果可以让学员主动行动起来,会得到更好的效果。在案例D4.4中,Qsream公司的

CEO邓肯·伦诺克斯介绍了一种引导学员在培训后主动实践的系统,这种系统结合了间隔学习法和游戏化学习的优势。该系统最初是由哈佛医学院开发的,在一系列对照实验中都取得了不错的成效。

使用快速测试D4.2评估当前情况并进行改善。

 快速测试 D4.2　给予提醒

1. 培训课程结束后,你是否会提醒学员应用所学内容?

是	否
很好。这样做可以保持心得交流,有助于实现学习转化。 ☐ 不断完善,让交流变得更加互动、更有意义。	给予提醒并不需要花费很多成本和精力就可以推动学习转化。 ☐ 培训结束后,定期向学员发送提醒。 ☐ 在提醒中加入建议、实例、成功故事、问答题等,吸引学员的兴趣。 ☐ 学习使用 Qsream、ResultsEngine®、Cameo 等转化支持系统,实现自动化流程管理。

管理者的参与

管理者在培训的转化和实践过程中有着重要作用;他们是决定转化氛围理想与否的关键因素。管理者对培训的看法是连续的(见图D4.5)。其中,最负面的看法就是主动禁止在工作中应用培训内容,就像"你们在培训中学的是一回事,但在这里的做法是另一回事"。遗憾的是,这种情况比我们想象得普遍。

箭头的另一边是最理想的情况:管理者要求员工在工作中应用培训内容。

尽管"中立"处于中间位置，但并不属于正面反应。还记得我们在第二法则中提到的艾瑞里的研究吗？当人们的努力被无视时，他们会是什么反应？如果管理者完全不表明自己对培训的看法，员工很可能认为这个培训无关紧要。管理者不表态，可能只是因为他忙着处理其他事情，并不代表他不重视这个培训，但后果却是一样的：学习废品。

图 D4.5　管理者对培训的看法

美国运通公司的一项研究表明：

> 什么是优秀的转化氛围？其中一个标准就是管理者要明确地表达对培训的重视和支持，在学习活动开始前设立目标和期望，在活动结束后和学员讨论他们在培训中的收获，在学员做出改善之后给予认可和奖励。

罗布·布林克霍夫将以上内容总结为"在管理者的支持下，培训和学员才能产生效果，否则就是白费力气"。

所以，培训部门应该让管理者为培训转化和应用提供更多支持。有效的管理者参与包括：

- 参与制定和排列企业的培训需求。
- 明确制定预期业务收益（第一法则）。
- 确保学员的直线经理了解项目的商业原理及为其部门带来的潜在

收益。
- 了解了"培训可以为员工带来什么"之后，管理者会更愿意投入时间和精力。
- 制定一份简短的课程纲要。
  - 管理者认为自己对培训主题和项目有一定的了解，才会愿意担任教练。
  - 篇幅简短，重点突出——最好不要超过一页。使用超链接的形式提供详细信息，供有需要的学员参考。
- 确保管理者以最好的状态进行培训。
  - 教练通常是管理者最不擅长的技能之一；通过培训，管理者就会知道如何改善教练和反馈技巧。
  - 案例 D3.5 就是关于如何让企业管理者在学习新知识的同时提高教练技巧的。
- 为每个项目提供具体的教练指导。
  - 为管理者提供实用具体的步骤，确保他们的直接下属能够从培训中获得最大价值（见行动 D5.1）。
  - 如果管理者获得的指导比较具体，他们就会提供更多教练培训。
- 增加管理层支持的责任比重。
  - 培训部门无法为经理负责，因为这是高层管理者的责任。
  - 但是你可以通过询问学员，了解他们的经理是否积极协助他们运用所学知识，从而获得高层的关注。向高层管理者汇报询问结果，以便他们决定是否满足现有支持，还是需要采取改善措施。

在案例 D4.5 中，澳大利亚 Institute for Learning Practitioners 的研究总监杰夫·里普介绍了一个项目，用来确保管理者做好了教练准备，并能够认识到这样做的重要性。在案例 D4.6 中，考克斯媒体集团的学习项目经理迈克·施瓦茨介绍了考克斯集团是怎样让管理者参与到学习的四个阶段的，以及这样做给管理者和学员带来的收获。

使用快速测试 D4.3 评估当前情况并进行改善。

 快速测试 D4.3　管理者的参与

1. 在直接下属参加培训之前，你是否为管理者提供了简短的课程纲要、培训的业务目标，以及培训给员工所在部门带来的价值？

是	否
非常好。在培训开始之前，管理者与直接下属进行讨论，可以为学习和学习转化带来积极影响。 ❏ 不断改善。询问管理者是否觉得以上材料有用，并请他们提出改善建议。	管理者的事先参与，可以使培训项目获得更好的效果。 ❏ 向管理者提交一份简要的项目大纲，里面要包括项目的业务结果（不是学习目标）。 ❏ 提供具体、简单、实用的行动建议，如在培训前组织一次简要的讨论，让大家了解培训的价值。

2. 如果学员设立了实践目标，你是否会告知他们的直线经理？

是	否
非常好。这样可以避免懒散，提高学员实践所学知识的积极性（即使管理者没有跟进，也不会受到影响）。 ❏ 寻找改善方法，实现流程的自动化或简化。	虽然你鼓励学员去和直线经理讨论他们的目标，但是出于种种原因，许多人都没有这样做。 ❏ 如果你很重视培训的应用，那么你应该把学员的实践目标告诉他们的直线经理。 ❏ 研究在线学习转化支持系统，简化这一流程。

3. 培训后，你是否会与管理者交流，并为他们提供建议去改善实践应用，获得更好的投资价值？

是	否
非常好。管理者是影响转化氛围的重要因素之一。提供实用的建议，可以改善管理者的参与情况，推动学习转化，获得更好的商业结果。	让管理者参与进来，有助于改善转化氛围，增加投资回报。 ☐ 向学员的直线经理提交一份简短、实用、具体的行动指导，从而确保培训的效果。

明确培训转化的责任划分

瑞士军刀品牌前任董事长彼得·吉尔森是这样看待培训的："初任董事长，我参加了数不清的发展项目，但是没有一个项目有后续跟进，了解我对所学知识的应用情况。大部分的后续调查都是关于讲师评价的。"遗憾的是，这个问题如今依然普遍。员工的工作一大堆，包括达到预算收入、执行生产计划、准备即时报告……却几乎没有应用培训所学知识的机会。由于培训转化的责任划分不明，没有引起重视，因此员工不愿意在这上面花时间。

为了让培训发挥最大效用，企业需要让员工对自己负责，在工作中应用学到的知识。第一步就是事先设定预期应用目标（见行动D2.2）。在描述培训项目时，企业应该强调培训内容在工作中的预期应用。在培训期间，通过让学员设定应用目标和行动规划，不断地强调这一点。在案例D4.7中，Learning Andrago的总裁马克·莱兰介绍了一种方法，可以用来培养学员的"义务感"，为日后的后续跟进打好基础。行动D4.2介绍了一种高效、有趣的团体活动，可以推动学员回顾所学知识，制定实践规划。

行动规划虽然是一个良好的开端，但是如果学员没有认真执行，仍然无法得到满意的效果。许多项目都要求学员制定自己的应用目标，不过也仅限于纸上谈兵。这些目标制定好之后，就迅速被大家抛在脑后。参加了几次这样的培训之后，学员发现，不会有人跟着检查他们的目标完成情况——根本没人在乎——所以他们也就不再重视目标制定。几年前，我们的某位客户就遇到过这样的问题。我们的研究表明，大多数管理者都不了解他们的直接下属的应用目标。因此，我们建议培训部门把学员的目标收集起来，复印后交给各自的直线经理参考。

有趣的是，我们的项目负责人忘了把这件事告诉学员，直到学员都写好了之后她才想起来。当她把这件事情告诉大家的时候，学员纷纷把手里写好的目标揉成了废纸，要求重新再写一遍。在学员以往参与的培训中，从来没人要求看他们的目标，更别提后续跟进了。所以，他们从来没认真对待过这件事，直到发现这些目标会被拿给直线经理过目。如果我们希望学员能够在"关键时刻"主动应用培训中学到的知识，就必须建立学员在设定目标时的责任感。

现在，有许多在线系统能够为学习转化提供支持，如 ResultsEngine®、TransferLogix™等。这些系统促使学员的直线经理、同事和其他人参与到学习转化过程中，提升了学员的责任感。此外，这些系统让流程中的许多环节实现了自动化。

在案例 D4.8 中，来自澳大利亚 Lever-Learning 公司的埃玛·韦伯介绍了另一种同样非常有效的方法，这就是将学习转化为行动（Turning Learning into Action®）。在这一过程中，学员制定和签署行动规划，并与外部专家进行三次行动跟进会谈。这些会谈的焦点是行动——学员在本次会谈之后至下次会谈之前，准备做出哪些改变，以便朝着预期目标更进一步。目标的达成情况会张贴在公告栏上。当意识到自己的表现会被项目投资者（通常是高层管理者）看到时，学员就会更加负责地践行自己的目标。

总　结

第四法则"推动学习转化"的内容包括：

- 将培训转化为商业结果是一个过程，课程结束并不代表这个过程已经完成。
- 说明时间和资源投资可以带来哪些价值，从而推动学习转化。
- 在培训规划中增加转化支持。
- 学员及他们的直线经理都需要为转化过程负责。
- 创造良好的转化氛围，推动管理者的参与。

工具D4.3提供了第四法则关键因素的检查清单。

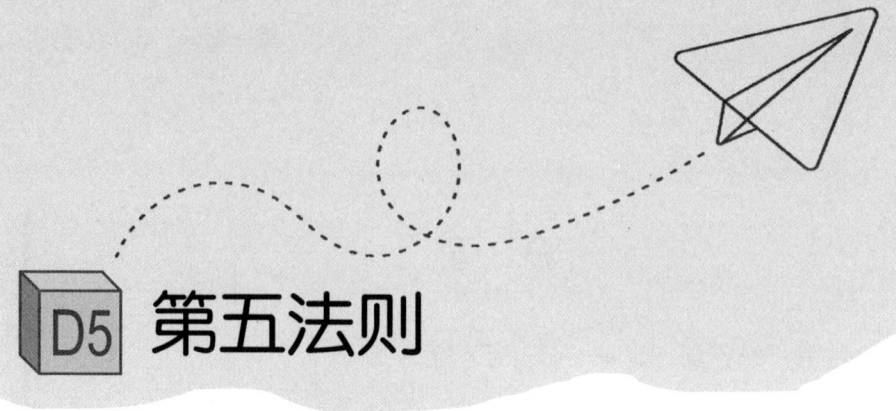

D5 第五法则

实施绩效支持

第五法则"实施绩效支持"的目标是，通过增加学员成功应用新技能的可能性，推动学习转化。科技的飞速发展，尤其是智能手机的出现，为培训部门带来了前所未有的机遇，让它们可以随时随地提供高质量的支持。

人类的记忆力令人赞叹。但是大多数人擅长记忆纲要，却不擅长记忆细节。他们在记忆新信息、新流程或新步骤的细节时总是很吃力。即使经过专业训练的人，在面对时间限制或难度较大的情况时，也可能会忘记某个关键步骤。阿图·葛文德在他的著作《清单革命》（The Checklist Manifesto）一书中写道，"检查清单可以帮助所有人避免犯错，检查清单的应用范围要比我们想象的广泛得多"。正确的绩效支持可以避免人为原因导致的错误，确保每个人、每件事都不出差错。

培训结束后，在学员尝试应用新技能的时候，绩效支持就变得尤为重要，因为它可以减少注意力负载。优秀的绩效支持（工作辅助、清单等）可以让人们在工作时专注于短期的工作记忆，无须在回忆步骤顺序的同时还要思考具体的操作。

课程设计者应该鼓励学员用工作记忆处理信息,而不是存储信息。例如,学员第一次接触新的程序时,我们应该准备一份清晰的步骤概述,这样他们就能把全部工作记忆都用在程序操作上。在这种情况下,工作辅助尤其重要。当学员足够熟悉这项任务时,手上的操作就成了惯性反射和旁路记忆。这时就不再需要工作辅助了。

绩效支持让学员更自信地说出"我能",从而推动学习转化。此外,它还可以增加学员旗开得胜的概率,鼓励学员主动应用新技能。旗开得胜是维持学员动机和斗志的关键,如果出师不利,他们很可能重拾以往的旧习惯(见图D5.1)。

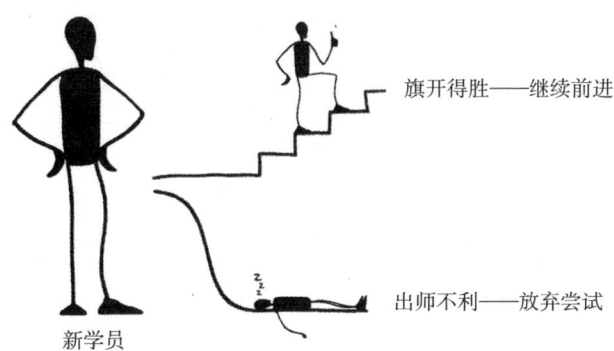

图 D5.1 旗开得胜,学员会越发勇往直前;出师不利,学员更倾向于半途而废

最后,把过去学过、记过、练习过的内容转化为绩效支持,学员就有更多的时间进行主动学习和实践,培训也会更有成效。实际上,在某些项目中,如果绩效支持足够完善,甚至连培训都可以省略。例如,给复印机换碳粉这种事就不需要培训,因为包装箱和机器上都印有说明。

第五法则的实践内容包括:

- 在课程设计中加入绩效支持。
- 寻找最需要绩效支持的时机和位置。

- 创造性地借助人力、技术和材料来提供支持。
- 设计、测试、改善、实施、再改善。
- 确保工作辅助实现价值。

工具 D5.1 中的工作辅助可以帮你完成选择、设计和实施绩效支持的整个过程。

在课程设计中加入绩效支持

6Ds®法则之所以被称为法则,就是为了强调在执行这些内容时,我们必须一丝不苟——彻底、连贯、认真——这样才能产生最佳效果。对于第五法则来说,这意味着在每个项目的规划过程中都要考虑到绩效支持。我们并不是说每个培训项目都必须有绩效支持,虽然差不多所有项目中的绩效支持都有或多或少的作用。我们只是希望大家在设计项目时,能够考虑一下绩效支持是否能帮你实现业务结果。你可以经过考虑之后再决定要不要绩效支持,但是绝对不能直接忽略这个步骤。

最好的办法就是把绩效支持当成培训设计审批清单中的一个必要选项。我们有几个客户就用了这个办法。有个客户还设立了一个年度奖,用来鼓励课程设计团队做出最有效的解决方案。

在案例 D5.1 中,AfferLab 公司的合伙人之一 Conrado Schlochauer 讲述了他在客户定制的辅导项目中实施绩效支持的经验。AfferLab 是巴西最大的培训服务供应商。在这个项目中,Conrado 结合了第二法则和第五法则,把辅导支持全面整合为更大规模的文化变革行动。

使用快速测试 D5.1 评估当前情况并进行改善。

第一部分 6Ds®法则

 快速测试 D5.1 把绩效支持融入课程设计

1. 你的课程设计中是否包括绩效支持？

是	否
很好。在设计完整（和有效）的培训体验时，绩效支持是一个重要部分。	提供匹配的绩效支持，可以让培训项目更有成效。 ☐ 每个课程设计都要全面讨论是否需要绩效支持。 ☐ 经过仔细考虑之后再决定是否需要绩效支持（绝对不能忽略这个步骤）。

寻找最需要绩效支持的时机和位置

罗塞特和谢弗指出，在以下八种情况下，绩效支持尤为重要：

- 新的工作任务和程序。
- 内容复杂、步骤繁复的工作。
- 出现失误会导致严重后果或高昂代价。
- 需要大量信息为依托。
- 程序、方法或信息变更频繁。
- 可以通过自我评估改善绩效。
- 人员流动率较高，工作内容简单、直接（如快餐业）。
- 缺乏组织培训的时间或资源。

如果能在培训结束后立即实施绩效支持，就会收到格外显著的效果，因为学员对刚学的新程序还不太熟悉。虽然他们在培训中做过练习，但是实际操作却是另一回事。工作辅助和其他形式的绩效支持可以帮助学员顺利实现

65

过渡，激励他们勇往直前。经过实践，学员越来越熟练；慢慢地，他们不再需要来自外界的支持。但是，在某些绝对不能出现失误的工作中（如驾驶飞机或进行手术），应该把工作辅助（如飞行前检查清单）当成一种强制性要求。

怎样判断哪些时机和地方最需要绩效支持？有以下几种方法：

- 与参加培训的学员交谈。请他们回忆第一次做这项工作时的情景：当时遇到了哪些困难和问题，有哪些方法可以帮助他们解决这些困难和问题。
- 访问曾经参加过培训的学员。对于他们来说，哪些内容应用起来最有难度，为什么，怎样解决这个问题。
- 询问员工是否有自己的工作辅助，如便利贴、统计表、待办提醒等。员工都会发明一些简单实用的小工具，也很愿意和大家分享。
- 访问培训学员的直线经理。根据他们的经验，员工初次面对某项任务时，哪些地方最容易出现问题，哪些地方出现失误会让公司、员工、客户付出高昂代价，为这些地方提供绩效支持。
- 访问学习专家，根据他们对人员业绩的经验和知识，哪些工作会让人们无法同时思考"该做什么"和"怎么去做"。访问讲师，在课堂上的角色扮演和其他形式的练习中，哪些地方对于学员来说最有难度。
- 不要忘了，管理者也需要绩效支持。我们不能因为某个人被提升为管理层，就理所当然地认为他知道如何提供有效的反馈或针对培训主题展开绩效优化教练。当他们为员工的培训后实践提供支持时，遇到了哪些问题？另外，问问员工对他们的直线经理有哪些改善建议。根据访问的结果整理出一份面向管理者的绩效支持（见行动 D5.1）。

创造性地借助人力、技术和材料来提供支持

传统的纸质工作辅助工具、备忘录等低成本工具，可以满足大部分的绩效支持需要。但是，你也可以借助课程设计师和 IT 专家的帮助，探索更具创意和效率的方法。例如，有一家客户公司总是不能顺利完成某种新药品的销售目标，这种药品主要用来治疗某种特殊的骨骼疾病。这家公司发现，他们的销售代表总是不愿意和医生交流，因为这些代表对自己的专业知识缺乏信心，特别是不知道许多专业词汇的正确发音，所以他们很害怕出丑。

为了解决这个问题，公司的培训和市场部门联手打造了一种基于 iPad 的工作辅助工具。这个工具不仅标明了骨骼中每个部位的名称，还具备发音功能。销售代表在拜访客户前，可以很快地浏览这些内容，为自己加油打气。交流的信息量上去了，于是销售额也节节高升。

不要因为你没考虑过某种方法就不敢用它。看看其他公司，尤其日用消费品公司是怎样处理客户支持问题的，然后参考他们的经验，满足你的需求。例如，宜家是国际上最先倡导"自己动手组装"的家居品牌。不管过程有多复杂，宜家的大部分客户都能照着产品说明顺利地把家居组装起来，而这些产品说明里全是示意图，一个字都没有。你可以参考他们的做法，多用图片、少用文字。图片刺激的是人类右脑的图像处理能力，通常比文字内容更直白，更容易理解。

培训组织还可以发挥创意，利用人力资源提供绩效支持。在有些情况下，简单的工作辅助不能解决问题，必须借助专业的知识或丰富的经验。员工需要一位资深的专家或教练为他们提供实时的绩效反馈。这时，我们就可以充分挖掘同事的作用——无论是一起参加培训的同事，还是以往参加过培训的同事（见行动 D5.2）。

在案例 D5.2 中，澳大利亚 Institute for Learning Practitioners 的研究总监杰夫·里普介绍了一种名为"胜任教练"的方法。这种方法使用"胜任能力发展练习"（通常和同事一起进行）和"成长历程"，确保学员在课程结束后继续学习。在案例 D5.3 中，塔塔汽车学院的总经理助理 Ishita Bardhan 和管理优才发展中心高级经理 Kanika Sharma 分享了他们的经验。他们依靠来自工作环境的支持，帮助学员提升了他们的教练能力。

许多公司在引进新的软件系统时，都会邀请受过专业培训和经验丰富的用户帮他们解决复杂的问题。这些问题单靠基本的工作辅助是无法解决的。有一家公司还仿照 Car Talk（注：广播节目名称）的形式，每周推出一期网络访谈。用户可以打电话来向两位专家提出问题。在轻松的氛围中，问题得到了解决。这种节目形式随即得到了广泛喜爱。许多人即使没有问题要问，也会定时收听，因为他们总能学到一些以前不知道的内容。

讲了这么多，我们主要想告诉大家要敢于挑战自己和我们的设计团队，创造性地思考如何提供有效、高效、实用的支持。

使用快速测试 D5.2 评估当前情况并进行改善。

 快速测试 D5.2　创意应用

1. 在最近的培训课程中，你是否使用过纸质形式之外的其他绩效支持工具？

是	否
很好。在技术发展日新月异的今天，提供支持的方式也越来越富创造性。 ❏ 继续参考其他部门或公司使用的创意。 ❏ 调整这些创意，然后应用到你的需求中。	纸质工具能够满足大多数的工作需要，但是你不能局限于这种形式。你应该学会利用技术的优势，让绩效支持发挥更大作用。 ❏ 鼓励你的团队探索新领域和新方法，尽量使用技术含量较高的支持方式。 ❏ 将新方法应用到培训项目中。

2. 团队成员设计出更有效、更具创意的绩效支持工具以后，你是否会给予奖励和祝贺？

是	否
非常好！鼓励创新的最佳方式就是给予奖励和祝贺。员工的内在动机是推动创新的强力催化剂。	你应该给予他们奖励和祝贺。人们对于成功的向往是一种非常强大的动力。如果人们知道自己的努力会得到注意和认可，就会变得更有创造性、更有效率、更有热情。而且，认可和奖励不需要你付出任何成本。 □ 创建奖励机制，寻找那些设计出最有创意或最有效率的绩效支持的员工，并给予奖励。 □ 你还可以设立一项年度奖，颁发给最佳绩效支持解决方案。

设计、测试、改善、实施、再改善

一旦确定了哪些地方最需要绩效支持，就要开始行动起来。此时最关键的问题是确定支持的本质和实施媒介。

支持的形式有很多种，如检查清单、专业系统、智能手机应用、资深专家等。工具 D5.2 列举了不同种类的例子。遇到不常见的问题时，可以同时使用多种支持形式，提供多层级的先进支持。

优秀的绩效支持需要具备以下因素：

- 随时随地可供使用。
- 针对性强。
- 实用。
- 简洁。

- 清晰。
- 有效。
- 低成本。

更多内容请见行动 D5.3。

为了确保解决方案满足以上标准，你需要在应用之前邀请代表性用户进行测试，而且测试要在真实（或高度模拟）的工作条件下进行，然后收集反馈进行改善。投入实际应用之后，你仍要坚持监测解决方案的应用情况，收集用户建议，方便进一步改进。阿图·葛文德在《清单革命》一书中介绍了航空公司开发、测试和持续改善飞行员绩效支持及清单的严格流程。他还介绍了小小的清单在病人术后护理中的强大作用，指出清单和其他工作辅助一样，不只是新手的专利；最专业、最有经验的老手也同样离不开这些支持。我希望大家都能读读这本书。

在案例 D5.4 中，塔塔汽车学习和发展部门的总经理助理 Hemalakshmi Raju 和部门经理 Sumita Menon 分享了他们的故事。他们通过定位需求、设计和实施绩效支持、评估结果等过程，在生产质量方面取得了了不起的成就。

确保工作辅助实现价值

工作辅助和其他形式的培训后绩效支持（如培训本身）一样，都只能在实际的使用中创造价值。为了确保工作辅助能够实现价值，我们要：

- 在培训中（或培训前）引入工作辅助。
- 确保管理者为工作辅助提供支持。

在培训中（或培训前）引入工作辅助

如果你希望员工能够使用工作辅助，就不要在培训结束后才提供辅助或其他绩效支持。在培训期间引入工作辅助可以加快员工的进步速度。在进行课堂练习的时候，要求学员使用工作辅助，学员就会产生熟悉感。到了真正工作的时候，他们自然会选择使用这些支持。

爱默生集团的培训总监特伦斯·多纳休将这一点进一步延伸。他认为许多培训都应该把引入工作辅助作为第一步，然后才是设计培训，这样人们就会知道使用工作辅助的时机和方法。我们的某位客户就在课程开始前准备了一份以计算机为媒介的工作辅助，让学员在进行课堂练习的时候亲自去研究使用方法。

确保管理者为工作辅助提供支持

我们之前说过，管理者在学习转化和应用过程中起着重要作用，其中也包括工作辅助和其他绩效支持形式的使用。理想情况下，管理者应该要求他们的直接下属使用培训提供的工作辅助和工具。条件不允许的话，最少也要鼓励下属这样做。

首先，我们要确定管理者知道工作辅助的内容、目标和使用方法。准备一些说明简介，或者组织一次关于工具的小型培训。另外，还要准备绩效评估或反馈表，方便管理者监督员工的进度和表现。最好在绩效评估表中加入工作辅助使用情况一栏。

使用快速测试 D5.3 评估当前情况并进行改善。

快速测试 D5.3　监督使用

1. 你是否在课程结束之后才引入工作辅助？

是	否	没有工作辅助
你应该增加使用工作辅助的机会，这样才能推动学习转化。 ☐ 在课程期间引入工作辅助并设计针对性的练习。 ☐ 最好可以先设计工作辅助，然后设计培训并教会人们怎么使用工作辅助。	你能够在课程期间就引入工作辅助，这一点非常可贵。让学员在培训期间就学着使用工作辅助非常重要，这样他们到了实际工作的时候也能熟练使用这些辅助。我们希望所有组织都能做到这一点。	如果你没有提供工作辅助或其他形式的培训后绩效支持，那么培训就无法充分发挥成效。 ☐ 询问以往的学员在应用所学知识的过程中遇到了哪些问题，然后设计出相应的工作辅助支持。

2. 你是否为管理者准备了工作辅助的使用说明？

是	否
非常好。主要可以让管理者参与其中，强调在工作中使用工作辅助的重要性。 ☐ 收集管理者的想法，不断改善，让工作辅助发挥更大作用。	这是一个机会。管理者应该提倡在日常工作中使用工作辅助。 ☐ 向学员的直线经理提供一份简洁的工作辅助使用说明。 ☐ 最好把工作辅助使用情况列入业绩评估清单或得分表中。

总　结

在这一部分，我们主要学习了第五法则"实施绩效支持"：

- 应该把培训后的绩效支持纳入所有的课程设计。
- 有效的绩效支持可以帮助学员实现"我能"和"我愿意"，从而推动学习转化和应用。
- 在员工尝试新方法的时候，绩效支持可以减少工作记忆的负担，提高员工旗开得胜的概率，维持员工继续努力的动力。
- 提供支持的形式多种多样，最好能够根据工作类型和工作环境选择合适的支持形式。
- 有效的辅助通常针对性强，内容清晰、简洁、实用。
- 管理者应该了解支持的类型和使用支持的好处。

工具 D5.3 的检查清单列举了第五法则实践中最重要的元素。

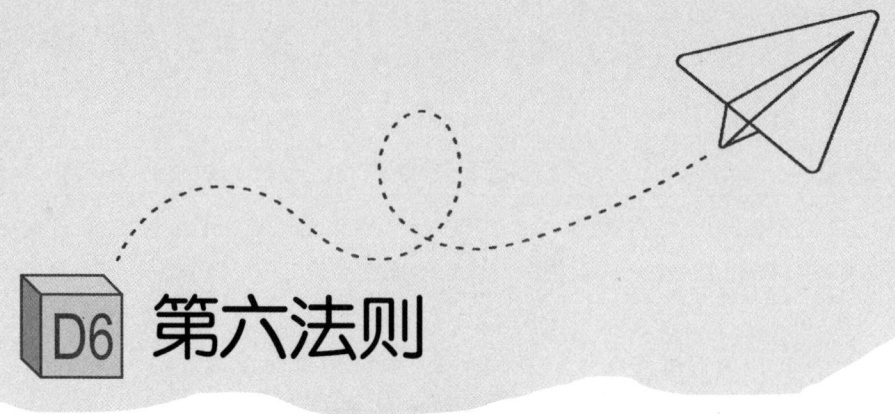

D6 第六法则

总结培训效果

企业都希望它们在培训和发展项目中的投资能有所回报，如业绩的改善、效率的提高、员工保留率的增加等。第六法则"总结培训效果"对于评估投资走向、持续改善后续投资有着重要影响。此外，它还提供了清晰有力的证据证明学员在学习转化和应用过程中的表现。

但是，并不是所有成果都同等重要。培训和发展项目一般都会把项目活动和学员满意度当成业务结果，然后进行评估和上报，但这些并不是结果。在实践第六法则的过程中，最关键的是决定评估对象、评估时机和评估方法。

由于培训支持的企业、行业、目标和领域不尽相同，因此没有哪种评估方法可以放之四海而皆准。但是，我们总结出了四条基本原则，可以用于任何项目的评估。

有效的评估是指：

- 与培训服务的企业目标相关。
- 得到企业管理者的认可。
- 能够让决策者信服。
- 充分利用资源。

在实施第一法则的时候，我们就应该依照上述要求制定项目评估标准（见下面的"以终为始"）。虽然只能在培训进行一段时间后才开始评估，但是在培训项目开始之前，就应该设计好评估计划，并获得项目投资者的核准。

第六法则的实践内容包括：

- 以终为始。
- 区分学习活动与生产效率。
- 首先确定评估对象，然后确定评估方法。
- 选择最具相关性的方法。
- 确保成果能够得到预期受众的认可。
- 决定行动方案时应该有理有据。
- 高效利用资源。
- 证明并改善培训的价值。
- 建立强大的学习品牌。

以终为始

史蒂芬·柯维有一句名言："以终为始。"这句话与培训评估有两方面的联系。第一，在设计培训前，要清楚自己希望从培训中获得哪些业务结果。在案例 D6.1 中，Knowledge Advisors 公司战略评估顾问佩吉·帕尔斯基说，在展开培训之初，项目的业务目标越清晰，越容易设计出有效的评估方案，项目成功的可能性也越大。

如果换个方式来理解这句话，那就是：第六法则能否有效实施，取决于第一法则的执行情况（见图 D6.1）。如果我们不知道一个项目的预期业务结果是什么，就无法对它进行有效的总结。

在这里，我们要注意区分衡量和评估两个概念。衡量是一个量化的标准，如一条绳子长 10 米，或者今年的利润是 11 200 万美元。评估是为了确定价值或意义，这在很大程度上取决于需求或期望。一条绳子长 10 米，这个数字是不会变的；但是这条绳子的意义却视情况而定，如看你需要 8 米的绳子，还是 15 米的绳子。同样，11 200 万美元这个数额不会变，但是它的意义就要看这个公司的利润目标是 1 亿美元，还是 12 500 万美元。只有了解了培训项目的目的和预期结果，才能评估这个项目是否有意义。所以，认真执行第一法则非常重要。

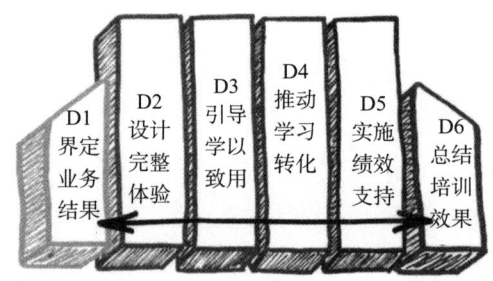

图 D6.1　清晰的业务结果（第一法则）是有效总结（第六法则）的先决条件；这两个法则相互联结

"以终为始"与评估的第二个联系是：在进行总结前，了解总结的结果（意义）。这需要我们回答以下几个问题：

- 总结是为谁进行的？
- 我们需要证明或了解什么？
- 如何利用总结的结果？（我们需要做出哪些决策？）
- 如何传达我们的发现？

使用快速测试 D6.1 评估当前情况并进行改善。

快速测试 D6.1　以终为始

1. 对于培训的预期业务结果和成功与否,你是否有明确的定义和一致的标准?

是	否
祝贺你!你已经做好了充分的准备,现在可以着手设计一套相关、可信、有理有据的评估标准了。 ☐ 要特别注意如何高效地收集所需数据,还要确保数据的可靠性。 ☐ 如果你不擅长这方面的工作,请寻求专家的帮助。	这个问题不容小觑。在设计出有效的评估标准之前,你必须解决这个问题。 ☐ 查看项目规划。如果项目的业务原理和结果不清晰,那么你需要与培训投资者交流,弄清他对于成功的定义。

2. 你是否了解项目的受众及他们对于数据和报告方式的喜好?

是	否
非常好。在决定如何有效地传递总结效果时,你需要参考这些信息。	受众分析是培训结果报告规划中的重要环节,同时也是培训规划中的重要环节。 ☐ 向经常与目标受众交流的人征求建议,或者直接询问投资者需要哪方面的信息及哪种形式的报告。凡事预则立。

区分学习活动与生产效率

爱因斯坦说过,"数量不一定代表意义"。这句话本来在描述科学,但是放在这里也十分贴切。培训的许多方面都可以量化:课时数、学员数、

E-Learning 数、每课时的成本、反应层级评分等。这些数据对于培训部门的管理层来说可能很重要,但是对于总结培训效果来说毫无意义,因为它们是对方法的衡量(投入和活动),不是对终点的衡量(产出和结果)(见图 D6.2)。

所以,当我们说"总结效果"时,指的是总结"对于企业和培训服务对象来说有意义的效果"。什么才是"对于企业有意义"的效果?企业领导最关注的是那些需要他们负责的内容。例如,销售额和利润等关键业绩指标,以及其他与财政业绩息息相关的标准,如客户满意度、产品或服务质量、员工敬业度等。另外,与企业前景相关的先行指标,即相关行为和工作活动中的变化,也是他们关注的焦点之一。

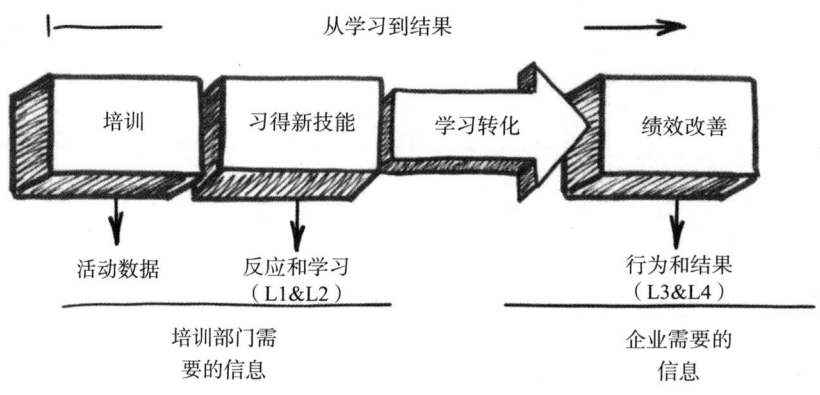

图 D6.2 企业在乎的并不是培训活动的具体数据

案例 D6.2 就是一个很好的例子。在这个案例中,来自阿联酋航空集团的乔伊斯·多诺霍、保罗·比奇和卡伦·贝尔怀特,与吉姆和温迪一起,介绍了他们使用 Kirkpatrick 基本原则设计客户服务培训方案,并通过行为和客户满意度两个目标总结培训效果的经验。通常情况下,这样的总结揭示的都是与培训无关,但是对绩效有负面影响的问题。如果没有这些总结,或者总结的重点只是学习目标而不是业绩,就不会发现这样的问题,也不能帮助管理层找到问题所在。

使用快速测试D6.2评估当前情况并进行改善。

 快速测试D6.2　过程vs结果

1. 你是否会定期向管理层报告课时数、学员数、E-Learning项目完成情况等数据？

是	否
很好。我们还建议你在报告里加上员工业绩的改善情况，如行为变化（Kirkpatrick三级评估）或结果（四级评估）。如果你的报告里只有培训活动或反应层级评分，管理层会认为你只是在消耗资源。 ❏ 选择一个优先级别较高或比较重要的项目，衡量项目的业务结果，然后向管理层报告。	我们建议你时不时地向管理层报告这些信息，如作为预算循环规划的一部分。但是也不能只限于这些数据，因为它们只能衡量培训活动，不能总结培训效果。 ❏ 每次报告活动数据的时候，先列举一些项目对员工业绩影响的例子。

2. 如果一个企业的管理者问你："我看培训部门一直很忙，但是我想知道这些活动可以帮我们达成哪些业务目标。"你能回答这个问题吗？

能	否
祝贺你，你选择了正确的关注点，也提供了企业想知道的信息，即"我们的努力和投入可以带来哪些收获"。	如果你回答不出这个问题，不了解培训可以带来哪些业绩影响，你必须加把劲了。不能提供令人信服的证据证明培训的价值，是一个非常危险的信号。 ❏ 与相关的业务经理交流，问问他们觉得哪些证据可以令他们信服，然后开始收集相关数据。 ❏ 如果培训部门持有相关证据，但是你不确定它们是否有用，那就补习一下这方面的知识，最起码列举出两三个强有力的例子。

首先确定评估对象，然后确定评估方法

在评估培训项目的时候，人们最常犯的错误是"前后颠倒"，也就是说，先考虑评估方法，再考虑评估对象。这就像在你还不知道自己到底要测量长度、重量还是容量的时候，就急着去选择使用尺子、天平还是量杯。

面对两个不同的评估方法时，我们的选择完全由具体情况决定：这个培训可以带来哪些结果？客户认为什么样的证据才是相关的、可靠的、令人信服的（见下文）？记住，评估的标准是由客户（通常是企业的领导）来定的，而不是培训部门和那些自诩的专业人士。

在设计评估标准的过程中，最重要的决策是选择评估对象。如果选择了错误的对象，那么无论你设计得多精密、执行得多有效，都是白费力气。

所以，该怎么选择评估对象？有两个要求：第一，评估对象应该提供最相关、最可信的证据，证明培训带来了预期结果；第二，评估对象应该提供改善信息，让今后的项目更有成效。

选择最具相关性的方法

成功的评估可以回答以下问题："培训（及相关绩效支持）是否为企业带来了预期结果？"为了提供一个令人信服的答案，评估必须与预期结果直接挂钩，必须具有表面效度或结构效度。也就是说，根据你所看到的内容，你是否认为现有参数可以真实地反映需要评估的对象？

这就像评估一个项目的受欢迎程度并不能衡量人们是否学到了他们需要了解的内容——更重要的是，人们的绩效是否得到了改善。如果培训的目的是改善大家在某方面的表现，如演讲技巧，那么首先要定义改善的标准是什么，

然后（必须先定义标准）再寻找评估方法。这就好比你在选择主刀医生的时候，不能只看她在医学院的成绩如何，你还得了解她在这类手术方面的经验和表现。表 D6.1 提供了一些针对不同培训目标的评估方法（更多建议请见行动 D6.1）。

表 D6.1　业务目标的相关性评估

培训的业务目标	相关性评估
改善领导效能	针对培训涉及的内容，定期进行 360 度绩效评估 在培训课程前后及培训结束后的评估中对直接下属进行调查或访谈，询问他们对于领导效能前后对比的看法
缩短新员工的适应期	到达特定绩效（能力）水平的平均时间
提升客户满意度	客户调查或访谈 神秘顾客（假扮成客户的评估人员，使用清单或量表来对服务进行评分）
降低生产线的设备检修率	培训前/后的平均检修时间 培训前/后维修故障及解决问题所需的平均时间 培训前/后的总运行时间
强化对销售代表的教练	培训前/后对代表的调查或访谈，或者项目结束后进行调查，询问他们绩效的前后对比 讲师（或其他受过训练的观察员）在教练现场对互动情况进行观察，并使用量表或清单记录
改善对定价异议的处理效率	培训前/后对客户进行调查或访谈 经理或讲师在现场对销售情况进行观察，并使用量表或清单记录
提升安全性/减少事故	培训前及培训后一段时期出现的事故数或未遂事故数
改善演讲技巧（更专业、更高效）	使用量表对演讲进行观察和评分（如案例 D3.2 中的信噪比测试）
加快软件开发速度	培训前后完成同等水平项目和客户满意度所需的平均时间

确保成果能够得到预期受众的认可

判断评估是否有效的第二个标准是评估结果是否令目标受众信服。不管这个结果在你看来有多完美,只要培训投资者觉得它缺乏可信度,你的评估就不算成功。这样的评估无法说服投资者接受培训效果或你的建议。

影响评估可信度的因素有很多,例如:

- 收集的信息量(通常越多越好)。
- 信息的来源和收集方式。
- 评估者是否专业。
- 客观或主观偏见。

更多内容请见行动 D6.2。

首先,评估效果的可信度受到评估时机的影响。如果在培训结束后立即评估培训的影响并得出结论,这样的结果都不太可靠。你必须等上一段时间,让培训的影响在学员的日常工作中慢慢显现出来。这个过程可能是几天(如技术类培训),也可能是几个月(如领导效能培训或员工敬业度培训)。

其次,评估效果的可信度受到你对其他因素的控制(或了解)程度的影响。在企业背景下,培训并不是唯一的变量。举例来说,要想了解培训对于销售的单一影响简直是不可能的,因为影响销售的因素还包括竞争对手行为、推广项目、新产品、广告效度,以及培训后至评估前这段时间内出现的其他因素。所以,我们建议大家把重点放在可见的行为改变上,因为行为改变与培训和绩效支持的联系相对紧密,而且员工的行为是展示培训效果的"先行指标"。如果培训和转化氛围无法改变员工的行为,那么它们也无法创造任何结果。

最后，评估效果的可信度还受效果量级的影响。如果一个效果完美得不真实，就像投资回报率那样漂亮，人们可能就会怀疑它的真实性。记住，评估效果越完美，大家对它的怀疑越多，你收集相关证据的负担也越重。另外，如果培训部门表现得好大喜功，评估效果的可信度也会受到影响。我们说过，管理层的积极参与是所有培训项目成功的关键，所以你不能忽略管理者的贡献。

使用工具D6.1，确保你的评估真实、可靠。

决定行动方案时应该有理有据

我们进行评估的唯一目的是确定下一步行动。所以，判断评估是否有效的第三个标准就是评估必须令人信服，即必须能够说服目标受众接受你的分析，并按照你的建议处理以下问题：

- 培训应该继续进行，还是需要改善？
- 未来的投资应该扩大规模、维持现状，还是取消？

评估效果必须具备相关性和可信度才能令人信服。此外，还应该满足以下几点要求：

- 以全面、简洁的执行总结为开篇。
- 根据数据和分析提供有针对性的建议。
- 运用例子和故事加深印象。
- 语言清晰，使用商务用语。
- 避免使用学习和人力资源相关术语。

更多内容请见行动D6.3。

高效利用资源

判断评估是否有效的最后一个标准是评估是否高效,即用最少的资源获得所需的信息。投入资源的时候,我们应该遵守一个基本的原则:对评估的投入绝对不能超过评估所获信息的价值。项目越关键或成本越高,相关的决策就越重要,评估也越严格。

调查是一种成本较低、方便快捷、使用广泛的收集数据的方法。但是,只有当收集的数据具有相关性和可靠性的时候,调查才有效。无论速度有多快,成本有多低,收集了错误的信息只有百害而无一利,因为这些信息会导致错误的决策,甚至要为此付出巨大代价。更多内容请见行动 D6.5。

另外,不要花费时间和精力去收集那些与决策无关的数据。许多培训组织都被大量未经筛选的信息淹没,这些信息对于制定决策来说毫无帮助。收集这些信息是对员工时间和公司资源的浪费。

使用快速测试 D6.3 评估当前情况并进行改善。

 快速测试 D6.3　指导原则

1. 你提供的评估标准是否具有表面效度?人们看到这些标准时,是否无须你过多解释,就认为这些标准可以有效衡量预期业务结果?

是	否
很好。衡量的内容可以反映出培训的预期业务目标。反应层级评分(一级评估)和量化的学习数据(二级评估)并不能满足我们的评估需求。	你需要想办法改善这一点。除非你的标准和业务目标之间有着清晰、明确的联系,否则就是白费力气。

续表

是	否
	☐ 回到原点，思考这样一个问题：证明一个培训是否有效的时候，我需要收集哪些证据？

2. 培训出资人是否信任并接受你的评估效果？

是	否
很好。你满足了可信度这个标准。 ☐ 为了维护评估效果的可信度，你所提供的每项结果都应该有理有据，并且要与其他部门或付出努力的个人或组织分享这份荣誉。	这不是个好兆头。还好你现在读了这本书。如果目标受众怀疑你提供的数据的可信度，他们也会怀疑你的评估效果。 ☐ 回到原点，寻找不同的评估标准和收集方式，然后验证出资人是否认为这些内容足够可信。

3. 在数据和分析的基础上，你是否能够提供明确的行动建议？

是	否
非常好。你成功完成了自己的使命。	什么是完整的评估？你应该根据评估效果进行总结，提出合理的行动建议：扩大规模、修改完善、保持现状，还是完全取消？ ☐ 如果你的报告没有包括明确的建议，你应该回过头来进行修改。 ☐ 确保你的建议是由分析数据得来的。

证明并改善培训的价值

证明培训是否达到预期业务结果虽然是个必要环节,但是还不够。评估的目的是证明和改善——为持续改善提供信息和建议。许多成功的学习型组织都把改善目标、实验和结果评估融入了"计划—执行—检查—处理"的持续改善循环中(见图D4.3)。

如何判断你对项目的修改确实带来了改善?唯一的方法就是衡量项目结果,并与预期目标进行比较。在案例D6.3中,来自通用电气公司克劳顿管理学院的业务和地区高级经理西尔万·牛顿讲述了他的经历。他和团队成员根据学员直线经理提供的净推荐值,大胆设立了一个改善目标,而改善的对象是一个已经非常成熟的项目。

有效的评估会主动寻找学习和转化成功或失败的原因。罗布·布林克霍夫设计的成功案例评估法(见图D6.3)是一种非常实用的工具。它既可以通过成功案例评估法证明培训的影响力,也可以总结今后的项目中需要改善的问题。更多内容请见行动D6.4。

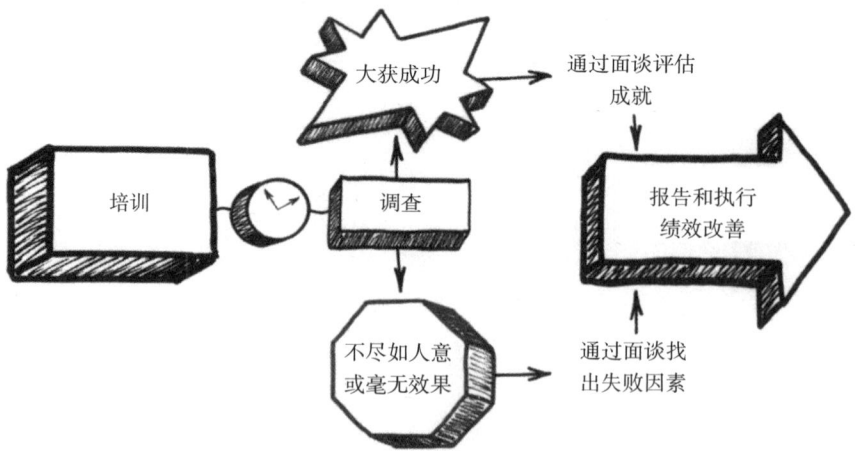

图D6.3 布林克霍夫的成功案例评估法

成功案例评估法同时还是一种证明培训价值的手段，具有相关性、可信性和说服力。在案例 D6.4 中，来自甲骨文公司北美销售人员发展部门总监史蒂夫·阿克莱姆和高级总监帕特里夏·格雷戈里介绍了他们使用成功案例评估法证明培训价值的经历，而且这些案例还成功推动了管理层对培训的关注和参与。

建立强大的学习品牌

培训部门的声誉（学习品牌）影响着管理者的投资意愿和学员的热情。"不管你有没有意识到，学习型组织也有自己的品牌"。所以，你最好有意识地去塑造和管理自己的培训品牌。

建立强大的学习品牌需要做到：

- 确定品牌使命（品牌承诺）。
- 获得培训部门所有员工的认同。
- 确保所有的客户体验都有助于提升品牌声誉。
- 品牌推广：抓住一切机会证明品牌价值。

在案例 D6.5 中，来自玛氏大学的玛丽亚·格里格洛娃和罗伯特·莫菲特介绍了如何提升玛氏大学的品牌影响力。类似的案例还包括"学习品牌的惊人价值"。

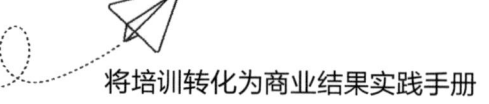

总　结

第六法则"总结培训效果"是为了证明企业在培训和发展项目中的投资能够为他们带来预期的业务结果。这一法则最重要的几点内容包括：

- 除了改善培训活动，培训组织还可以通过改善业绩评估提升自身效能和品牌。
- 认真执行第一法则是所有有效评估的第一步。在评估目标不明确的情况下，我们无法对项目进行全面评估。
- 有效评估是项目设计中不可或缺的一部分。
- 评估的标准必须与预期结果相关，即它们必须与预期结果有着清晰、明确的联系。
- 评估标准及方法必须得到目标受众的信任和认可。
- 评估效果必须提供条理清晰、令人信服的证据，用以支持行动建议。

设计评估的时候，你可以参考工具 D6.2 中的评估计划表。工具 D6.3 中的检查清单可以帮助你全面考虑第六法则中的所有要素。

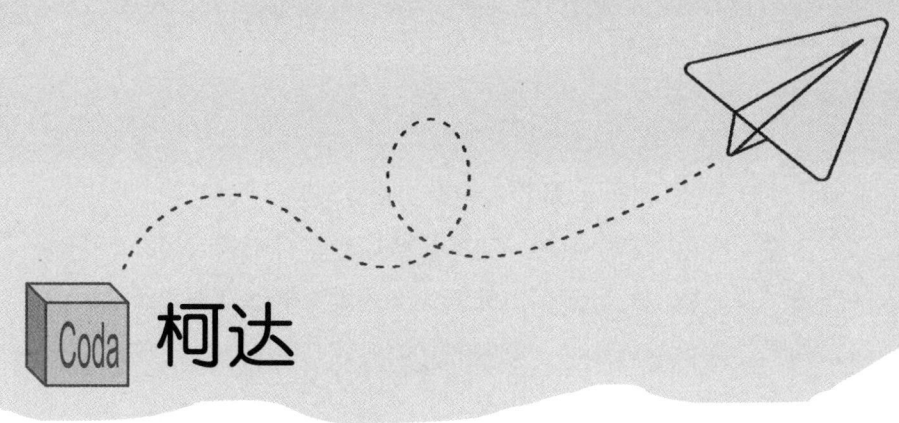

柯达

物有所值

感谢你购买本书。作为一名消费者,你肯定想知道怎样才能让这笔钱花得物有所值。我们的回答是:和参加培训一样,你应该把书中的观点转化和应用到你的工作中。

千里之行,始于足下

老子有句名言:"千里之行,始于足下。"——最重要的是迈出第一步。这本手册里有许多值得学习的内容。面对令人眼花缭乱的选择,你很可能不知所措。

不要急,你可以随便翻到哪一页,然后从那一页开始。工具 C.1 中的 6Ds® 法则个人行动规划表可以帮你确定起点。无论你选择了 6Ds® 法则中的哪一条,只要你对自己的选择充满信心,就可以勇往直前。旗开得胜的感觉不仅会让你信心倍增,也可以打动其他人加入你的学习。

在案例 C.1 中,来自考文垂劳工赔偿服务机构的学习顾问汤姆·施坦格和资深学习顾问乔恩·赫塔度介绍了他们在组织中执行 6Ds® 法则的经验。他们并不急于求成，而是通过一步一步的稳扎稳打，最终创造了成效。

我们认为，在项目之初与企业领导和其他培训专家讨论的时候，就应该强调培训的业务结果。我们的许多客户都证实这一做法能够带来立竿见影的效果。但是，如果你需要的是这本手册中的其他内容，就从你需要的部分开始阅读。总之，你要迈出第一步。

和别人分享你的目标，有了他们的监督和支持，你成功的可能性就更大。

把 6Ds®法则融入项目流程

如果你可以把 6Ds®法则融入制定、设计、传递、支持和评估等一系列项目流程中，这些法则就可以发挥最大效能。例如，你可以在着手设计之前准备一份业务目标报告，或者在培训审批清单里加上学习的四个阶段。

另外，你还可以把 6Ds®法则添加到术语表和标准操作流程中，方便团队中的新成员在需要的时候参考和使用。你也可以在讨论中使用 6Ds®法则的概念，例如：

- 你打算如何推动学习转化？
- 这真的是引导学以致用的最佳方式吗？
- 这一过程是否能够确保学员应用所学知识的能力和意愿？
- 你准备如何提供绩效支持？
- 我们怎样总结培训效果？

如果部门中的所有成员可以分享同一个术语表，拥有相同的业务结果目标，将会产生巨大的协同效应。

持续学习和改善

如何通过学习创造商业价值是一个覆盖面非常广的研究话题,这本书只列举了其中一二。每个人都要养成终身学习的习惯,多读书,读好书。如果你还没有行动起来,那就从《将培训转化为商业结果》一书开始,步入知识的殿堂。你可以参加专业的工作坊和会议,与学习专家交流,勇于提出疑问,不盲目相信那些"速效""简化"的解决方案。

我们及我们的认证合作伙伴遍及全球,如果你想进一步了解 6Ds®法则,我们可以为你提供上门培训服务。另外,我们的出版商 Wiley 公司、合作商 ATD 及其他专业机构也建立了面向大众的工作坊。

最后,我们欢迎大家加入 6Ds®法则在领英创建的小组。在这里,你可以与所有人分享你的成功和挑战。我们希望自己能够不断完善,继续与大家分享最好的内容。

第二部分

工具：流程图、规划表、评分表和检查清单

第二部分为大家准备了种类丰富的工具，包括流程图、规划表、评分表和检查清单。这些工具在你执行 6Ds® 法则的过程中很有帮助。我们在 6Ds® 网站也准备了可供打印的电子版本。

工具	名称
工具 I.1	6Ds® 法则计分卡
工具 I.2	6Ds® 法则引导表
工具 I.3	6Ds® 法则流程图
工具 I.4	实践出真知
工具 D1.1	6Ds® 法则结果规划轮
工具 D1.2	流程图：培训是否必要
工具 D1.3	第一法则检查清单
工具 D2.1	致管理者：培训前沟通指南
工具 D2.2	学习合约模板
工具 D2.3	阶段一的学习流程图（应用前）
工具 D2.4	阶段一的学习目标和示例（应用前）
工具 D2.5	致管理者：培训后沟通指南
工具 D2.6	第二法则检查清单
工具 D3.1	幻灯片信噪比测试
工具 D3.2	价值链计划表
工具 D3.3	第三法则检查清单
工具 D4.1	学习转化氛围评分表
工具 D4.2	学习转化氛围改善计划表
工具 D4.3	第四法则检查清单
工具 D5.1	绩效支持规划表
工具 D5.2	不同类型的绩效支持及其应用
工具 D5.3	第五法则检查清单
工具 D6.1	评估可信度检查清单
工具 D6.2	评估计划表
工具 D6.3	第六法则检查清单
工具 C.1	6Ds® 法则个人行动规划表

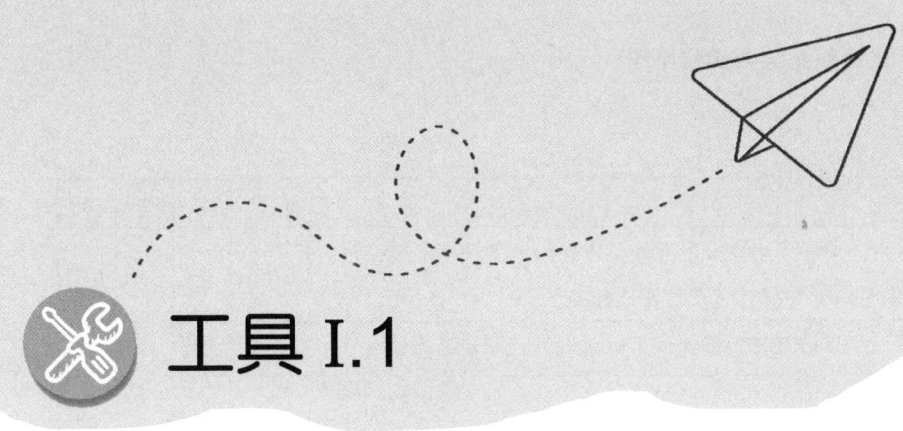

工具 I.1

6Ds®法则计分卡

6Ds®法则计分卡可以评估项目是否做好了创造业务结果的准备,并进行优势分析,寻找改善机会。回答问题时,请选择最符合项目情况的选项:

0=完全不符合
1=不太符合
2=部分符合
3=相当符合
4=非常符合

完成所有问题之后,找出得分最低的法则,然后使用6Ds®法则引导表(见工具I.2)确定相关章节、案例回顾("怎样做")、工具和行动指南。

		0	1	2	3	4
界定业务结果	1. 全面了解企业的业务需求。培训的预期业绩结果明确，并配有完善的评估标准	☐	☐	☐	☐	☐
	2. 学员及其直线经理了解培训的预期业务影响	☐	☐	☐	☐	☐
设计完整体验	1. 培训设计包括课程前准备。重视与管理者的沟通。在练习和课程期间充分发挥前期准备的作用	☐	☐	☐	☐	☐
	2. 以实现成功转化和实际应用作为培训的终点线	☐	☐	☐	☐	☐
引导学以致用	1. 避免注意力负载；为学员提供充足的练习和反馈，确保学员真正掌握技能	☐	☐	☐	☐	☐
	2. 所有课程和练习都应该以预期行为和业务结果为基准线。改善学员对于培训相关性和应用性的看法，并采取相应的行动	☐	☐	☐	☐	☐
推动学习转化	1. 项目结束后，定期向学员发送提醒，鼓励他们反思、记忆和应用所学知识	☐	☐	☐	☐	☐
	2. 学员的直线经理积极参与培训后阶段，对学员的应用情况进行监督和支持	☐	☐	☐	☐	☐
实施绩效支持	1. 项目设计中包含培训后绩效支持。根据学员的需要提供工作辅助、专业帮助、教练和其他支持，推动学习转化	☐	☐	☐	☐	☐
	2. 项目结束后，学员坚持互相学习。推动同级教练和经验分享	☐	☐	☐	☐	☐
总结培训效果	1. 在项目开始前与出资人商定预期业务结果，并以此为标准，在项目结束后对员工的应用和效果进行总结	☐	☐	☐	☐	☐
	2. 主动收集、分析和利用信息，为准备、项目和学习转化的持续改善提供支持	☐	☐	☐	☐	☐

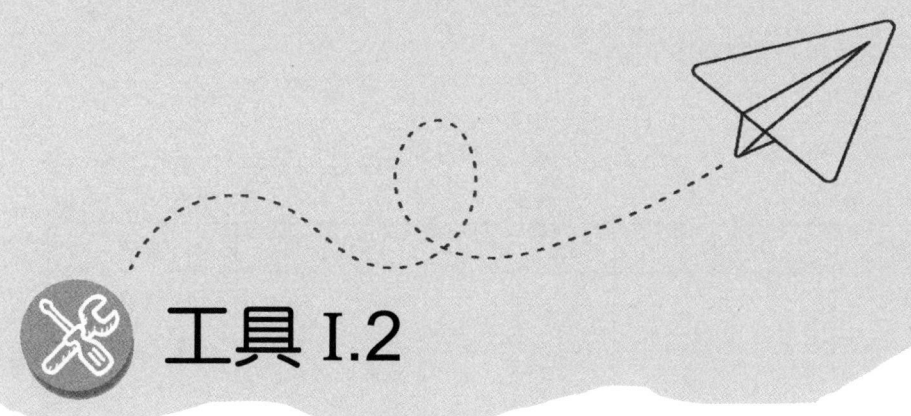

工具 I.2

6Ds®法则引导表

选定目标之后，使用 6Ds®法则引导表确定相关章节、工具、行动指南和案例研究。

法则	主题	工具	行动指南	案例
两个关键问题	我能	工具 D3.3 工具 D5.1 工具 D5.2 工具 D5.3	行动 D3.4 行动 D3.7 行动 D5.3	案例 D2.6 案例 D3.2 案例 D3.3 案例 D3.4 案例 D4.8 案例 D5.2 案例 D5.4
	我愿意	工具 D2.1 工具 D2.5 工具 D3.2 工具 D4.1 工具 D4.2 工具 D4.3	行动 D2.1 行动 D2.2 行动 D2.4 行动 D3.5 行动 D3.6 行动 D5.3	案例 D2.2 案例 D2.3 案例 D2.4 案例 D2.8 案例 D3.1 案例 D3.3

续表

法则	主题	工具	行动指南	案例
两个关键问题	我愿意			案例 D3.5 案例 D3.6 案例 D4.1 案例 D4.4 案例 D4.5 案例 D4.8 案例 D6.5
认识 6Ds® 法则		工具 I.1 工具 I.2 工具 I.3 工具 C.1	行动 D4.3	案例 I.1 案例 I.3 案例 I.4 案例 I.5 案例 I.6 案例 C.1
第一法则：界定业务结果	确定业务需求	工具 D1.1 工具 D1.3	行动 D1.1	案例 I.1 案例 D1.1 案例 D1.2 案例 D1.3 案例 D1.4 案例 D1.5 案例 D6.1
	培训是否必要	工具 D1.2	行动 D1.2	
	预期行为	工具 D1.1	行动 D1.1	案例 D1.2 案例 D1.4 案例 D1.5

第二部分 工具：流程图、规划表、评分表和检查清单

续表

法则	主题	工具	行动指南	案例
第一法则：界定业务结果	预期行为			案例 D2.6 案例 D6.1
	评估标准	工具 D1.1 工具 D6.2	行动 D1.1	案例 D1.1 案例 D1.2 案例 D6.1 案例 D6.2
第二法则：设计完整体验	阶段一：准备	工具 D2.1 工具 D2.2 工具 D2.3 工具 D2.4	行动 D2.1 行动 D2.2 行动 D2.3 行动 D5.1	案例 D2.2 案例 D2.3 案例 D4.2
	阶段二：学习	工具 D3.1 工具 D3.2 工具 D3.3	行动 D3.1 行动 D3.2 行动 D3.3 行动 D3.4 行动 D3.5 行动 D3.6	案例 D2.1 案例 D2.8 案例 I.4
	阶段三：转化	工具 D2.5 工具 D2.6	行动 D2.4 行动 D4.1 行动 D4.2 行动 D4.3	案例 D2.3 案例 D2.4 案例 D3.5 案例 D4.1 案例 D4.2 案例 D4.3 案例 D4.4 案例 D4.5 案例 D4.6 案例 D4.8

续表

法则	主题	工具	行动指南	案例
第二法则：设计完整体验	阶段四：评估	工具 D4.3	行动 D2.4	案例 D2.4 案例 D2.5 案例 D4.2 案例 D4.6
第三法则：引导学以致用	发挥学习和记忆的最大效用	工具 D3.1 工具 D3.2 工具 D3.3	行动 D3.1 行动 D3.2 行动 D3.4 行动 D4.1	案例 D2.6 案例 D2.8 案例 D3.1 案例 D3.3 案例 D4.4
	确保相关性和应用性	工具 D1.1 工具 D3.2 工具 D3.3	行动 D2.1 行动 D2.2 行动 D2.4 行动 D3.5 行动 D3.6 行动 D3.7	案例 D1.4 案例 D2.6 案例 D2.7 案例 D3.3 案例 D3.4 案例 D3.5
第四法则：推动学习转化	设立目标		行动 D4.2	案例 D4.7 案例 D4.8
	交流心得		行动 D4.1	案例 D4.3 案例 D4.4 案例 D4.7 案例 D4.8
	创造积极的转化氛围	工具 D2.1 工具 D2.2 工具 D2.5 工具 D4.1 工具 D4.2	行动 D4.3 行动 D5.1 行动 D5.3	案例 I.4 案例 D2.5 案例 D3.5 案例 D3.6 案例 D4.1

第二部分 工具：流程图、规划表、评分表和检查清单

续表

法则	主题	工具	行动指南	案例
第四法则：推动学习转化	创造积极的转化氛围	工具 D4.3		案例 D4.4 案例 D4.5 案例 D4.6 案例 D4.8 案例 D5.1
第五法则：实施绩效支持	创建工作辅助	工具 D5.1 工具 D5.2	行动 D5.2	案例 D5.4
	推动管理者和教练参与	工具 D2.1 工具 D2.2 工具 D2.5 工具 D5.3	行动 D5.1 行动 D5.2 行动 D5.3	案例 D4.6 案例 D5.2 案例 D6.3
第六法则：总结培训效果	相关的	工具 D1.1 工具 D6.2	行动 D1.1 行动 D6.1 行动 D6.4	案例 I.1 案例 I.3 案例 D6.1 案例 D6.2
	可靠的	工具 D6.1	行动 D6.2 行动 D6.5	案例 D6.1 案例 D6.3 案例 D6.4
	令人信服的	工具 D6.3	行动 D6.3	案例 D6.4 案例 D6.5
	支持持续改善	工具 D6.3	行动 D6.4	案例 D6.3 案例 C.1
终身学习		工具 I.1 工具 I.4 工具 C.1		案例 I.2 案例 I.3 案例 I.5 案例 C.1

101

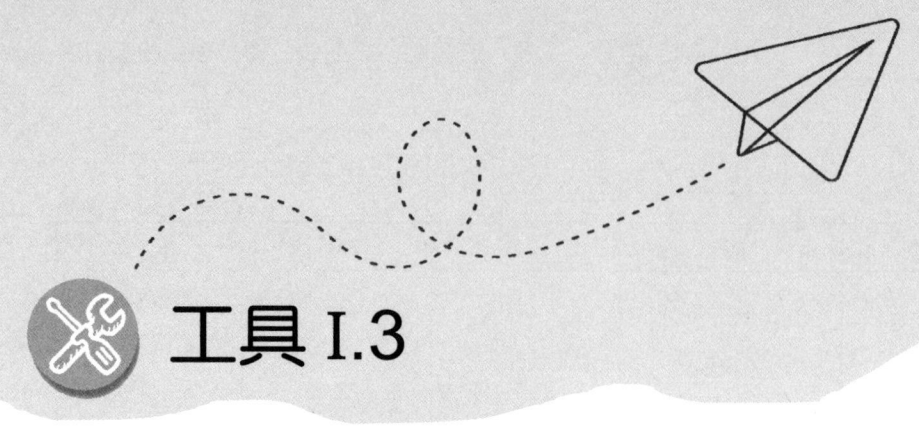

工具 I.3

6Ds®法则流程图

6Ds®法则流程图可以帮你设计和执行培训，确定相关章节。

1. 我们十分了解企业进行培训的业务需求。

    是。继续第 2 题。

    否或不确定。**注意！** 回到起点，首先确定企业的业务需求。

    　　判断培训成功与否的标准就是看它是否满足了企业的业务需求。使用 6Ds®法则结果规划轮（工具 D1.1）或类似工具，推动企业和培训组织达成一致看法。

2. 我们尝试过除培训以外的解决方案，确定必须通过培训才能达到我们的业务目标。

    是。继续第 3 题。

    否。**注意！** 尝试除培训以外的解决方案。

    　　由于培训需要时间和成本，因此我们必须确定是否真的有必要进行培训，以及培训是不是最有效、最高效的解决方案（工具 D1.2）。

3. 我们十分了解员工目前的能力水平及达到预期结果所需的技能和行为。

   是。继续第 4 题。

   否。**注意！** 分析企业的绩效需求。

   不了解实现预期业务结果所需的技能和行为，就无法提供有效的培训和支持。使用结果规划轮（工具 D1.1）了解企业领导的看法，然后通过任务或业绩分析获得更多信息。

4. 我们有一套全面的学习目标，可以用来引导课程设计。

   是。继续第 5 题。

   否。**注意！** 分析企业的绩效需求。

   "不知道终点的方向，就永远无法到达"。完善的学习目标是进行培训设计和学习结果评估的重要因素。

5. 我们了解培训出资人对于成功的定义，也收集了出资人认为相关、可靠、令人信服的信息。

   是。继续第 6 题。

   否。**注意！** 了解培训出资人对于成功的定义。

   制定评估标准设计是设计培训项目的第一步。了解出资人对于成功的定义及他们需要的相关可靠证据非常关键。

6. 我们在开始培训之前已经做好了充分的准备。

   是。继续第 7 题。

   否。**注意！** 规划阶段一的学习。

   合理的准备工作（阶段一的学习/培训前）是项目设计中的重要部分。有了这些准备，我们才能将培训的价值和成效最大化。具体内容见行动 D2.3。

7. 我们的课程说明和邀请强调了培训的业务目标，并为学员及其直线经理回答了 WIIFM 这个问题。

   是。继续第 8 题。

   否。**注意！** 修改课程说明。

   人们前来参加培训时的态度在很大程度上影响着他们的学习效果和转化程度。编写课程说明和邀请的时候，除了提供有关课程的信息，我们还应该强调培训能够带来的结果。具体内容见行动 D2.1。

8. 我们的培训计划要求学员在参加培训前和他们的直线经理进行沟通。

   是。继续第 9 题。

   否。**注意！** 鼓励学员进行培训前交流。

   由于培训需要时间和成本，所以我们必须确定是否真的有必要进行培训，以及培训是不是最有效、最高效的解决方案（工具 D1.2）。培训开始前，一次简单的交流就可以培养学员的"学习意愿"，改善培训结果。具体内容见工具 D2.1 及行动 D2.2。

9. 我们的课程设计非常合理，至少提供 50%的课堂时间让学员进行练习（并提供反馈）。

   是。继续第 10 题。

   否。**注意！** 调整课程规划，增加练习时间。

   鼓励学员积极实践所学内容并为他们提供反馈，培训才会发挥成效。理论内容过多会导致注意力负载，影响学习效果。如有需要，请减少理论内容，增加练习时间。

10. 我们设计了课程和练习，借此向学员强调它们的相关性和应用性。

    是。继续第 11 题。

    否。**注意！**设计课程和练习时，应该突出它们的相关性和应用性。

    成人学员需要知道参加学习项目的原因，然后才会愿意学习。构建一个价值链（见行动 D3.5），展示培训、实际应用和商业结果之间的练习。另外，通过介绍绩效比引用练习（见行动 D3.6）。

11. 如果需要在课程结束后立即收集反应层级评分数据（一级评估），我们会在评估表中设置相关问题，调查学员对于培训相关性和应用性的看法。另外，我们还会设置计划监督培训结果并采取相应行动。

    是。继续第 12 题。

    否。**注意！**设置计划观察和监督学员的应用情况。

    在课程评估中增加有关相关性和应用性的问题，并进行定期监督（见第三法则中的"关注相关性和应用性"）。这一点很重要，因为当学员不相信培训具有相关性和应用性时，就不会考虑在工作中应用这些内容。

12. 当评估学员是否完成学习目标，或者组织毕业考试时，我们会确保学习目标和评估方法之间的一致性，并保证我们考验的不仅是学员的知识，还有他们应用知识的能力。

    是。继续第 13 题。

    否。**注意！**修改评估方法，注重考验学员在职应用的能力。

    常见的选择题测试并不能预测学员的业绩，导致我们总会听到这样的抱怨："为什么他们明明通过了考试，却不懂实际应用？"我们的评估应该尽可能贴合工作条件和业绩要求。

13. 在项目结束后，我们设计定期提醒计划，提醒学员复习和应用所学内容。

　　是。继续第 14 题。

　　否。**注意！** 设计一个提醒计划。

　　　　在繁忙的日常工作中，定时提醒帮了我们的大忙，也帮助我们一直牢记和应用学习内容。提醒的方式多种多样。重要的是，我们需要把提醒变成项目设计中的一部分（见行动 D4.1）。

14. 我们已经明确指出，课程结束并不是培训的"终点线"。

　　是。继续第 15 题。

　　否。**注意！** 重新定义终点线。

　　　　有些组织在课程结束后就授予学员奖励或毕业证书，这种做法并不合理，因为它向学员暗示了培训已经结束。但是事实并非如此，学员还需要在工作中应用学到的知识。重新界定终点线，哪怕以自我评估的形式，可以利用人们的内在动机推动学习转化（见行动 D2.4）。

15. 为了鼓励管理者的参与和支持，我们设计了相关计划。

　　是。继续第 16 题。

　　否。**注意！** 设计一个可以鼓励管理者参与的计划。

　　　　管理者是构成转化氛围的重要因素之一。他们的支持对于培训的应用来说至关重要。你可以为管理者提供简短、具体、实用的指导，帮助他们发挥应有的作用，保证培训和发展项目的效果（见工具 D2.5）。

第二部分　工具：流程图、规划表、评分表和检查清单

16. 我们设计了具有针对性的工作辅助和其他形式的绩效支持，帮助学员在工作中应用所学知识。这些支持也属于培训项目的一部分。

    是。继续第 17 题。

    否。**注意！** 将绩效支持作为完整学习体验中的一部分。

    工作辅助和绩效支持可以帮助学员迈出实践的第一步。当学员开始应用新技能或新方法时，这些支持有着非常重要的作用。我们应该把这些支持看成培训项目不可或缺的一部分，并在培训课程中加以利用（见行动 D5.3）。

17. 我们设计了计划，保证学员可以接收到来自同事、专家、直线经理和其他人的教练支持。

    是。继续第 18 题。

    否。**注意！** 设计教练计划。

    实施教练可以为学习转化提供支持。大部分培训项目中都应该包括这项内容，尤其是软实力培训项目。提供教练的方式多种多样（见案例 D4.5 和案例 D5.2）。

18. 我们设计了评估计划，评估学员的业绩结果课程和练习。这些计划与培训的成本和战略意义相称。评估方法和标准应该与项目出资人协商一致。

    是。继续第 19 题。

    否。**注意！** 设计评估计划。

    培训和发展机构必须对项目结果进行评估，这样才能证明项目的价值，为今后的改善提供依据（见第六法则"总结培训效果"和行动 D6.1、行动 D6.2、行动 D6.3）。

107

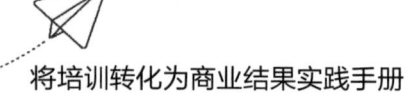

19. 评估计划可以收集信息，帮助我们改善后续项目的效能。

   是。继续第 20 题。

   否。**注意！**

   当今社会的竞争环境要求我们必须持续改善每项业务职能，包括培训和发展项目。完整的评估不仅可以衡量项目影响，还可以提供改善意见（见工具 D6.1）。

20. 我们可以有效地传达评估结果，如优秀、较差或无关。

   是。开始设计和执行培训计划。

   否。**注意！** 设计一个传达计划。

   进行评估的唯一目的是确定后续行动。在规划评估的过程中有一个重要环节，这就是确定传达评估结果的方式和对象（见工具 D6.2 和案例 D6.5）。

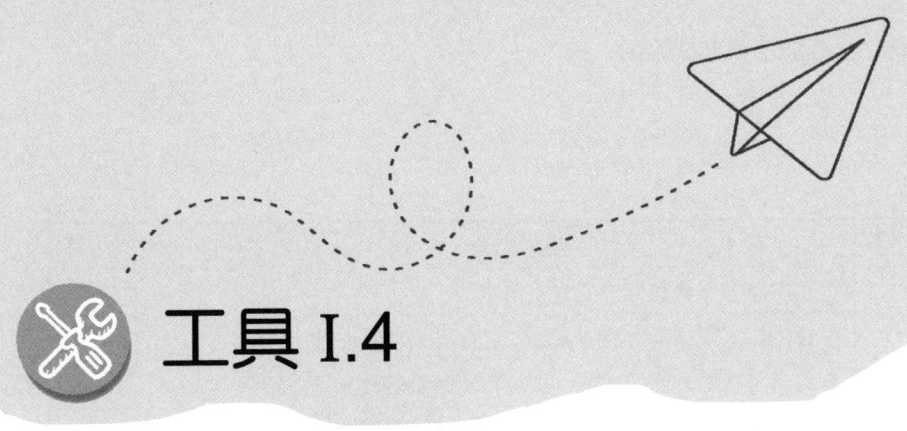

工具 I.4

实践出真知

在创作本书的时候,我们要求每个案例中的主人公根据他们的实践经验提出几条建议,让广大学习专家受益。下表根据主题将大家的建议分类,并设计了案例索引。如果想了解更多内容,请参考具体案例。

类型	建议	案例
成为值得信赖的顾问	抛弃毫无根据的猜想。收集基层和中层管理者、决策者以及表现较差的员工的反馈,为管理层的决策提供依据	D2.8
	开发人际关系,建立良好的业界声誉。成为一名值得信赖的顾问,当管理者遇到问题时,第一反应就是寻求你的帮助	D3.3
	根据组织目标和文化设计长期战略	I.1
	学习、推广、改善。逻辑建模流程的应用范围越广,它在企业决策过程中的影响越大	D6.1
	对于企业部门和领导者来说,将学习和发展项目的重心转移到业务结果,属于文化层面的变革	I.5
	当人才加速发展需要培训项目提供支持时,请记住,你的项目应该与企业的战略业务需求保持一致	D2.3

续表

类型	建议	案例
成为值得信赖的顾问	了解整体形势和客户的战略需求	D5.1
	你的团队应该既有商业头脑，又有技术和课程设计技能；只有具备了这两方面的才能，才可以将培训转化为商业结果	D6.4
	最重要的任务是与企业管理者建立伙伴关系。没有这些人的支持，就无法保证培训可以带来行为上的转变	C.1
	使用结构化的方法，提升培训项目的可信度	D1.3
	每次讨论培训需求时，都要从企业的战略目标和实现目标所需的技能入手	D1.1
执行 6Ds® 法则	享受工作——就像参加摄影比赛一样——学习本应充满乐趣	I.6
	坚持下去，改变不是一朝一夕就能出现的。我们可能需要几年时间才能实现从"接单员"到战略伙伴的转变	D1.1
	在追求学习转化和业绩改善的道路上，把《将培训转化为商业结果》当成你的发展蓝图	D4.2
	创建强大的学习品牌，首先需要创造力，然后需要坚持	D6.5
	绝对不要低估 6Ds® 法则工具的作用。这些工具和概念不仅适用于培训项目，也适用于其他商业目标	D1.5
	耐心等待改变的出现。说服领导重新定义终点线并不是件易事。你可以向他们介绍进行培训的原因及提供反馈的意义	D2.4
	在追求结果的路上，选择一套适合自己的方法	D4.8
	寻找合适的位置，把这一过程融入解决方案的设计过程中。选择某些特定领域进行试验，如领导力发展项目或销售技能培训项目	D6.1
	寻找拥有 6Ds® 法则使用经验的人；锻炼自己的技巧和自信，吸引培训出资人参加业务讨论	D6.1
	记住，改变并不是一蹴而就的过程！根据企业的目标和文化，设计长期战略，然后一步一个脚印地前进	I.1

第二部分　工具：流程图、规划表、评分表和检查清单

续表

类　　型	建　　议	案　　例
执行 6Ds® 法则	脚踏实地地跟随 6Ds® 法则中的每个步骤	I.2
	向团队介绍 6Ds® 法则，然后以这些法则为框架，对个人表现和整体课程进行评估	I.5
	面向整个团队进行 6Ds® 法则培训；统一的目标和资源共享可以创造巨大的协同效应	I.6
	不要急于求成；一章一章地读，读完每个部分都要进行讨论	I.6
	团队成员一起参加 6Ds® 法则工作坊其实是个很好的主意。团队成员可以从中获得启发，并且有机会进行实践	I.6
界定业务结果	如果培训出资人不愿意回答结果规划轮中的问题，尤其是因为不了解而拒绝时，你要做好准备。你可能需要向他们解释为什么要回答这些问题	C.1
	结果规划轮是实现业务影响的第一步；它可以确保学习和业务之间的联系	D1.3
	清晰界定业务结果（第一法则）是成功的基础。**绝对不要跳过这一步骤**	D1.4
	使用第一法则确定或重新确定业务需求。这一做法适用于新项目和进行中的项目	D1.5
	明确的业务和工作坊成果可以保证讲师、管理者和学员都了解培训的预期目标。注意保持一致	D3.2
	设计发展项目的时候，始终牢记以终为始，确保"始"与"终"之间有着合理的联系	D3.6
	实践第一法则的时候，要在项目启动前商定转化的条件。培训结束后，人们往往会忙得顾不上应用所学知识	D4.7
	在设计项目之初就建立成功标准	D5.1
	选择一个关键项目实践这一流程，已经结束的项目也可以	D6.1

续表

类型	建议	案例
界定业务结果	开始任何培训项目之前,都要与所有的参与者会面并起草一份"共识备忘录",阐明过程中的关键角色和步骤	D6.2
	永远都要以终为始,即企业的目标。培训只是一种达成目标的手段,并不是我们的目标	I.2
	对比当前绩效和未来目标,确定两者之间的相对差距	D2.8
	了解出资人对于成功的定义——实现业务目标必须依靠学以致用——然后收集证据证明这一点	D1.1
	把主要出资人的意见作为一切决策的指导思想	D1.2
获得领导支持	充分利用企业领导的知识、经验和专业技巧	D1.3
	与你的客户分享 6Ds® 法则结果规划轮,鼓励他们在内部决策过程中使用这一工具,在开展培训之前首先评估企业的培训需求	D1.5
	鼓励高级执行团队在培训前、培训中及培训后审查和追踪领导力项目中具有潜力的学员	D2.3
	投资是关键;在项目开始前,确保出资人做好了准备	D6.5
	来自直线经理的支持固然重要,但是来自董事会的支持却可以保证后续项目和持续教练及发展的可能性和投资来源	D2.3
	鼓励股东提供重要信息,培养股东的责任感	D2.6
	向管理层介绍工作坊的基本概念可以促进他们的参与	D3.2
	通过领导力整合(面向各个级别)确定学习和改善活动的优先顺序及重点	D4.2
	鼓励企业领导参与整个学习过程可以确保他们的职责和支持	D5.4
	邀请项目出资人推动项目发展	D6.4
	鼓励业务伙伴参与业务目标和预期收益讨论	I.5
	寻找真正的项目出资人,了解真正的业务需求和项目对预期业务结果的影响	D1.2

第二部分 工具：流程图、规划表、评分表和检查清单

续表

类型	建议	案例
培养结果意向性	清晰说明项目可以为学员部门和企业带来哪些收益	D3.4
	在介绍会上使用视频支持你的观点	D2.2
	与大家分享成功案例的视频，如项目说明会	D2.2
	我们让所有学员在参加培训前都和直线经理进行交流。这样做的结果是学员展现出了强大的学习动机，并把培训项目排在了优先级别的首位	D3.3
	向学员提供明确的业绩改善标准	D4.1
将学习看作一个过程	学习并不是"一次过"的活动。我们应该把学习看作一个过程，途中有一个又一个里程碑。这样可以为学习过程带来更完善的结构和更突出的重点	D1.3
	准备阶段的工作为项目提供了更完善的准备。项目结束后的阶段是保证学习转化的关键阶段	D1.3
	就像6Ds®法则可以推动高效学习一样，组织框架（如PrimeFocus™）也可以推动绩效改善	D1.4
	设计培训项目的时候，要把学习看作一个持续的过程	D2.5
	在项目设计中增加培训前、培训中和培训后活动，为学员提供完整的学习体验	D2.5
	为所有的关键学习活动制订计划（如观摩经验丰富的员工），杜绝任何失误	D2.6
	培训结束后，为员工在职场中提供一个应用学习内容的平台	D2.8
	根据预期业务结果设计整个学习体验	D3.4
	学习必须做到学以致用；课程结束并不代表培训完成	D3.5
	将培训看作一个持续的过程	D5.2
	设计完整体验；孤立的培训活动不会带来任何绩效改善	I.2
	遵循《将培训转化为商业结果》中的流程和表达	I.3
课程设计	充分发挥第一法则的作用，推动管理者的参与	D1.2

续表

类型	建议	案例
课程设计	认真学习 6Ds® 法则相关手册及辅助材料中的设计和内容结构。其中有通过不断应用和引用传递信息的实例	D1.5
	确保学习组织的结构可以为敏捷法（Agile Approach）提供最好的支持。职能筒仓（Functional Silos）会阻碍这一过程的执行	D2.1
	了解敏捷开发项目的需求。从工作负荷的角度来看，这类项目很难预测	D3.3
	学习团队必须明白，他们有权制定决策，但是也要对所有结果负责	D2.1
	我们要把一部分课堂内容转移到课前或课后进行。在教学中，"减而不简"才是绝对的真理	I.4
	成功的第二要素是保持灵活，随机应变。在项目进行的同时，我们会向企业领导和项目学员收集反馈意见，然后对课程内容和活动做出相应的调整	D3.3
	只要条件允许或有需要，我们就会把不同的学习法融会贯通，从而强化学员的学习体验，满足学员不同的学习风格	D2.5
	团队中每个人的背景不尽相同，因此，在面向团队进行培训的时候，我们不能只局限于一种方法，否则就会影响学员的学习热情和动力	D3.3
	抛弃那种按主题划分的课程设计，现在，我们需要一种具有规划性的理念，既结合了提升业绩的方法，也包括更好的学习体验	D2.6
	首先选择合适的课程策略，然后选择授课方法	D2.7
	使用多种学习法推动在岗应用	D2.7
	根据布鲁姆分类学确定学习目标和方法。理想的学习法可以实现最大化的应用	D2.7
	设立学习目标，为具体的业务目标（不仅仅是概括的蓝图）提供支持	D2.8
	根据学员的角色和能力设计相关的学习方案	D2.8

第二部分 工具：流程图、规划表、评分表和检查清单

续表

类　　型	建　　议	案　　例
课程设计	确保每个学习模块的目标都清楚、明确，相应的培训活动也都满足收益需求	D2.8
	设计学习体验的时候，无论是客户还是学员，都应该少说多问	D3.1
	改变成年学员固有的反射习惯，建立完善的汇报制度	D3.1
	在授课时，强调和精简关键内容可以提升学员的学习体验（如根据时间表Y进行X任务）	D3.1
	所有的课程设计都有着共同的基础：鼓励学员的参与，并将他们的个人价值作为培训的亮点	D3.1
	不能全盘听凭供应商的安排。你可以在项目中增加一些来自不同地方的资源和例子，从而强调课程内容，确保学员的全面理解	D3.3
	以终为始——首先弄清团队领导期望看到的业绩和改善，然后设计出能够满足这些期望的项目	D4.2
加速应用	首先要建立一个明确的能力标准，然后再通过培训尽快地达到这一标准	D2.6
	抛弃那些"建议掌握"和"必须掌握"的内容，告诉学员根据自己的需要来做决定	D2.6
	设计培训项目的时候，可以参考神经学。我们选择的教学法应该给学员带来启发和利用感官的机会	D2.7
专注业绩	不光要让消费者（学员）满意，还要让客户（学员的直线经理）满意	D6.3
	我们需要为学员提供"桥梁"，帮助他们建立学习和实践之间的联系	D4.1
	擅长发展项目的领导者应该深刻了解"学习可以带来业务结果"这句话	D1.2
	"了解"和"动手"是两件完全不同的事。只有动手做了，才能发挥学习最大的价值	D2.6

续表

类型	建议	案例
专注业绩	学习方法、媒介和练习都应该放在项目之初决定，结果规划轮中的前两个部分就展示了这些过程	D2.7
	避免笼统的学习内容，把关注点放在影响业务目标的关键成果上	D2.8
	为了改变学员的态度和行为，你不仅需要撼动他们的思想，还要打动他们的心灵。也就是说，人们不仅需要理性体验，也需要感性体验	D3.1
	不要让日常工作妨碍员工应用所学知识	D3.4
	优秀的领导者既注重业绩，也关心人员关系；领导力发展项目应该着重培养这两方面的能力	D3.5
	确保学习项目与学员所处的工作环境具有相关性	D4.1
	课堂学习要尽量倾向于练习和应用，这样才能帮助学员积累实际经验，在工作中应用所学知识	D4.2
	记住，学员才是发起变革的那一方。学员的参与、热情和责任感比管理者的参与重要得多	D4.8
	在培训项目中，应该做到学习与绩效并重	D6.2
	学习内容并不是最重要的。如果缺少转化和应用，再好的内容也难以发挥作用	I.2
重新定义终点线	在课程结束后颁发奖励和证书会向人们传递错误的信息（"培训已经结束"）	D2.4
	培训的目的不仅应该强调学习（能力），也应该强调应用（意愿）	D3.6
	将学习转化作为培训项目的一个目标，然后向企业领导和学员传达培训的收益和方法	D4.2
	重新定义关键战略项目的终点线	D2.4
	培训项目结束时，要求学员提交一份业绩改善总结	D5.2
	如果你希望培训能够产生作用，就全心投入、严格执行，否则就不要考虑培训这种方法。关于培训的终点线问题，绝对容不得半点妥协	D4.7

第二部分　工具：流程图、规划表、评分表和检查清单

续表

类　型	建　议	案　例
重新定义终点线	如果培训项目中安排了课后练习，就把完成课后练习作为项目的一项强制性要求	D5.3
	重新定义终点线；确保将培训后的跟进作为完整体验的一部分	I.2
	耐心等待变化的出现。说服领导者对于新的终点线的看法，因为学习并不是一朝一夕就能完成的事	D2.4
鼓励管理者参与	鼓励直线经理的参与，当他们鼓励学员在工作中应用所学知识的时候，我们要为他们提供支持	D2.4
	在设计培训项目的时候，还应该设计一个平行的领导力发展项目，为领导者提供培训和支持	D4.2
	面对管理者参与问题及其对转化的影响时，我们要采取积极主动的态度	D4.5
	管理者也需要培训，这样他们才了解自己的关键作用，以及如何将学习转化为结果	D4.5
	面对管理者的培训要直接、实用。如果管理者觉得转化过程看起来太难或太花时间，他们就会只做表面文章	D4.5
	在项目之初就提醒管理者你希望他们能对学员的进步表示认可，并且你还会向学员展示以往的表扬方式	D4.6
	尽早获得出资人和学员对于转化方案的认可	D4.7
	提供简单的指导说明，让管理者可以轻松有效地参与到学习过程中	D6.3
	很少有领导者愿意承担教练这项工作，所以我们需要采取一些行动来改善这种状况	I.4
确保学习转化	将学习转化作为培训项目的一个目标，然后向企业领导和学员传达培训的收益和方法	D4.2
	让新学员做好行动准备，等待成果的出现	D2.2
	利用现有的社会学习技术，培养知识共享和协同学习	D2.5

续表

类型	建议	案例
确保学习转化	提升领导力技巧，参与核心活动，打造更优秀的管理者	D3.5
	确保实现学习转化。只有空想是不行的	D3.6
	开始培训项目前，一定要完成即时应用检查清单	D4.1
	为学员提供机会，确保他们能够马上将学到的内容应用到工作中	D4.1
	课堂内容要尽量向练习和应用倾斜	D4.2
	通过学习实践项目或课后作业，让学员将学习进行转化	D4.2
	培训结束后，想办法让学员有机会回忆学过的内容。你的方法不一定完美，因为你的目的是让学员回忆起学过的内容及预期应用	D4.3
	最好让培训出资人发出提醒，而不是由讲师来做。来自企业领导的支持是项目成功的关键	D4.3
	回顾和复习非常重要。强化记忆的最佳时机是完成知识转化以后	D4.4
	用户，尤其是繁忙的销售代表，更喜欢那些提供简单工具的游戏化学习体验	D4.4
	第一次设计强化项目的时候，你应该首先思考你希望自己的销售团队可以为客户提供哪些信息	D4.4
	鼓励客户坚持学习；为他们提供一系列建议，他们会越做越好	D4.7
	学习转化就像在健身房里做运动——如果有个计划的话，就会有更明确的努力方向，也更容易坚持下来	D4.7
	一定要实施学习转化。你可以先进行小规模的尝试，然后总结经验教训，接着再尝试	D4.8
	电话其实是一种非常强大的秘密武器	D4.8
	利用来自不同方面的影响（社交动机、社交能力、个人能力）创造积极的转化氛围	D5.3
	通过强化和评估为转化提供支持	D5.3
	学员，尤其是企业领导，他们的现有行为是我们需要面对的真正挑战。为了保证知识的应用，我们需要努力为学员创造一个安全的环境	I.4

第二部分　工具：流程图、规划表、评分表和检查清单

续表

类型	建议	案例
提供绩效支持	确保安排合适的学习机会，实施绩效支持。让管理者可以进一步发挥个人优势，为预期的业务目标提供支持	D1.4
	为管理者提供一对一教练（第五法则），在日常工作中遇到问题时，让他们能够彻底履行自己的承诺	D1.4
	建立一对一的参与机制，如教练、辅导、伙伴系统等	D2.8
	确保教练和学员的直线经理都清楚了解自己的角色	D5.2
	项目后的绩效支持是培训成功的关键	D5.4
	仅仅熟悉或掌握知识是不够的。我们要通过同事之间的指导，让学习在工作中延续，保证学员有充分的练习机会，最终变得熟练	D5.2
	提供支持，强化学习效果，确保学员掌握预期学习成果，创造业务价值	D5.3
	为每位学员选择合适的辅导员，是成功的关键因素	D5.1
提供成就感	在学习结束后表示认可，可以提升学员的成就感，激励他们继续前进	D1.3
	再小的进步也需要管理者的认可；学员遇到难题时，为他们提供建议	D3.4
	要求学员的直线经理提交表彰报告，其中要突出学员的业绩改善	D4.6
	管理者要尽早做好表彰准备，并且设定一个最后期限	D4.6
	在毕业仪式上，邀请项目中的其他学员来宣读直线经理对进步学员的表彰	D4.6
总结培训效果	严格评估商业结果和个人成就（第六法则），以此来判断此类项目是否可以成为长久的战略一致性流程	D1.4
	如果你没有进行评估的经验，也没有接受过相关训练，请向组织中其他有经验的人寻求帮助。这些人通常隶属于质量部门	D2.6
	通过定期评估（经验了解及收集信息）了解学习转化情况	D2.8
	每个季度核对学习转化对于业务底线的影响	D2.8

续表

类　型	建　议	案　例
总结培训效果	设计和实施学习转化结果评估，并与学员和出资人共享评估结果	D4.2
	总结培训效果并没有意义，评估业务结果才能吸引高层管理者继续投资	D5.4
	评估中应该包含评价内容	D5.4
	选择一个关键项目（已经完成的项目也可以），实践逻辑建模流程	D6.1
	在评估执行阶段，监督员工关键的行为和其他重要指标。根据收集到的数据随时进行调整	D6.2
	课程结束后的评估并不是我们的终点；我们需要收集的是员工在工作中应用培训内容的数据	D6.4
	逻辑建模适用于所有项目，但是最适合高成本、高预见性的战略类项目	D6.1
交流培训价值	统一企业的业务交流计划，表彰管理者的成就，推动企业文化的发展（第六法则）	D1.4
	收集以往学员的成功故事	D2.2
	总结培训效果，并与企业领导交流	D2.2
	组织一支成功可靠的试行小组，让他们带头推广培训项目。这会给你的项目带来巨大的推动作用	D3.2
	成功要与大家分享。奖励学员、业务伙伴和其他所有为项目的成功做出贡献的人们	D3.4
	与团队成员分享他们的成功	D4.2
	根据结果，证明培训的有效性，并分析团队的能力、倾向和知识欠缺	D4.4
	与关键出资人共享结果，展示培训创造的价值	D4.8
	展示使用新方法获得的成功。让学习和发展部门为逻辑建模提供支持	D6.1
	成功故事可以提供真实可靠、令人信服的证据，证明培训项目确实能够带来业务结果	D6.4

第二部分 工具：流程图、规划表、评分表和检查清单

续表

类　型	建　议	案　例
持续改善	学习是一个过程。规划学习过程的时候，你可以借助流程改善工具来缩减时间、成本和可变因素	D2.6
	参照其他公司的经验，寻找最佳方案。设计项目前，我们选择了另一家公司作为参照；这家公司和我们分享了他们执行间隔学习法时用到的技巧和工具	D3.3
	总结培训效果；如果几种评估方法都表明你没有达成预期目标，那么你需要对项目方法进行调整	D3.6
	试验！执行方法上的细微改变可能会对出资人的兴趣和意向造成巨大的影响	D4.4
	设定一个延伸目标，目标中的对象必须是可以衡量的。这个目标会迫使你产生新的创意	D6.3
	从外界获得灵感，你不用什么问题都自己想。多问问题，多读书。借鉴来自其他公司和行业（包括你的竞争对手）的想法	D6.3
	凡事不一定一试就会成功。实际上，经历过失败才能不断完善	D6.3
	教学改善是一个永远都不会终结的过程	I.4
	邀请独立的6Ds®法则顾问加入你们的战略性项目中；这些顾问可以为你们提供客观的意见及其他公司的成功案例	I.5

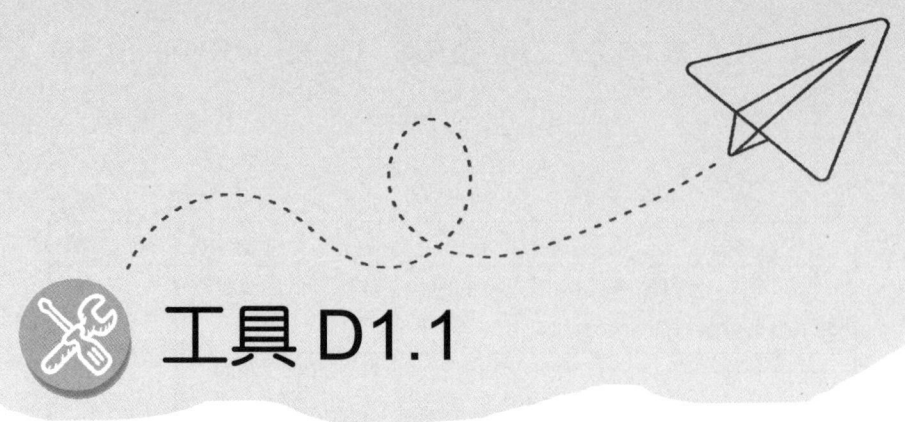

工具 D1.1

6Ds®法则结果规划轮

转化氛围

4 所有具体成功的标准是什么？

1 要满足什么业务需求？

3 什么或谁能确认学员的变化？

2 学员需要不同或更好的方式做什么？

5 其他因素
（管理层的支持、认可、激励等）

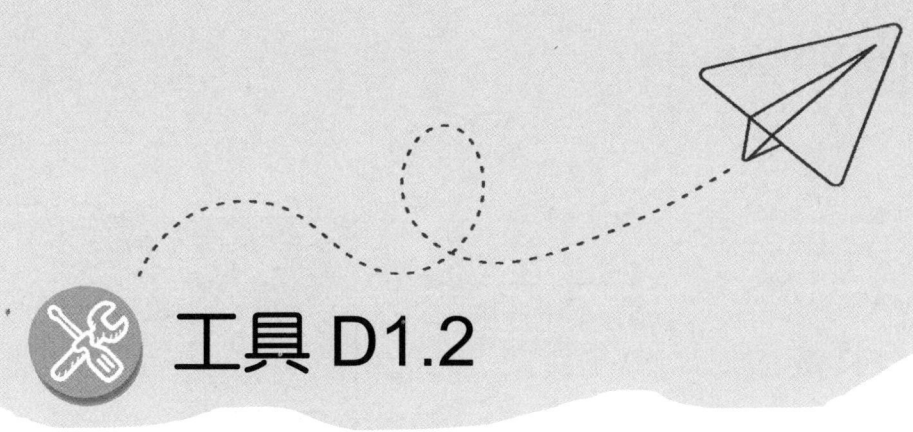

工具 D1.2

流程图：培训是否必要

　　有些企业领导期望通过培训解决一切绩效问题。虽然这样的想法是好的，但是，如果培训和发展机构认为培训可以解决一切绩效问题，就大错特错了。培训只能解决那些由于缺少知识或技能导致的问题。如果不弄清根本原因就盲目展开培训，就会产生学习废品，影响培训组织的可信度。

　　使用下面的流程图来确定解决方案中是否需要安排培训——培训从来都不是完整的解决方案——如果没有，就找出真正的问题及所需的解决方法。

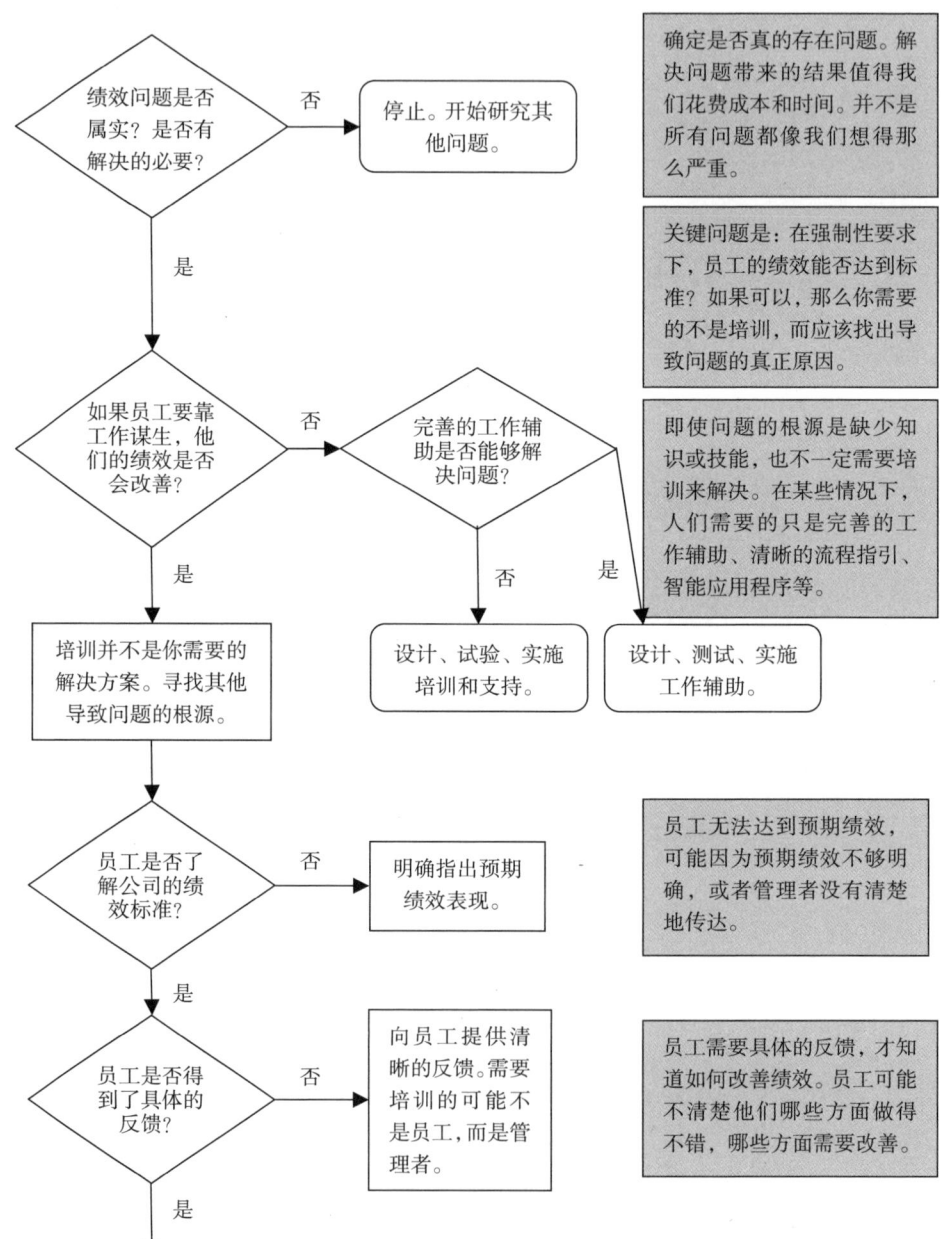

第二部分 工具：流程图、规划表、评分表和检查清单

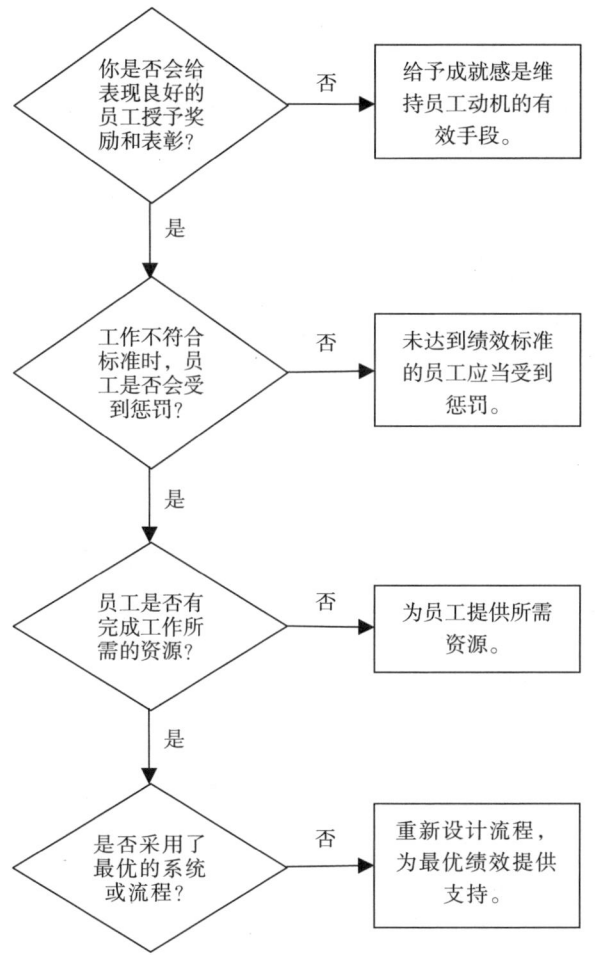

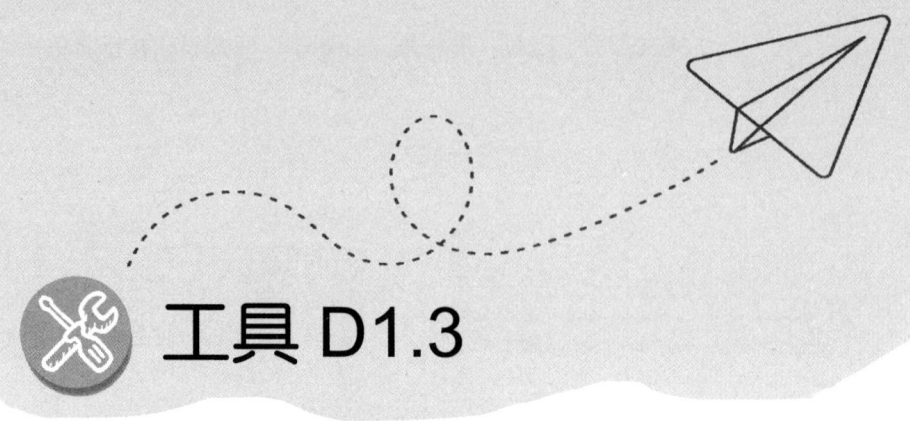

工具 D1.3

第一法则检查清单

- ☐ 绩效问题由缺乏知识或技能导致。
- ☐ 差距分析确定了改善绩效所需的知识和技能。
- ☐ 曾经尝试使用过培训之外的其他解决方案,但证明是无效的。
- ☐ 培训与高优先级、高价值的业务需求有着明确联系。
- ☐ 能够说明项目将要达到的实际绩效(非知识、能力和技能),并且使用业务术语和业务概念。
- ☐ 培训目标明确指出了衡量成功的标准,并详述了预期绩效标准(程度和所需时间)。
- ☐ 课程说明和其他交流都明确说明了项目的业务结果(目标)。
- ☐ 与培训出资人经过讨论得出一致的成功标准,并与相关培训方和企业管理者共享这一标准。
- ☐ 已经确认并讨论过可能影响成功实施该项目的环境因素(如奖惩措施、教练等)。
- ☐ 管理层愿意为转化氛围负责。

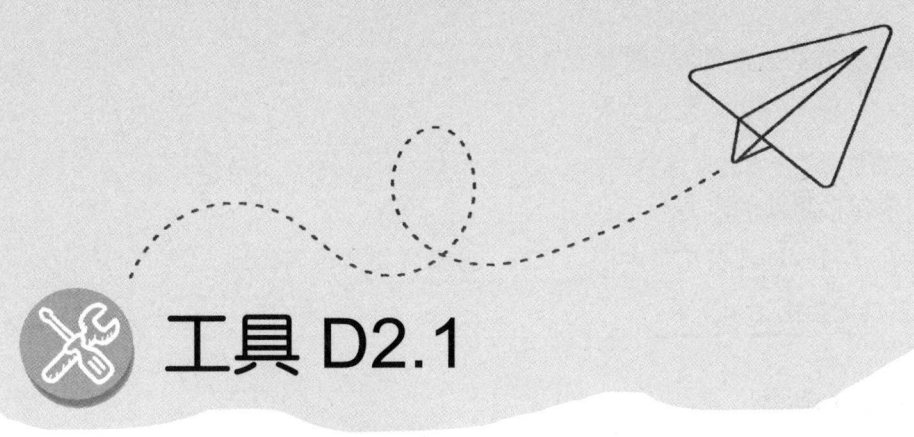

工具 D2.1

致管理者：培训前沟通指南

作为一名管理者，怎样才能让你在培训中投入的成本物有所值，让你和你的直接下属都有所收获？最重要的一点就是进行培训前沟通。

在培训开始前，最好和你的直接下属进行一次会谈；条件实在不允许的话，电话会谈也可以。会谈的时间不用很久，10~15分钟就可以。这样做是为了培养员工的学习意向，让员工正确看待此次培训，同时也说明你对此次培训的重视。在会谈中，你还可以设定预期的应用目标和业务结果，安排跟进工作的时间进度，并表明你对成功的要求。

⮕ 待议事项

1. 会谈开始前，思考一下你的直接下属需要改善哪些方面。要知道，再出色的员工也不是十全十美的，肯定存在需要改善的地方。
2. 浏览培训项目涵盖的主题，找出对直接下属最有用的部分。
3. 会谈过程中，询问下属哪些方面最需要改善，哪些课程对他们来说最重要。
4. 对比你们的回答；讨论看法一致和存在差异的地方。

5. 确定最重要的改善点。

6. 在学习合约或备忘录中记录双方一致认为需要改善的地方。

更多具体指南请见下文。

⊃ 详细教练指南

1. "在日常工作中,你认为自己的哪三个方面最需要改善。"(根据直接下属的回答,将答案记录下来。)

- 为什么是这三个方面?(解释原因)
- 与直接下属讨论你认为最需要改善的三个方面。
    — 如果你们的看法一致:"我们的想法很一致。所以我们来研究一下怎么通过这些课程让你的事业更上一层楼。"
    — 如果你们的看法不一致,那就把这次会谈看作教练的机会,讨论你们看法上的差异。例如:
    "我没有选这一点,因为我觉得你在这方面已经做得非常出色。"
    "我同意你说的这一点,确实需要改善,但是我觉得另一点更重要,因为……"
    "我觉得你说的这一点比我的更重要,所以咱们把重点移到这里。"

2. "我们来讨论一下怎么才能充分利用这次培训。对你个人来说,这次培训中的哪些方面是最重要、最有价值的?"

- 聆听直接下属的回答。
- 对比你们的回答。
- 指出双方看法中高度一致的地方。
- 如果你们的回答有很大差异,你可以请他解释这样回答的原因,然后积极听取他的解释。

第二部分 工具：流程图、规划表、评分表和检查清单

- 如果对方的看法无可非议或比你的更好，你应该乐于接受不同的看法。

3. 完成以上步骤之后，双方商定 1～3 项（不超过 3 项）你的直接下属需要从课程中学到的最重要的内容。

4. 请你的直接下属签订学习合约（见工具 D2.2），或者向你提交一份简要的会谈总结。

5. 培训结束后，尽快与你的直接下属安排一次简短的会谈或通话，了解他对项目的报告或者执行目标和计划。

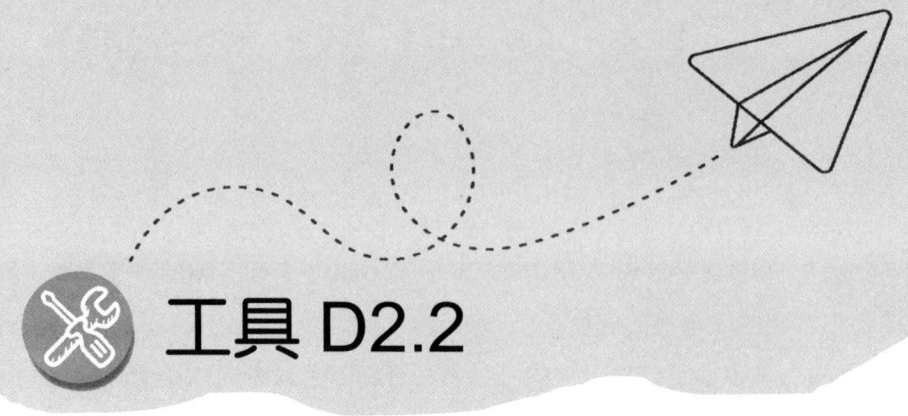

工具 D2.2

学习合约模板

学员义务

为了在零件部门管理培训项目中实现商业结果最大化,本人承诺(请选择适用项并填写相应内容):

- ☐ 在参加培训前,找出需要改善的地方,使用培训内容创造商业结果。
- ☐ 按照要求完成所有课前作业。
- ☐ 按时参加并积极参与每堂课。
- ☐ 设定应用目标。
- ☐ 执行跟进计划,改善绩效。
- ☐ 报告结果。
- ☐ 与同事分享重要内容和个人想法。
- ☐ 在项目期间,本人将特别关注<u>库存管理</u>方面的内容,希望能借此机会提高<u>自己在维修过程中将利益和效能最大化</u>的能力。

签名:<u>亚瑟·道尔</u>

第二部分 工具:流程图、规划表、评分表和检查清单

日期:<u>2017 年 8 月 8 日</u>

经理义务

作为以上员工的直线经理,本人承诺:

- ☐ 了解培训和商业结果之间的关系。
- ☐ 参加和参与任何针对管理者的先行简介会。
- ☐ 在项目开始前,与直接下属进行会谈,讨论参加培训项目可以创造的业务结果。
- ☐ 控制直接下属的工作负荷,为其提供足够的时间完成培训准备和参加培训课程。
- ☐ 尽量减少培训期间对员工的干扰。
- ☐ 项目结束后,与员工讨论项目的重点并探索应用机会。
- ☐ 培训后跟进会谈定于 <u>9 月 19 日(星期五)</u>举行。
- ☐ 为直接下属提供鼓励、支持和援助,推动下属应用培训内容。
- ☐ 为直接下属提供在岗实践新方法和新技能的机会。
- ☐ 为持续改善提供建议。

签名:<u>梅琳达·罗杰斯</u>
日期:<u>2017 年 8 月 12 日</u>

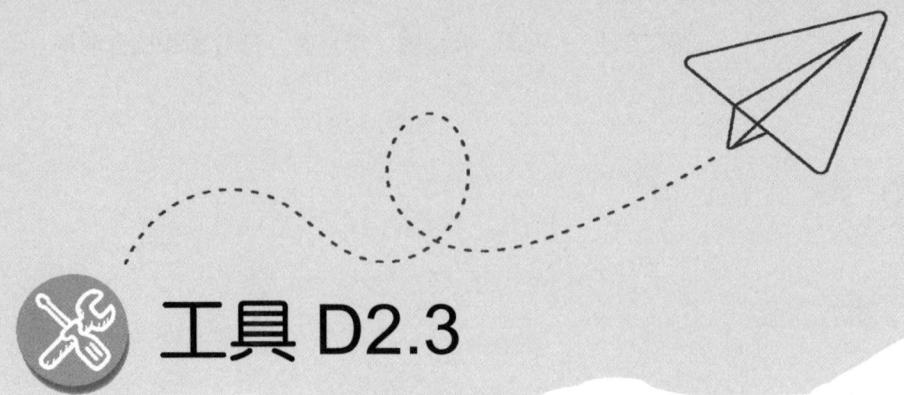

工具 D2.3

阶段一的学习流程图（应用前）

1. 大家是否都了解培训中将会使用的基本术语和概念？
   - ☐ 是。继续第 2 题。
   - ☐ 否。安排阅读、在线学习、预修课程、相关经验或其他形式的作业，让学员尽快熟悉课程进度（见工具 D2.4）。

2. 是否有一些员工过高估计了自己对于培训主题的了解（无所不知）？
   - ☐ 是。准备一次自测，帮助他们更真实地评估自己的能力，发现自己的欠缺。
   - ☐ 否。继续第 3 题。

3. 学员是否对培训的主题感兴趣，并且希望学到更多知识？
   - ☐ 是。继续第 4 题。
   - ☐ 否。想办法激发学员的兴趣，或者向他们介绍培训的相关性和应用性。

   例如：

- 出现失误可能导致的严重后果。
- 启发性的视频或问题。
- 以往学员的成功案例（见案例 D2.2）。
- 以顾客、流水线工人、客户支持代表等角色进行实地体验式学习。

4. 学员是否具有"学习意向"（知道自己希望从项目中获得什么）？

　　□ 是。非常好，你可以开始培训了。

　　□ 否。采取措施帮助学员培养学习意向，如鼓励学员和直线经理进行培训前会谈，签署学习合约，要求学员自我评价并安排改善方面的优先级等（见行动 D2.2）。

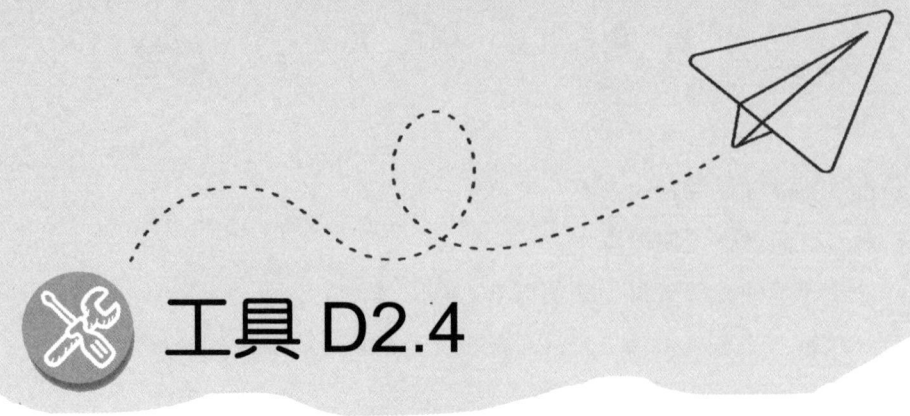

工具 D2.4

阶段一的学习目标和示例（应用前）

目标	示例
建立知识基础；确保所有学员进度统一	阅读篇幅简短、有针对性的材料 完成在线简介课程 完成预修课程，如成功完成基础课程或相关工作经验 通过相关测试
激发学员兴趣	体验式学习，如访问客户、患者或高层领导，参观工厂或办公室，接听客户来电等 阅读启发性的文章，或者观看在线视频或其他视频 写一篇个人从事某项工作的经验总结，主题要与项目有关，篇幅不用太长 来自以往学员的视频，介绍培训内容的价值 通过模拟体验证实培训项目的重要性

第二部分　工具：流程图、规划表、评分表和检查清单

续表

目　　标	示　　例
培养学习意向	学员及其直线经理在培训前进行会谈，讨论培训的重点 要求学员及其直线经理签署"学习合约" 要求学员及其直线经理参加培训前电话会议 通过培训前评估，让学员认识到自己的知识差距
提供培训所需的素材	要求每位学员准备一个目前遇到的问题 收集当前绩效的360度反馈（或其他形式的反馈） 要求每位学员从工作中发现一个与培训相关的案例 要求每位学员与客户、同事或其他培训出资人面谈 要求学员利用图片或视频描述将要讨论的问题或改善机遇

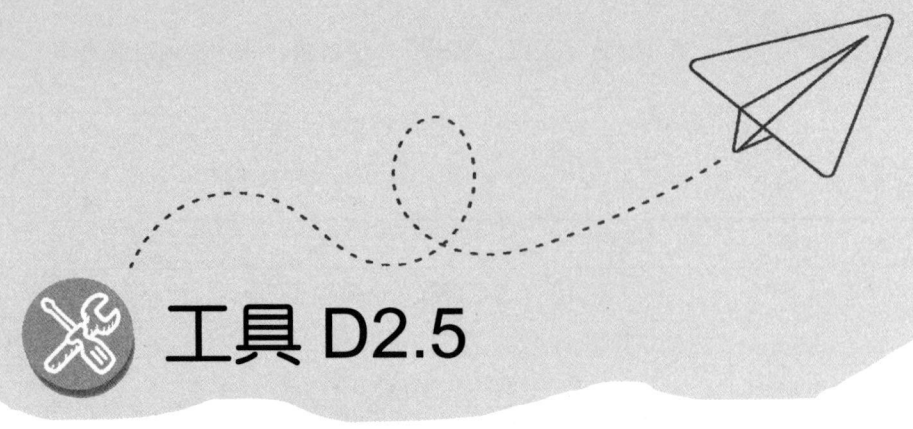

工具 D2.5

致管理者：培训后沟通指南

培训结束后，如果你可以尽快安排一次与直接下属的跟进会谈，下属就会明白你对项目的重视程度，同时保证你投入的时间和资源物有所值。

⊃ 概述

1. 培训项目结束后立即安排跟进会谈（面谈或通话）。

2. 会谈的内容比篇幅更重要；只需要 5～10 分钟，就可以表明你的关注，推动学习转化。

3. 多倾听，多提问。让你的直接下属作为主要讲述者。

向直接下属提出以下问题：

- 在培训中，你学到的最有价值的内容是什么？
- 你计划如何应用培训内容？
- 你的应用情况会给部门和你的职业生涯带来哪些收益？
- 你需要哪些支持？

会谈的目标是强调你对学习结果的关注，鼓励直接下属回顾学习体验（从

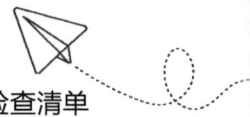

第二部分　工具：流程图、规划表、评分表和检查清单

而强化记忆），确保他能够利用新知识创造业务收益。

⇨ 详细教练指南

1. 见面，问候。感谢对方前来与你见面，表达你对培训项目及对方应用计划的兴趣。

2. 提问："你学到的最有价值的内容是什么？"

- 认真倾听对方回答。
- 重复对方的答案，核对你是否完全理解："所以，对你来说，最有价值的事情是……"
- 请对方提供更多说明或解释，帮助他巩固理解，并锻炼批判性思维。"可以说得更详细一点吗？"或者"你觉得别人的看法和你的一样吗？如果不一样，你能说明其中的原因吗？"

3. 你的直接下属在应用培训内容的时候，应该设定1～3个（最多3个）明确的目标。

- 审核目标（若尚未审核）。
- 对方的重点是否正确？
- 如果你没有异议，继续讨论收益问题。
- 如果你有异议，向对方提出指导意见——"我觉得你对收益的了解还不是很清楚"或"我希望你能更加重视……因为我觉得你在这方面有着非常大的改善空间"等。

4. 提问："实现这些目标可以为部门和你的职业生涯带来哪些收益？"

- 帮助直接下属将重点放在收益上，确保对方将收益的价值与自身联系起来，并且致力于实现这些目标。

5. 提问:"你需要哪些支持/机遇?"

- 询问直接下属在实现目标的过程中需要哪些资源、时间或项目,借此机会表示你的支持。
- 如果对方的要求合理,就按照要求提供他所需的支持。
- 如果对方的要求超出了你的能力范围,请向对方说明这一点;如果有必要的话,你们可以修改目标,将目标控制在你能支配的资源和时间之内。

6. 最后,设定一个具体的跟进期限。"我希望你能在(日期)向我提交一份成绩报告。"这样可以强调你对应用情况的关注。要知道,如果连经理都不关注某件事的话,员工肯定更不关注。

〔改编自:Jefferson A., Pollock, R., & Wick, C.(2009) *Getting your money's worth from training and development*. San Francisco: Pfeiffer. Used with permission.〕

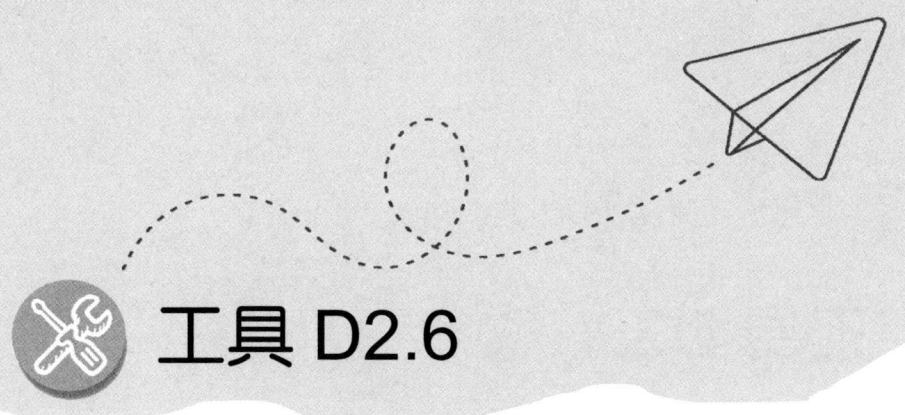

工具 D2.6

第二法则检查清单

- ☐ 培训邀请和课程说明应该内容清晰、有理有据,强调收益而非特色。
- ☐ 阶段一的学习(准备阶段),如包括阅读、练习、情景模拟、绩效反馈等,可以让课堂时间得到最大化的利用。
- ☐ 学习项目启动之前,要求学员和直线经理进行一次会谈(最好为强制性要求)。本书也为这类会谈提供指导和工作表单。
- ☐ 课程应该尽可能多地为学员提供应用机会(见第三法则检查清单)。
- ☐ 项目设计中应该包括结构、支持和责任划分(见第四法则检查清单)。
- ☐ 课程结束后的绩效支持是项目设计中不可或缺的一部分(见第五法则检查清单)。
- ☐ 项目的"终点线"是指绩效真正得到改善的那一天,通常为课程结束的几周或几个月之后。
- ☐ 制订评估计划,并且要让学员知道计划是什么。
- ☐ 建立奖励机制,确保学员的付出和成绩能够得到认可。

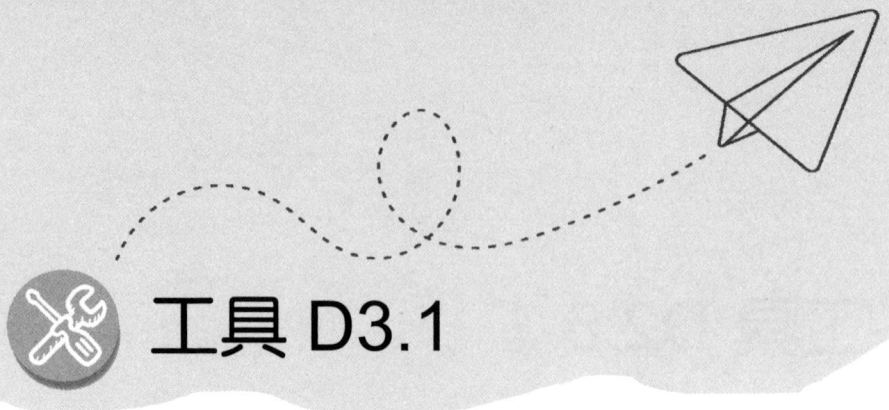

工具 D3.1

幻灯片信噪比测试

信噪比测试	信号	无效	噪声
你的幻灯片是否通过了信噪比测试?	○		○
单一信息(单一 vs 多重)	○	○	○
受众相关性(产生共鸣 vs 无应用价值)	○	○	○
视觉元素			
背景(支持内容 vs 转移注意力)	○	○	○
文本(扫描文档 vs 文本文档)	○	○	○
颜色(统一 vs 杂乱)	○	○	○
图片(简洁 vs 繁杂)	○	○	○
数据(重点突出 vs 缺少重点)	○	○	○
图表(清晰明确 vs 混淆不清)	○	○	○
排版			
对比(重点突出 vs 缺少优先级别划分)	○	○	○
留白(留有空白 vs 杂乱无章)	○	○	○
层次(层次分明 vs 缺少层次)	○	○	○
一致(结构清晰的布局 vs 结构松散)	○	○	○
有序(清晰的观看顺序 vs 杂乱零散的内容)	○	○	○
间距(精心设计 vs 随意为之)	○	○	○
动画(支持幻灯片内容 vs 分散注意力的无意义内容)	○	○	○
	○	vs	○

(Copyright 2009, Nancy Duarte and Glenn Hughes, used with permission.)

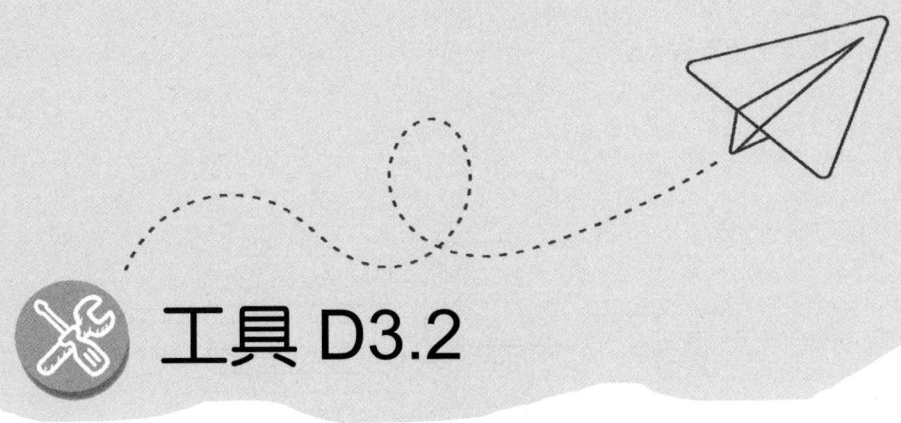

工具 D3.2

价值链计划表

价值链计划表展示了业务结果及实现业务结果所需的行为之间的联系，以及学习活动和所需行为之间的联系。

使用 Word、PowerPoint 或类似软件中的绘图工具，参考下一页图，绘制一幅等级关系图。确保学习活动包含了学习过程的四阶段。

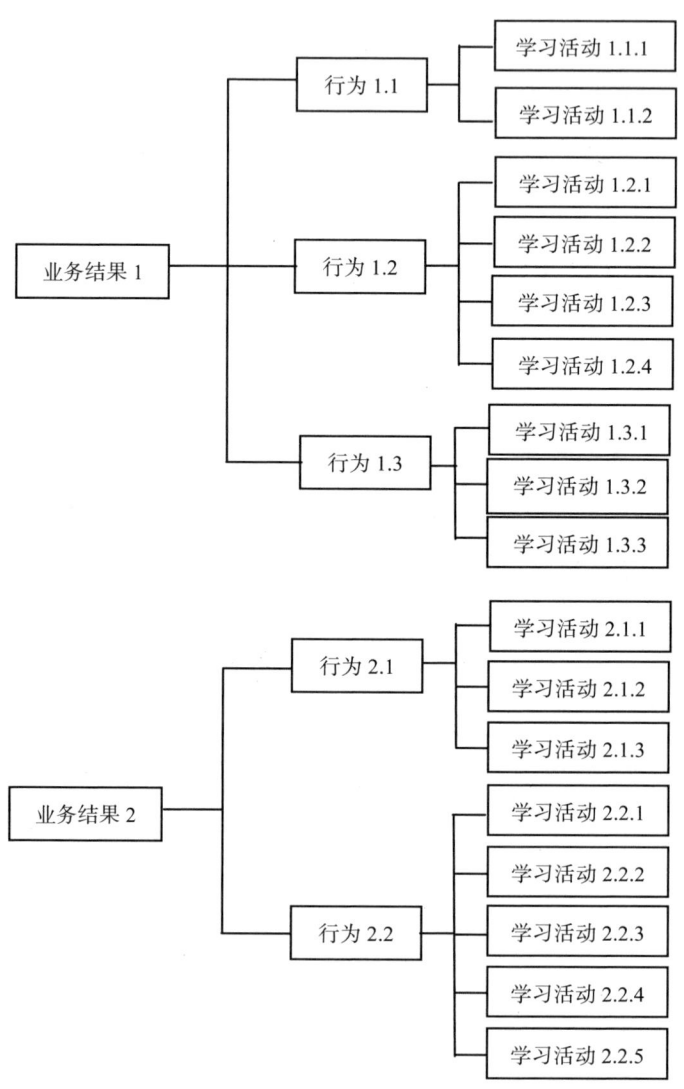

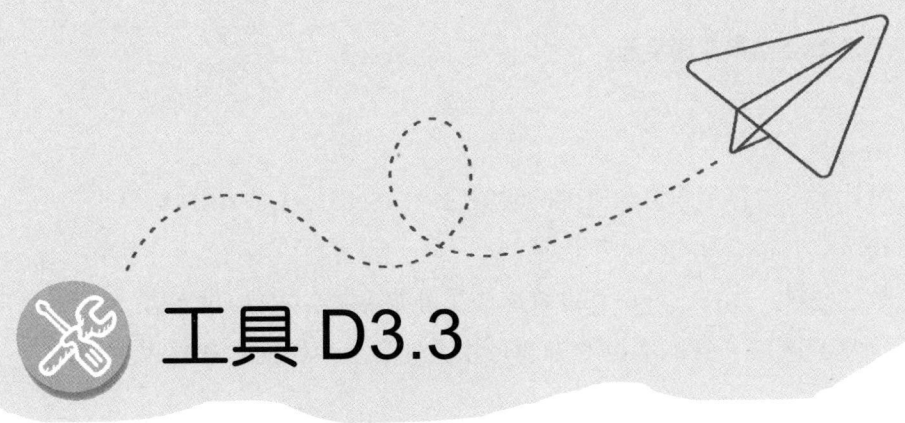

工具 D3.3

第三法则检查清单

- ☐ 影响分析、价值链或其他类似的流程工具都可以用来分析培训内容和业务目标之间的联系。
- ☐ 项目说明、材料和课程可以回答学员及其直线经理提出的"它能带给我什么"（WIIFM）这个问题。
- ☐ 每项练习或主题都会明确说明和强调项目内容、当前业务需求和工作内容之间的联系。
- ☐ 相关案例、故事、模拟、讨论等方法都可以帮助学员了解如何把所学内容应用到工作中。
- ☐ 往期学员的成功故事可以强调培训的应用性。
- ☐ 项目中必须包括阶段一的学习（课前准备），如果学员没有完成阶段一的学习，就无法抢占优势（或者禁止其参加正式课程）。
- ☐ 课程设计必须能够吸引和维持学员的注意力。
- ☐ 课程设计中应该为学员安排足够的时间练习所学技能或行为，并根据反馈进行改善，最终掌握应用新知识的能力。
- ☐ 充分发挥间隔学习法的作用。

- ☐ 设计学习内容、图像和进度的时候应该注意避免注意力负载。
- ☐ 在课堂上和练习中引入工作辅助。
- ☐ 教学材料、设备、环境和设置应该尽可能还原实际的工作环境。
- ☐ 收集、追踪、分析学员对于项目相关性和应用性的看法并采取相应行动。
- ☐ 评估学员对知识的掌握水平及应用新技能和新概念的能力。

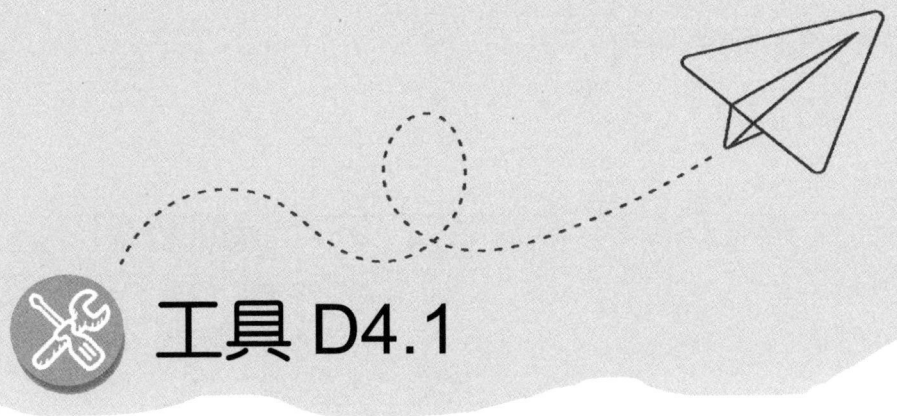

工具 D4.1

学习转化氛围评分表

说明:
1. 根据表格右侧的标准对每项影响因素进行评分。
2. 参考表格中的描述进行评分。
3. 对于无法确定评分的项目,请进行调查研究。
4. 将评分较低的因素作为改善的重点目标。

影响因素	0 非常差	1 较差	2 较好	3 非常好	? 不确定
学员的准备度 学员了解培训主题及培训与他们的发展和绩效之间的关系 学员掌握了参加培训所需的背景知识和技能					
应用机会 培训结束后,尽快为员工提供应用新知识和新技能的机会 为员工提供应用培训内容所需的资源(信息、设备、材料、补给等)					

续表

影响因素	0 非常差	1 较差	2 较好	3 非常好	? 不确定
个人能力 员工具备应用新方法的时间和精力；避免日常工作负荷过重 员工可以应对组织变革的规模和进度					
相关性和应用性 员工认为所学技能和知识具有相关性和应用性 培训中使用的课程方法、辅助、材料和设备应该尽量还原真实的工作环境					
激励 员工具有应用所学知识的动力，因为他们： 相信这些知识可以帮助他们改善绩效 期望通过提升绩效获得更好的收益					
组织文化 具有明确的绩效目标 绩效突出的员工可以获得认可 员工将优秀的绩效视为荣誉					
管理层的一致支持 管理者积极支持员工学习新技术 管理者积极推广培训中教授的方法、行为和技能 管理者设立明确的应用目标					
管理层的鼓励 管理者鼓励员工应用新技能 管理者对积极应用学习内容的员工表示认可和奖励					

第二部分 工具:流程图、规划表、评分表和检查清单

续表

影响因素	0 非常差	1 较差	2 较好	3 非常好	? 不确定
管理层的反馈和指导 员工应用所学知识的时候,管理者能够提供建设性的支持和援助 员工在应用新知识的过程中遇到问题,管理者能够积极提供帮助					
工作伙伴的影响 员工应用新技术的时候,可以获得来自同事的支持;对现有方法不盲从 同事间互相帮助,寻找改善机会,执行新方法					
个人体验 员工通过运用所学内容获得收益,如更高的效率、认可和奖励、更多机会等 没有应用所学知识的员工将会受到惩罚,如批评或惩戒 只要员工能尝试应用所学知识,就不会受到任何惩罚					

〔改编自:Pollock, Jefferson, and Wick (2013). *The 6Ds Workshop: Participant Workbook*. San Francisco, CA: John Wiley & Sons. Used with permission.〕

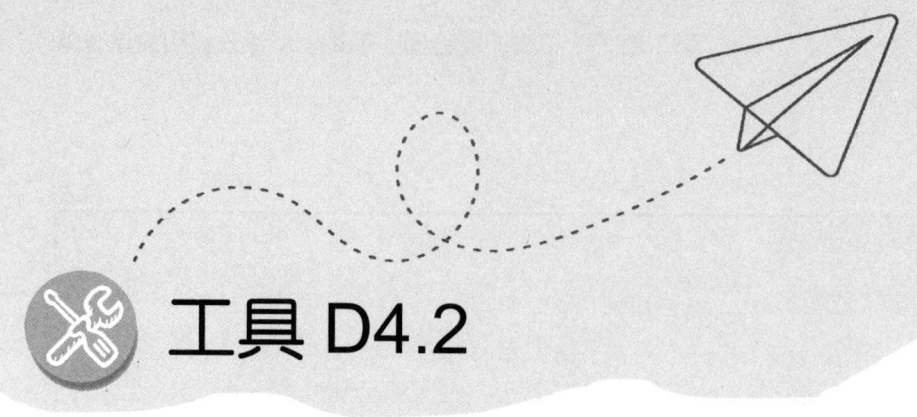

工具 D4.2

学习转化氛围改善计划表

采取以下行动改善转化氛围。

学员的准备度	修改课程说明和邀请细节,突出培训带来的收益和成果 设立学员选拔标准或要求,把机会授予真正需要的人
应用机会	确保为员工提供应用所学知识所需的资源 尽可能在最短的时间内提供培训,让学员能够立即应用所学知识 提前获得管理层的一致支持,确保员工在应用新方法的时候不会遇到信息不一致问题
个人能力	注意员工对于变革的承受能力;在关键变革期间开展培训,成功的概率往往不大
相关性和应用性	监督学员对于课程相关性和应用性的看法,尽快改善得分较低的方面 从整体看待培训的相关性,并明确个人的练习和实践 课程设备、材料和环境应该尽量还原实际工作环境
激励	使用以往学员的成功案例 确保学员的应用可以获得相应的奖励和认可

第二部分　工具：流程图、规划表、评分表和检查清单

续表

组织文化	评估当前文化对新行为的影响 与高层管理者分享你的看法；企业文化变革是一个艰难的长期过程，需要企业高层的领导
管理层的一致支持	通过研究管理层对项目的选择和偏好，保证后续投资 为管理者提供工作辅助，帮助他们在培训开始前设立预期目标
管理层的鼓励	为管理者提供简短实用、有针对性的指导（包括讲稿），帮助他们为学习转化提供支持 如有需要，为管理者提供教练培训
管理层的反馈和指导	用证据证明管理者的教练可以为部门创造哪些价值，从而回答 WIIFM 这个问题 为管理者提供简短实用、有针对性的教练指导，实现最优绩效
工作伙伴的影响	面向整个团队展开培训，让所有成员同时掌握新方法 为团队和个人构建奖励机制
个人体验	确保绩效评估和奖励机制与培训内容挂钩 与管理层预先商定奖励或惩罚措施，根据员工的应用情况执行

［改编自：Pollock, Jefferson, and Wick (2013). *The 6Ds Workshop: Participant Workbook*. San Francisco, CA: John Wiley & Sons. Used with permission.］

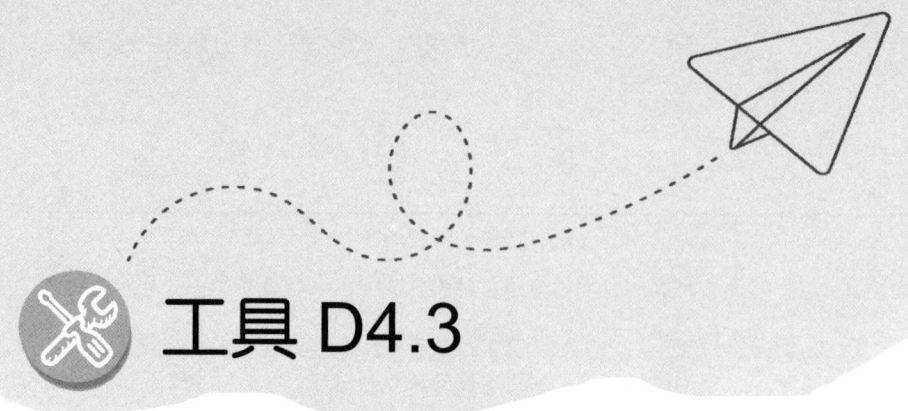

工具 D4.3

第四法则检查清单

- ☐ 对培训项目转化氛围进行评估。
- ☐ 针对工作环境中的所有不利因素制订解决方案。
- ☐ 制订定期提醒计划,督促学员应用所学知识。
- ☐ 建立责任机制,监督员工应用所学内容,并对员工的付出和成就表示认可。
- ☐ 培训结束后,学员应与直线经理进行会谈。
- ☐ 为管理者提供简洁实用、有针对性的教练指南。
- ☐ 管理者应该积极支持新技能和新知识的应用,帮助员工应用新技能,设立相关目标,供反馈,解决问题。
- ☐ 管理者应该了解直接下属的个人应用目标。
- ☐ 为管理者和教练提供工作辅助和具体指导,帮助他们为学习转化提供支持。
- ☐ 建立评估机制,评估直线经理在其下属应用培训内容的过程中提供的支持,并向高层管理者汇报评估结果。
- ☐ 对于表现突出的经理,高层管理者应该给予认可和奖励,以此强调管理层支持的重要性。
- ☐ 向进步较大或完成个人目标的学员给予适当的认可和奖励。

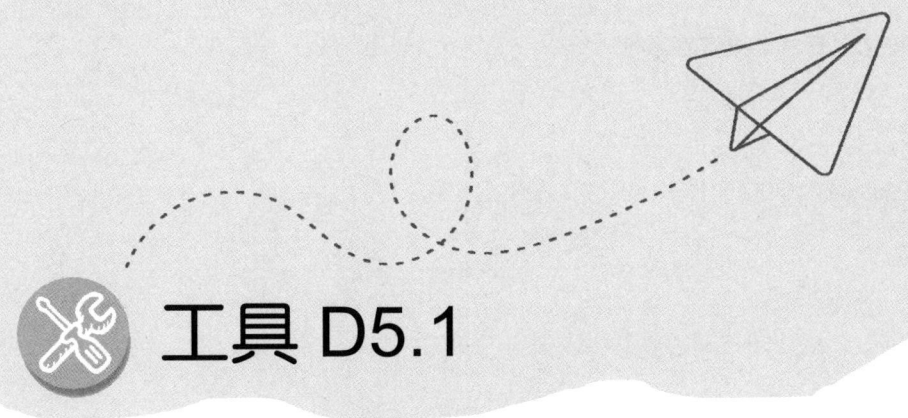

工具 D5.1

绩效支持规划表

项目名称：_____
_____

培训结束后，员工在工作中回顾或应用所学知识的时候，会在哪些方面遇到困难？

以下哪些支持可以有效地解决问题？
- ☐ 检查清单
- ☐ 指导视频或图表
- ☐ 步骤说明
- ☐ 文字指导
- ☐ 工作表
- ☐ 数据库（供检索）
- ☐ 流程图/时序图
- ☐ 咨询中心/专家指导
- ☐ 其他：_____

学员此时的情况如何？

鉴于以上情况，以下哪些系统可以提供最有效的支持？

☐ 纸质工作辅助工具　　☐ 在线支持或数据库
☐ 智能手机应用　　　　☐ 张贴指导公示
☐ 电话支持　　　　　　☐ 其他：_____

请根据以上内容，说明什么是最有效的绩效支持：

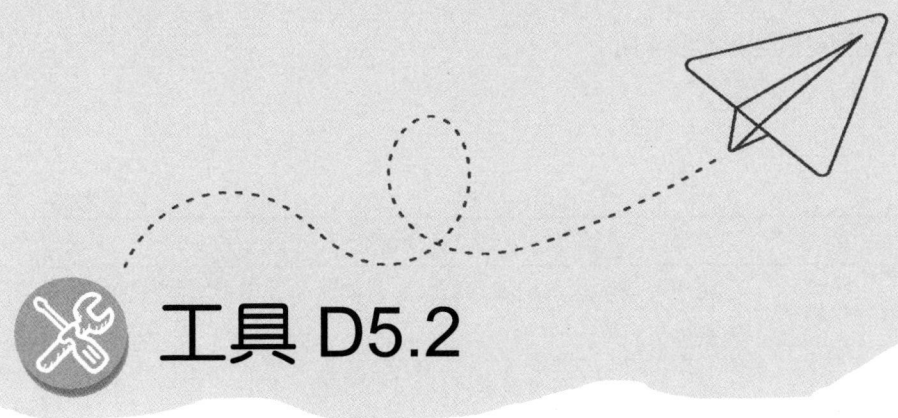

工具 D5.2

不同类型的绩效支持及其应用

绩效支持的形式多种多样,以下为大家列举一些常见类型及其应用。

类 型	适用情况
检查清单	确保清单中包含程序中的所有关键项目。尤其适用于内容繁杂或出现疏漏会导致严重后果的项目
步骤说明	确保按照正确顺序执行程序中的每个步骤。尤其适用于复杂、不熟悉或初次接触的程序
工作表	适用于每步都需要进行运算的项目,如纳税表(虽然并不常用)
流程图/时序图	将问题分解成一系列独立选项,提供决策指导和解决方案,并保证解决方案逻辑合理、步骤清晰。电子版本和智能版本可以优先考虑最优方案
图片或图表	展示特殊环节或条目的位置,如案例 D5.4。在线和智能版本可以提供交互式体验,如放大、旋转或开启/关闭标签。尤其适用于受到文字或语言限制的项目
指导视频	详细展示了如何执行某项程序或顺序
文字指导	确保一致性,如确保所有客户都收到相同的推广信息或电话调查。尤其适用于正在学习过程中的新员工

续表

类　　型	适用情况
数据库（供检索）	用户可以快速访问大型信息库，如产品、模型和零件的在线数据库
智能手机应用	以上形式中，有很多都可以设计成智能手机应用程序，供用户随时随地使用。这种形式还具有"点击此处获得发音或更多信息"的独特功能，这是纸质媒介无法企及的优势
同事或专家教练	提供交易指导、绩效质化评估、教练指导或鼓励
咨询中心/专家指导	为普通工作辅助无法解决的复杂问题提供援助

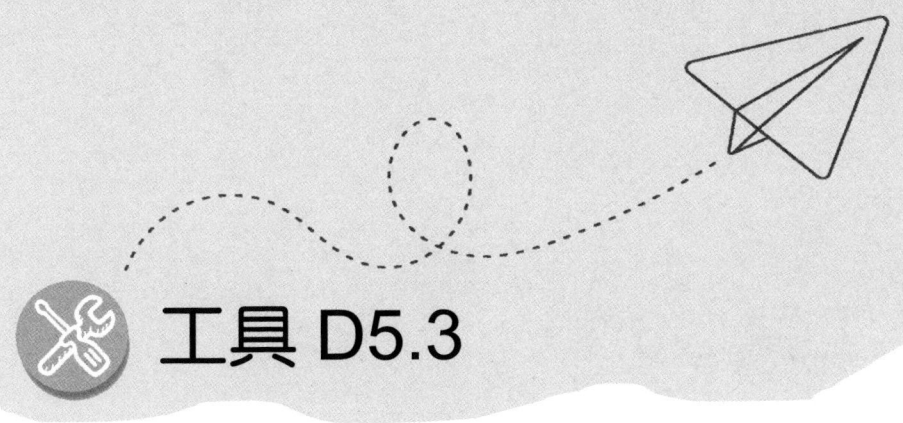

工具 D5.3

第五法则检查清单

- ☐ 绩效支持是培训设计中不可或缺的一部分。
- ☐ 对学员可能遇到的问题或记忆疏漏进行预测并提供解决方案。
- ☐ 在以往学员中进行调查,更加全面地了解所需支持。
- ☐ 收集学员自主设计的工作辅助;如条件允许,将这些辅助纳入培训设计中。
- ☐ 为学员提供工作辅助、在线材料、应用程序、服务台和其他形式的支持,确保他们可以顺利地应用新技能和新行为。
- ☐ 在培训练习中全面融入工作辅助和其他形式的支持。
- ☐ 鼓励设计团队探索新的绩效支持技术和创意。
- ☐ 鼓励和推动持续学习和心得交流。
- ☐ 在转化和应用过程中,为学员提供简单有效的交流途径,随时与直线经理、相关专家、讲师或顾问进行交流。
- ☐ 工作辅助和其他形式的绩效支持均经过测试,并且根据反馈不断完善。
- ☐ 为管理者提供工作辅助副本和绩效支持优化指导。

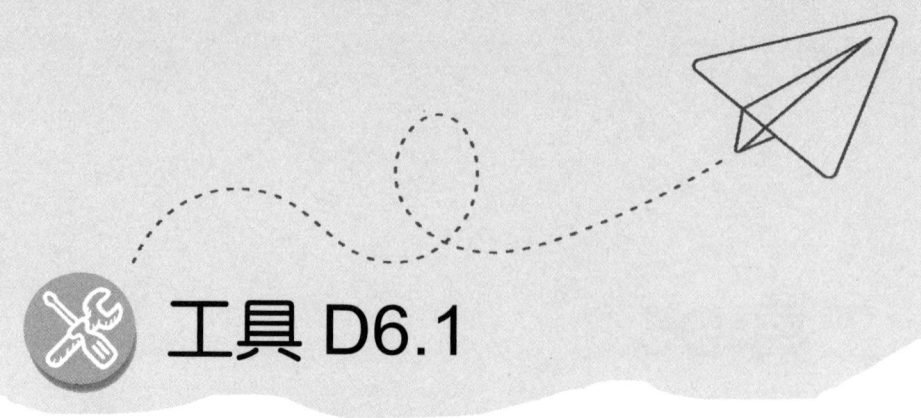

工具 D6.1

评估可信度检查清单

- ☐ 执行评估前，由专业人士对相关计划进行审核，确定其有效性和可靠性。
- ☐ 评估数据规模：若项目规模较小，应包含所有学员；若项目规模较大，应该相应增加样本数（至少 50 名学员）。
- ☐ 随机挑选样本，避免偏见。
- ☐ 使用一个以上数据来源。
- ☐ 负责提供材料或收集数据的人员应该与项目收益无利益关系，分析数据时应该保持客观、公正的态度。
- ☐ 提供材料的对象应该保持全面的立场并掌握专业知识，确保观点的全面性。
- ☐ 为评分表或量表提供统一标准，提升测量信度。
- ☐ 审核所有用于数据收集的调查，保证调查的有效性；如条件允许，可以通过测试了解调查的澄明度和可靠度。
- ☐ 正确使用描述语言，如"更好的""经过改善的"等。
- ☐ 真实评估和反映研究和结论的局限性，包括对结果造成影响的非培训因素。
- ☐ 如果培训出资人把投资回报率作为成功的标准之一，请向财务部门寻求支持。
- ☐ 对管理者做出的贡献表示感谢和认可。

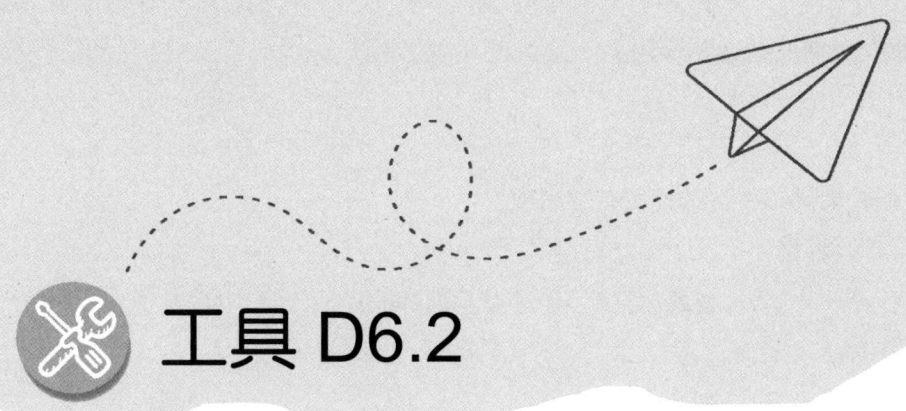

工具 D6.2

评估计划表

项目名称：_____

简要介绍项目的目标（预期绩效改善）：

先行指标（实现预期结果所需的行动）：

支持项目结果所需的相关收益评估：

数据收集机制（请选择所有适用项）：
- ☐ 直接观察
  - ○经理　　○神秘顾客　　○经过专业训练的评估人员　　○其他：＿＿
- ☐ 调查
  - ○学员　　○经理　　　　○客户　　　　　　　　　　　○其他：＿＿
- ☐ 访谈
  - ○学员　　○经理　　　　○客户　　　　　　　　　　　○其他：＿＿
- ☐ 工作成果评估
- ☐ 回顾公司记录
- ☐ 小组讨论
- ☐ 其他：＿＿＿＿＿＿＿＿＿＿＿＿＿＿＿＿＿＿＿＿＿＿＿＿＿

时机（培训和评估之间需要间隔多久）：

参照对象（和"培训后"表现进行对比）：

如何尽量减少或控制非培训因素的影响？

如何确定哪些方面需要改善？

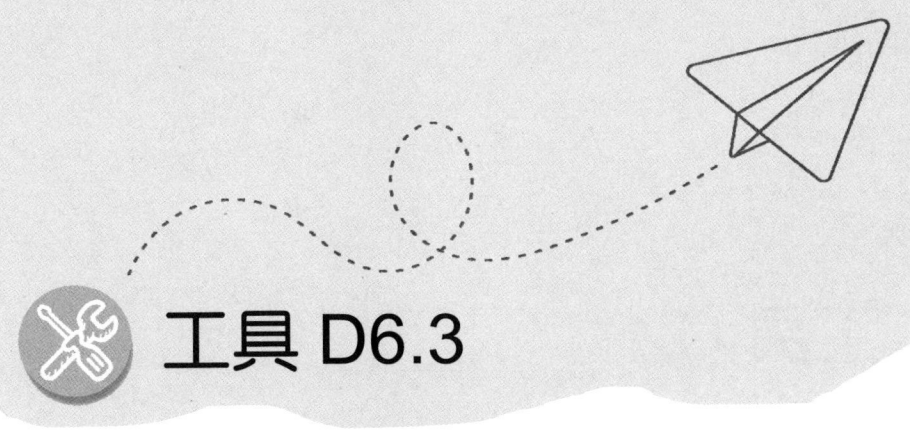

工具 D6.3

第六法则检查清单

- ☐ 与项目出资人事先讨论过项目的评估方式，并得出了一致的结论。
- ☐ 商定的评估方式应该符合指导原则，提供相关、可靠、令人信服的评估结果。
- ☐ 确定评估项目有效性的先行指标。
- ☐ 利用先行指标设计中期检查计划，在评估的同时推动项目改善。
- ☐ 确认评估所需数据的来源，并保证来源的有效性。
- ☐ 制订计划，收集无法通过常规方法获得的数据。
- ☐ 选择参照标准，通过对比证明项目是否成功。
- ☐ 如果培训出资人把投资回报率作为成功的标准之一，请向财务部门寻求支持。
- ☐ 评估计划应该积极收集相关信息，为后续项目的改善提供参考。
- ☐ 评估计划应该由专业人士进行审核，以确定其有效性和可靠性。
- ☐ 确定提交和报告数据的方式。
- ☐ 确定受项目结果影响的关键受众并为其安排交流计划。

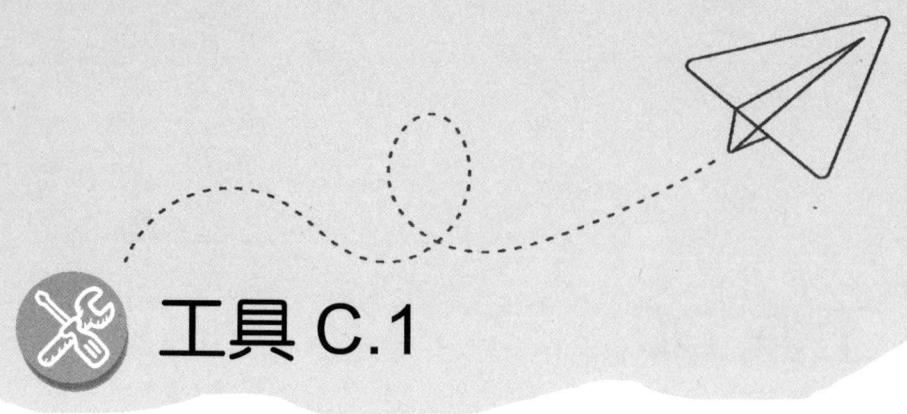

工具 C.1

6Ds®法则个人行动规划表

步骤：

1. 阅读本书之后，你认为哪些启示、提醒或观点最有价值。
2. 在答题栏里写下你的答案。
3. 和 6Ds®法则相比，目前你有哪些差距和不足？
4. 如果有机会的话，你觉得改善现有方法中的哪个方面可以为组织带来最多收益？
5. 在接下来的 2~3 个月内，你希望通过执行 6Ds®法则达成哪些目标？不要急于求成，先选择一个方面进行改善。示例 C1.1 提供了许多例子供你参考。
6. 怎样判断自己是否在进步？实现这些目标可以为你带来哪些收益？
7. 预测你可能遇到的困难及实现目标所需的帮助。
8. 与你的直线经理和/或同事分享你的目标。
9. 开始行动吧！

第二部分　工具：流程图、规划表、评分表和检查清单

6Ds®法则带给我的最重要的三点收获：

1.

2.

3.

改善现有方法中的哪个方面可以为组织带来最多收益?

在接下来的 2~3 个月内,我的目标是:

第二部分　工具：流程图、规划表、评分表和检查清单

评估进步的标准包括：

实现这些目标可以带来以下收益：

我可能遇到的困难或需要的帮助包括：

示例 C1.1
6Ds®法则应用目标（示例）

↗ 第一法则：界定业务结果

在接下来的八周里，我会与关键出资人进行会谈，并使用 6Ds®法则结果规划轮确保自己理解 XYZ 项目背后的业务需求和所需行动。会谈结束后，我会总结和回顾讨论结果，确保自己理解出资人的期望，确保培训能够满足企业最重要的业务需求。我会通过访谈、结果规划轮、与出资人签署协议等方式证明自己的进步。

↗ 第二法则：设计完整体验

在接下来的八周里，我会修订和改善邀请内容，让 ABC 项目的预期目标更加明确，提升员工参与的动机和热情。这一过程的进度指标包括：

- ☐ 设计新的流程并通过审批。
- ☐ 邀请高级副总裁签署培训邀请。
- ☐ 确保培训邀请明确说明了培训的预期应用目标。
- ☐ 引用以往学员的成功案例。
- ☐ 对往期学员来说，新的培训邀请应该比他们之前收到的更加明确、具体、鼓舞人心。

↗ 第三法则：引导学以致用

在接下来的八周里，我会检查和修改期终评估计划，确保评估能够如实反映学员应用课程内容的能力。这一过程的进度指标包括：

- ☐ 通过布鲁姆分类学对测试题目的认知水平进行评分。
- ☐ 对于考查知识记忆水平的题目，对其中 75%进行替换或修改。
- ☐ 邀请擅长测试设计的学习专家检查新题目的认知水平。

第二部分 工具：流程图、规划表、评分表和检查清单

↗ 第四法则：推动学习转化

在接下来的八周里，我会试用学习转化在线系统，测试该系统在培训项目中的作用，推动课程结束后的学习转化和应用。

这一过程的进度指标包括：选择整合学习转化所需的系统和全面计划，包括评估学习转化对第一组试验对象的影响。

↗ 第五法则：实施绩效支持

在接下来的八周里，我会设计和执行一项全面计划，用以推动学员直线经理的参与。计划内容包括建议、表格、时间安排，以及来自相关高层领导的寄语。这样，经理们就会认识到自己有责任向直接下属提供指导，并且得到了高层管理者的支持。

这一过程的进度指标包括：学员接受来自直线经理的指导并提交报告、经理对教练的成效提供反馈。

↗ 第六法则：总结培训效果

在接下来的八周里，我会为 JKL 项目设计一份评估计划，通过相关、可靠、令人信服的证据证明项目的业务影响，从而证明项目的价值并收集后续改善所需的信息。

这一过程的进度指标包括设计评估计划并获得管理层的认可。

［改编自：Pollock, Jefferson, and Wick (2013). *The 6Ds Workshop: Participant Workbook*. San Francisco, CA: John Wiley & Sons. Used with permission.］

第三部分

案例回顾（怎样做）

在这一部分，我们准备了来自世界各地的 43 个案例。这些案例介绍了 6Ds® 法则的实际应用经验。案例中的个人和企业来自不同的行业和培训项目。在每个案例的结尾，案例的主人公都会提供一些个人建议供大家参考。

你可以通过下表快速定位符合你要求的案例。我们采取了三种分类方法对这些案例进行归类：主题（但是大部分案例都不只涉及一个主题）、行业和培训类型。

↗ 根据主题划分

主　题	案　例	标　题
执行 6Ds®法则	I.1	如何把大家的关注点转移到结果上
	I.2	如何使用 6Ds®法则划分服务
	I.3	如何使用 6Ds®法则框架设计提案和流程
	I.4	如何对六西格玛绿带精益生产项目实施持续改善
	I.5	如何使用 6Ds®法则框架重新构建销售领导课程
	I.6	如何向团队介绍 6Ds®法则
	C.1	如何将 6Ds®法则逐步融入组织文化
第一法则：界定业务结果	D1.1	如何从"接单员"变成"业务伙伴"
	D1.2	如何把华而不实的培训项目转化为成功的业务转型
	D1.3	如何界定业务结果和学习序列
	D1.4	如何通过深入分析设计企业需要的培训项目
	D1.5	如何把 6Ds®法则添加到我们的学习服务工具箱
第二法则：设计完整体验	D2.1	如何用更少的时间增加学习解决方案的数量和种类
	D2.2	如何利用往期学员帮助新学员及其领导设立预期目标
	D2.3	如何为企业构建精英库
	D2.4	如何重新界定领导力发展项目的终点线
	D2.5	如何强化和扩展初级经理的学习体验
	D2.6	如何通过学习路径法让员工在规定时间内获得进步
	D2.7	如何为"SteerIn"项目设计完整体验
	D2.8	如何建立学习与业务影响之间的联系

第三部分 案例回顾（怎样做）

续表

主　题	案　例	标　题
第三法则： 引导学以致用	D3.1	如何通过体验式学习获得学员的感性和理性关注
	D3.2	如何通过改善信噪比实现报告文化的变革
	D3.3	如何通过完整体验获得商业成果
	D3.4	如何通过学以致用提升领导力效能
	D3.5	如何将一线主管转化为安全领导
	D3.6	如何在领导发展项目中发挥主动性
第四法则： 推动学习转化	D4.1	如何利用即时应用清单保证学习转化
	D4.2	如何通过学习转化改善精益生产
	D4.3	如何设计出低成本、易操作的跟进项目
	D4.4	如何利用间隔学习法和游戏学习法让产品发布培训更有成效
	D4.5	如何利用管理者推动学习转化
	D4.6	如何让管理者对学员的成就表示认可
	D4.7	如何持续改善优先级管理培训
	D4.8	如何将学习转化为行动
第五法则： 实施绩效支持	D5.1	如何利用主要决策者传播企业文化
	D5.2	如何通过胜任教练改善绩效
	D5.3	如何推动学员实现最优学习转化
	D5.4	如何为技术能力培训项目实施绩效支持
第六法则： 总结培训效果	D6.1	如何引导客户做到以终为始
	D6.2	如何通过评估实现巅峰服务
	D6.3	如何利用 NPS 追踪和改善领导力影响
	D6.4	如何利用成功案例证明培训的价值
	D6.5	如何提升玛氏大学的品牌影响力

根据行业划分

行 业	案 例	标 题
传 媒	D4.3	如何设计出低成本、易操作的跟进项目
	D4.6	如何让管理者对学员的成就表示认可
咨 询	I.2	如何使用 6Ds®法则划分服务
	I.3	如何使用 6Ds®法则框架设计提案和流程
	I.6	如何向团队介绍 6Ds®法则
	D4.1	如何利用即时应用清单保证学习转化
	D6.1	如何引导客户做到以终为始
工 程	D5.1	如何利用主要决策者传播企业文化
政府/军队	D3.6	如何在领导发展项目中发挥主动性
	D4.8	如何将学习转化为行动
健 康	I.1	如何把大家的关注点转移到结果上
	I.5	如何使用 6Ds®法则框架重新构建销售领导课程
	D1.5	如何把 6Ds®法则添加到我们的学习服务工具箱
	D2.4	如何重新界定领导力发展项目的终点线
	D2.6	如何通过学习路径法让员工在规定时间内获得进步
	D4.4	如何利用间隔学习法和游戏学习法让产品发布培训更有成效
高等教育	D2.2	如何利用往期学员帮助新学员及其领导设立预期目标
餐饮住宿	D3.1	如何通过体验式学习获得学员的感性和理性关注
	D3.4	如何通过学以致用提升领导力效能
	D6.5	如何提升玛氏大学的品牌影响力
制 造	D1.2	如何把华而不实的培训项目转化为成功的业务转型
	D1.3	如何界定业务结果和学习序列
	D2.7	如何为"SteerIn"项目设计完整体验
	D3.3	如何通过完整体验获得商业成果
	D4.2	如何通过学习转化改善精益生产

第三部分 案例回顾（怎样做）

续表

行 业	案 例	标 题
制 造	D5.3	如何推动学员实现最优学习转化
	D5.4	如何为技术能力培训项目实施绩效支持
	D6.3	如何利用 NPS 追踪和改善领导力影响
服 务	I.4	如何对六西格玛绿带精益生产项目实施持续改善
	C.1	如何将 6Ds®法则逐步融入组织文化
	D1.4	如何通过深入分析设计企业需要的培训项目
	D2.1	如何用更少的时间增加学习解决方案的数量和种类
	D3.1	如何通过体验式学习获得学员的感性和理性关注
技 术	D1.1	如何从"接单员"变成"业务伙伴"
	D2.3	如何为企业构建精英库
	D2.5	如何强化和扩展初级经理的学习体验
	D2.8	如何建立学习与业务影响之间的联系
	D3.2	如何通过改善信噪比实现报告文化的变革
	D4.1	如何利用即时应用清单保证学习转化
	D6.4	如何利用成功案例证明培训的价值
培 训	D3.5	如何将一线主管转化为安全领导
	D4.5	如何利用管理者推动学习转化
	D4.7	如何持续改善优先级管理培训
	D5.2	如何通过胜任教练改善绩效
运 输	D6.2	如何通过评估实现巅峰服务

根据培训类型划分

培训类型	案 例	标 题
一般培训	I.1	如何把大家的关注点转移到结果上
	I.2	如何使用 6Ds®法则划分服务
	I.3	如何使用 6Ds®法则框架设计提案和流程

续表

培训类型	案例	标题
一般培训	I.6	如何向团队介绍 6Ds®法则
	D1.5	如何把 6Ds®法则添加到我们的学习服务工具箱
	D2.1	如何用更少的时间增加学习解决方案的数量和种类
	D4.1	如何利用即时应用清单保证学习转化
	D4.5	如何利用管理者推动学习转化
	D5.2	如何通过胜任教练改善绩效
	D6.1	如何引导客户做到以终为始
	D6.5	如何提升玛氏大学的品牌影响力
	C.1	如何将 6Ds®法则逐步融入组织文化
传媒	D1.3	如何界定业务结果和学习序列
	D3.2	如何通过改善信噪比实现报告文化的变革
	D4.3	如何设计出低成本、易操作的跟进项目
文化变革	D2.8	如何建立学习与业务影响之间的联系
	D3.1	如何通过体验式学习获得学员的感性和理性关注
	D3.2	如何通过改善信噪比实现报告文化的变革
	D3.3	如何通过完整体验获得商业成果
	D5.1	如何利用主要决策者传播企业文化
客户服务	I.1	如何把大家的关注点转移到结果上
	C.1	如何将 6Ds®法则逐步融入组织文化
	D6.2	如何通过评估实现巅峰服务
领导力/管理	D1.4	如何通过深入分析设计企业需要的培训项目
	D2.2	如何利用往期学员帮助新学员及其领导设立预期目标
	D2.3	如何为企业构建精英库
	D2.4	如何重新界定领导力发展项目的终点线
	D2.5	如何强化和扩展初级经理的学习体验
	D3.3	如何通过完整体验获得商业成果
	D3.4	如何通过学以致用提升领导力效能
	D3.5	如何将一线主管转化为安全领导

续表

培训类型	案 例	标 题
领导力/管理	D3.6	如何在领导发展项目中发挥主动性
	D4.5	如何利用管理者推动学习转化
	D4.6	如何让管理者对学员的成就表示认可
	D4.8	如何将学习转化为行动
	D5.3	如何推动学员实现最优学习转化
	D6.3	如何利用 NPS 追踪和改善领导力影响
在 职	D2.6	如何通过学习路径法让员工在规定时间内获得进步
	D2.7	如何为"SteerIn"项目设计完整体验
流程改善	I.4	如何对六西格玛绿带精益生产项目实施持续改善
	D4.2	如何通过学习转化改善精益生产
	D5.4	如何为技术能力培训项目实施绩效支持
专业发展	I.6	如何向团队介绍 6Ds® 法则
	D1.3	如何界定业务结果和学习序列
安 全	D3.5	如何将一线主管转化为安全领导
销 售	I.2	如何使用 6Ds® 法则划分服务
	I.5	如何使用 6Ds® 法则框架重新构建销售领导课程
	D1.1	如何从"接单员"变成"业务伙伴"
	D1.2	如何把华而不实的培训项目转化为成功的业务转型
	D4.4	如何利用间隔学习法和游戏学习法让产品发布培训更有成效
	D4.7	如何持续改善优先级管理培训
	D6.4	如何利用成功案例证明培训的价值

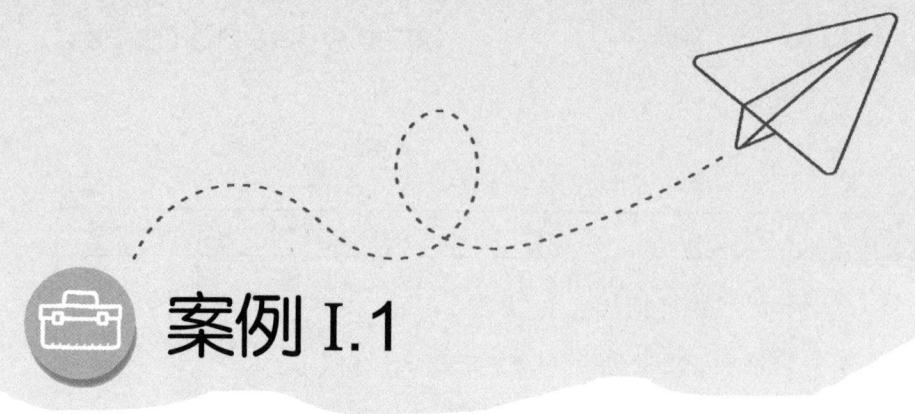

案例 I.1

如何把大家的关注点转移到结果上

索娜尔·卡纳

凯撒医学集团（Kaiser Permanente）普尔曼迪医学有限公司

前台运营改善部门高级电子课程设计师

↗ 背景

凯撒医学集团是一家提供健康规划、医疗服务和药物治疗的机构，为美国境内九个州和哥伦比亚特区共 880 余万名会员提供服务。我们的使命是提供质优价廉的健康护理服务，改善会员和服务社区居民的健康状况。

"服务客户"是前台运营改善部门员工的一致目标。我们的工作主要包括五个方面：咨询、交流、培训、报告和评估。部门员工希望通过努力，给患者带来最优质的体验，包括：

- 为前台员工充分履行职责提供准备和支持。
- 确保产品和收益实现从概念到行动的整合。
- 为顺利运营和创新提供匹配实用的工具。

第三部分 案例回顾(怎样做)

2011年,我们首次尝试了6Ds®法则框架,成功为前台员工提供了准备和支持,确保他们能够充分履行职责。随后,我们开始在部门内部进行调整,将更多关注放在了商业结果和工作绩效上。这样一来,我们重新划分了工作职责,设计了全新的流程和模板,确保在部署了工作支持和学习转化之后,依然能够为客户提供服务。

行动

以下内容和图I.1.1总结了我们采取的行动。

第一法则:界定业务结果。 我们事先设计了一些模板,在项目之初就整理出一份全局分析报告;如果项目的规模比较小,就准备一份只有一页的"谅解备忘录"。这些文件对业务需求进行了详细的介绍,并通过了全体管理层的审核和签署。

第二法则:设计完整体验。 在设立业务结果和目标的过程中,我们一直遵循"以终为始"。另外,在设计解决方案的时候,我们也会考虑风险管理、执行、详细转化和工作支持等战略环节。

界定业务结果	建立模板,制定明确的业务结果和措施
设计完整体验	在设计阶段,保持与决策者的合作,让解决方案尽早通过审批
引导学以致用	开展项目的同时,制定相应的沟通策略,确保客户不会受到影响
推动学习转化	重新划分工作职责,鼓励学习顾问推动应用和学习转化
实施绩效支持	安排学习顾问作为培训后绩效支持的独立联系人
总结培训效果	根据报告、360度绩效评估和经验总结,对流程和项目进行持续改善

图I.1.1 行动总结

第三法则:引导学以致用。 在设计解决方案/项目时,我们也制定了相应沟通策略,保证项目的进行不会影响到决策者和客户。决策者对我们的方案表示了认可,并参与到了执行过程中。

第四法则:推动学习转化和**第五法则:实施绩效支持**。现在,学习顾问已经就位,做好了准备迎接培训后阶段的到来。他们投入实际工作中,推广我们的成果,为终端客户提供支持,并且担任"观察员"的角色,确保设计团队能够持续收到反馈。这些学习顾问还成为一个个独立的联络员,在大家需要的时候提供绩效支持。

第六法则:总结培训效果。在这一阶段,我们通过报告、360度绩效评估和经验总结收集了详细的数据。目前,我们正在努力完善这一环节,为持续改善打下基础。

结果

通过执行6Ds®法则,我们的团队设计出了更有针对性的方案流程。6Ds®法则让我们可以更有效地定位需求和做好项目前期准备。

另外,我们与客户的关系也得到了显著改善。因为学习顾问的工作,我们更加精准地掌握了客户的需求,所以能够提供更加满意的服务。我们的客户还表示,独立联络员的出现方便了他们在有需要的时候及时求助。

最后,通过分析报告中的数据,我们可以掌握现时的绩效水平,并确定哪些方面需要进行绩效改善。

建议

- 请记住,改变是一个漫长的过程!我们花费了两年的时间,一点一点地进步,才获得今天的成果。今后,我们还会继续改善下去。
- 根据组织目标和文化,制定长期策略。
- 然后不断修改和完善。
- 如果这一策略能够推动企业愿景的实现,将有助于你获得来自管理层的支持和认可。

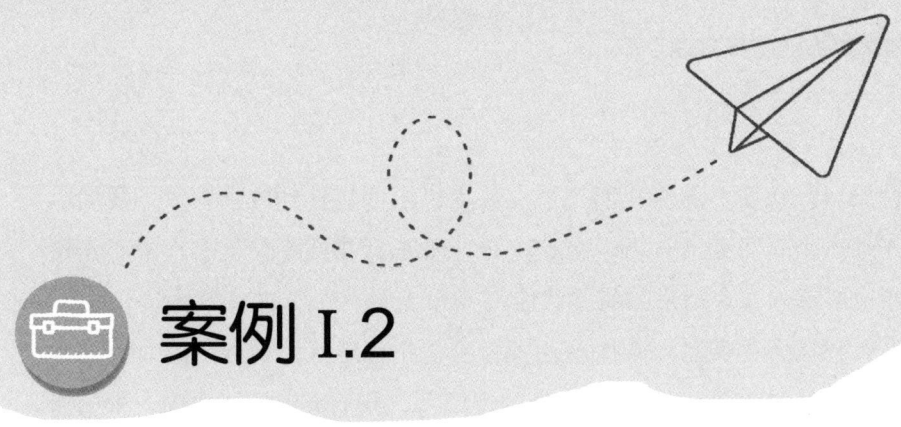

案例 I.2

如何使用 6Ds®法则划分服务

Cheryl Ong
环球培训公司（Global Trainers）总监兼首席顾问

↗ 背景

环球培训公司是一家国际著名的定制解决方案供应商，主要面向亚太地区企业的人力发展和学习需求。公司总部位于新加坡，在金融和保险领域有着特殊经验。

我们认为，人力是组织中最宝贵的财富，所以我们要充分利用这一资源。我们的目标是让每名员工充分发挥优势，释放最大潜能。因此，我们始终将客户的喜好、愿望和业务需求放在首位。我们牢记"以终为始"，运用结构化的 6Ds®法则去分析客户需求，然后制订完善的解决方案。我们提供的是点对点的绩效改善方案，这是单一的培训活动所不能比拟的。

↗ 行动

首次接触 6Ds®法则，是一位培训同行推荐我读《将培训转化为商业结果》这本书。当时这本书刚刚出版了第 1 版。读完之后，我觉得书中的方法可能会为我们的培训和发展项目创造更多价值。那时我还在友邦集团担任培训部门副总裁，主要负责亚太地区的销售培训，特别是提升地区代理讲师和业务发展经理的培训技能。随着我们把重点从提供培训转移到改善绩效，我们收到了越来越多来自企业的认可。在这些企业看来，我们不仅是成本中心，更是一个给他们带来商业结果的业务伙伴。

后来，我在中德安联人寿保险亚太分公司担任地区培训部门副总裁，主要负责人寿业务的培训。在 6Ds® 法则的帮助下，我们在泰国、中国、中国台湾、马来西亚、新加坡和印度尼西亚都取得了不错的业绩。我还把 6Ds® 法则引入了 Allianz Achievers Academy（亚洲）项目。6Ds® 法则是我见过最有效的解决方案，我希望能把它在全亚洲范围内推广。经过五年的经验积累，我相信自己可以在培训结果领域大有成就。

2012 年，当我决定创办自己的公司时，我把 6Ds® 法则放在了战略核心的地位，因为这一理论会让我们在市场中脱颖而出。我们会把关注点放在客户的业务需求上。这些需求不能单凭学习"活动"来满足，所以，我们为客户准备了完整的解决方案。

在工作过程中，我们特别关注业务结果的界定（第一法则）。很多时候，培训部门只是为了培训而培训，并没有真正了解企业的需求，而我们则不同。我们会对企业遇到的问题进行全面分析，确定有培训的必要，然后才会开展培训项目。接着，我们会着眼于整个改变的过程，而不只关注项目本身。这样才能为持续变革和绩效改善提供最优支持。

↗ 结果

在友邦集团和中德安联任职期间，我对 6Ds® 法则的价值有了直观感受。特别是当我把关注点放在业务结果和绩效改善上时，企业和我们之间的关系就会更加牢固。

作为一家独立供应商，我们面临着激烈的挑战；6Ds® 法则为我们带来了独特的竞争优势，让环球培训公司在众多对手中脱颖而出。遗憾的是，放眼整个培训行业，仍然有很多企业没有抓住这个法宝。我们对客户需求的关注

第三部分　案例回顾（怎样做）

获得了一众企业领导的好评。另外，我们对业务结果和培训转化的重视也得到了大家的广泛认可。所以，和一般的培训供应商相比，我们与企业领导的关系更加紧密，客户也愿意带着更有趣、更具挑战性的内容前来咨询。

总而言之，6Ds®法则让我们从普通的培训供应商变成了战略伙伴和值得信赖的顾问。

建议

- 坚持"以终（业务目标）为始"。
- 培训只是实现目标的手段，并不是目标。
- 设计完整体验；只靠培训课程是无法实现绩效改善的。
- 培训的内容并不是重点。如果缺少转化和应用，再好的内容也难以发挥作用。
- 重新定义终点线；在设计完整体验的过程中，一定要加入培训后跟进的环节。
- 按照顺序一步一步完成6Ds®法则。

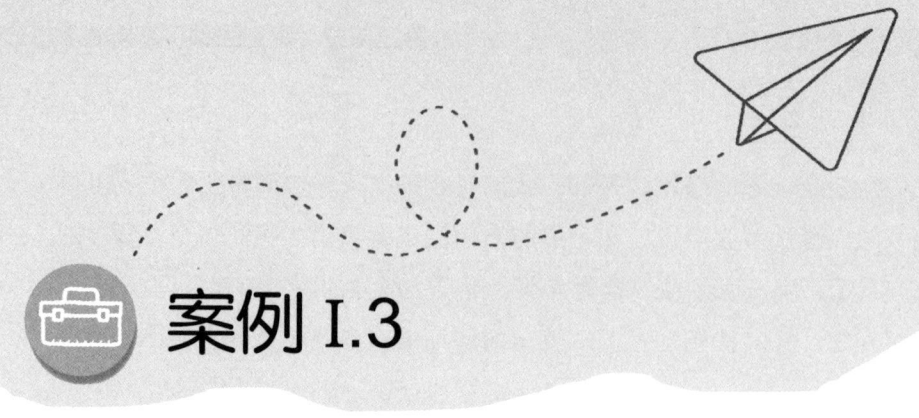

案例 I.3

如何使用 6Ds®法则框架设计提案和流程

罗伊斯·艾萨考维兹

绩效顾问，悉尼，澳大利亚

↗ 背景

我来自澳大利亚悉尼，正处于职业过渡时期。在学习课程设计理论的过程中，我接触到了《将培训转化为商业结果》这本书。

很快，我就为 6Ds®法则的效果和价值深深折服。随着重心从开发/执行到设计/构建的偏移，我决定在这一领域成为一名突破性的绩效顾问。

在起步之初，我遇到了下面两个问题：

1. 掌握了需要的信息之后，如何接触到潜在客户？
2. 如何应对项目中的每个步骤，最终获得成功？

应该从哪里入手？这时，我发现自己需要一个参照的模板：

1. 为 6Ds®法则提供框架；
2. 确保客户能够完全理解这一概念；

第三部分　案例回顾（怎样做）

3. 包括所有的必要环节，避免我们从过程偏移。

所以，我开始着手为 6Ds® 法则设计一个方便、全面的速查表（见示例 I.3.1）。这个表可以和检查清单或书中的其他资源一起使用，保证流程的全面性和有效性。

示例 I.3.1　6Ds® 法则流程图节选

第一法则：界定业务结果（可证收益与组织业务的相关性）	以终为始	关注工作行为和商业结果	设立 SMART 目标	
		传统：课程结束和学员能力		
	使用商业术语说明业务结果	通过培训项目，学员的绩效得到了改善，工作满意度、外在动机、自觉性和内在动机也会相应得到提升	……除了财务指标，还有许多指标可供选择，如客户满意度、员工敬业度、领导力效能、生产销售方式、工作质量等	
	选择正确的问题	了解企业的业务，见示例 D1.1	预期业务收益 > 所需行动调整 > 行为 > 所需体验。根据业务模式、氛围和现状，方向和行为方式的选择尤为关键	两种信息来源： —直接来源：业务规划和报告 —间接来源：领导、经理和员工	见：业务部门规划 见：示例 D1.2

续表

第一法则:界定业务结果（可证收益与组织业务的相关性）	建立需求与成果的联系	结果规划轮 1.业务结果 2.行为变化 3.改善依据 4.成功标准 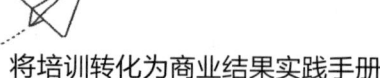	抓住真正的业务问题或需要改善的地方	
			学员必须在工作中应用新知识和新技能。新方法比旧方法更先进、更有效	
			客户如何定义成功？见表 D1.3	
			针对关键结果和评估标准，与企业领导进行协商，获得一致意见	执行优先权
			责任共担：除了培训，还需要什么	
	避开培训陷阱	培训不是万能药。见示例 D1.3		
		为了培训而培训	企业期望从项目中获得哪些成果？项目如何为企业带来收益？我们的预期收益是什么	
		混淆手段和目标	效率（成本控制）vs 效能（成本效益）；活动（项目）vs 结果（提升销售额、效率、领导力、营销、服务质量等）	

续表

第一法则:界定业务结果(可证收益与组织业务的相关性)	避开培训陷阱	面子项目	立场正确的课程也需要经过审查		
		缺少来自直线领导等来源的投入。建议:至少从员工、经理、客户、业务文件、运营数据等来源中选择两种			
	期望管理	管理层需要的不是培训课程,而是绩效改善	关注和管理客户期望,保证如实兑现这些期望		

↗ **行动**

以下是我的设计过程:

1. 透彻掌握《将培训转化为商业结果》一书中的关键理念;
2. 用标题、副标题和注释的形式总结所有章节内容——用简洁的语言概括所有关键信息;
3. 创建一个 Excel 表格——为每章内容和相关资源各自新建一个工作表;
4. 为所有关键信息和资源标注页数。

最后结果就是类似于示例 I.3.1 的表格。

↗ **结果**

经过总结和整理,我得到了一份包含 6Ds® 法则关键内容的表格,使用起来十分便捷。每次向潜在客户介绍 6Ds® 法则流程前,我都会仔细回顾一遍表格内容。另外,我也会把这个表格和书中的其他资源结合起来,将学习体验打造成工作支持工具。这个表格是一种非常有价值的外部记忆辅助,我们可以用它来推广和设计 6Ds®法则学习流程。

我的第一位客户（当时我只有几个月的课程设计经验），既是一名国家级的供应商和市场经理，也是澳大利亚众多大型收购公司之一（拥有35年的行业经验）的学习方案销售顾问。和这位客户见面前，我回顾了一遍上面的表格，让自己以专业的姿态出现在客户面前，吸引他们的关注和对产品的兴趣。

↗ **建议**

- 内容应该清晰、简洁。
- 使用书中的措辞和流程。
- 通过链接和参考资料，让这项工具成为书本内容的延伸。

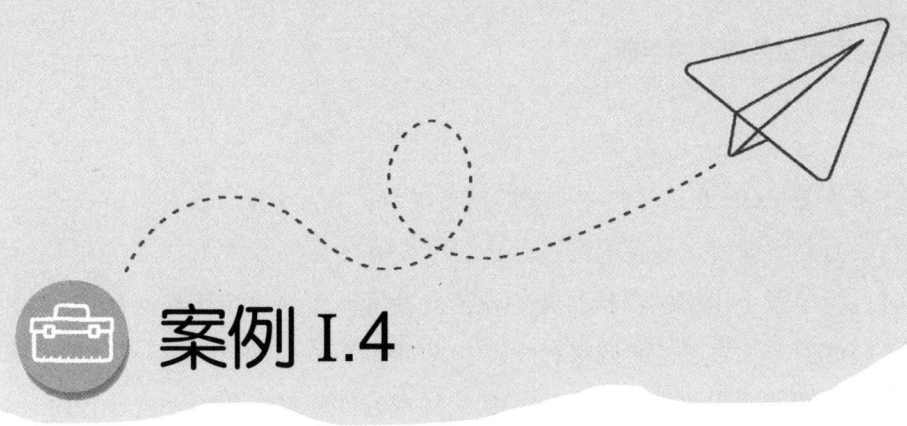

案例 I.4

如何对六西格玛绿带精益生产项目实施持续改善

艾伯托·马萨切西、陈启宗、黛布拉·莫德拉、艾瑞克·海登、
约翰·莱星、约书亚·埃伯特、苏珊·麦克德莫特

Underwriters Laboratories PLC 六西格玛黑带精英项目

↗ 背景

UL 是一家独立的安全科学国际公司,拥有 100 多年的专业经验,为客户提供创新的安全解决方案。公司业务覆盖公共电力应用、可持续性研究、再生能源和纳米技术等领域。UL 一直致力于为大众提供安全的生活和工作环境,消除可能对人员、物品和场所造成伤害的隐患,促进贸易繁荣,提供安心可靠的保障。作为一家跨国企业,UL 在全球 131 个国家和地区拥有超过 1 万名员工。

UL 的使命是认证、检验、测试、检查、审核、建议和指导。我们提供专业知识和意见,在错综复杂的供应链中,解决从规则和常规问题到贸易挑战和市场准入方面的一切问题。

对于 UL 来说,培训和人力发展是一切的基础。所以,公司成立了内部大学,由 70 名全职员工提供支持。我们非常荣幸能够成为这个团队中的一员。

2005年年底，UL开始实施一项新的精英项目。作为一家有着百年历史的企业，我们需要实现由交易至上到过程至上的转型。

同时，为了跟上市场的步伐，我们还需要持续改善。这项工作由绿带和黑带精英们负责，致力于持续调整和改善企业的流程。

但是，当回顾绿带培训的结果时，我们发现这些学员虽然很重视课程内容，却并没有把这些内容应用到日常工作中。这给我们敲响了警钟。这些密集型的课程真的能够满足公司的期望吗？

这个问题引发了我们的思考。在这份案例报告中，我们会与大家分享我们在解决这些问题的过程中用过的工具和方法。

行动

变革绿带培训项目迫在眉睫。但是，大家还不确定应该用哪种方法来改善该项目的成效，也就是说，怎样让更多的绿带学员在工作中应用和实践他们学到的内容。

确定问题是制订解决方案的第一步。2012年12月，我们组织了一次会议，根据当年参加过培训的学员提供的反馈，开始对项目进行修改和完善。此外，我们还得到了来自以下两方面的资源：

1. 为了弄清为什么持续改善文化没有达到预期的效果，研究人员分析了其中的根本原因，并提供了研究成果供我们参考。
2. 再设计团队由精益生产黑带员工组成，全部成员都参加了6Ds®法则培训。

在这两项资源的支持下，我们终于找到了解决方案。

界定业务结果：根据6Ds®法则的指导，我们与企业内的主要决策者会谈，了解了他们对于成功的看法，总结如下：

第三部分 案例回顾（怎样做）

- 学员应该使用科学的方法解决问题（DMAIC），不应妄下定论。
- 学员应该高效地在套路、持续改善和项目筒仓之间转换。
- 学员应该使用新的精益生产和六西格玛理论审查整个流程，减少浪费和可变因素。

以上三个"软性"目标让绿带学员完成了更多持续改善项目。这些项目都获得了立竿见影的效果，提升了生产能力和企业收入，减少了库存和交付时间，并节约了成本。

设计完整体验：根据 6Ds® 法则的指导，在这一阶段，我们的挑战是设计新的完整体验。只有绿带学员在日常工作中展示了预期行为，培训才算结束。我们应该如何重新定义终点线？示例 I.4.1 对比了新旧两种方法，我们可以看到一些明显的差异：

- 为了让员工在参加培训前弄清自己的角色（倡导者、导师、学员），我们组织了一系列简介会。
- 员工对统计学和业务基本知识的掌握水平不同。
- 我们希望将 50%的课程时间用于实践。

根据这些情况，我们要求学员进行前期准备（6~8 小时）。为了记录准备情况，我们设计了"绿带学习路径"，包括背景要求、核心课程，以及课程结束后的项目安排（见示例 I.4.2）。

在上课的一周里，学员需要进行一次内部设计的顶点模拟。他们的目标是运用培训中学到的 DMAIC、精益生产理论和六西格玛理论，帮助一家企业（示例 I.4.3 中的汽车厂）扭亏为盈。

示例 I.4.1　使用 6Ds® 法则前后的绿带课程内容对比

时间	使用前		使用后		
↓	精益生产西格玛概览		精益生产西格玛概览		
			向学员介绍基本情况		
			邀请		
			前期准备		
	选拔		选拔		
	课程	辅导	课程（新的课程设计）	教练	辅导
			定义里程碑检核		
			评估里程碑检核		
			分析里程碑检核		
			改善里程碑检核		
			控制里程碑检核		

示例 I.4.2　绿带学习路径

课程名称
项目纲要
八大浪费
精益生产西格玛绿带培训项目统计学入门
流量概念 —— 第一部分
流量概念 —— 第二部分
流量概念 —— 第三部分
精益生产西格玛绿带培训
绿带学员实践水平鉴定
UL 精益生产西格玛绿带内部考核

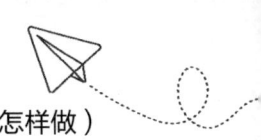

第三部分 案例回顾（怎样做）

示例 I.4.3 顶点模拟中的工厂示意图

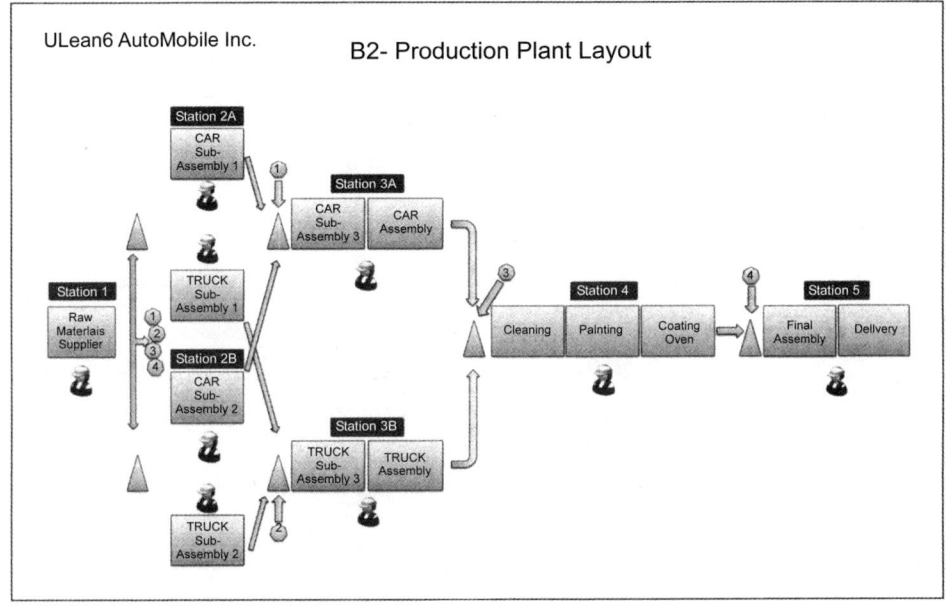

为了持续记录学员的表现，我们在课程结束后设立了一系列里程碑检核（见示例 I.4.4）。我们希望这些措施能够激励学员在实际工作中继续应用所学知识。另外，学员还需要参加培训结果报告会。

在此期间，大师级黑带员工将对倡导者提供专业的教练指导，并为学员提供辅导。

引导学以致用：我们总结出了以下三个关键要素。

- 我们希望倡导者（直接上司）接受教练指导之后，能够成为新的教练。
- 在绿带课程进行期间，有 65% 的时间供学员用于练习和模拟。
- 我们设计了额外的活动，供学员在课程结束后继续应用所学知识，以便我们检查学员的掌握程度。

189

示例 I.4.4　绿带课程结束后的检核点示例

进度考勤						
参加人	检核点1 定义 11/02/2017	检核点2 评估1 09/04/2017	检核点3 评估2 07/05/2017	检核点4 分析 21/05/2017	检核点5 改善 11/06/2017	检核点6 控制
1	是	是	是	是 未报告		
2	是	无进度	尚未报告 进度	未报告 无进度		
3	是	是	是	是 未报告		
4	是	项目变更	是	未报告 无进度		
5	是	是	是	未报告 无进度		
6	是	无进度	是	是		
7	是	是	是	是		
8	是	是	是	是		
9	是	无进度	是	是		
10	是	是	是	是		
11	是	未报告	未报告	未报告		
12	是	未报告	是	是		

推动学习转化：这一过程是新方法的核心。实际上，我们正是通过分析问题的根源，才设计出了这样的方法，如示例 I.4.5 所示。

示例 I.4.5　持续改善绿带项目所需的三元素

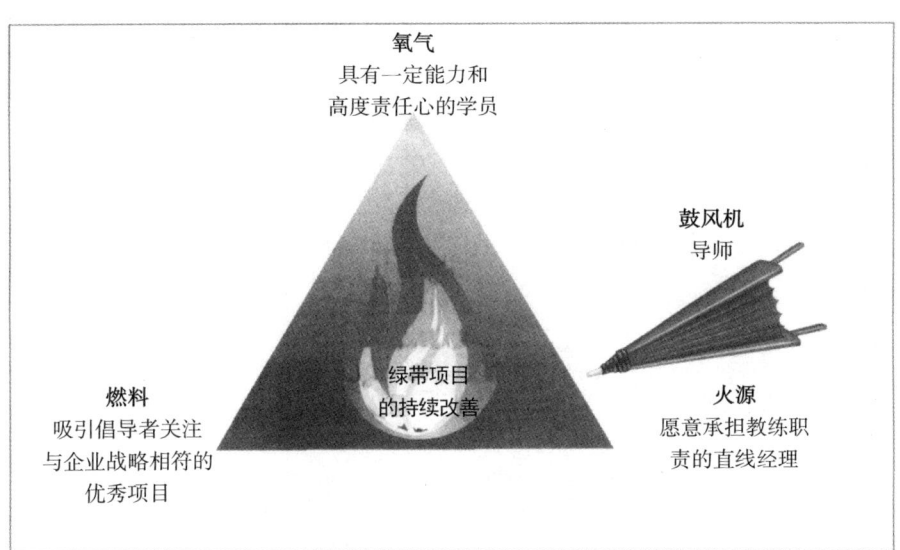

上图展示了持续改善绿带项目所需的三元素。我们都知道，物质的燃烧必须同时具备三个条件：燃料、火源和氧气。而应用绿带培训的内容也需要以下三个条件。

- **燃料**：吸引倡导者关注与企业战略相符的优秀项目。
- **火源**：愿意承担教练职责的直线经理。
- **氧气**：具有一定能力和高度责任心的学员。

当"火"势渐弱的时候，我们还需要第 4 种元素来维持火势：黑带大师，也就是那些为学员提供辅导或为倡导者提供专业的教练指导的黑带员工（导师），即上图里的鼓风机。

实施绩效支持：主要包括以下内容。

- 在学员处理项目任务的时候，以项目领导者的身份为学员提供辅导。

- 在倡导者（直接上司）为绿带学员提供教练指导之后，以项目领导者的身份为倡导者提供反馈。

总结培训效果：我们会把持续改善项目的结果看作培训的直接结果。此外，决策者期待的有形结果也会更加显著。

- 员工应该使用科学的方法解决问题，不应妄下定论。
- 在套路、持续改善和项目中，员工会更加团结协作，彰显团队精神。
- 使用精益生产和六西格玛理论审查整个流程，总结出不同的思维模式/企业文化。

结果

到目前为止，我们已经在欧洲、北美洲和亚洲进行过实践，并且会继续实践下去。

我们收到了许多来自学员的积极反馈。其中最吸引我们的是学员在跟进检查项目中的进步。在以往，只有大约 10%的学员愿意在这些项目中应用所学知识；但是从目前我们收集到的数据来看，有 66%的学员已经进行到了"分析"检核点。假设只有一半的学员能够完成所有项目，通过最后的鉴定，那么目前我们已经朝着基准线迈出了很大的一步。当然，鉴于我们还需要收集来自其他课程的数据，所以现在说成功还为时尚早，但是初步的结果已经让我们大受鼓舞。

另外，我们还收到了一些改善意见。倡导者就是需要改善的问题之一。许多上级领导都没有做好教练指导准备。打个比方，我们的学员就像士兵一样，需要穿过连接着旧思维和新思维的大桥；而倡导者就像敌方的机枪手一样，疯狂地向士兵扫射，阻止他们通过大桥。

第三部分 案例回顾（怎样做）

↗ **建议**

- 大部分培训的目标都是教会人们在日常工作中使用不同的方法。绿带培训也是如此。实际上，这里的主要问题并不是技术内容，因为我们的内容逻辑清晰，设计合理。真正的问题是学员——尤其是学员上司——的固有行为。不改变这些行为，就无法在工作中应用新方法。所以，为了让学员能够应用所学内容，我们需要付出巨大努力，为学员创造一个安全的应用环境。
- 倡导者的教练是新流程中的一个关键环节。有多少经理能够成功扮演教练的角色？目前，大多数企业都使用以下标准任命和选拔经理：
  - 快速解决问题的能力——像消防员一样行动迅速；
  - 强烈的自我意识（否则他们也不会努力争上游），所以他们希望掌握解决方案，用结果为自己争取晋升机会；
  - 控制欲较强，不擅长为他人提供教练指导或授予权力。
- 因此，很少有领导愿意承担教练一职。而对于那些愿意接受教练任务的领导来说，由于他们从来没有接受过别人的教练指导，所以他们的教练生涯注定充满坎坷。在设计项目的时候，我们应该考虑到这一点，然后制定相应的措施，尽量减少不利影响。
- 学习项目的改善永无止境。我们应该坚持持续改善。例如，我们设计了一个全新的模拟项目，却需要根据学员和导师的反馈不断调整和修改，这样才能保证项目的有效性。
- 将部分课程内容放在课前或课后学习，是一种非常有效的教学方法。"简而不减"是所有教学追求的极致。我们目前仍在研究删除或调整课程中的哪些内容，以便把重点放在学习基本行为上，并推动学员使用专用工具和概念应用所学知识。

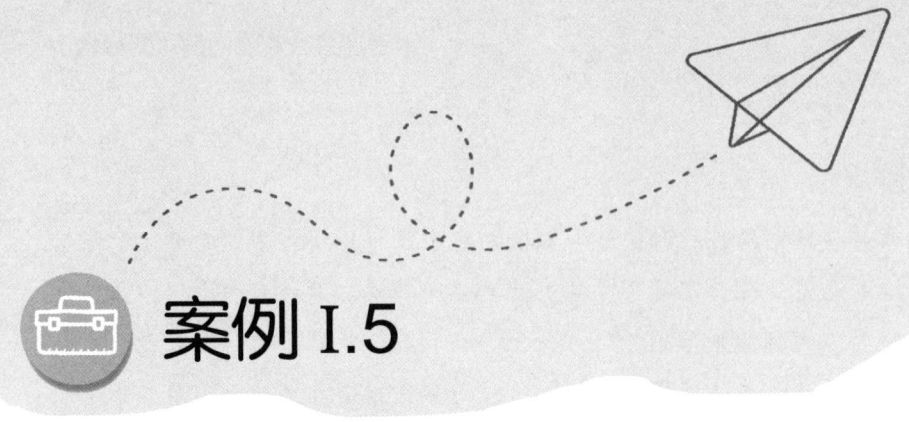

案例 I.5

如何使用 6Ds®法则框架重新构建销售领导课程

塞西尔·约翰逊

杨森制药（Janssen Pharmaceuticals）管理发展总监

↗ 背景

杨森制药是强生集团旗下的一家制药企业，产品覆盖多个医疗和健康护理领域。我们的目标是让每个人都享受健康生活。杨森制药的产品包括多种高质量的处方药品，满足了健康护理市场的广泛需求。公司以保罗·杨森博士命名，总部位于美国新泽西州的泰特斯维尔。杨森博士是一位全球知名的比利时科学家、药理学家和全科医师，曾率领研究团队改革了精神疾病的治疗方法。如今，杨森制药仍然秉承着杨森博士的专业精神，把品质和创新作为重中之重。

2011 年，为了创造全面、协调的学习体验，为管理发展人才和地区业务总监提供上升空间，我们的管理发展团队对企业的销售领导体系进行了一次彻底的评价和审查。

此次审查的目标包括：

- 改善各个层级的销售领导力。
- 改善管理发展人才的认证和授权机制。
- 缩短新任地区经理的适应期。
- 提升新旧销售经理的业绩水平。
- 在提升人才供给的质量同时,也加强储备力量的建设。

行动

我们设立了学习、销售和人力资源团队,分别应对销售领导力发展过程中的四个阶段:

1. 优先提拔潜力较大的销售代表为区域经理。
2. 新任职区域经理。
3. 资深区域经理。
4. 地区业务总监。

在担任管理发展部门总监的过程中,我的主要任务是为工作流提供整体战略指导,与团队和团队领导进行各种正式和非正式会谈。我的上司都是经验丰富的高层管理人员,他们带领着自己的团队,为项目的规划和执行做出了战略性的贡献。

在设计项目的过程中,我们使用了 6Ds®法则作为整体框架,并且邀请了相关顾问对我们的工作进行独立审核并提出建议。

结果

事实证明,6Ds®法则是一种非常有用的框架。它不仅适用于单独的学习课程,也适用于时间跨度比较大的销售课程体系。第一法则"界定业务结果"尤其适合用来向管理者介绍提案和争取他们的认可。每次进行课程讨论的时候,无论课程的主题是什么,我都会把预期业务结果和成果放在第二页或第三页幻灯片里（见示例 I.5.1）。这样做有助于抓住企业领导的注意力，把讨论的重点放在如何实现预期结果上。

示例 I.5.1　在培训项目和业务结果之间建立联系

业务结果和成果

- 改善地区业务总监的效能和效率。管理水平和领导力得到提升之后，地区业务总监将：
  —— 推动地区的商业结果和绩效。
  —— 提升地区商业策略的成功率，推动业务发展。
  —— 通过改善后的领导技能和行为，提高地区员工的敬业度、保留率和团队合作水平。
  —— 在提升人才供给的质量同时，也加强储备力量的建设。

把 6Ds® 法则当成每个项目和销售领导力课程的试金石，有助于我们放眼整个学习过程，从全局的角度思考问题，最终实现预期目标。但是，设计后续行动的过程依旧充满了挑战。我们必须勇于接受挑战，才能保证学习转化，设计出有效的评估方案。

经过一番努力，我们终于设计出了清晰、全面的销售领导力发展计划，并通过了管理层的审批，进入了执行阶段。现在，虽然我们还处于持续改善的过程（这也是 6Ds® 法则的概念之一），但是我们已经看到了可喜的成绩：

1. 品牌推广战略中新增了总监培训项目讲过的产品洞察，改善了销售对话的效果。
2. 经过了地区业务总监培训项目之后，团队影响力、个人绩效、客户关注和参与都有了提升。
3. 地区业务总监表示，新任命或新加入的区域经理的适应速度越来越快，与团队的相处也非常融洽，并且更加独立自主。

第三部分 案例回顾（怎样做）

4. 资深区域经理培训项目中包含一系列计划，能够提升产品发布的效能，更好地与推广/销售伙伴保持同步。
5. 区域经理培训项目可以提升直接下属的工作热情，提高教练的频率和质量。
6. 新上任的区域经理可以运用业务规划技能提升市场业绩。
7. 从终身经理制度中总结出的策略性思维技能可以提升地区和区域绩效水平。

↗ **建议**

- 讨论培训提案的业务目标和预期结果时，务必邀请业务伙伴加入讨论。
- 向团队引入 6Ds® 法则，并将 6Ds® 法则作为独立课程和完整课程体系的评估框架。
- 邀请独立的 6Ds® 法则顾问加入战略项目，方便在讨论时参考外部观点及其他公司的成功经验。
- 学习和发展部门应该把重心转移到业务结果上，对于部门和企业领导来说，这是一种文化变革。变革和过渡时期的管理计划是维持成功的重要因素。

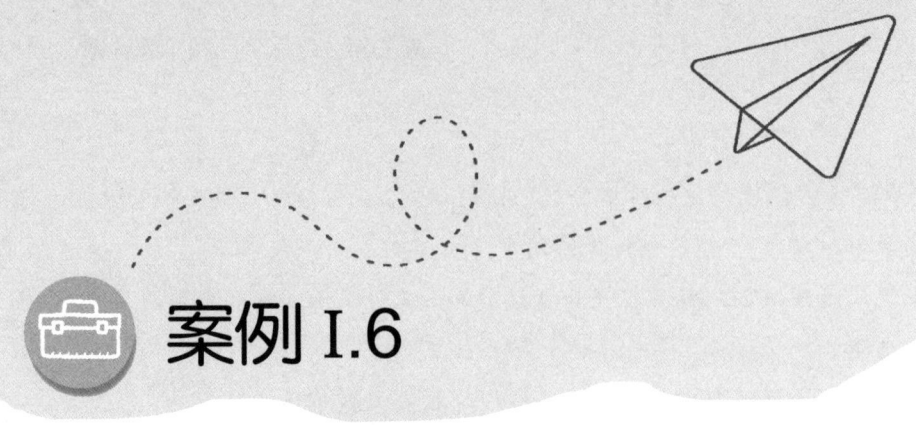

案例 I.6

如何向团队介绍 6Ds®法则

泰德·乔伊斯

鲁昂高等商业学校（Rouen Business School）兼职教授，
巴黎第一大学（Université Paris 1）客座教授

↗ **背景**

德勤（Deloitte）集团在全球拥有约 20 万名员工，这些员工有着一个共同的目标：为客户提供服务，帮助他们解决所有难题。德勤的业务范围主要覆盖四个领域——审计、财务顾问、税务和咨询。但是，我们真正擅长的，是把来自这四个领域的精英集结在一起，满足客户的一切需求。在《财富》杂志和《商业周刊》的最佳工作场所组织排名中，德勤集团一直名列榜首。对我们的员工和客户来说，这是一个振奋人心的好消息。

作为一家专业服务公司，为了在行业中保持前沿地位，德勤非常注重员工的培训和发展。2012 年，我加入了全球税务和学习团队，负责领导美洲地区税务和法律部门的工作，监督整个美洲地区税务和法律专员的学习发展情况。当时我已经完成了在"将培训转化为商业结果"工作坊的学习，深刻体会到这些法则将给我们的学习项目带来哪些影响。我希望把这些法则介绍给全球学习团队中的所有成员及客户企业中的学习人士。

第三部分 案例回顾（怎样做）

↗ 行动

行动的第一步，就是给团队中的每位成员发一本《将培训转化为商业结果》。接着，在团队的每周例会和月度例会上，我们会讨论本周/本月布置的章节，决定全球和地区领导应该怎样实践书中的内容，为集团内所有的税务和法律专员带来最好的学习项目。

为了增加每周例会的趣味性和竞赛性，我们设置了一个摄影竞赛，要求参赛者分享最意想不到或最有趣的读书环境——"你在哪里读过 6Ds®法则？"果然，团队中的精英们没有让我们失望，纷纷提交了精彩纷呈的作品。大家读书的地点包括中国香港、旧金山金门大桥、纽约世贸中心、挪威山脉的悬崖巨石以及土耳其的天然浴场。

由于摄影比赛的趣味性和竞赛性，团队成员们一直保持着很高的热情和参与度。随后我们参加了一场为期两天的工作坊，组织者就是《将培训转化为商业结果》一书的作者之一。在这次工作坊中，我们接触到了许多新想法，强化了对核心概念的理解，并且得到了宝贵的实践和应用机会。

↗ 结果

当团队一致把 6Ds®法则作为设计、传授和评估培训项目所需的框架时，团队合作就会更有效率，设计出更具创意的计划，获得更令人满意的成就。

↗ 建议

- 带领团队学习 6Ds®法则；统一的知识背景会带来一定的协同效应。
- 不要急于求成；一章一章地学习和讨论。
- 享受学习的乐趣，如我们的摄影比赛。学习本该充满乐趣！
- 尽管书中的内容已经很全面了，但我们还是建议学习团队一起参加工作坊，从中获得新想法和实践机会。通过应用书中的内容，我们成功实现了从学习到工作的转化。

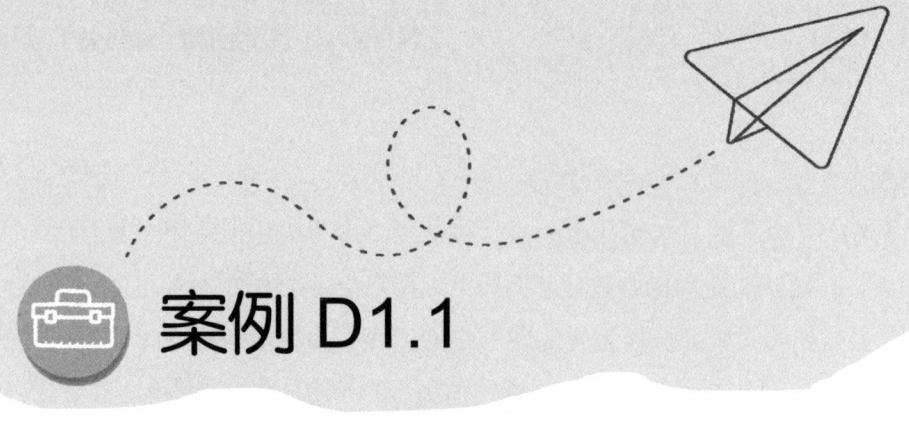

案例 D1.1

如何从"接单员"变成"业务伙伴"

帕特里夏·格雷戈里

甲骨文公司（Oracle）北美销售人员发展部门高级总监

史蒂夫·阿克莱姆

甲骨文公司北美销售人员发展部门总监

↗ 背景

甲骨文公司一直致力于简化信息技术环境，推动软硬件应用的革新。公司拥有超过 39 万名客户，其中包括全球所有 100 强企业，业务遍布全球超过 145 个国家和地区，覆盖多个行业，为企业提供优化的商业软硬件全面集成系统。

作为全球技术行业的领军人，甲骨文公司的全年总收入达到了 370 亿美元。北美销售人员发展部门的主要任务是为北美公司销售员工提供培训、课程和发展项目。我们的工作内容包括对销售人员进行销售流程的全方位培训，包括销售推介、产品信息、信息传递和交流技巧、会谈和演示技巧，以及行政管理技巧（因为我们有许多产品都是企业级的解决方案）等。

第三部分 案例回顾（怎样做）

过去，公司的销售人员发展团队会准备一份种类繁多的课程列表，内容覆盖了销售产品和服务所需的全部知识和技巧。业务部门和个人代表可以根据自己的需求和兴趣从列表中选择课程。那时的我们就相当于"接单员"，拿着课程列表问销售领导："请问您每份需要多少？"

几年前，当我们开始实施这个项目的时候，有70%的课程面向公众招生，但是只有30%的课程由一位销售副总裁投资开设。

学习了 6Ds®法则之后，特别是学习了第一法则之后，我们相信自己可以在界定业务需求时发挥积极作用，对培训时间和内容构成进行相应的调整，从而为企业创造更多价值。

↗ 行动

我们对以往的方法进行了调整，将"以终为始"作为行动守则。所以现在我们的业务交流效果有了明显的改善。如今的我们告别了过去那张课程列表，只用一个问题作为开场：你需要哪些销售技巧或知识来实现你的销售目标？

在设计培训项目前，我们会先弄清客户到底需要什么样的培训：是新产品、新的价格体系，还是新市场？与以往的方法相比，新的方法更侧重于顾问式交流。我们会询问客户需要招聘多少销售代表，是否要求相关工作经验，以及对应聘者的背景有哪些要求等。例如：

- 这些代表是否能胜任高层管理者的职位？
- 如果可以，他们与执行管理层的交流是否如预期有效？
- 我们如何判断培训是否成功？

在这些交流过程中，我们会一直把重点放在预期商业结果上。只有获得了明确的答案，我们才会着手构思或设计实现这些结果所需的项目。

每年我们会与销售高层安排两次会面，讨论项目规划的优化问题，确保

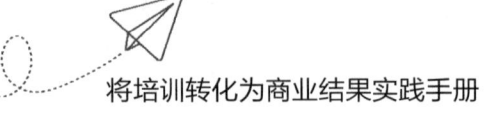

我们对客户的投资（尤其是客户比较关注的方面）进行了合理的优先排序，让这项投资为客户企业带来最大价值。

↗ 结果

怎样才能证明新方法的价值？我们用数据说话：在开始把重点从课程转移到业务需求的时候，我们把70%的课程变成了面向公众招生，而只有30%的课程由销售副总裁投资开设。现在，经过了几年的实践，这一比例发生了彻底的改变：70%的课程由销售副总裁投资开设，只有30%的课程面向公众招生。

另一份证据是企业对于培训的需求有了明显增长，这是因为培训不仅能满足企业的业务需求，而且对于员工的工作也有推动作用（见案例D6.4）。

最后，培训部门不再是单纯的供应商，而被越来越多的企业视为业务伙伴。现在，我们也可以参与到项目的前期讨论中；我们的培训获得了更多来自管理者的支持，想法也得到了更多重视。

↗ 建议

- 讨论培训需求时，要始终以企业的战略目标和实现这些目标所需的技能为出发点。
- 脚踏实地，耐心等待。改变不是一朝一夕就能完成的。我们花了好几年的时间才实现从"接单员"到业务伙伴的转变。
- 了解出资人对于成功的定义——一般是指通过应用培训内容实现业务目标——然后收集证据证明你的成功。

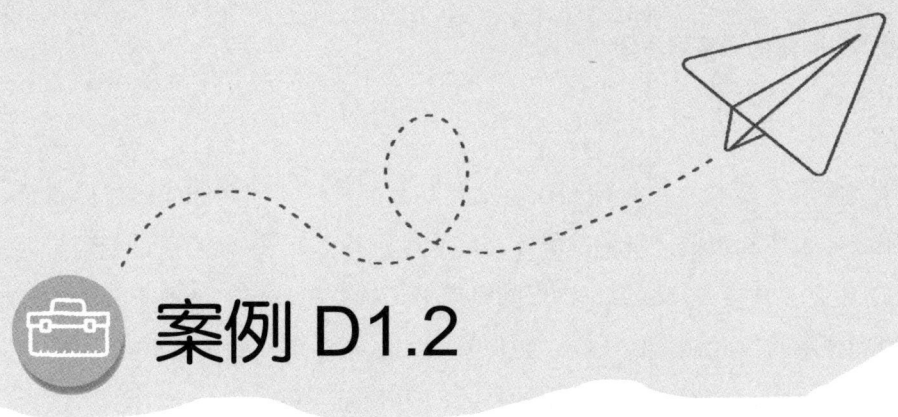

案例 D1.2

如何把华而不实的培训项目转化为成功的业务转型

Sujaya Banerjee 博士
埃萨集团（Essar Group）首席人力资源官和人力资源高级副总裁

Tahseen Wahdat
埃萨集团学习和组织发展高级经理

Anand Justin Cherian
埃萨集团学习和组织发展经理

↗ 背景

埃萨集团是一家多元化的基础设施企业集团，业务涉及钢铁、油气、电力、工程、航运和其他行业领域的业务流程外包（BPO）。埃萨集团总部位于印度，在全球拥有员工 75 000 多人，年营业额达 273 亿美元。在过去的七年里，埃萨集团成功由家族式企业转型为拥有专业管理团队的跨国集团。在转型过程中，集团采取了一系列关键措施，其中包括建立中央学习和组织发展团队（学习团队）。

学习团队就像集团变革的引擎，处理诸如企业文化、能力建设、人员流程、领导力发展、战略人才管理和职业发展等关键杠杆。团队的战略目标是发挥集团专业人才和规模经济的优势（在集团内进行部署），同时通过主动与集团 CEO 和业务领导保持联系，确保随时掌握一线业务动态。各业务领域的大客户经理要随时为我们提供支持，确保学习团队抓住正确的业务重点。

在这个案例中，我们与大家分享的是我们为 Steel Hypermart 设计的一项方案。Steel Hypermart 是埃萨集团钢铁业务部门的零售机构。Hypermart 坚持创新，以创造更多价值和利润为目标。虽然埃萨集团是印度第一家推出零售业务的大型钢铁制造商，但结果却不尽如人意。这时，企业便有了学习的需求。决策者能够意识到出现了问题，却无法确定具体是什么问题。

↗ 行动

学习团队首先接触了企业的人力资源团队。通过交流，我们发现，人力资源团队的问题在于一线销售经理缺乏有效的沟通技巧，而沟通是构建和维持基本客户关系的关键。此外，一线销售员工也缺乏对产品的特性和优势的理解，无法打动终端消费者的购买欲——毕竟消费者最关注的还是价格。因此，我们在项目纲要里增加了沟通技巧模块。

出于对 6Ds® 法则的热情，学习团队在接受人力部门的初期纲要的同时，与 Hypermart 的高层也进行过讨论。我们惊讶地发现，这些高层并不清楚他们需要什么样的项目。一位领导坦言道："我们只是需要一次培训，让一线销售经理能更加尽职尽责。"

根据第一法则的要求，这个答案还远远不够具体。所以学习团队设计了一个以谈判和沟通技巧为主的提案，然后提交给由 Hypermart CEO、人力资源部和几位高层领导组成的委员会。我们的目标是创建一个论坛，把第一法则中的问题（结果规划轮）呈现在公众面前，让项目纲要的内容更加明确。出乎意料的是，负责企业战略和全球市场的总裁加入了我们的会议，发现了纲要中的不足。他和 CEO 先后质疑了培训需求的依据；气氛变得越来越激烈，

第三部分 案例回顾（怎样做）

很快，在场的所有人都加入了讨论。最后，讨论进行了两个多小时才结束。

这次针对结果规划轮中的问题进行的公开头脑风暴、讨论和争论结束之后，所有的与会者都认为，企业真正需要的不是行为培训课程，而是对整个销售流程进行基本的审查。销售流程是公司中所有其他流程的基础。认真执行第一法则，可以避免大家将精力花费在华而不实的培训项目上，帮助我们确定一个更加真实、更加深入的业务需求。

到了此时，我们还没有完全确定实现业务目标所需的销售和业务模型。我们迫切需要来自旁观者的意见，所以决定邀请外部顾问来帮我们分析和确定问题。

于是，学习团队开始寻找具有营销和零售经验的顾问和学习专家。经过一番努力，我们最终选择了智越咨询（AchieveGlobal）作为此次转型项目的学习合作伙伴。经过和CEO及企业战略和全球市场总裁的详细交流，智越派出了几支团队前往Hypermart的门店进行实地评估，收集影响销售效能和业绩的因素。智越的加入为我们带来了巨大的推动力。当调查团队向总裁及CEO报告调查结果时，我们发现他们反映的确实就是企业正在经历的难题。

智越咨询的建议包括编写详细的销售手册，开展全面的"了解你的客户"（KYC）项目（包括所需的表格、模板和培训内容），并在各门店设置大客户经理。提案获得批准以后，智越团队与我们的学习团队紧密合作，设计了这一大规模转型所需的文件资料和培训课程，当然也离不开管理者的支持。在我们进入设计和准备阶段前（第三法则），总裁及CEO审核通过了我们设计的销售手册、KYC项目及相关文件和模板。完成了项目的构思和设计之后，我们进入了执行阶段。这一阶段共涉及全国8个分店的135名员工。

在合作过程中，智越咨询凭借他们在销售培训方面的专业优势，确保所有的培训都以应用为导向，采用与真实情况相似的案例进行研究，并且提供了可以用于实际工作中的工作辅助。

此外，我们委任同级的高层管理者作为大客户经理。这不仅是为了满足执行的需要，也是为了支持一线销售员工应用所学内容（第五法则）。其他绩效支持方式还包括重新定义绩效标准，为所有销售经理和大客户经理设计平衡计分卡。

推动学习转化（第四法则）不仅是学习团队的职责，更是业务拓展经理的责任。在开始几个月里，完成后的 KYC 表格由 CEO 进行集中追踪和审核，确保它们与项目计划的一致性和顺利执行。除此之外，学员每周还会收到关于培训和新的销售模型的趣味内容，这当然也离不开学习团队和智越咨询的积极合作。这些相关材料可以帮助学员强化对项目关键内容和概念的记忆。

↗ 结果

准确定位影响绩效的根源，是为了在全国范围内进行持续改革，让客户体验和销售效能得到切实的改善。KYC 项目让大客户经理能更好地预测大客户的消费动向，改变以往以广告为主要依托的销售模式。

经过一番改善之后，Hypermart 摆脱了不利的商业环境，下一季度的销售额增长了 5%。2012—2013 财年期间，Hypermart 更加注重增值产品和客户需求之间的联系，毛利润几乎比前一年翻了四番。当然，企业绩效的提升也离不开其他方面的改善（如供应链、区域划分、强化与上游作业的一致性）。培训项目、新的销售模型及更高的客户导向性都证明了自身的价值，得到了大家的一致认可。

↗ 建议

- 确定真正的项目出资人，明确说明企业遇到的真正问题及项目可能带来的预期收益。
- 来自多方面的支持可以帮助你更好地了解问题。有一点很重要，你一定要把主要出资人的想法作为前进的标杆，找到正确的全局方向。当业务领导或经理参与到学习项目中时，这样做可以增加你的优势，保证一个积极的学习转化氛围。

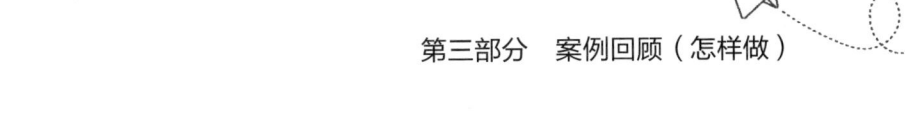

第三部分 案例回顾(怎样做)

- 有效地执行第一法则,可以让你的项目真正发挥成效。因此,请务必重视第一法则。第二法则是实现第三法则的前提,而所有的一切都是为了实现第六法则中的业务影响。
- 绩效改善培训一直以来都是我们的信条,也是我们在各方面不懈努力的目标(评分卡、职业阶梯、角色定义)。它为我们的转型过程带来了乐趣和满足。在培养发展型领导的过程中,我们认识到"学习令企业与众不同"。

↗ 来自 Hypermart 公司 CEO 的话

Hypermart 公司是一家为印度国内的中小型企业提供钢铁解决方案的公司,在印度国内拥有 8 个直营机构和超过 250 家分销商,年营业额可达 7.5 亿美元。我们在全国范围内共设置了 100 多位大客户经理,在维持公司统一形象、员工销售技巧、开发长期客户关系等方面遇到了难题。随着印度经济的日渐下滑,提升员工竞争优势的需求成了重中之重。

2012 年,Hypermart 带领着所有大客户经理,一起实践了突破性学习的 6Ds®法则。领导团队就如何确定公司问题和如何制定评估标准,向学习团队进行了咨询。另外,公司还确定了项目负责人,以保证项目计划和执行的连贯性。目标设立以后,项目团队立即制订了执行计划。这份计划特别强调了在项目结束后,要对量化结果进行持续跟进。许多项目都没能做到这一点。此次项目以一次为期三天的工作坊作为开场。工作坊要求全国范围内的所有销售员工都必须参加,其中也包括各直线经理。在设计工作坊内容的时候,我们特意还原了大客户经理的日常工作环境。学习项目的创新性远比规则性重要。每项课程结束后,我们会收集学员的反馈和他们对项目相关性的看法,供今后的项目参考改善。

我参加了在国内举行的几乎所有课程,目的是强调这些新方法不仅是为了提高销售额而存在的,更是为了提升大客户经理的专业技能和绩效水平。

我还收到了一些非正式的反馈，都是对项目的积极评价。

知道了大客户经理都把 6Ds®法则作为突破和创新的明灯，我感到十分欣慰。6Ds®法则帮助他们厘清了思路，把他们打造成了更专业、更热情的员工。6Ds®法则让我们的目标更明确，也让学习团队在课程结束后通过跟进项目评估了学习结果。让我尤其印象深刻的是，6Ds®法则不仅帮助我们实现了改变，还带来了其他方面的改善。

6Ds®法则是一套独一无二的理论。它让全国各地的 Hypermart 员工紧密团结在一起，为着共同的目标努力前进。

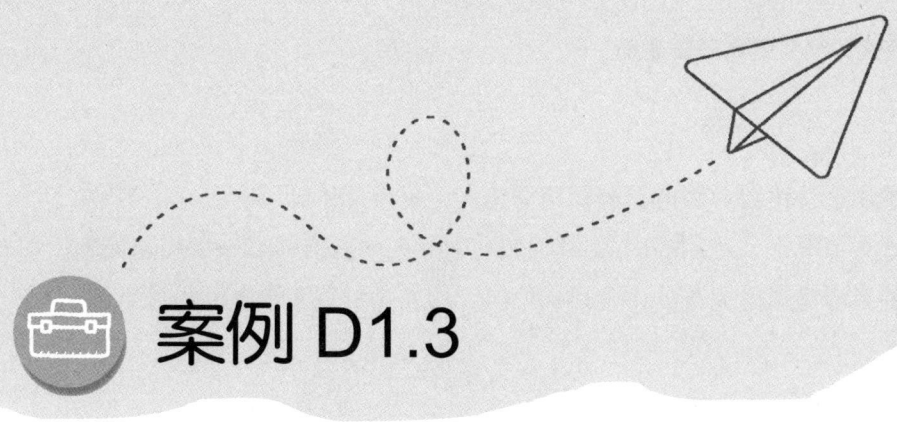

案例 D1.3

如何界定业务结果和学习序列

Hemalakshmi Raju
塔塔汽车（Tata Motors）有限公司学习和发展部门总经理助理

Anjali Raghuvanshi
塔塔汽车有限公司学习和发展部门 iteach 项目经理

↗ 背景

塔塔汽车有限公司是印度国内最大的汽车制造商，2011—2012 年，公司的业务收入达到了 325 亿美元。塔塔汽车成立于 1954 年，目前是印度国内最大的商用汽车供应商，同时也在载客汽车供应量中位列前三。公司主打中小型汽车及重型货车。塔塔公司的愿景是："为所有客户、员工、合作伙伴及股东带来最难忘的体验和价值。"

为了帮助企业实现目标，我们的人力资本战略部特别强调学习和发展的重要性。2011 年，我们成立了塔塔汽车学院，即塔塔汽车的企业大学，希望通过专业深入的学习，实现公司的业务目标。2012 年，塔塔汽车被学习和组织发展研究所授予了"亚洲最佳学习组织"称号。

过去，尽管公司在员工培训方面投入了很多成本，但是大部分培训项目都需要外部专家前来授课。塔塔汽车也有很多经验丰富的管理者，但是我们却无法利用这一优势。因此,公司急需培养一批内部讲师。

在这种情况下,我们的内部讲师培训项目——iteach 项目——应运而生。该项目的目标是通过完善的讲师培训项目,培养一批属于自己的内部讲师。

行动

我们遵循"以终为始"原则,根据人力资源部门和企业领导能够提供的支持,设定了预期业务结果。

在界定业务结果的过程中,我们借助了结果规划轮中的四个问题(见图 D1.3.1)。

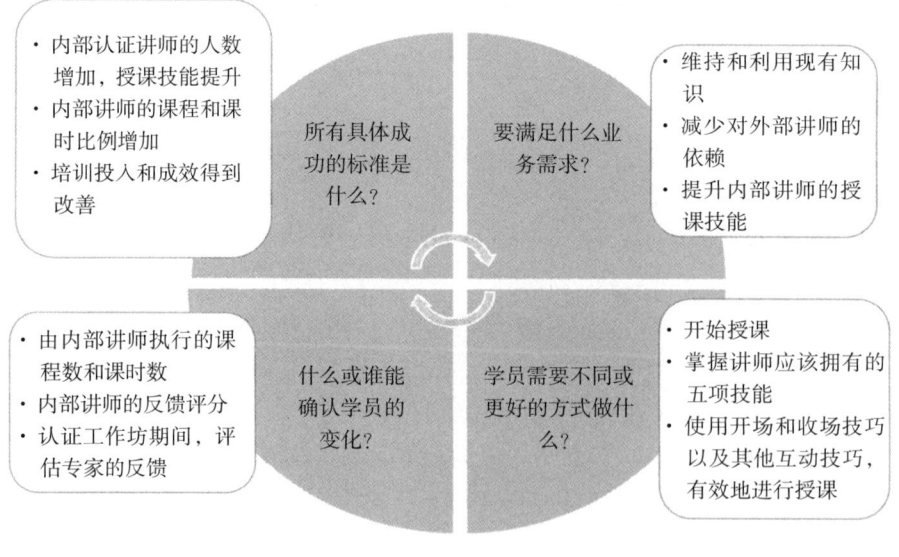

图 D1.3.1　iteach 的预期业务结果

学习序列是指学员在 iteach 项目中获得的完整学习体验。这个过程共包括五个阶段,见图 D1.3.2。

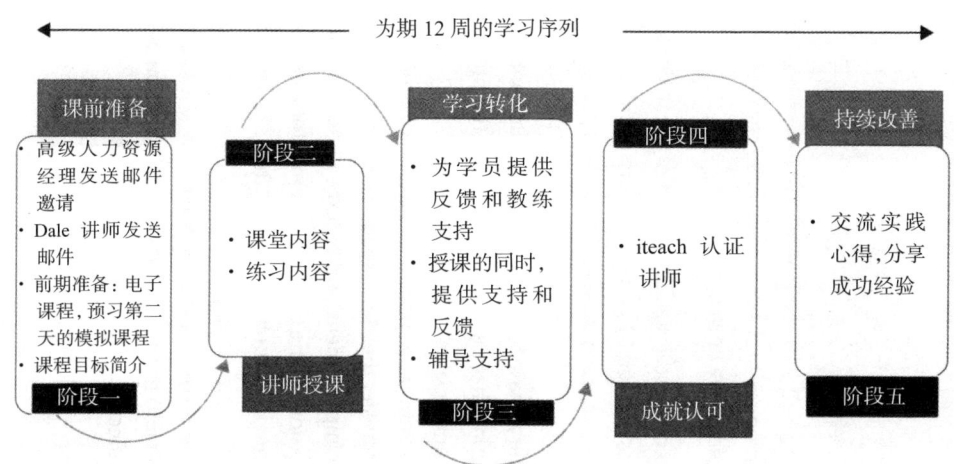

图 D1.3.2　iteach 的五个阶段

结果

在 iteach 项目实施的最初一年半里,有 710 名员工参加了这个项目,其中有 238 人完成了整个学习过程并获得认证。

1. 在最近的一个财年,有 38% 的高层领导参加过授课。内部讲师的课时数占总课时数的 52%;在实施 iteach 项目前,这个数字还不到 10%。

2. 前期准备阶段保证了学员做好充分的课前准备,为学员和讲师带来了显著的效果,并得到了广泛认可。

3. 通过辅导员/评估员为学员提供项目后支持,推动学员转化所学知识,了解自身优势和不足,获得更大进步。

4. 邀请辅导员/评估员参与课程,针对学员的实践表现提供反馈。

5. 课程结束后,高层领导应该向学员表示认可。

6. 对流程的严格执行,保证了培训的效果。我们获得了一批优秀讲师,这一点从他们的反馈得分中也能看到。

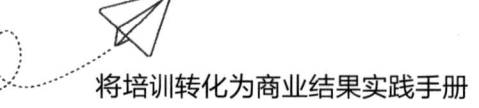

建议

- 投资回报率是许多学习专家共同面对的一个难题。结果规划轮是界定业务结果的第一步;它可以帮助你确定学习项目与企业业务的联系,鼓励管理者的积极参与。
- 将企业领导培养成项目讲师,充分利用他们的专业知识、经验和技能。
- 通过完整的体系提升学习项目的可靠度。
- 学习并不是一种"一次过"的活动;学习应该是一个过程,其中有各种记录成绩的里程碑。了解了这一点,我们的项目就会更有体系、更有目标。
- 前期准备阶段保证了课前预习;项目后阶段是保证学习转化的关键阶段。
- 学习项目结束后,对学员的成绩表示认可,不仅可以为学员带来成就感,也可以推动他们继续前进。

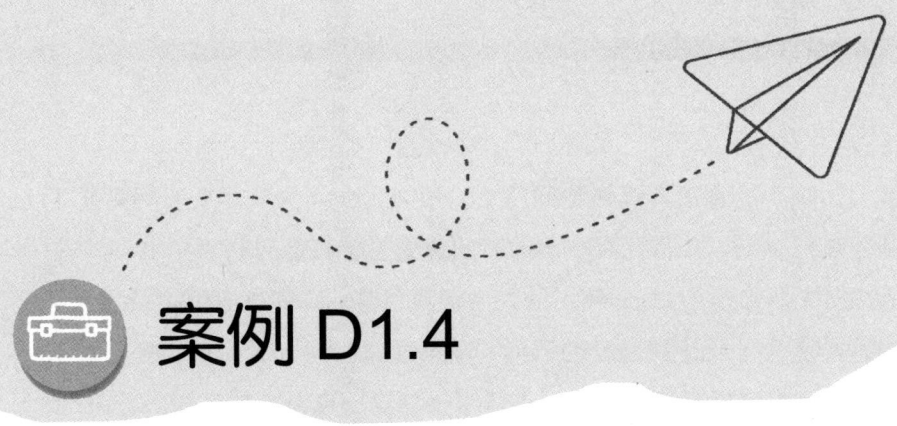

案例 D1.4

如何通过深入分析设计企业需要的培训项目

拉塞尔·埃文斯
Primeast 集团常务董事

克莱夫·威尔逊
Primeast 集团副董事

↗ 背景

Primeast 集团成立于 1987 年,是一家提供学习发展咨询服务的国际企业,服务内容包括领导力、组织变革和团队合作等方面。

Cape 是一家引领基础非机械工业服务行业的国际企业,主要客户包括油气、电力、化学、矿业管理者及大型工程和建筑合约商。

Cape 共有员工 21 000 人,为海内外市场提供安全、可靠、科学的解决方案,业务覆盖英国、欧洲、中东和北非,以及亚太地区。公司目前已在伦敦股票交易所主板上市,2012 年的报告收入为 74 940 万英镑。

面对激烈的竞争环境,Cape 英国境内业务总监史蒂夫·康诺利意识到,公司需要在战略和关键业务关系上投入更多时间。他发现自己 80%的时间都花在和高管团队中的直接下属讨论问题上。所以，史蒂夫的主要目标就是把这个时间缩减到 50%，让自己有更多的时间优先思考其他问题。

亚历克斯·斯彭斯是 Cape 英国的人力资源总监。咨询过亚历克斯的意见之后，史蒂夫认为，要达到自己的目标，需要通过权力下放、自我提升、坚忍不拔和互相合作来提升高层团队的整体水平。亚历克斯推荐了 Primeast 集团来设计和执行这一项目。

↗ 行动

1. 我们并没有直接问史蒂夫和亚历克斯遇到了什么问题，而是先了解了具体的情况、根本原因和当地情况。

2. 我们使用 PrimeFocus™ 模型（见示例 D1.4.1）了解了组织的背景、人力战略，以及学习和发展框架。

3. 我们使用 PrimeFocus™ 模型，帮助史蒂夫和亚历克斯从以下八个方面分析了团队目前遇到的问题：

- 目标。
- 愿景。
- 参与。
- 结构。
- 角色。
- 结果。
- 成功。
- 人才。

4. 我们讨论了培训结束后每个元素可以达到的理想标准，包括如何评估项目结果和个人成绩。

示例 D1.4.1　PrimeFocus™模型：八个关键元素的关系

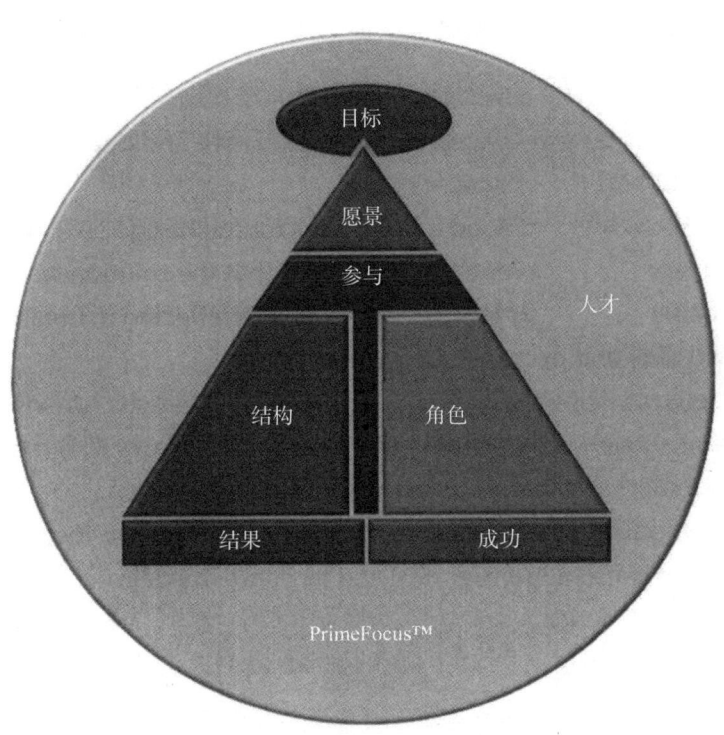

↗ **使用 PrimeFocus™ 获得的主要发现**
- 史蒂夫的团队缺少独立自主的思维模式，所以他们把问题和决策都推给了老板。
- 团队中的高层管理者缺少对团队目标和愿景的责任感。
- 团队成员无法发挥个人才能为业务目标做出贡献；企业也没有对有贡献的个人表示认可。

↗ **如何利用这些发现**
- 这些发现为我们设计完整的项目（第二法则）提供了支持。我们把项目的重点放在了史蒂夫的领导力和未来愿景上。
- 帮助我们确定预期业务结果（第一法则）。

- 帮助我们分析利弊因素的范围和程度（第一法则）。
- 使解决方案与史蒂夫的愿景保持一致，为项目设计（第二法则）和执行（第三法则）提供框架；对学习结果和个人成就进行评估和认可。
- 向高层管理者提供教练支持，让他们重视和推动学习转化（第五法则）和持续改善。

↗ 结果

- 史蒂夫实现了自己的目标，有了足够的时间关注战略和关键业务关系（第六法则）。
- 团队成员将个人优势与企业战略紧密地联系在一起，为企业创造更多价值。
- 团队成员的作用从"为史蒂夫提供支持"变成了"服务整个团队"，让每个人都致力于整个计划的执行，最终创造了2 000万英镑的利润。
- 此外，史蒂夫对于战略和关键业务关系的持续关注，让企业顺利实现了当年的利益目标，并为今后的发展提供了平台（第六法则）。
- 通过跟进项目评估和表彰收益（第六法则）和个人成就。

↗ 建议

- 制定清晰的业务结果（第一法则）是成功的基础。绝对不要忽略这一步！
- 严格评估商业结果和个人成绩（第六法则）。通过评估，企业可以将此类项目列入长期战略流程。反过来，高层管理者也会把注意力放在战略本身，而不是与战略相关的问题上。
- 6Ds®法则可以为高效学习提供明确的目标和共同的知识基础；组织框架（如PrimeFocus™）则可以推动领导力、组织变革和团队合作的绩效改善。

第三部分　案例回顾(怎样做)

- 统一企业的业务交流计划，表彰管理者创造的收益，从而推动企业文化发展（第六法则）。
- 为管理者提供配套的学习机会，并提供实施绩效支持（第五法则），从而进一步提升管理者的个人优势，实现更多预期业务目标。
- 确保向管理者提供充足的一对一教练（第五法则），保证他们再次遇到同样的业务问题时，能够全力以赴解决问题。

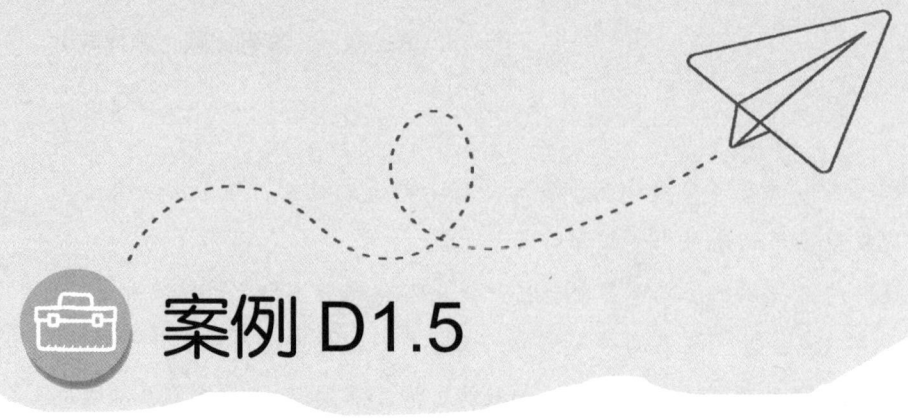

案例 D1.5

如何把 6Ds®法则添加到我们的学习服务工具箱

理查德·洛

默克集团（Merck & Co.,Inc.）学习和发展资深专员

↗ 背景

默克集团（在美国境外及加拿大又名 MSD），是一家以研究为基础的国际制药企业，总部位于美国新泽西。公司及其合资企业通过研究、开发、制造和推广品种丰富的创新产品，致力于改善人类和动物健康。

默克集团内部拥有多个职能部门，每个部门均有自己的培训团队，默克研究实验室就是其中之一。实验室的主要任务是研究和开发新型药品及疫苗。该实验室由默克理工研究所提供支持服务，内容包括战略合作、课程体系设计和开发、课程内容设计和开发及测评和评估。

在执行培训项目的过程中，我们遇到了以下问题，所以选择了 6Ds®法则：

- 最初制定课程目标和纲要的员工已经离职。
- 全新的业务团队。
- 尚未确定和记录当前的业务需求。

第三部分 案例回顾（怎样做）

- 学习目标不够明确，也不确定当前的目标是否能够满足业务需求。
- 课程内容大纲尚未获得新团队的批准。

行动

我个人认为，第一法则"界定业务结果"是 6Ds® 法则中最重要，同时也是最容易的一个环节。我们可以把第一法则当成一种工具，用来统一培训组织和企业对于业务需求的看法。

我们在新项目和某些正在进行的项目中实践了第一法则的行动和概念，成果令人十分满意。

在其中一个项目中，我们使用了 6Ds® 法则结果规划轮。这是一种根据第一法则设计的工具，共提出了四个问题：

1. 要满足什么业务需求？
2. 学员需要不同或更好的方式做什么？
3. 什么或谁能确认学员的变化？
4. 所有具体成功的标准是什么？

培训团队在使用结果规划轮的时候，采取了以下步骤：

- 我们向新的业务经理介绍了结果规划轮及其用途。
- 我们与业务经理逐个讨论了结果规划轮中的四个问题。
- 经理提供了最能代表当前业务状况的答案。
- 我们的团队回顾了过去的项目和目标，并与经理的答案进行对比。

双方一致认为：

- 我们需要在项目中设立一系列新的业务需求。
- 设立业务需求以后，制定相应的课程目标，然后在此基础上设计新的课程纲要。
- 根据业务需求,重新设计和安排课程及培训材料。

⇨ 原有业务需求

- 业务需求不够全面。最基本的要求是了解方法和分析成功经验。

⇨ 新的业务需求

- 将培训系统化:目前,公司未能提供任何形式化或系统化的培训。
- 设置知识基线:引入形式化培训时,需要为学员设置一条知识基线。
- 提供选拔的经验,以便在特定的业务领域执行时能够保持一致性。
- 在公共论坛提供常见问题的答案,方便大家参考。
- 在团队内建立一整套标准,保持企业的一致性。

↗ 结果

- 团队成员对于业务需求有了一致看法。
- 为需要额外支持的内容提供所需的关注。
- 在寻找课程纲要和业务目标之间的联系时,提供了所需的信息。
- 使用结构化的方法推动关于培训需求的讨论。
- 强化学员对于基本培训内容的记忆,但是要选择一种方便学员参考和使用的方法。

结果规划轮为我们带来了意想不到的收获:经理发现了结果规划轮在界定内部业务需求中的价值。有时,企业的高层管理者会要求经理分析当前的培训需求。使用过结果规划轮之后,经理就会发现这种工具在回答这类问题和讨论培训需求时的重要作用。

建议

- 使用 6Ds®法则第一法则"界定业务结果"来确定或重新确定预期业务需求。这一法则适用于新项目及所有正在进行中的项目。
- 和客户讨论培训需求时,使用 6Ds®法则结果规划轮。鼓励他们在制定培训决策前,也使用这一工具对评估需求进行评估。
- 不要低估 6Ds®法则对于其他人的作用。6Ds®法则的工具和概念不仅适用于培训项目,也可以用于其他项目。
- 虽然与结果规划轮没有直接的联系,但是 6Ds®法则工作坊手册及补充材料中的设计和内容结构还有许多可供学习的地方。它提供的信息传递方式可供日后重复使用和参考。

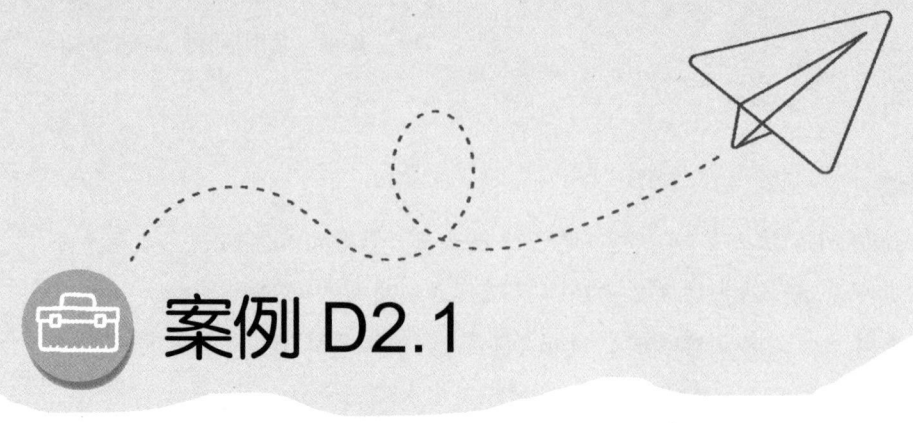

案例 D2.1

如何用更少的时间增加学习解决方案的数量和种类

Kaliym A. Islam
美国存管信托和清算公司（DTCC）副总裁

↗ 背景

美国存管信托和清算公司（DTCC）是全球领先的金融服务公司。公司及其附属机构主要提供清算、结算、股票信息服务、金融和市政债券、单位投资信托、政府和抵押贷款支持证券、货币市场工具和衍生金融工具。此外，公司还为共同基金和保险公司及其投资者提供交易管理服务，清算、结算、股票信息服务、金融和市政债券、政府和抵押贷款支持证券、货币市场工具和衍生金融工具。

DTCC 学习团队的主要职责是为公司学员或客户企业的员工提供学习解决方案，包括讲师课程和在线培训、帮助文件、用户指南、播客节目、网络广播、E-Learning 课程和产品模拟。

在项目之初，DTCC 学习团队拥有四支团队：学习业务顾问团队，负责所有的内部客户交流和业务分析；学习项目管理团队，负责执行所有的讲师授课项目；学习应用发展服务团队，负责设计和开发所有学习方案；学习分析

第三部分 案例回顾（怎样做）

和技术团队，负责所有的学习技术基础架构和分析报告。

和大多数培训组织一样，DTCC 学习团队使用了 ADDIE 模型进行培训开发。学习业务顾问团队首先会进行项目可行性或业务分析调查，确定企业的需求可以通过学习项目解决。如果学习业务顾问团队认为有必要开展培训项目，就会把结果递交给应用开发团队，由后者进行学习分析并提出相关建议。接着，如果这些建议通过了内部客户的审批，应用发展服务团队就会着手设计学习方案。当方案中包含讲师授课项目时，学习项目管理团队就会参与进来。最后，学习分析和技术团队会为所有的技术需求提供支持，并提供使用和调查结果。

在过去的几年里，这一学习开发流程已经为 DTCC 赢得了无数的行业奖项，包括 CLO 学习精英 25 强、技术交流学会国际奖等。但是，DTCC 学习团队的成员认为，这种方法过于注重流程，而且 ADDIE 模型不利于创造力的发挥。

尽管内部客户（产品经理）对学习团队的表现一直都非常满意，但是仍然存在抱怨的声音：学习项目需要的时间太多。所以，学习团队在上一年只好精简所有的方案，只留下了用户指南一种方案。

DTCC 学习团队的成员一致认为，为了更好地满足业务需要和解决员工敬业度问题，学习团队必须调整自己的组织结构和开发方法。因此，DTCC 学习团队在学习方案开发过程中采用了敏捷软件法，以实现高效的迭代开发、快速应对变革的能力和更加紧密的客户合作。同时，敏捷软件法的使用也推动了组织结构的变革。

敏捷软件法最初起源于软件开发行业。这是一种基于迭代和增量开发的方法，通过一系列短期开发循环，不断利用反馈和跨部门团队及客户的合作，发展和完善解决方案，改善要求标准和解决方案。

↗ 行动

宣传。DTCC 学习团队的领导小组明白，组织重建和流程再造同样重要，都需要用心管理。因此，他们决定同时进行组织变革和流程再造的宣传工作。

改善过程的第一步，是对组织结构进行重建。在以往的结构里，设计者、讲师和业务分析师各自为政，缺少交流和合作。而新结构（见图 D2.1.1）由设计师/辅导员、分析师和技术人员四个团队构成，分别负责学习的三个领域。每个团队都要为所有的学习项目提供自己专有的业务支持。

	托管服务	清算服务	专有业务
团队结构	• 负责人/产品所有人 • 讲师/辅导员 • 设计师 • 技术人员 • 分析师	• 负责人/产品所有人 • 讲师/辅导员 • 设计师 • 技术人员 • 分析师	• 负责人/产品所有人 • 讲师/辅导员 • 设计师 • 技术人员 • 分析师
支持领域	• 资产服务 • 证券处理 • 结算 • 跨组织 • NIC 监督	• 股权清算 • GSD • MBS • 国际	• 衍生工具/服务 • 贷款/服务 • 财富管理 • 保险 • 风险
	技术服务		

图 D2.1.1　学习团队的新结构：三支跨职能团队

公司的领导团队也认为 ADDIE 模型在学习项目开发中有一定的限制作用，团队成员无法根据业务环境的变化及时做出反应。得出这个结论之后，领导团队立即确定了开展组织重建和敏捷培训的时间。

于是，公司组织全体成员召开了一项会议，讨论这些变革能为组织带来哪些收益。大家并没有急于采取行动，而是先思考了几个问题，这些问题主要聚焦于工作流程方面。在目前的工作方法中，大部分的决策都由管理层制定，然后强推给员工执行；而新的方法则不同，新方法将决策权交给了每个团队，让团队自己决定采用何种方法完成工作。

培训。接下来，我们要为所有团队成员提供执行新方法所需的工具。我们选择了一家供应商对员工进行敏捷培训，培训项目则是根据 DTCC 学习团队的需求特别定制的。

适应。完成敏捷培训之后，学员立即开始实施这一新方法。虽然大部分学员能够很快适应这一变化，但是仍有少数人执行得不太顺利。这些人遇到的问题包括：

- 如何把源于软件开发的方法应用到学习项目开发中；
- 如何处理正在进行中的项目；
- 如何处理业务界限不明的项目。

当大家熟悉了敏捷法之后，这些问题就逐渐得到了解决。大家习惯了用软件开发的方法来处理学习开发项目。进行中的项目也迅速由相应的学习团队处理。团队成员达成了一个共识：出现跨职能任务时，就交由当时最有能力处理的那支团队负责。

↗ **结果**

敏捷法取得的初步成果超乎我们的预料。每个月的平均学习项目由 20 个增加到了 35 个，与上一年同期相比，这一年的学习方案执行总数增长了 75%（见图 D2.1.2）。

而来自内部客户和学习团队成员的反馈也令人感到欣慰。一位客户认为这种方法兼具"周期短"和"效果优"两个特点；另一位则对项目的效果表示了极高的赞扬。

实施敏捷法八个月之后,公司的改善越发显著。与上一年同期相比,执行敏捷法之后,我们向客户提供的学习项目总数几乎增长了 100 个(见图 D2.1.3)。

	时间	项目数	平均数	
执行前	七个月	139	19	
执行后	两个月	69	34	增长 75%

图 D2.1.2 敏捷法执行前后的成果对比(单位:个)

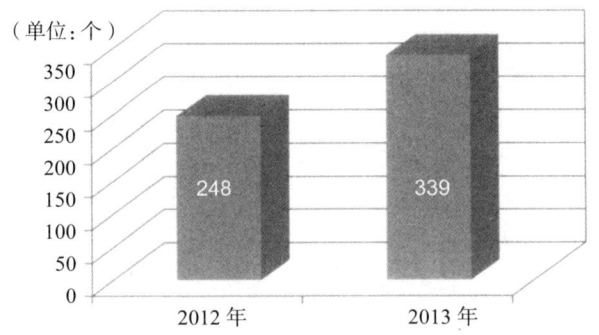

图 D2.1.3 与上一年同期相比,执行敏捷法之后,我们向客户提供的学习项目总数几乎增长了 100 个

除了项目数量有所增长,项目覆盖的职能单位数目也大幅提升。从图 D2.1.4 中可以看到,从 2012 年第一季度到 2013 年第一季度期间,这个数字从 394 增加到了 3 604,增长了 9 倍多。

最能证明敏捷法效果的,应该就是项目类型数的逐年对比。在 2012 年第一季度,学习团队提供的项目类型主要是学习中心文件或网络文档。但是到了 2013 年第一季度,项目类型有很大扩展,主要包括学习中心文件、服务指南更新、网络广播等(见图 D2.1.5)。

第三部分 案例回顾(怎样做)

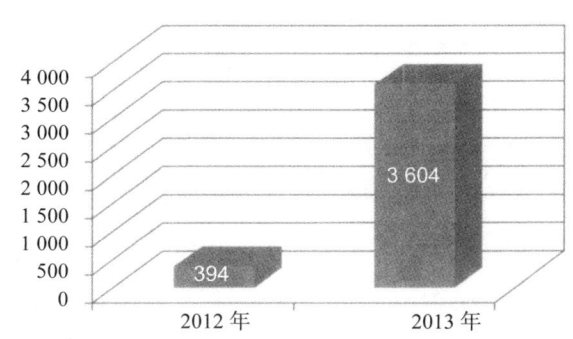

图 D2.1.4 2012 年第一季度(项目前)和 2013 年第一季度(项目后)的职能单位数对比

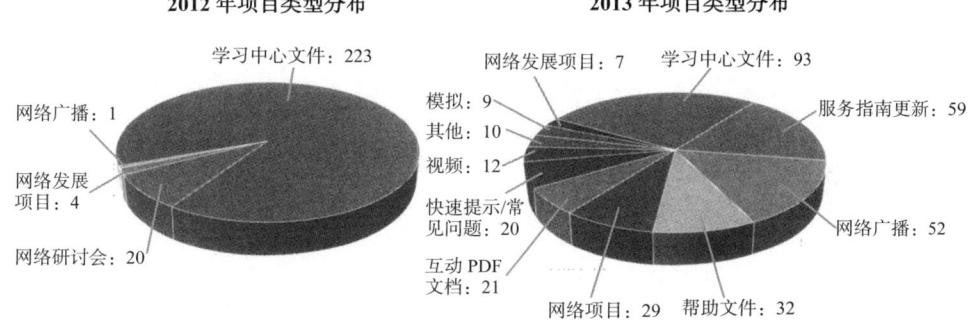

图 D2.1.5 执行敏捷法前后的项目类型对比

这些量化对比表明了敏捷法在学习项目开发中的有效应用;在同等团队规模的前提下,项目的数量和类型都有了显著增加。

采用敏捷法之后,DTCC 学习团队显著提升了学习项目的数量,并且缩短了项目的周期时间。同时,这次变革还得到客户和员工的一致好评。

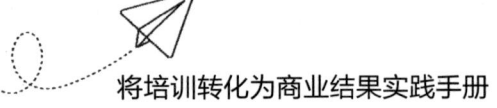

↗ **建议**

- 确保组织的结构能够为敏捷法提供最佳支持。职能筒仓会阻碍敏捷项目的执行。
- 立即展开变革。如果拖延,团队成员就会重拾旧的习惯。
- 避免插手帮助。团队成员在学习和适应敏捷法时,如果你进行干涉并提供帮助,可能会影响整个项目的效果。
- 团队成员必须明白他们有制定决策的权力,并且对结果拥有最终所有权。

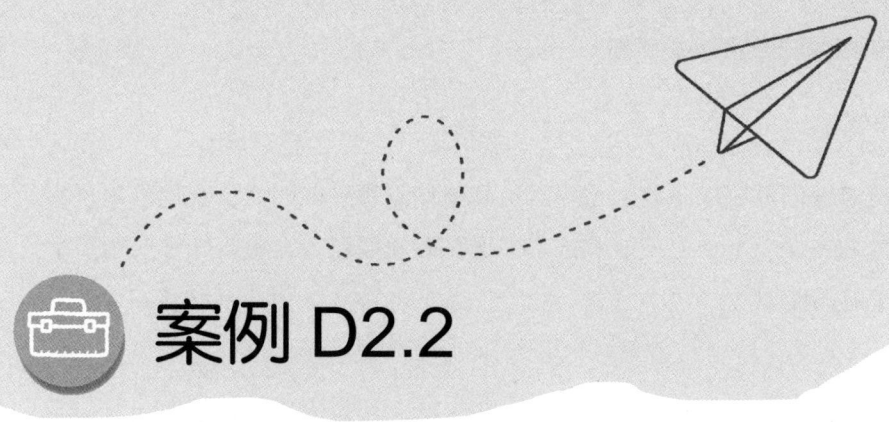

案例 D2.2

如何利用往期学员帮助新学员及其领导设立预期目标

万达·海斯

埃默里大学学习和组织发展总监

↗ **背景**

埃默里大学是一所历史悠久、卓有成就的私立研究机构，拥有9所学院。大学主校区坐落在美国佐治亚州的亚特兰大，为文理学院、研究生院等8所学院的所在地。作为一所世界一流的顶尖名校，埃默里大学一直保留着一项独特的传统：学者和专家每年可以创造超过5亿美元的研究资金，同时又保留着严谨的学术传统。目前，埃默里大学共有学生14 000多人，以及教职员工13 000多人（不包含埃默里医疗集团员工）。

学习和组织发展部门（LOD）是埃默里大学人力资源部的一个下属机构，为学校教职工提供众多的培训和发展项目。除了一般的招生课程，LOD还为指定的员工团体提供培训项目（如行政领导、管理者、主管和行政人员）。学员可以申请或通过选拔参加培训项目，并以团队的形式参加为期8~10个月的培训。在培训期间，学员将参加一系列课程、评估和行动学习项目。

为了帮助学员及其领导成功完成培训项目，他们必须明确自己的预期目标和项目对他们的要求。我们希望学员和他们的领导能明白，我们的项目不仅需要他们在课堂上学习技能和工具，也需要他们提升自我认知和应用所学技能和工具的能力。

↗ 行动

首先，我们强调了培训说明会的重要性，希望学员和他们的领导能够清楚了解培训的要求和预期收益。例如，我们为高层管理者的领导力突破项目设计的网站，这个项目的目标受众是那些业绩突出、潜力巨大的总监级或更高级的行政领导。

在学习和组织发展部门的网站上，我们提供了项目的相关信息，包括项目重点、项目与大学使命的联系，以及领导力发展项目的预期目标等（见示例 D2.2.1）。我们准备了一份"项目一览表"供大家参考。

采访过往期学员之后我们了解到，这些项目最大的意义在于它们给学员带来的积极影响。为了能充分利用学员的经验，我们邀请了两位往期学员录制了经验分享视频，并在网站上发布。另外，在项目的介绍会上，我们也会与新学员分享这些视频。

行动学习项目是高层管理者领导力突破项目中的一个重要环节。每组学员必须完成两项团体战略项目。这些项目放眼于整座大学，学员可以在培训期间完成整个项目或其中的某部分。这样不仅可以为学员提供实践和展示所学知识的机会，也为学校带来了持续的积极影响，提升了学员的受关注度。

大家可以访问我们的网站，观看领导力突破行动学习项目的报告视频（见示例 D2.2.2）。这些视频向今后的学员和领导展示了项目可以为他们带来的收益。目前的学员在准备项目报告的时候，也可以参考这些视频，了解如何进行项目分析，借鉴以往的研究成果，并学习做报告的技巧。

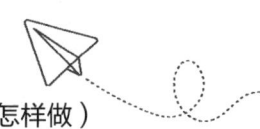

第三部分 案例回顾(怎样做)

示例 D2.2.1 高层管理者的领导力突破项目概览

↗ **结果**

"一个视频胜过千言万语"。在帮助未来的学员设立预期目标的时候,往期学员的现身说法是最具说服力、最具可信度的证据。这些视频可以帮助新学员设立预期目标,并且向领导展示项目可以带来的预期收益。

此外,在网站上发布行动学习项目的报告视频,还可以向潜在学员展示项目的成效。而对于那些正在参加项目的学员来说,这些视频就像前进道路上的指引。

示例D2.2.2 学习项目的报告视频展示在网站上

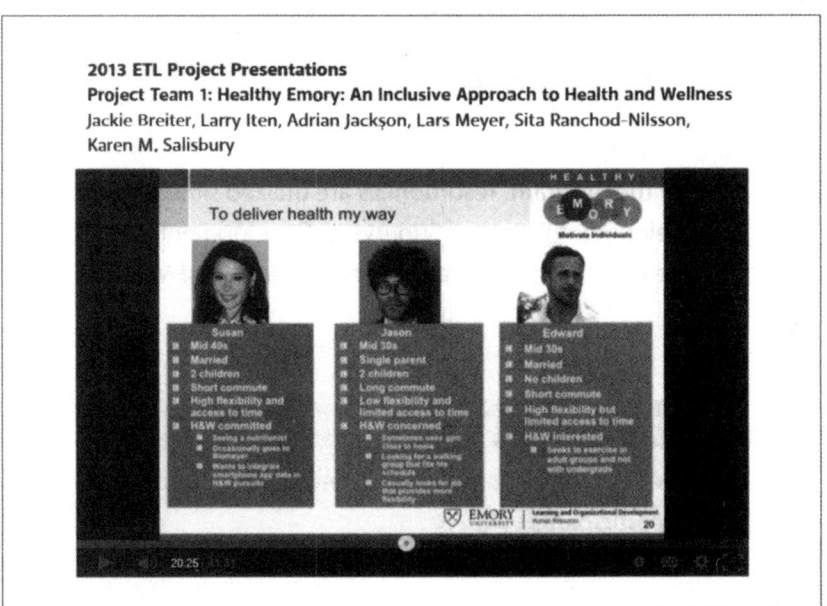

学员和他们的领导表示，通过视频中的成果展示和经验分享，他们了解了应用所学内容的重要性。所以，除了此次的领导力突破项目，我们也在管理者发展项目、高层管理发展项目、行政人员发展项目和埃默里大学导师项目中使用了经验分享视频。

建议

- 收集往期学员的成功故事和经验。
- 在项目介绍会上播放这些视频。
- 公开发布这些视频，方便新学员和潜在学员及领导参考。
- 分享学员的项目报告视频。
- 让新学员做好行动的准备，设立自己的预期目标。
- 评估项目结果，并与企业领导分享。

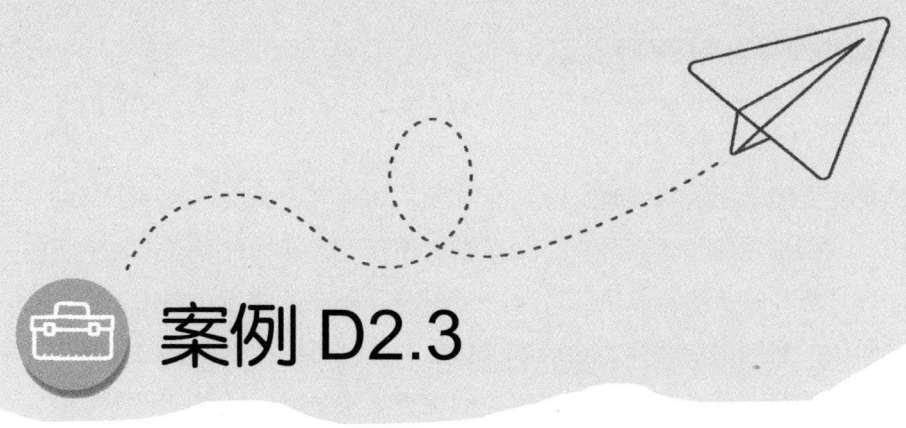

案例 D2.3

如何为企业构建精英库

迈克·吉伦

安捷伦科技有限公司（Agilent Technologies Inc.）全球学习和领导力发展总监

迈克·吉伦介绍了他们使用的一些方法，用以设计完整体验，培养结果意向，并贯穿整个高潜质人才领导力发展项目。

↗ 背景

安捷伦科技有限公司是世界最大的测试测量公司，为客户提供最全面的创新测量解决方案。公司年收入可达69亿美元，拥有20 500名员工，为全球100多个国家和地区的客户提供专业服务。凭借优质的产品和自信的服务，安捷伦可以帮助电子和生物分析领域的客户应对最严峻的挑战，进而改善人们的生活和工作方式。从员工的绩效和商业结果中可以看到，我们在领导力发展上的投入在业内无人可及。

安捷伦全球学习和领导力发展团队是一支培养各级领导者的专业团队。通过培训后，这些领导者可以推动企业策略和文化的进步。在这些发展项目中，最关键的一个是我们在2011年开展的精英库项目（ELP）。这是一个为期六个月的领导力发展项目，旨在挑选出最具领导潜能的员工进行培养，打造成功的未来领袖。

安捷伦一直都以优质的加速发展项目见长。2008 年,在全球经济下滑的大气候下,我们把注意力重新放在了加速发展项目上,开始思考"未来的领导者最需要具备哪些条件"。当时,公司已经建立了储备人才库,根据每个人的期望和过去的表现决定晋升机会或职务扩展。我们可以根据企业的战略业务需求,把选拔范围缩小到那些值得提拔的优秀人才身上。所以,业务战略就成了人才发展投资的决定因素。

↗ **行动**

为了实现精英库项目的预期目标,我们采取了以下几项行动。

企业高层的积极支持。我们希望所有获得提名参加 ELP 的学员都能获得来自组织最高层的支持和关注。在选拔学员的时候,除了直线经理的支持,候选人还必须获得来自高层领导的支持。这些高层领导必须证明候选人具备所需的潜质、能力、忠诚和抱负,能够胜任今后的领导工作。示例 D2.3.1 是节选的提名流程。

示例 D2.3.1　提名流程节选

精英库项目——学员提名

提交人才业务需求总结,确定项目候选人。

提名标准			
业务需求	晋升资格	支　持	晋升意愿
1. 说明**战略业务需求**。使用 SPR 确定关键业务目标 2. 如何确定被提名者(例如,通过 Leadership Supply/LOR 人才评估/其他形式)	你认为该员工可以获得怎样的晋升机会*(在接下来的 1~2 年内)? *晋升和职务调整	哪些高层管理者或行政管理者可以证明该员工的潜力?例如,此人是否有能力、热情和志向胜任今后的领导工作。**这些领导应该每两个月与学员进行一次会谈,向他们提供职业指导**	员工是否表达或通过行为展示过晋升意愿? 【是或否】

第三部分　案例回顾（怎样做）

通过示例 D2.3.1 我们了解到，高层领导不仅需要参与提名，还应该积极参与后续的过程，每两个月与学员进行一次会谈，向他们提供职业指导。

提名流程由企业执行。每个部门的领导团队先进行审核，然后再交给 CEO、COO 和高级人力副总裁审核。这样可以进一步保证管理团队对优秀候选人的关注和支持。

经理和高层管理者的义务。根据承诺协议（见示例 D2.3.2）的要求，直线经理和高层领导必须对候选人进行审核，并承诺采取一系列行动。承诺协议详细规定了在 ELP 执行的前、中、后期，这些管理者应该为学员提供的支持，如提供积极的支持和教练，定期进行会谈和检查，提升学员在企业中的曝光度，以及奖励和表彰计划。

示例 D2.3.2　承诺协议节选

> **安捷伦精英库项目**
>
> **经理和管理者的义务**
>
> 对于学员及其直线经理来说，ELP 是一个长期过程，需要来自管理者的支持。当这三方都全心投入领导力发展项目中时，项目就会为学员、企业和整个安捷伦集团带来最佳效果。
>
> 我们会与你一起朝着目标努力，也会在你需要的时候提供最细致的指导。如果你有任何问题或想法，请与我们的 Next Generation 领导团队联系。
>
> **项目期间的义务和行动支持**
>
> ……

候选人登记检查清单。确定 ELP 的候选人名单之后，这些候选人的直线经理就应该开始与候选人进行有关期望、发展目标和职业目标的谈话。经理可以参考示例 D2.3.3 中的候选人登记检查清单安排谈话内容。

示例 D2.3.3　候选人登记检查清单

> 该清单适用于精英库项目的候选人。
>
> **项目检查清单**
>
> ☐ 1．回顾项目的介绍报告。
>
> ☐ 2．回顾学员义务手册。
>
> ☐ 3．与经理进行会谈：
>
> —— 就发展问题进行会谈，回顾个人的期望、发展目标和职业目标。
>
> —— 讨论项目可以如何帮助你实现职业目标，以及你是否做好了担任领导的准备。

业务出资人/联络人。ELP 中的另一项关键内容是业务计划（示例 D2.3.4）。这是一种行动学习项目，计划内容以当前的业务挑战为基础，由一位出资人指导完成。除了高层管理者和直线经理，业务计划的出资人和联络人也在发展流程中发挥着关键作用，在整体业务环境的背景下为学员提供教练和反馈。

ELP 理事会。高层管理者、业务出资人/联络人及学员的直线经理共同组成了 ELP 理事会（见示例 D2.3.5）。在学员学习和应用项目内容的过程中，理事会可以强化有关项目内容的教练和支持。

↗ 结果

我们知道，精英库项目的目的是为未来的领导建立战略人才储备，让学员做好担任更高级别职务的准备。所以，判断项目成功与否的一个关键标准，就是学员的晋升率。每季度我们都会向企业汇报 ELP 学员的晋升情况。我们的预期目标是：在项目结束后的两年内，让至少 85% 的学员获得晋升。到 2013 年年初为止，有 55% 的 2011 级学员和 19% 的 2012 级学员获得了晋升。在公司所有的管理者中，ELP 学员晋升为管理层的机会是一般经理的 6~8 倍。

第三部分 案例回顾(怎样做)

示例 D2.3.4 精英库项目业务计划时间表(示例)

2012 年 ELP 业务计划目标、时间表及责任划分

业务计划目标

ELP 业务计划旨在为学员提供**行动学习机会**,从而实践战略和领导技能,了解安捷伦的业务背景,为集团创造**价值**。

该行动学习计划的目的是让某一领域、流程或业务实现"行业领先"或**差异化竞争**,让项目学员掌握管理者应当具备的技能。

时间表

	5月:启动	6月:会谈	7月	8月	9月底:建议	10月:结果
团队目标	启动计划 挑选团队领导 制定团队章程	前往圣克拉拉参加**战略领导周**(6月11—15日) 修订章程,进行股东分析	团队举行工作研讨会	团队在虚拟项目审核会上(**VPR**)汇报目前进度(不是向联络人/出资人汇报)	团队向出资人和其他股东提交建议	团队在**战略创新周**向ELP评审提交结果(时间:10月8—12日。地点:圣克拉拉)
联络人和出资人支持	与团队和成员见面,推动制定章程 提供制定章程所需的信息	前往圣克拉拉与团队进行会谈 如条件允许,6月14日举行晚宴,6月15日上午举行专家组会谈和工作研讨会	继续为团队提供支持,定期*进行会谈和提供反馈 *联络人:每周会谈 出资人:每月会谈	参加报告会,提供反馈,确定参加会议的关键领导	参加报告会,总结计划学习/流程,为团队提供支持(时间:10月11日。地点:圣克拉拉。包含晚餐)

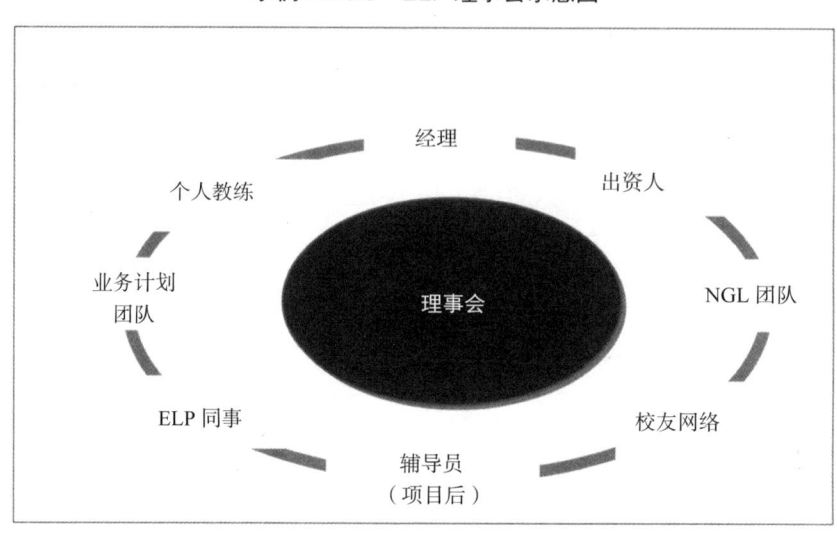

示例 D2.3.5　ELP 理事会示意图

另外，在每季度的基础上监测和报告精英学员的进度，可以让人才对话的重点更清晰，成效更显著。

最后，我们会通过项目后调查收集学员的反馈意见。在对"直线经理或组织为我提供了项目全程支持"这个问题的调查中，有 81%的学员表示强烈的赞同，另有 13%的学员表示赞同。

建议

- 为快速人才发展项目提供支持时，支持项目的内容应该与战略业务需求保持一致。
- 高层管理团队在项目前、项目中和项目后都应该保持积极参与，这是项目成功的关键。
- 直线经理的支持是关键，但是"理事会"的支持也很重要。理事会可以为每位学员提供机会和持续的教练及发展。
- 人力资源部门可以提供 ELP 学员的职位变更数据，但是这些人才是企业的资产，必须由企业来管理。

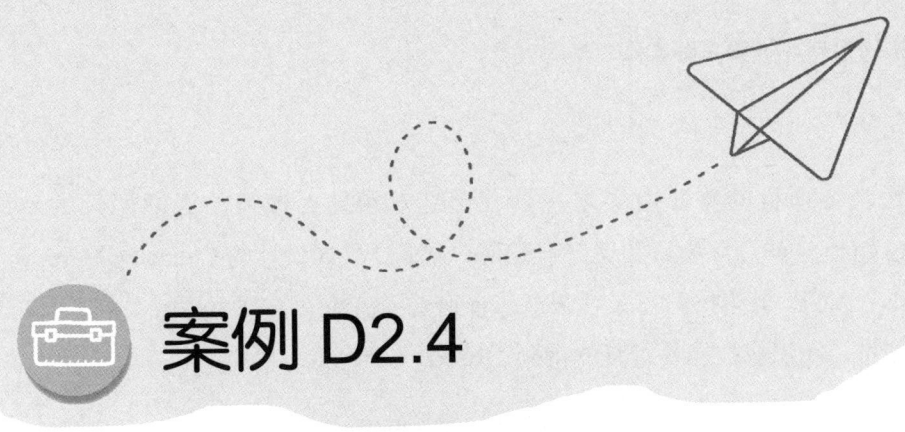

案例 D2.4

如何重新界定领导力发展项目的终点线

贾斯廷·基顿

幸福卫理公会医疗（Methodist Le Bonheur Healthcare）发展和培训部门组织效能经理

↗ 背景

幸福卫理公会医疗是一家综合性的非营利医疗机构，总部位于美国田纳西州的孟菲斯。我们拥有 7 家医疗机构，包括家庭医疗服务、门诊手术服务、未成年人医疗中心、诊断中心、睡眠中心和安养机构。《美国新闻与世界报道》杂志将我们评为该地区的最佳医疗机构。幸福卫理公会医疗曾获得 12 项领域嘉奖。我们的临床和非临床员工共计 1 万多人，其中担任领导职务的有 900 多人。

幸福卫理公会医疗一直非常重视组织的工作环境及员工的敬业度，因为得克萨斯农工大学的著名教授莱恩·贝瑞说过："患者的体验永远不及员工的体验全面。"

我们深知领导是创造良好工作环境的关键；只有好的工作环境，才有一流的护理质量。因此，我们会通过年度员工调查，密切关注员工的敬业度；而且我们也在整个组织内推广过教练文化。

这次教练项目的重要内容之一是一个针对领导者进行的为期两天的 Coaching Clinic 项目。该项目的理论基础是 Coach U 公司设计的 Coaching Core Essentials™项目。虽然我们的课后调查都收到了不错的反馈，但是我们并不了解这些信息、知识或技能是否真的得到了转化。

行动

学习了 6Ds®法则之后，我们决定重新制定领导力发展项目的终点线。所以，我们从内部教练认证项目开始，尝试重新设定终点线。

在过去的项目中，学员完成为期两天的课程后，就可以获得证书，然后回到岗位继续往常的工作。学习了 6Ds®法则之后，我们意识到，这样做向学员传达了错误的信息，让学员以为学习到此结束。但是实际上，学习在这个时候才刚刚开始！

怎么办？我们主要采取了两种策略来保证知识和技能的转化，这就是我们的"成功条件"。

首先，在完成课程前，每位学员必须设立两个转化目标，并且承诺在工作中应用所学内容。

- 随后，我们会把学员的目标发送给他们的管理者，并提供相应的建议，帮助管理者对转化过程提供支持。
- 所有学员必须参加一个以转化目标和进步为主题的经验分享会，方便我们了解学员的进度和应用情况。分享会会在课程结束后连续举办三周，方便学员提出和获得反馈和教练。

其次，学员必须参加一项在计算机上进行的培训课程，从而强化对关键概念的记忆。课程内容学习评估可以测试学员对教练知识的掌握程度。

学员只有满足了以上两个要求（参加分享会并完成电子课程和测试），才能获得培训证书、进修机会和教练参考书。这一过程通常需要四周左右。

第三部分 案例回顾（怎样做）

认识到课后活动需要时间和精力投入之后，我们把每天的课堂时间缩减了一半，确保课程总时长维持不变。从企业文化角度来看，这条新的"终点线"虽然陌生，却为我们带来了实实在在的收益。

结果

为了评估项目及后续跟进是否有效，我们对学员的年度调查进行了分析。通过对比 Coaching Clinic 学员在培训前后（新终点线）的结果，我们发现学员的教练能力有了很大提升。这个项目对于工作环境的改善有着巨大的推动作用。

进一步的证据还包括培训录取率的改变。考虑到课程内容，我们规定每次培训的学员人数为 16 人。过去，每个班级通常只有 8～10 人。重新设置了终点线并公布了改善效果之后，由于员工都踊跃报名参加培训，导致候补名单上经常会有 6～10 人。也是因为如此热烈的反响，我们才能收到提供额外支持所需的资金赞助。

另外，我们十分惊喜地发现，在最近一次有 500 名质量领导参加的会议上，我们的首席运营官把 Coaching Clinic 项目列入了组织的前五项领导职责和发展方案。这是我们莫大的荣幸和满足。

建议

- 重新定义关键战略项目的终点线。
- 不要在课程结束后立即向学员颁发奖励和证书，停止向他们传达错误信息（"项目结束"）。
- 鼓励学员的直线经理为转化过程提供关注和支持。
- 耐心等候变化发生。领导不会在很短的时间内接受新的终点线，向他们介绍调整终点线的原因和收益。

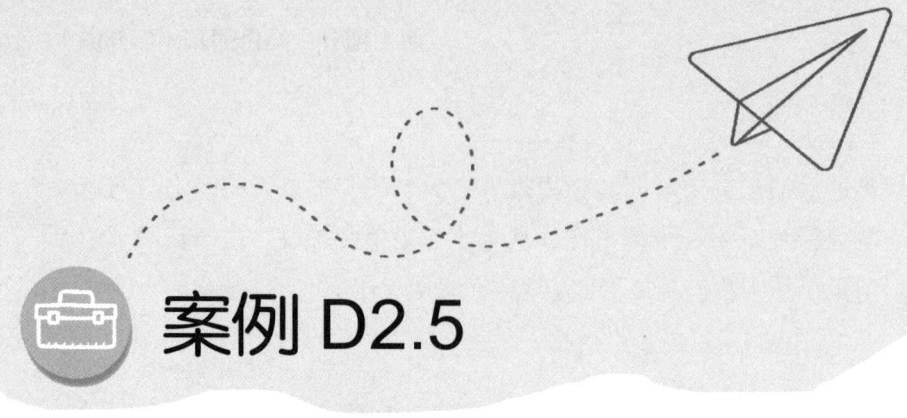

案例 D2.5

如何强化和扩展初级经理的学习体验

Christopher Goh Soon Keat
安捷伦科技有限公司全球学习和领导力发展总监

↗ 背景

安捷伦科技有限公司是世界最大的测试测量公司,为客户提供最全面的创新测量解决方案。公司年收入可达 69 亿美元,拥有 20 500 名员工,为全球 100 多个国家和地区的客户提供专业服务。凭借优质的产品和自信的服务,安捷伦可以帮助电子和生物分析领域的客户应对最严峻的挑战,进而改善人们的生活和工作方式。从员工的绩效和商业结果中可以看到,我们在领导力发展上的投入在业内无人可及。

2007 年,我们发现公司初级经理的领导力存在巨大欠缺。在安捷伦,每位初级经理管理的员工平均数为 10 人。但是,如果没有晋升机会的话,这些经理就不会有继续发展的空间。他们无法与中级和高级经理保持同样的发展步伐。

当时,我们已经为中高级经理设置了核心领导力项目,却没有为初级经理设置类似项目。在整个企业里,初级经理管理和影响着 16 000 名员工。为

第三部分 案例回顾（怎样做）

了填补这一空缺，我们设计了一项为期三个月的领导力发展项目。实行以后，该项目获得了巨大的成功。

↗ 行动

我们并没有把这次培训当成"一次过"的学习活动，而是希望借此机会来强化和拓展学员的学习体验，尤其为他们提供足够的时间，让他们在课程结束后能够在工作中应用和转化所学知识。

所以，我们改变了思路和方法，着手设计了一个三阶段的学习过程（见示例D2.5.1），内容包括课前准备、三天的课堂学习，以及课后活动。从图中的数字可以看出，为了获得最优效果和满足学员不同的学习风格，我们采用了多种学习方法。

示例D2.5.1 为初级经理设计的完整学习体验日程表

初级经理项目概览				
课前准备	第一天	第二天	第三天	课后活动
·项目启动网络研讨会，提前三周举行 ·与团队成员讨论过去的学习内容和改善情况 ·与经理签订学习合约，选择一个对客户比较重要的领	安捷伦集团初级经理职责（高级经理） ---------------- 协作解决领导力问题 ---------------- 如何向企业和团队成员传达客户的想法 ----------------	推动商业结果的实现 一年模拟入门指南：利用安捷伦运营模型实现盈利增长 两年模拟入门指南：	MBO在改变中的作用：保持团队目标与企业战略一致 ---------------- 精英管理：如何培养实现商业结果所需的技能 ---------------- 个人行动规划	项目后 —协作小组10周内进行五次讨论；互相帮助，实现预期目标 —团队讨论，讨论想法和目标 —FMP"虚拟协作空间"

续表

初级经理项目概览				
课前准备	第一天	第二天	第三天	课后活动
导力问题作为解决对象 · 完成 financial Acumen 电子课程	改善制定决策的速度和效率 ---- 培养和打造成功团队	ROIC 推动因素 三年模拟 在工作中应用安捷伦运营模型	和同事支持构架 ---- 交流重要想法 ---- 启动项目后活动	一与直线经理评估成就进度

　　在这个为期三天的培训课程开始前，学员首先要参加一个网络研讨会，了解项目的目的、设计和学习目标。同时，讲师还会布置一份预习作业，要求学员在正式课程开始前完成。学员要先完成电子课程，然后选择一个领导力问题与自己的直线经理和其他学员讨论。事实证明，这些培训前活动可以培养学员的学习意向，提升学员的专注程度和学习动机。

　　至于正式的培训课程，我们为学员准备了多种形式的课程设计，包括情景模拟、小组讨论和报告、高管对话、反馈环节和个人行动规划等。在这三天的培训里，我们会不断地提醒学员使用所学知识解决工作中遇到的领导难题。

　　为了确保学习转化，我们构建了一个培训后协作体系，让那些遇到相似问题的学员能够组成一个小组。这些小组会在培训结束后的 10 周里定期举行讨论，互相帮助讨论解决方案。另外，我们还使用了微软的 SharePoint 软件来为小组活动提供支持和培训后资源。示例 D2.5.2 展示了我们为这次项目设计的 SharePoint 网站。

　　10 周的协作结束后，项目讲师会组织一次闭幕研讨会作为收尾。在研讨会期间，每个小组都要分享他们在过去 10 周里的学习心得、想法、行动和成果。许多学员表示，这样的协作体系有效巩固了他们在培训中学到的内容。

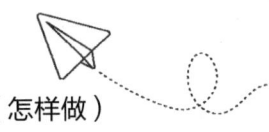

第三部分 案例回顾(怎样做)

示例 D2.5.2 我们为初级经理项目设计的 SharePoint 网站截图

↗ 结果

我们主要通过以下方式对项目进行评估:

1. 针对培训课程进行的在线评估调查。
2. 10 周协作期结束之后,收集所有小组的成果报告,了解学员的改善情况和成果。
3. 在整个组织内开展"领导力审核"调查,了解企业的后备领导的实力。

上面的"领导力审核"调查,同时也是安捷伦集团评估项目成效的四项标准之一。自 2007 年起,调查的各项数据都有了显著改善,而客户导向、决策效率和员工敬业度等方面尤为突出。

例如,员工敬业度由 2007 年的 65%提高到了 2012 年的 90%。由于初级经理直接管理着企业内超过 80%的员工,而且此次项目的目标是改善领导力审核中的行为指标,所以员工的敬业度才会有如此巨大的改善。此外,由于项目与我们的领导能力具有一致性,因此也培养了商业成功所需的关键能力。

能够证明项目成效的数据和实例还有很多,我们不一一列举,但是我们选取了一些具有代表性的例子供大家参考(直接引述学员的反馈):

- "完成项目之后,我们在三年时间里共节约了1 720万美元。"
- "我最大的收获是能够和所有同事协作解决问题;大家在共同的原则上各抒己见,成功地满足了(我们的)客户的需求。这种思维方式让大家打破常规,迸发灵感。每次听到别人说'我们平时就是这样做的……'时,我们就知道下一句应该问'为什么'了。"
- "我带着我的二级经理去拜访了两位国际客户,一起讨论他们的国际业务中的客户需求。我与这位二级经理讨论了我遇到的领导难题,觉得我们应该设立一个团队目标和销售额。随后,他把我的想法传达给了全球的员工。与国际客户接触时,我有一套固定的模式;但是对于自己和团队,我的要求就更高了。我们要提升交流的主动性和频率。有一次在讨论美国公司的预期业务目标时,亚洲团队也承诺要和我们合作。"
- "市场份额增加,决策效率提升,对于目标也更加专注——于是,我们抓住了一些以往错过的订单。最近一次统计表明,我们的销售额达到了50万美元,几乎是之前的4倍。"

↗ 建议

- 培训项目是一个持续学习的过程,而不是"一次过"的活动。
- 通过培训前、培训中和培训后的活动,为学员提供完整的学习体验。
- 只要条件允许,就应该为学员提供多种多样的学习方式,从而加强他们的学习体验,满足学员不同的学习风格。
- 利用现有的学习技术,推动知识分享和协作学习。

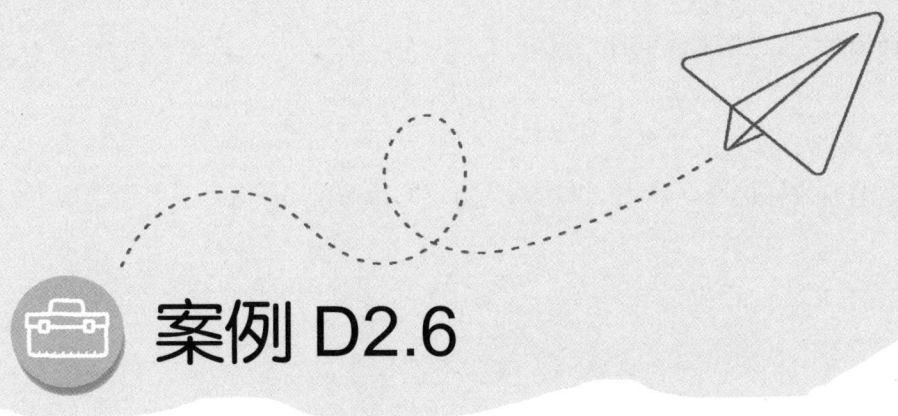

案例 D2.6

如何通过学习路径法让员工在规定时间内获得进步

史蒂夫・罗森鲍姆

Learning Paths International 集团总裁，*Learning Paths : How to Increase Profits by Reducing the Time It Takes to Get Employees Up to Speed* 作者

↗ 关于学习路径法

学习路径法是一种公认的流程改善方法，能够显著提升改善效率，缩短改善时间。目前，已经有八个国家和地区的 400 多家机构尝试过这一方法。使用了学习路径法之后，这些机构的胜任周期都至少缩短了 30%。学习路径法（见图 D2.6.1）能够提升项目效率和减少资源浪费，还可以通过应用加速学习，减少项目中的可变因素。

↗ 背景

学习路径法的应用非常广泛，在这里，我们以 AXIS、Learning Paths International、明尼苏达经济发展部门和世纪学院联合设计的一项方案为例。AXIS 是明尼苏达州拉姆西县一家为严重残疾人士提供 24 小时上门护理服务的机构。这些服务人员为当地居民提供了范围广泛的护理服务，包括医疗护理和各种日常生活护理。因此，此次联合方案的目的是向服务人员提供支持。

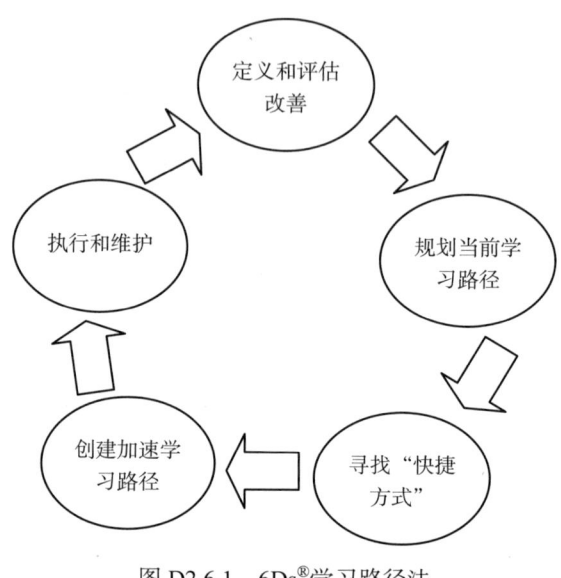

图 D2.6.1　6Ds®学习路径法

我们希望能够通过这一项目，缩短新员工的胜任周期，尽快满足企业的业务增长需要。在项目之初，服务人员需要九个月的时间才能达到胜任标准。面对不同客户的不同需求，员工的胜任标准也有所不同。所以，我们邀请了专业导师来对这些标准进行直接观察和评估。

此外，我们还希望培训能够减少员工的流动率。在项目开始的时候，员工的流动率超过了 50%。这一数字过高，会对居民护理、招聘和培训成本，以及讲师培训新员工的热情造成负面影响。如果现有员工觉得新员工不会一直干下去，他们就不太愿意花时间对新员工进行培训；新员工受到这样的影响，就很有可能选择离开，于是就形成了恶性循环。根据我们的经验，员工上手的速度越快，就越有可能留在这家企业，因为他们有自信可以干好这份工作，并且可以与同事相处得很愉快。

第三部分 案例回顾(怎样做)

↗ 行动

1. 第一步是组建一支"学习路径团队",成员包括人力资源总监、主管和经理。这支团队要首先接受学习路径法的培训,然后一起设计项目方案。团队成员具备了项目所需的专业知识。此外,让关键决策者在一开始就加入项目,可以保证项目能够获得成功所需的认可和支持。

2. 第二步是定义"胜任"的标准,包括一系列描述胜任(能够独立完成一定标准的职务内容)的可度量成果和可见行为。这一标准同时也是一种评估工具,它以支持服务人员的工作内容为基础。目前,学习路径团队已经确认了超过97种不同的工作内容。

3. 第三步是了解当前员工达到胜任标准所需的时间,为今后的改善提供一个基准。我们通过翻阅历史数据和访问关键员工和经理收集到了这些信息。

4. 第四步是规划当前的学习路径。目前,员工从新入职到符合胜任标准,大约需要九个月的时间。这期间既包括正式的学习活动,也包括非正式的学习活动。在项目刚开始的时候,企业仍然沿用传统的学习方法,如针对特定主题进行的课堂培训、企业简介会、由主管和员工进行的现场培训等。

5. 第五步是寻找"快捷方式"。这里的"快捷方式"指的是改善想法,即如何通过更改学习路径缩短达到胜任水平所需的时间。"快捷方式"的成本很低,我们的团队一共总结出了50多种。下面是一些比较有价值的想法:

- 为现场培训设计结构和形式。
- 将胜任标准作为在职评估工具。
- 重新规划学习路径,及时提供医疗主题的培训,尽可能改善员工保留率。
- 让新员工尽快在工作中发挥作用,培养他们对于培训的兴趣和热情。
- 尽早提供实践机会,让新员工决定自己是否适合这份工作。

6. 第六步是设计新的学习路径,其中包括围绕统一原则设计的快捷方式。在统一原则的规范下,培训会更重视"学员能学到什么",而不是"哪些内容比较容易教"。在这个项目中,学习路径就由按主题分类变成了按居民分类。例如,在旧的学习路径中,学员会学到有关帮助居民沐浴的内容。学员在实际工作中通过回忆这些内容为客户提供服务。但是实际上,客户与客户是不同的,如有的客户能说能走,有的却因为截瘫丧失了语言能力。

在新的学习路径中,新员工从比较简单的情况入手:他们服务的对象能够自由行动和说话。员工会学习这类客户所需的每种护理服务。满足这类客户的胜任标准之后,员工会继续学习下一级客户的内容。这些学习内容分为四级,难度逐渐递增。只有正确满足了四种客户所需的所有关键服务要求,学员才算达到了胜任水平(见表D2.6.1)。

表 D2.6.1　服务人员胜任标准检查清单示例

任　　务	一级	二级	三级	四级
沐　　浴				
用　　餐				
医疗护理				
出　　行				
静脉注射				
食物准备				
卫　　生				
安　　全				
交流(家庭)				

7. 第七步是执行和维护新的学习路径,评估项目结果,以及进行持续改善。设计新的培训项目时,其中一个关键环节是寻找具有指导意义的方法,保证培训的一致性。

↗ **结果**

此次项目是以胜任标准作为评估工具而进行评估的。我们把这种评估工

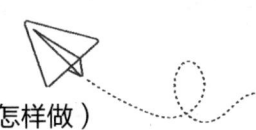

第三部分 案例回顾（怎样做）

具融入了新员工即将服务的每位客户的日常护理计划中。通过对比项目前后员工达到胜任标准所需的时间，我们可以得知项目是否获得了预期效果。

评估的结果让人非常满意。通过使用学习路径法重新设计新员工的完整学习体验，员工到达胜任标准所需的时间由原来的九个月缩短到了少于两个月——这也是新员工的试用期长度。

同时，员工的保留率由50%提高到了95%，这大大节约了企业的成本。更重要的是，胜任周期缩短之后，企业能为客户提供更好的服务，客户家庭对于护理服务的满意度也有所改善。

成功关键

- 邀请由决策者和相关专家组成的团队加入，从而缩短研究时间，为项目赢得支持和认可。
- 首先设立胜任的标准，然后通过培训尽快达到这一标准。
- 抛弃传统的以主题分类的课程设计。根据统一的原则，尽量还原实际工作情景；配合使用加速学习法。
- 邀请决策者团队提供关键信息，培养责任感。
- 抛弃"需要了解"甚至"需要掌握"的内容，只选择那些与员工的工作相关的内容。
- 确保所有的关键学习活动都有自己的计划（如由经验丰富的员工提供现场培训）；确保不出任何纰漏。

建议

- 学习是一个过程，而不是"一次过"的活动。规划好学习流程之后，你可以通过流程改善工具缩短学习周期，减少学习废品和可变因素。
- "知"与"行"是两个完全不同的概念。只有将"知"转化为"行"，才能实现学习的价值。
- 及时提供培训，可以改善员工的保留率，缩短员工的胜任周期。所以，

培训的时机应该根据员工的需求决定。
- 向成功人士请教他们的学习方法。学习内容并不是最重要的，这些人的学习方法通常都非常独特，与一般的教学流程有所不同。
- 如果你没有评估的经验，也没有接受过相关培训，你可以向组织中具有相关背景的同事寻求帮助。这些同事通常都来自质量部门。

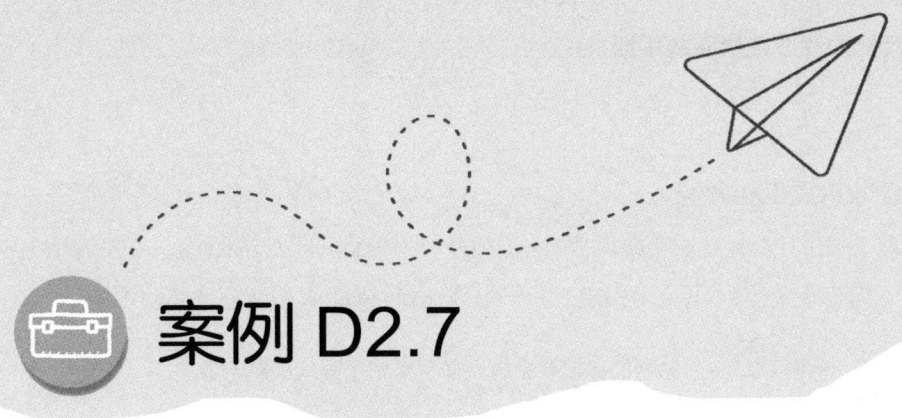

案例 D2.7

如何为"SteerIn"项目设计完整体验

Ishita Bardhan

塔塔集团学院精英管理发展中心学习与发展部总经理助理

Kanika Sharma

塔塔集团学院精英管理发展中心学习与发展部高级经理

↗ 背景

塔塔汽车有限公司是印度最大的汽车制造商,同时也是世界第四大卡车制造商,以及世界第三大客车制造商。为了应对日趋激烈的市场竞争,公司于 2011 年推出了一项新的人力资本战略,其中一项关键内容就是人才和领导力发展。公司之所以成立塔塔汽车学院,就是为了让员工做好全面准备,以应对未来挑战和实现战略目标。

我们遇到的最大困难之一就是缺少统一的新员工培训项目。目前的入职培训都是由各部门不定期独立进行的,缺乏规范性和统一性。这些培训与其说是对公司情况的简介,更像各部门的自我介绍。由于新员工不了解公司的整体情况、价值观和业务情况,因此对公司文化的理解也存在偏差。这会对他们的绩效造成不利影响。

因此，我们设计了一项面向整个公司的入职培训项目"SteerIn"，并为项目设计了特有的标识（见示例D2.7.1），在公司内树立起强大的影响力。

示例D2.7.1　独特的标识和品牌为项目带来了强大的影响力

SteerIn项目的要求包括：

- 新员工应该以加入塔塔集团的旗舰公司为荣。塔塔汽车是印度国内历史最悠久、最具声望的企业之一，拥有厚重的文化背景和行业经验。
- 新员工必须了解印度的汽车行业和业务。
- 新员工必须了解公司内的各部门（如制造、研究和商业运营等部门）如何通过协作获得整个企业的成功。
- 项目内容必须生动有趣，能够激发起员工的情感共鸣，吸引员工继续为公司服务。

作为标志性的培训项目，SteerIn中的每个细节都应该尽善尽美。项目中的所有元素，包括内容、讲义、活动、座位安排等，都应该按照标准化流程进行，并使用检查清单作为辅助，确保公司中的所有部门都能按照统一标准和预期目标执行。

↗ 行动

我们使用了6Ds®法则结果规划轮来分析项目的业务目标，从而确定项目的课程战略、方法和媒介（见示例D2.7.2）。

第三部分 案例回顾（怎样做）

示例 D2.7.2　围绕 SteerIn 项目进行的结果规划轮分析

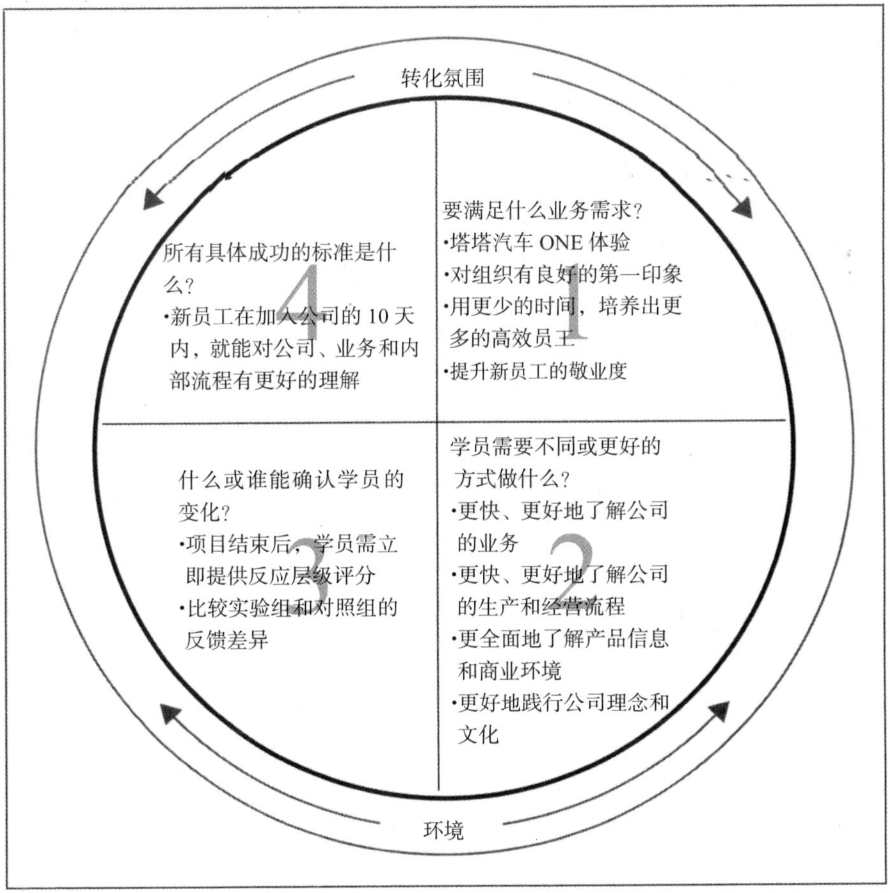

```
                    转化氛围

    所有具体成功的标准是什么？          要满足什么业务需求？
    ·新员工在加入公司的10天          ·塔塔汽车 ONE 体验
     内，就能对公司、业务和内         ·对组织有良好的第一印象
     部流程有更好的理解              ·用更少的时间，培养出更
                              4   1   多的高效员工
                                  ·提升新员工的敬业度

                              3   2
    什么或谁能确认学员的              学员需要不同或更好的
    变化？                         方式做什么？
    ·项目结束后，学员需立             ·更快、更好地了解公司
     即提供反应层级评分                的业务
    ·比较实验组和对照组的             ·更快、更好地了解公司
     反馈差异                        的生产和经营流程
                                  ·更全面地了解产品信息
                                   和商业环境
                                  ·更好地践行公司理念和
                                   文化

                      环境
```

入职培训的预期绩效目标是让新员工尽快地为公司创造价值。我们按照下面的步骤来执行整个项目，不仅强化了员工对知识的掌握，也推动了这些内容在工作中的应用。

整个项目被分成了不同的信息和模块逻辑簇。

1. 根据预期业务结果制定每个模块的课程目标。
2. 根据预期学习和绩效目标，为每个模块选择匹配的课程战略。
3. 最后，通过课程模式、练习、体验式学习和支持来推动学习应用（见

示例 D2.7.3）。

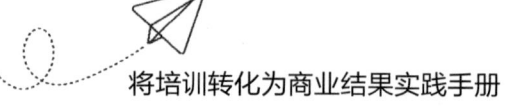

示例 D2.7.3　SteerIn 项目的四个模块

每个模块的关键目标和内容如下。

↗ 模块一：了解公司情况

1. 建立新员工和组织之间的感情联系，让新员工了解公司历史，领悟企业文化。

2. 向新员工介绍组织的基本信息、行为准则、价值观、部分人力资源政策和流程等，培养员工的荣誉感。

3. 课程的形式应该多种多样，如匹配分公司的名称及其职能，在学习中加入互动元素。

↗ 模块二：了解生产流程

1. 向新员工介绍基本的生产流程信息。

2. 通过参观工厂，让新员工亲身感受这一过程。

3. 在参观的过程中，设置一系列问题，让新员工一边参观一边寻找答案，增加学习的乐趣和挑战性。在模块二结束的时候，以集体游戏的形式进行练习，让员工了解团结协作在一个结构复杂的工厂中的重要性。

↗ 模块三：了解产品信息和商业环境

1. 向新员工介绍销售活动对于企业的影响及渠道合作伙伴的作用。
2. 向新员工介绍产品信息。通过游戏的形式（如猜谜或宾果游戏）确保调动学员各方面的感官因素参与到学习中。我们也可以利用这些游戏在学员中发起良性竞争。

↗ 模块四：了解业务情况

1. 深入认识和了解影响汽车行业业务的关键推动因素。
2. 了解组织各部门的作用和重要性。
3. 对于员工来说，塔塔汽车不仅是他们的雇主，也是属于他们的企业。

模块四是整个课程的收尾。这是印度国内唯一设有业务模拟的新员工培训项目。学员组成不同的团队，分别代表不同的汽车生产商。在真实的市场动态模拟中，各团队展开竞争，收益最高者为冠军。

这项活动不仅能够激发学员的兴趣和热情，也让学员亲身体验了行业中的每个环节。事实证明，这是一种绝佳的收场方式，具有优秀的成本效益和影响力。

↗ 结果

在塔塔汽车，我们坚信学员对于项目应用性的看法影响着项目的整体效果。为了评估和追踪学员对于项目相关性的看法，我们要求学员在课程结束时对以下项目进行打分：

- 项目与学员的工作具有相关性，向学员教授了改善绩效所需的技能。
- 学员能够应用和执行在项目中学到的内容。

我们的学员对于此次项目的整体结构评价极高。大多数的反应层级评分都表示，项目中的体验式学习环节非常特别。另一个广受好评的方面是混合式学习。学员表示，在课堂上学到的信息和在活动中学到的信息能够良好地融合。"了解公司情况"是得分最高的模块之一。在这个模块中，学员可以通过游戏模拟的方式，了解汽车行业的业务推动因素。

在 SteerIn 课程期间及之后，我们还使用了一系列网络模块。公司中的其他员工也可以通过这些模块随时随地进行学习。一项内部调查显示，入职培训项目中的"汽车基本知识"课程是学习管理系统上访问数最多的在线学习模块。

> **建议**
> - 思考结果规划轮中的前两个问题时，应该牢记"以终为始"，选择匹配的学习方法、媒介和练习形式。
> - 首先选择合适的课程战略，然后选择匹配的授课方式。
> - 使用形式多样的学习方法推动学习应用。
> - 设计项目的时候，参考神经科学的相关知识。在学习过程中，不仅需要理性的信息传输，也要尽可能多地调动学员的感官因素，保持学员的兴趣和热情，获得更好的记忆效果。
> - 根据布鲁姆分类学确定学习目标和方法。理想的学习法可以实现最大化的应用。

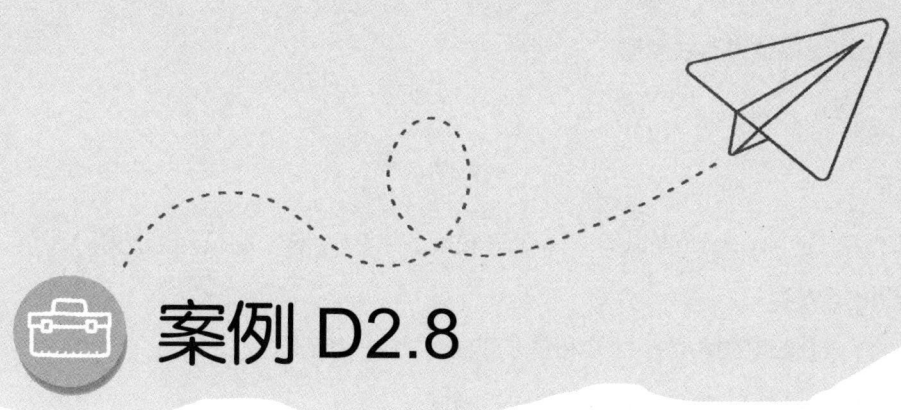

案例 D2.8

如何建立学习与业务影响之间的联系

雷蒙德·弗恩、乔纳森·洛
PowerUpSuccess 集团合伙人

↗ 背景

PowerUpSuccess 是亚洲人力资源开发和学习发展行业的领军企业之一，业务包括组织变革、销售和收入优化、领导力发展、文化变革中的情商，以及变革培训等。公司提供各种培训和人力资本发展解决方案，帮助个人、管理者和团队在竞争激烈的市场环境中发挥最大优势，实现高效运营。我们的客户遍及马来西亚、新加坡、泰国、印度尼西亚、中国、印度和中东地区。

在这个案例中，我们将与大家分享我们和 Visual Solutions 合作的经历。Visual Solutions 是人力资源软件和服务行业的精英企业，此次合作的目的是为其设计一项全面的学习和发展解决方案，推动业务转型。Visual Solutions 最近刚刚收购了一家大型企业的管理层，希望能够将其分离出来形成一个独立的实体。但是由于缺少必要的能力，此次转型的结果并没有达到企业的预期目标。

↗ 行动

我们设计了一项为期两年的全面学习和发展解决方案（见示例 D2.8.1），主要包括以下内容：

1. 将目前遇到的挑战、意见和员工能力水平作为基准。
2. 和业务目标对比，然后进行差距分析。
3. 针对不同水平的员工设计不同的学习活动。
4. 设计专门工作组和绩效管理流程。
5. 通过迷你项目执行和应用所学技能。
6. 来自中间人的指导和支持。
7. 总结培训效果（业务结果、氛围调查、流失率、技能分析等）。
8. 改善战略和持续干预措施。

↗ 结果

在这两年里，我们的学习方案和绩效支持为 Visual Solutions 带来了令人欣慰的改变。下面我们列举一些比较突出的成绩。

⊃ 实证结果

- 项目实施的第一年，公司收入增长了 20%。
- 员工流失率降低了 50%。
- 员工敬业度提高了 100%。

⊃ 无形结果

- 员工参与变革的热情和积极性有所提升。
- 员工不再把绩效审查视为一种威胁和"惩罚"。
- 经理自愿为员工的绩效负责，并且亲身参与到了改善绩效的过程中。

第三部分 案例回顾（怎样做）

示例 D2.8.1 PowerUpSuccess 设计的项目方案

```
人才授权和学习转化
```

基准
- 背景评估：F2F 沟通 | 神秘顾客 | 氛围调查
- 全面报告和建议：确定差距 | 确定匹配的职能机构和能力水平解决方案

领导力授权
- 校准：选定范围 | 方法 | 时间和里程碑
- 准备：培养领导力 | 统一预期目标 | 职能部门关键绩效指标 | 绩效管理工具

团队革命
- 实践经验：预定改善流程
- 行动学习和发展：动机和个人掌握水平 | 职能水平 | 团队改善影响力

应用和监督
- 操作和执行：执行迷你项目 | 在实际工作中应用新知识
- 统一集中监督：伙伴系统 | 一对一教练 | 集体参与

检验
- 在职评估和教练：对于氛围和能力的后续评估 | 神秘顾客 | F2F 沟通
- 绩效追踪：绩效管理报告 | 质量评估

↗ **经验总结**

- 管理层的支持和认可是项目成功的关键；如果没有这些支持，项目很难获得成功。
- 确定实际情况时，非常重要的一步是收集基准信息，为经理反馈/关注提供支持。
- 组建中级管理层队伍，进行职责划分，推动培训后活动的执行，可以保持学习效果，达到预期目标。

↗ **成功关键**

- 确保课堂授课方式能够推动员工在工作中应用所学知识。

- 培训后的应用很关键，不仅可以保持学习效果，还可以推动学习转化为商业结果；员工能力的持续改善可以为企业带来积极影响。
- 今后，应该加强各部门间激发学习因素的联系，更好地追踪和评估预期行为。

↗ **注意**

- 避免毫无根据的猜测。收集来自基层和中层员工、决策者和表现欠佳的员工的反馈意见供管理者参考。

↗ **建议**

- 将目前的绩效水平作为基准，和预期目标进行比较和差距分析。
- 设定学习目标，为具体的业务目标（不是概括构想）提供支持。
- 设计与职责和员工能力相关的具体学习方案。
- 避免笼统的主题，要着重于能够推动实现业务目标的关键收益。
- 确保每个学习模块的目标清晰、明确，选择匹配的培训支持。
- 培训课程结束后，为员工提供在工作中应用所学知识的平台。
- 安排一对一的交流机会，如教练、辅导、伙伴系统等。
- 通过定期评估检查学习转化情况（收集实证证据和无形证据）。
- 每季度检查项目对商业底线造成的影响。

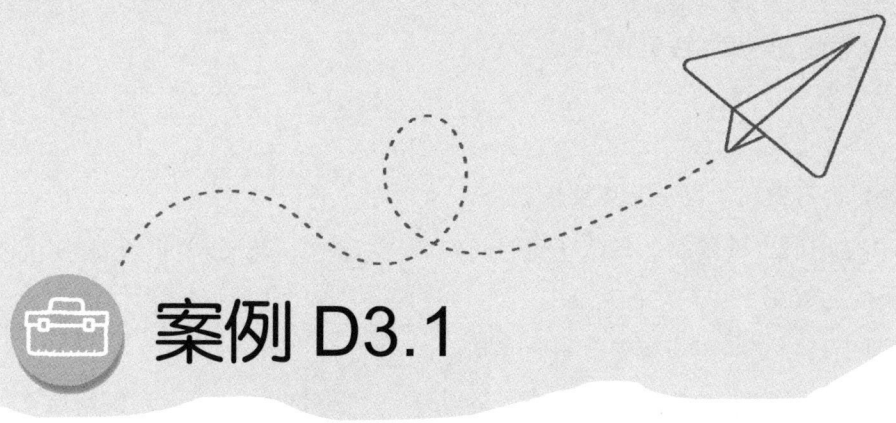

案例 D3.1

如何通过体验式学习获得学员的感性和理性关注

Praise Mok

ROHEI 集团首席顾问

↗ **背景**

ROHEI 集团是一家学习和发展咨询公司,主要为金融、服务、航空、教育、政府等行业和机构提供高度情境化的学习体验和非技术性培训。

ROHEI 集团成立于 2007 年,拥有 32 名全职顾问。这些顾问来自七个不同的国家,各自擅长的领域也有所不同。我们为众多的成年学员提供过种类丰富的培训项目,如情商、如何打造高效团队、适应力培养、变革管理和价值取向等。

在这些客户中,有一位是亚太地区食品解决方案的领军供应商。这位客户的需求非常特殊:最近,这位客户组织刚刚经历过一次重大重组,重新调整了企业的核心价值观之后,企业需要所有的员工凝聚在一起,投入更多努力和热情,改善业务结果。我们的客户意识到,虽然他们一直在企业内部宣传核心价值观,但是大部分努力都是纸上谈兵,很少有员工真的了解新的价值观,更不用说在工作中实践了。

因此，客户提出了以下几点要求：

1. 由于时间上的限制，必须在短时间内对一大批员工进行培训。这要求每组学员的人数在 100 人左右。

2. 员工必须立即在工作中应用所学知识。

3. 培训必须在员工的思想和感情上造成影响。学员已经认识了新的价值观，也了解了相关知识，但是这些并不能对他们的态度和日常工作造成影响。

行动

我们知道，为了维持变革的效果，我们必须设计一个体验式的学习环境，让学员的思想和感情都能够被触动。单纯的知识灌输并不能满足我们的需求。设计有效的体验式学习，需要我们对学员和企业当前的文化有一定的了解，并且尽量缩小现实与目标之间的差距。

我们采用了四步的互动迭代流程来打造这个成功的学习体验（见示例 D3.1.1）。

示例 D3.1.1　打造成功的学习体验所需的四个步骤

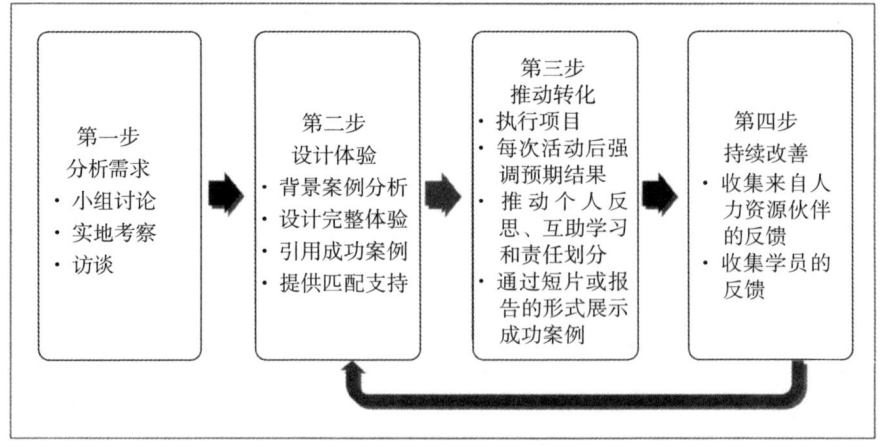

整个流程不断循环，直到学习项目为企业带来了预期的结果。另外，我们还设计了一个讲师培训项目，为今后组织更大规模或更长时间跨度的项目做准备。

为了满足客户的特殊需求，我们采取了以下几点关键措施：

1. 通过小组集中讨论和实地考察，深入了解组织的文化和人员构成。

2. 通过和关键员工一起工作数日，更好地了解如何把学习和实际工作联系起来，从而保证即时应用。

3. 在项目间隔期与客户保持合作，确保持续改善；不断强调学习内容的记忆和应用，直到实现双方的预期目标。

4. 态度上的转变并不能通过学习来实现，只能依靠个人的反思和领悟。所以，必须确保员工有足够的时间和机会进行反思。我们还为学员提供了行动计划表和工作辅助，帮助他们记录学习中遇到的难题和收获。

5. 在体验式学习中，任务报告是最重要的组成部分。我们特别关注学员的自我反思，为学员提供了足够的时间和支持进行反思。

6. 为了获得良好的学习效果，学员的人数不能过多。我们将原来的大型学习组分成了若干个小组，每组有20~30人。

7. 设计培训框架的时候，我们的灵感来源于主题公园。我们主要参考了以下几点。

- 在一个场所内可以获得多种体验；
- 每种体验都让人印象深刻，难以忘怀；
- 每种体验都可以带来不同的感受和想法；
- 所有体验都围绕着同一个主题，属于共同记忆。

根据主题公园的框架，我们设计出了"学习嘉年华"项目。这个项目在一个大型场馆中举行，场馆内设置了若干个培训房间，每个房间的主题各不相同，但都围绕着整个项目的主题展开。体验式学习可以为学员带来视觉、听觉、味觉、触觉和嗅觉上的多重刺激。

示例D3.1.2展示了此次"学习嘉年华"项目在不同地点的宣传海报。每张海报都有自己的主题，能够吸引学员的注意。每站的活动都为学员带来了全方位、多元化的学习体验。在这个项目中,我们通过简洁、紧凑的课程内容,吸引学员的体验和参与,同时在课程之间提供了短暂的休息时间供学员反思。

示例 D3.1.2 "学习嘉年华"项目海报

每当学员走进一个新房间时,他们就开始了一种新的体验,尽管这些体验只是对整体学习和预期目标的强调。完成课程作业之后,我们鼓励学员总结自己对于此次体验的感想。最后,通过向讲师进行任务报告,学员的学习成果得到巩固,成功建立起学习与工作之间的联系。

例如,在"沼泽"体验中,学员需要穿过一片"沼泽地",并且根据指导快速完成一项简单的团队挑战。这个活动需要所有学员从不同的起点朝同一个终点前进。在活动期间,学员必须思考自己对于"团队"的定义,以及信任、友谊、协作的概念,并且有机会重新组建团队。同时,由于学员全身心地沉浸在学习体验中,因此他们可以即时处理自己的想法和感受。

第三部分 案例回顾（怎样做）

↗ **结果**

"学习嘉年华"活动获得了大家的一致好评。在后续的评估中，超过96%的学员认为项目成功实现了预期结果，而且他们会向其他人推荐这个项目。在项目结束后三个月，我们再次进行了调查。调查结果显示，89.1%的受访者在回到工作岗位后，至少尝试了一种在项目中学到的内容。

在这两次调查收集的评估表中，有许多学员都分享了他们自己的想法。我们选取了其中一些供大家参考：

- "我参加了组装线项目的评估团队，这就是对核心价值观（创新）的应用。除了生产效率有所提高，人为因素导致的失误也有所减少。"
- "我运用安全课程中学到的内容，对安全入门项目进行了完善。"
- "过去，所有的计划和执行工作都由我自己完成。现在，我可以与其他人分享我的计划，获得更多灵感和想法，我从中受益匪浅。现在，我的灵感和想法有如泉涌。"
- "每天我都迫不及待地等着和家人分享我在培训中学到的内容。这些内容有的是培训中讲到的，有的是我自己领悟到的。在过去的两天里，我对女儿说了一些比较有意义的话，结果她们都很好奇我在这个项目中到底学到了什么。"
- "这样的设计简直还原了我的工作情景。现在我对工作和生活充满了信心。"
- "我参加过许多培训。不得不承认，这个培训如此与众不同，如此富有意义。"
- "ROHEI的培训项目不仅让我反思自己的工作，还让我思考人生。"

↗ **成功关键**

- 真正了解客户的组织和人员构成，并且尊重客户的想法，毕竟他们最了解自己的员工。设计学习体验的时候，应该清楚了解学员的特征，尤其是当学员来自不同的部门、拥有不同的教育背景时。

- 对预期结果达成一致看法之后，才能开始项目设计。目标确定以后，才能将学习要点进行提炼，便于学员记忆。
- 设计学习场所时，应该利用各种感官元素，对学员的思想和感情造成影响。

↗ **建议**

- 在学习体验中，无论是客户还是学员，都应该少问多说。
- 利用成年学员自我反思的能力，构思全面的任务总结。
- 在学习体验中，提炼学习要点可以加深学员的印象（如在 Y 时间内完成 X 任务）。
- 所有的课程设计都必须尊重和凸显学员的个人价值。
- 为了改变学员的态度和行为，我们必须调动学员的理想思维和感官触觉，也就是说，感性体验和理性体验同样重要。

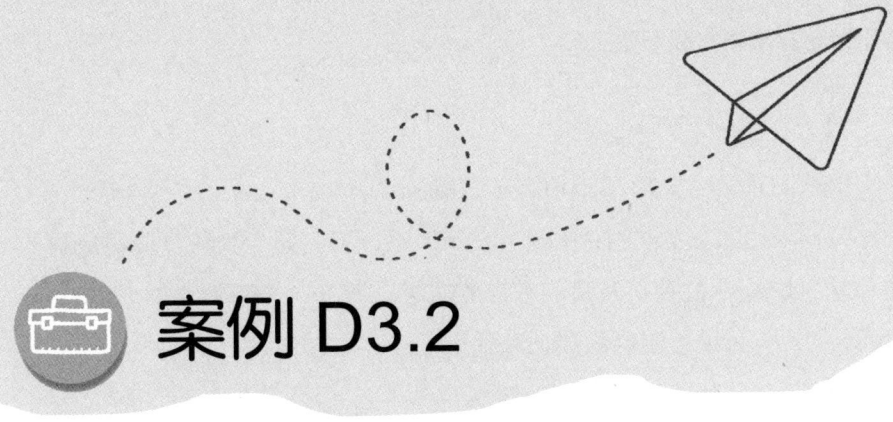

案例 D3.2

如何通过改善信噪比实现报告文化的变革

格伦·休斯

科磊公司（KLA-Tencor）全球学习总监

↗ 背景

科磊公司是一家提供流程控制和收益管理解决方案的领导企业，为世界各地的客户带来最先进的检测和计量技术。这些技术广泛应用于半导体、LED及其他纳米电子行业。25 年来，公司在一流产品和专家团队的支持下，为客户提供了无数卓越的解决方案。科磊公司总部位于美国加利福尼亚州的米尔皮塔斯，在全球各地设有专业的分支机构和服务中心。

2009 年，科磊决定对公司的报告文化进行变革。和许多高科技公司一样，科磊公司的报告也由大量的术语、图表和要点堆砌而成。这种缺乏互动的报告形式会导致会议效率低下、重点表达不明，影响正确信息的传递。

↗ 行动

我们了解到，目前这种报告方式根深蒂固，仅仅依靠一次培训是无法改变的。因此，公司采取了六项措施来解决这个问题。

1. 与沟通设计专家南希·杜阿尔特（*slide:ology: The Art and Science of Creating Great Presentations* 一书作者）合作，设计了一间专为科磊公司定制的报告工作坊，解决科磊公司及我们客户的需求。
2. 设计一系列简单、明确的成功评估标准。
3. 收集往期学员和项目的成功故事。
4. 获得高层管理者的参与和支持。
5. 为学员提供长期的延伸教练。
6. 推动学员及其直线经理在培训前后的交流沟通。

我们根据 6Ds® 法则设计了这些措施，确保提供最完善、最全面的解决方案（见示例 D3.2.1）。

第一法则：界定业务结果。根据第一法则，我们把关注的重点放在了界定业务结果上，以此吸引企业领导和员工的关注。关于"艺术"概念或技术工具的幻灯片设计课程数不胜数，所以我们不希望也没必要再设计一个类似的课程。

我们的目标是通过改善以下问题，减少报告中的废品：

- 效率低下的会议。
- 混乱不清的收益。
- 设计幻灯片时的困难。
- "杀手幻灯片"（Death by Powerpoint，意思是无聊的幻灯片。——译者注）。
- 不明确或不切实际的信息。

示例 D3.2.1 完整的解决方案示例

	界定业务结果	设计完整体验	引导学以致用	推动学习转化	实施绩效支持	总结培训效果
成功标准	通过改善视觉效果的信噪比，改善会议交流、决策和行动的效率	通过测试了解幻灯片或其他媒体形式的信噪比。目标信噪比为 4∶1	介绍、教授和实践信噪比测试	根据标准进行认证	教练在公共论坛中选出优秀的幻灯片	追踪和报告信噪比得分；高层领导汇报会议效率有所改善
slide:ology 设计		与南希·杜阿尔特合作。包括培训前/后的活动	所有课程由资深讲师授课。学员在课堂上修改和完善自己的幻灯片	企业领导学习使用信噪比测试，鼓励他们对员工的报告打分	培训后的教练	
成功故事	寻找实验组（改善关键客户培训报告的信噪比）	在培训设计中增加成功案例	向学员介绍实验组的成功故事			追踪和报告学员的成功故事
高管参与	确保来自总监的支持	在培训中引用高管的关注和支持。通过高层会议获得支持	在培训中表示高管的支持	高管使用信噪比测试决定幻灯片的优劣	高管强调实际工作中幻灯片的评估标准	高层领导的跟进，会议效率提升，实现预期收益

续表

	界定业务结果	设计完整体验	引导学以致用	推动学习转化	实施绩效支持	总结培训效果
长期教练	提供培训后教练，确保成功应用	设计工作坊体验，提供为期90天的支持和认证	通过为期90天的教练提供支持。学员可以免费参加		邀请学员再次参加slide:ology课程，并备有长期的教练支持	
项目前/后交流	培养学习意向，鼓励跟进交流	安排学员和经理在培训前/后的交流："你将学到什么"和"你学到了什么"。在第30/90天的行为频率评估	培训前/后交流、评估、标准和认证的相关内容	在第30/90天的调查，追踪关键行为的使用频率	提醒	直线经理通过第90天的评估，证明培训项目带来了"100%的投资回报"

通过这些措施，科磊公司的会议效率及报告后的决策和行动效率都有所改善。

在与杜阿尔特的合作中，我们的预期目标是改善幻灯片的信噪比（Signal-to-Noise Ratio，SNR）水平。对从事工程行业的人来说，"信噪比"并不陌生。它是一种基本的设计原则，指的是输出信号的功率与同时输出的噪声功率的比。

在实践第一法则的过程中，我们让一些优秀的领导组成了实验组。这个

第三部分 案例回顾（怎样做）

小组当时正在为一位重要客户设计培训项目，但是培训的材料非常杂乱无章，缺乏吸引力。

第二法则：设计完整体验。根据第二法则，我们设计了一些简单的信噪比评估标准（见示例 D3.2.2；"信"即幻灯片中的核心信息元素数量，"噪"即幻灯片中干扰元素的数量），对数百份幻灯片进行了评估。我们发现，优秀的幻灯片（见示例 D3.2.3）的信噪比通常为 4∶1 或更高；而失败的幻灯片（见示例 D3.2.4）的信噪比通常低于 4∶1。

示例 D3.2.5 是一份已经完成的信噪比测试，测试的对象是图 D3.2.4 中的幻灯片。我们可以看到，这份幻灯片的测试结果非常不理想。

杜阿尔特的"slide:ology"标准和内容为"slide:ology@KT"工作坊提供了基础。这个工作坊的目的是向科磊员工介绍改善信噪比的概念和工具。通过使用这些方法，实验组的信噪比水平从培训前的 3∶6 变成了培训后的 9∶1。更重要的是，由于客户对培训的结果非常满意，所以向科磊公司授予了一份嘉许书。这是对我们最好的认可。

示例 D3.2.2　信噪比测试

信噪比测试	信号	无效	噪声
你的幻灯片是否通过了信噪比测试？	○		○
单一信息（单一 vs 多重）	○	○	○
受众相关性（产生共鸣 vs 无应用价值）	○	○	○
视觉元素			
背景（支持内容 vs 转移注意力）	○	○	○
文本（扫描文档 vs 文本文档）	○	○	○
颜色（统一 vs 杂乱）	○	○	
图片（简洁 vs 繁杂）	○	○	○

273

续表

信噪比测试	信号	无效	噪声
数据（重点突出 vs 缺少重点）	○	○	○
图表（清晰明确 vs 混淆不清）	○	○	○
排版			
对比（重点突出 vs 缺少优先级别划分）	○	○	○
留白（留有空白 vs 杂乱无章）	○	○	○
层次（层次分明 vs 缺少层次）	○	○	○
一致（结构清晰的布局 vs 结构松散）	○	○	○
有序（清晰的观看顺序 vs 杂乱零散的内容）	○	○	○
间距（精心设计 vs 随意为之）	○	○	○
动画（支持幻灯片内容 vs 分散注意力的无意义内容）	○	○	○
	○	vs	○

（Copyright 2009, Nancy Duarte and Glenn Hughes, used with permission.）

示例 D3.2.3　信噪比得分较高的幻灯片

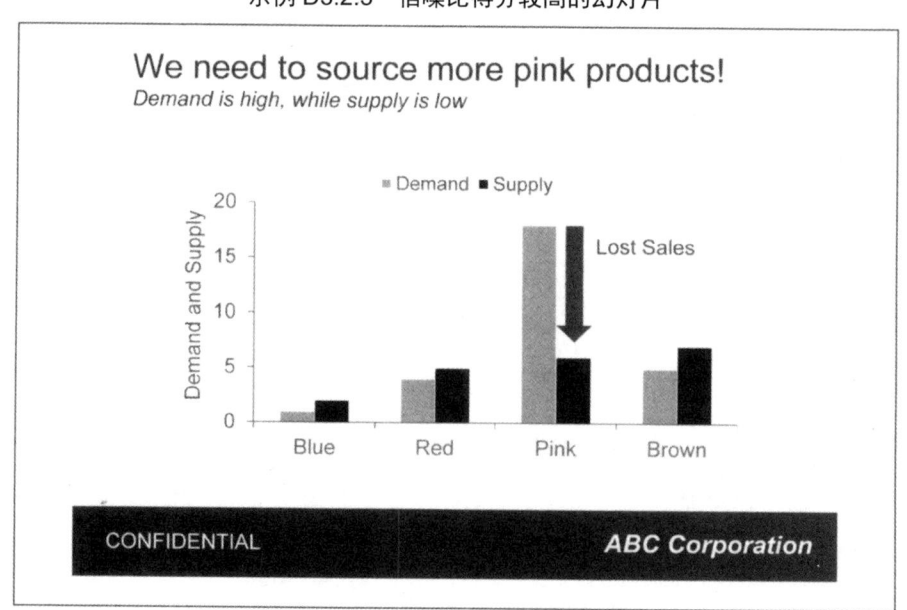

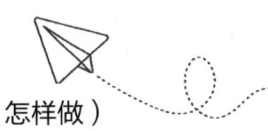

第三部分 案例回顾（怎样做）

示例 D3.2.4 信噪比得分较低的幻灯片

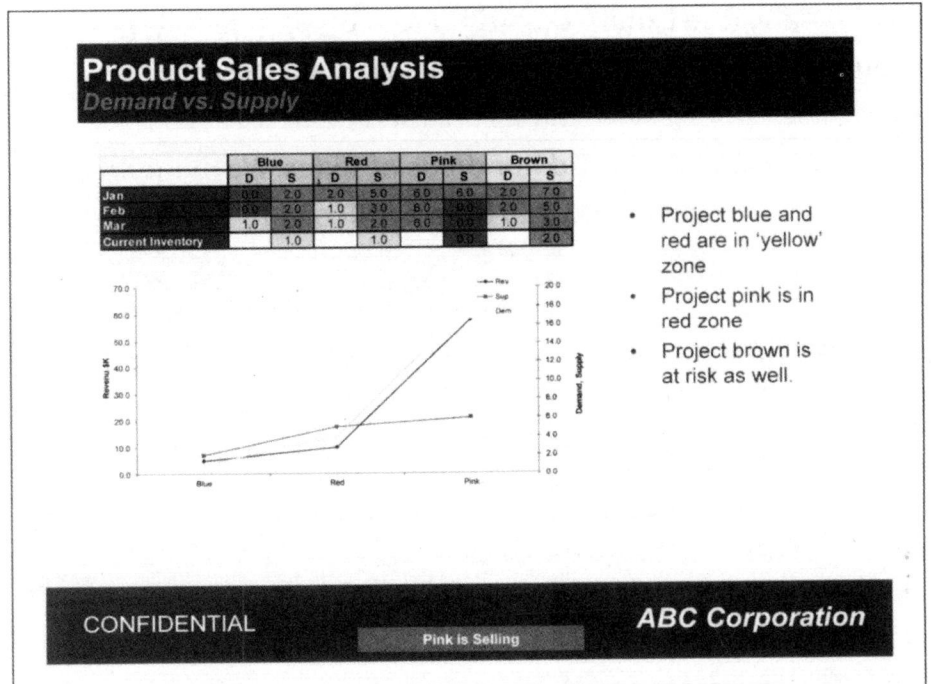

示例 D3.2.5 示例 D3.2.4 中幻灯片的信噪比测试得分

信噪比测试	信号	无效	噪声
你的幻灯片是否通过了信噪比测试？	○		×信息不明
单一信息（单一 vs 多重）	○	○	×内容过多
受众相关性（产生共鸣 vs 无应用价值）	○	×	○不明确
视觉元素			
背景（支持内容 vs 转移注意力）	×	○	○背景空白
文本（扫描文档 vs 文本文档）	○	○	×要点过多，混乱
颜色（统一 vs 杂乱）	○	○	×颜色混乱
图片（简洁 vs 繁杂）	○	×	○缺少图片
数据（重点突出 vs 缺少重点）	○	○	×数据混乱

275

续表

信噪比测试	信号	无效	噪声
图表（清晰明确 vs 混淆不清）	○	×	○无图表
排版			
对比（重点突出 vs 缺少优先级别划分）	○	○	×过多对比
留白（留有空白 vs 杂乱无章）	○	×	○适当留白
层次（层次分明 vs 缺少层次）	○	○	×层次不清
一致（结构清晰的布局 vs 结构松散）	○	○	×结构松散
有序（清晰的观看顺序 vs 杂乱零散的内容）	○	○	×重点不突出
间距（精心设计 vs 随意为之）	○	○	×缺乏设计
动画（支持幻灯片内容 vs 分散注意力的无意义内容）	○	×	○无动画
	1	vs	9 信噪比

当我们在完善 slide:ology@KT 工作坊内容的时候，我们发现，尽管此次项目获得了成功，但是要改变维持了 30 多年的报告传统，仅仅依靠概念和工具是不够的。

为了设计"完整"体验，我们又增加了以下五项支持系统：

1. 我们在培训中引用了实验组的成功故事，通过对比培训前后的幻灯片信噪比，向学员证明培训的相关性。

2. 我们组织管理者参加了一个工作坊。管理者每天都要花费大量的时间观看幻灯片，还要根据他们看到和听到的内容制定决策。在这个加速课程中，管理者学习了 slide:ology 的相关内容。完成学习之后，我们鼓励管理者对信噪比小的幻灯片表示认可，并邀请那些表现欠缺的员工参加 slide:ology@KT 课程。

3. 我们设计了一个为期 90 天的后续跟进项目，包括针对幻灯片设计进行的免费教练和全新的认证项目。学员需要向我们提交三份经过修改的幻灯片。如果这些幻灯片能够通过信噪比测试，学员将收到一份由 DuarteDesign

设计的 slide:ology@KT 证书。

4. 我们要求学员及其直线经理在培训前七天进行一次交流，讨论项目的预期目标。同时，我们还在培训后 30 天和 90 天分别设计了调查，了解学员的知识应用情况。我们还鼓励他们讨论如何能够即时应用学员在工作坊中学到的内容。

5. 我们在工作坊结束后的第 30 天和第 90 天分别设置了调查，调查的对象是学员及其直线经理，主要收集量化数据。例如，员工表示"在过去的 30 天，我完成了×个分镜"，经理表示"在过去的 30 天，我的员工完成了×个分镜"。这种量化的数据可以鼓励学员和经理将新技能应用到工作中去。

第三法则：引导学以致用。根据第三法则，我们设定了以下三个绩效目标：

1. 引导学员认识、学习和实践信噪比测试，巩固信噪比概念在学员日常工作中的应用。

2. 对比实验组的项目前后的成绩并鼓励学员进行讨论。这些案例证明了培训工具在工作中的作用。此外，学员还可以通过练习改善实际工作中的信噪比水平。

3. 引用管理者的想法和故事，强调信噪比对会议和决策效率的影响。

第四法则：推动学习转化。我们主要通过以下三种方式推动学习转化：

1. 我们鼓励高层管理者询问报告人是否参加过 slide:ology@KT 工作坊。参加过管理者课程的领导应该留意幻灯片是否通过信噪比测试。

2. 我们可以根据标准对学员的成绩进行认证，并提供 90 天的免费教练支持。

3. 我们在项目结束后的第 30 天和第 90 天分别进行调查，提醒学员（及其直线经理）应用所学内容。

第五法则：实施绩效支持。我们主要通过之前提到过的机制向学员提供绩效支持：员工进行公开报告的时候，高层领导会针对他们的幻灯片提出反馈意见；培训结束之后，企业学习中心会为学员提供为期 90 天的免费教练。此外，随着 slide:ology@KT 工作坊的启动，科磊的企业学习中心推出了一项新政策：任何参加学习中心工作坊的学员，都可以不限次数地免费参加该工作坊。我们的目标是改善员工绩效，而不是增加人数。我们相信，如果员工觉得多参加几次培训可以获得更多收获，我们就应该为员工提供支持。一些学员充分利用了这一政策优势，有的甚至参加了五次。

第六法则：总结培训效果。我们主要通过以下四种方式评估和报告学习转化情况：

1. 幻灯片的信噪比需要接受来自三方面的评估——认证项目、私人教练和随机选择的会议报告评审人。

2. 追踪和报告学员的成功故事。

3. 收集高层领导提供的证据，证明会议效率得到了改善。

4. 培训后第 30 天和第 90 天分别进行调查，追踪学员执行关键行为的情况和经理的监督情况。

结果

由于在培训的设计、执行和后续跟进中应用了 6Ds® 法则，科磊公司成功变革了传统的报告文化，让报告变得更有趣、更高效。一系列成功故事则向领导和员工展示了什么是成功的报告，在消除担忧的同时推动了学习转化。此外：

- 在企业中引入"slide:ology"和"信噪比"概念。
- 参加 slide:ology 工作坊的个人和团队都获得了 3~10 倍的信噪比改善，并将持续改善下去。
- 学员和领导们报告了无数的成功故事。
- 在项目启动一年之后，我们进行了一次调查；所有参加调查的经理都表示，员工或团队参加过 slide:ology 工作坊之后，他们的投资回报率都有了较高增长。

建议

- 明确的业务和培训结果可以确保讲师、经理和学员了解培训的预期目标。
- 成功、可信的实验成绩可以有效推动项目的执行，实验组的成员也应该在企业中推广培训项目。实验组为项目提供了关注、完善和优秀的素材。
- 管理层应该学习工作坊的基本内容，从而为项目提供支持和认可。我们不是教高管怎么设计完美的幻灯片，只是在教他们如何判断幻灯片的优劣。对于表现较好的员工，管理者应该给予认可；对于表现欠佳的员工，管理者应该建议他们参加我们的培训项目。

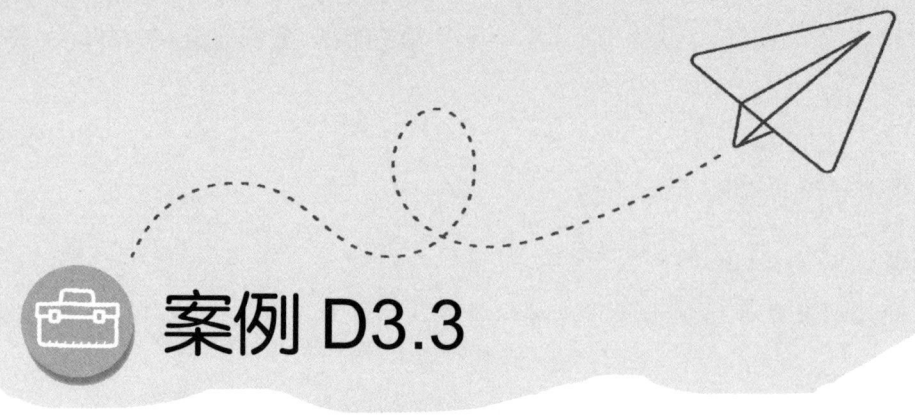

案例 D3.3

如何通过完整体验获得商业成果

黛安娜·欣顿

塑帕克包装集团企业学习总监

玛丽·辛格斯

塑帕克包装集团企业学习专家

劳伦·格雷斯比

塑帕克包装集团企业学习协调员

↗ **背景**

塑帕克包装集团是一家生产硬质塑料包装的私人控股跨国企业,年产值达 25 亿美元。为了应对快速增长带来的挑战和机遇,公司于 2006 年创办了塑帕克学院。学院的使命是:提供满足业务需求所需的学习方案,为集团内的所有领导做好推动业务增长的准备。

2012 年年底,一位工厂经理发现工厂中的某个大型生产区存在问题。这个团队没有完成主要生产目标,而且员工的流动率也在增长。导致这一问题的根源在于团队成员之间的紧张关系:因为当地的劳工市场不断扩张,劳工

第三部分 案例回顾（怎样做）

竞争日趋激烈。为了解决这一问题，工厂经理开始寻求各种解决方案。

公司的区域领导力发展经理了解情况后，希望借助有效的沟通技巧来解决这个问题。所以，她邀请了工厂的生产经理参加 VitalSmarts 的关键对话项目。塑帕克学院团队、区域领导力发展经理和生产经理在培训后汇报的时候，表示这一培训方案可以有效地改善目标完成情况和员工保留率。考虑到生产任务的紧迫性，为了获得最佳效果，我们决定使用间隔学习法面向整个团队展开培训。

我们首先从业务问题及工厂管理层的参与程度入手，开发了 TOUGH 谈话的系列工具。这个间隔学习项目以 VitalSmarts 关键对话的相关概念为基础，为期五周，培训对象是工厂中的 21 位高级生产领导，包括日班和晚班的所有员工。这些对象从事的都是非常专业的技术工种，承受着巨大的工作压力，从未接受过正式的培训或管理课程。虽然他们有着积极的学习意愿、踏实肯干的态度和专业的背景，但是在员工管理方面却不太擅长。

↗ 行动

为了让项目发挥最大作用，我们把培训设计成了完整的体验——一个持续改善的学习流程。下面我们列举一些关键内容，培训项目的成功离不开这些元素。

↗ 准备

- 我们根据工厂经理和生产经理提供的访谈资料和审核，为项目设计了一份影响力地图（见示例 D3.3.1）。这份地图展示了他们对于安全性、保留率和绩效的预期目标。

- 工厂经理批准了我们的提案，要求高层领导团队为项目提供支持。我们在第一次课程开始前一个月进行了一次先行项目讨论，对项目和学习流程、项目宗旨和目标及领导团队在学习过程中的作用有了大致了解。

- 在项目开始前两周，我们为生产经理设计了一个 30 分钟的介绍课程。这个课程包括讲师介绍项目及其主要内容的视频、参加第一次课程前需要的准备，以及项目可以为学员及其工作带来的收益。每个学员都会收到一份根据自身情况定制的材料包，里面有项目日程、影响力地图和预习作业等。

- 学员及其领导完成影响力地图之后，需要在培训前进行一次讨论，确定个人的学习重点和目标。

示例 D3.3.1　影响力地图——培养学习意向

影响力地图——TOUGH 谈话工具
以商业目标为导向的学习

Plastipak ACADEMY
Personal Growth • Industry Leadership

学　习	行　动	结　果	目　标	姓名： 讨论日期：
我会积极参与项目，学习相关知识	我会实践和应用所学知识，改善对话水平	我会改善对话过程，以此证明自己的学习结果	我会进行有效的对话，以此影响业务目标	
· 确定改善结果需要进行哪些对话 · 提升对话层次，是你和他人的共同责任 · 面对不理想的结果，你需要承担哪些责任 · 为对话创造安全适宜的环境 · 哪些故事会对你造成感性影响，从而影响对话的效果 · 运用相关技巧，改善你的专注力和倾听技巧 · 与他人一起制定行动决策，获得更好的结果	· 扩展和完善同事和合作者之间的沟通渠道 · 虚心倾听和评估他人的意见 · 鼓励同事提出意见和问题 · 讨论哪些因素和事件阻碍了我们获得成果 · 身先士卒，挑战敏感话题，改善结果和人员关系 · ________ · ________	· 团结度提高 · 斗志提高 · 投入度提高 · 生产效率提升 · 领导和直接下属之间的交流得到了改善 · 改善了领导的沟通技巧 · 进一步推动了高效交流技巧的传播 · ________ · ________	· 安全： · PPM： -注塑： -吹塑： · UPE： -注塑： -吹塑： · 员工保留率：　% · ________ · ________ 注：由于保密原因，我们在该影响力地图中略去了具体指标	影响力地图使用说明： **讨论每一栏的内容**。了解每项因素对下一栏内容的影响。 在前两栏中，标出整个学习体验中的**重点学习和行动内容**。如果你另有补充，请将补充内容写在后面的空白处。 在后两栏中，标出你认为该项目可以影响的**结果和目标**。你也可以在后面的空白处补充更多结果和目标

Revised: 1/3/13

学习

- 我们的项目讲师是一位经验丰富的领导力发展经理，与领导团队和许多学员之间都建立了深厚的关系。她不仅是项目的讲师，也要承担整个学习流程中的教练工作。无论是在课堂上还是在课后，领导和学员都很喜欢和她交流。
- 工厂经理、生产经理和人才经理从同一个部门中挑选了 21 名高级生产

第三部分 案例回顾（怎样做）

领导参加同一个项目。这些人的职责相似，直接下属的水平也比较接近，他们被分成了日班学员和夜班学员两组。

- 我们采用了间隔学习法。整个课程被分为五部分，每周三晚上执行一个部分，两组学员依次上课。在两次课程期间，我们为学员准备了邮件交流和技能应用作业（见示例 D3.3.2），这些作业既是对学习内容的回顾，也是一种反馈。

示例 D3.3.2　课后作业示例

TOUGH 对话工具
参考《关键对话》一书中的关键概念

Plastipak ACADEMY

第三单元：掌握自己的故事
义务作业　　　　　　　　　　　　　　提交日期：2013 年 1 月 23 日

看
注意区别"事实"和"故事"。 你的例子可以来自网络、电视、广播、报纸或别人口中，也可以是你自己的故事；从中选取两个，在下节课上和大家分享。
1. ＿＿＿＿＿＿＿＿＿＿＿＿＿＿＿＿＿＿＿＿＿＿＿＿＿＿＿＿＿＿＿
2. ＿＿＿＿＿＿＿＿＿＿＿＿＿＿＿＿＿＿＿＿＿＿＿＿＿＿＿＿＿＿＿

做
从现在起到下次上课之前，找个时间**和你的学习伙伴讨论**你的个人情感对交流造成了哪些不利影响。你们可以参考以下提示：
你的学习伙伴是谁？困难的对话通常有哪些主要内容？你是否在故事中代入了受害者、坏人或无助心态？这些故事对你的情绪造成了哪些影响？你的行为对故事的可信度造成了哪些影响？其他人对你的行为有哪些看法？专注于故事是否有助于改善以上问题？
答：＿＿＿＿＿＿＿＿＿＿＿＿＿＿＿＿＿＿＿＿＿＿＿＿＿＿＿＿＿＿

学
将他人代入下面的三种故事之一并提出问题，以掌握你的故事。
三种心态（选择其一）：受害者　坏人　无助
对象：＿＿＿＿＿＿＿＿＿＿＿＿＿＿＿＿时间和地点：＿＿＿＿＿＿

↗ 转化/成就

- 学习活动的最后一步是庆祝和表彰学员达成的成就,这一过程由工厂经理主持进行。
- 领导和学员进行培训后会谈,讨论如何在工作中应用培训知识,从而实现商业结果(见示例 D3.3.3)。

示例 D3.3.3　从培训到结果的行动计划

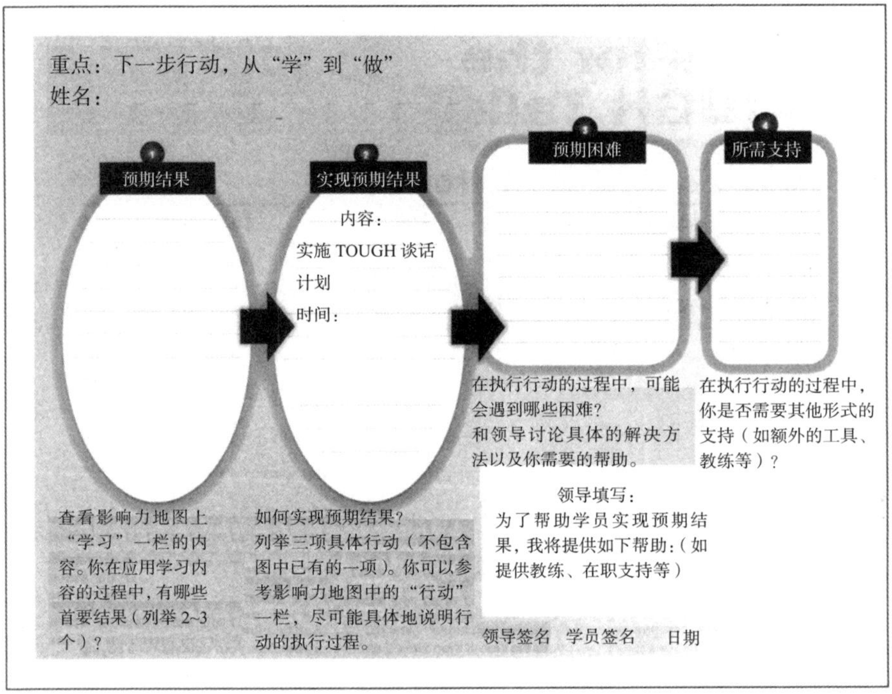

重点:下一步行动,从"学"到"做"
姓名:

预期结果	实现预期结果	预期困难	所需支持
	内容: 实施 TOUGH 谈话计划 时间:	在执行行动的过程中,可能会遇到哪些困难?和领导讨论具体的解决方法以及你需要的帮助。	在执行行动的过程中,你是否需要其他形式的支持(如额外的工具、教练等)?
查看影响力地图上"学习"一栏的内容。你在应用学习内容的过程中,有哪些首要结果(列举 2~3 个)?	如何实现预期结果?列举三项具体行动(不包含图中已有的一项)。你可以参考影响力地图中的"行动"一栏,尽可能具体地说明行动的执行过程。	领导填写: 为了帮助学员实现预期结果,我将提供如下帮助:(如提供教练、在职支持等) 领导签名　学员签名　日期	

- 培训结束后一个月,学员需要与领导进行会谈,并完成在线自测。完成测试后,学员会收到一份表彰证书及他们在最后一次课程中写好的明信片。
- 培训结束后一个月,我们会和变革团队进行一次讨论,回顾他们在技能应用和支持中的表现,并设计一份支持计划。

- 我们设计和执行了一个为期三个月的支持计划，帮助学员在工作中应用培训知识。针对每项业务目标（安全、保留率和绩效），我们都提供了以下支持：
  — 与变革团队进行邮件交流；
  — 15分钟的团队会议，以及讲师制作的视频，介绍了培训内容与工作之间的联系，供领导在例会上参考；
  — 学员电子通信。

这一支持计划的目的是巩固学员记忆，为学员提供资源和支持，让新技能满足学员的发展需求和业务需求。

结果

实证和无形结果。我们通过在线自测收集到的实证和无形证据，了解了项目对于安全性、保留率和绩效这三项首要指标的短期影响。目前，我们正在通过支持计划收集更多的证据证明项目的成效。

经过整理，此次在线自测得出了以下结果：

- 64%的学员表示安全性有所改善。
- 79%的学员表示敬业度有所改善。
- 59%的学员表示生产效率有所改善。
- 35%的学员表示应用新技能以后，员工的保留率有所提升。

以下是我们收集到的学员感言。

- 安全性。一名学员表示，经过培训之后，他对安全性有了新的认识："经过这次培训，我们都了解了安全生产是第一要务。每个人在工作的时候都要谨记'安全第一'。"
- 员工保留率。"面对新员工的时候，通过运用培训中学到的新方法，员工的保留率有了很大改善；现在，我非常鼓励新老员工之间的交流。"

- 绩效。"最近，我有几位助手遇到了一些问题，绩效受到了影响。我和他们进行了一对一的会谈。会谈之后，他们的能力和表现都有了很大改善。昨天，我和一起轮班的技术员谈了一会儿。他的职责是为新员工提供辅导。这位技术员表示，这种一对一会谈确实有着巨大的改善作用。"
- 团队合作。学员还表示，现在遇到困难时，团队成员之间的合作变得更加紧密："在互相尊重的前提下，大家一起讨论问题的解决方法；大家都觉得自己为问题的解决出了一份力。"

和谐的团队氛围。通过此次合作，塑帕克学院和变革团队建立了深厚的业务联系，这样的合作也让解决困难和问题的过程充满了乐趣。最明显的改变就是，我们的生产经理在项目后讨论结束时说："我们非常佩服你们准备的这些材料——这些视频、邮件和讲义——这些内容都很专业。你们真的太棒了。"接着，工厂经理也开了个关于 NCAA 竞争对手的玩笑。对于塑帕克学院来说，这就是成功。我们的目的就是建立起高层领导之间的良好关系，为企业提供可靠的资源。

↗ 经验总结

经过这次项目，我们意识到，在面向一个内部关系比较紧张的团队进行培训时，必须采用多种方法吸引学员的注意力和激发他们的学习动机。

我们采用的第一个办法是让领导成为讲师。我们的项目讲师是集团的一位领导力发展经理，她拥有多年的工厂工作经验。考虑到项目内容的敏感性，讲师能否获得学员的信任成了项目能否成功的关键。虽然这位讲师的职位很高，但是工厂的领导发现她非常平易近人；慢慢地，项目中的学员也都发现了这一点。最后，她成功地创造了一个安全友好的氛围，让学员可以坦诚地向她提出问题、寻求建议。换成外部讲师的话，无论他有多么专业，恐怕也难以达到这种程度的信任和依靠。

第三部分 案例回顾（怎样做）

为了维持学员的兴趣和热情，我们安排了一项由生产经理负责的启动项目，确保每位学员在培训前都能和一位领导进行会谈。因此，当学员参加第一堂课的时候，都了解了这次培训的重要性。为了维持学员的学习动机，生产经理以观察员的身份参加了所有课程。

在项目期间，尤其在学习活动期间，我们通过使用来源于工作中的材料，让学员认识到培训与工作的联系。我们找出了材料中与培训联系最紧密的内容，并且使用了案例研究、相关视频和各式活动等来源于真实工作中的素材。这便于学员理解和认识培训的相关性和应用性。他们在熟悉的环境中应用新的沟通技巧，不会受到陌生或无关因素的影响。

此次项目拥有属于自己的独特标识和配色方案。这样的设计让学员能够很快分辨出项目的相关内容，并且按照相应的优先级排序。建立强大的品牌身份，有助于维持学员的热情和兴趣，推动学习的后续转化。

成功关键

- 最关键的一点，就是把 TOUGH 对话工具当成一套完整的变革方案，而不是单独的项目。我们得到了塑帕克集团领导的支持，尤其是来自工厂经理和生产经理的支持。他们设立了预期目标，起到了模范作用。这些领导全心投入项目中，不断向学员强调项目的重要性。他们坚持不懈的支持对学员产生了积极的影响。
- 第二个关键因素就是持续改善。在执行项目的过程中，我们一直在收集领导和学员的反馈。根据这些反馈，我们可以对材料和活动进行相应的调整。除此以外，学员的想法还可以为项目创造价值。例如，在第二次课程中，一位学员建议我们安排一次额外的团队活动，方便大家讨论课后作业和进行复习。另一位学员也表达了相同的想法，并且自愿成为活动的负责人。于是，在接下来的培训期间，这个小组会在学习间隔期间会面，一起讨论和复习课程内容。

➚ 注意

- 尽量减少项目中的不相关因素,让学员能够专注学习。TOUGH 对话工具有一处缺陷,即学习场地的限制。当时在设计项目的时候,为了适应工厂的日程安排,减少学员的交通时间,我们把培训的地点定在了工厂的会议室。这个会议室里有一扇大窗紧邻生产区。结果,这扇窗成了学习中最大的干扰。学员的注意力总是被外面的噪声打断,无法集中精神学习培训内容。例如,有一次上课时,紧挨着教室的一台机器突然响起了警报声。于是生产线经理和学员都好奇地涌到了窗前,指导他们的下属处理这个突发事件。
- 了解学员内部的紧张关系和斗争,尤其是培训此类敏感内容时。考虑到课程内容的性质和团队成员的关系,我们觉得有必要花时间去了解团队内部的人际关系和相应的支持系统,包括工厂的人力管理团队。
- 了解敏捷开发项目的需求。从工作负荷的角度来看,我们很难预测敏捷项目所需的时间和资源。经验表明,仓促设计的项目会浪费我们大量的时间。为了回应学员的反馈,我们的团队经常需要在很短的时间内设计出定制的资源方案,有时在项目进行的时候就要行动起来。虽然这些回应带来了不错的效果,但是需要我们付出额外的时间和资源,从而影响到了部门中其他项目的进度。

➚ 建议

- 收集其他企业的成功经验。在设计项目之前,我们会收集其他企业的成功经验,总结他们在间隔学习项目中用到的技巧和工具。
- 不要完全依靠供应商提供的学习材料包。在参考一流供应商(如 VitalSmarts)提供的材料包的同时,还应该参考不同来源的资源和案例,尤其是那些与业务有关的案例。这样才能确保学员将学习内容与实际工作联系起来,更好地了解培训的相关性。

第三部分 案例回顾（怎样做）

- 提供人文关怀。在执行项目的过程中，要建立良好的人际关系和信誉。要树立一个值得信赖的形象，当领导遇到困难的时候，可以在第一时间想起你。这一点非常重要。如果领导放任不管，直到问题发展到了无法控制的程度才来求助，那么再有效的解决方案恐怕都无法发挥作用。

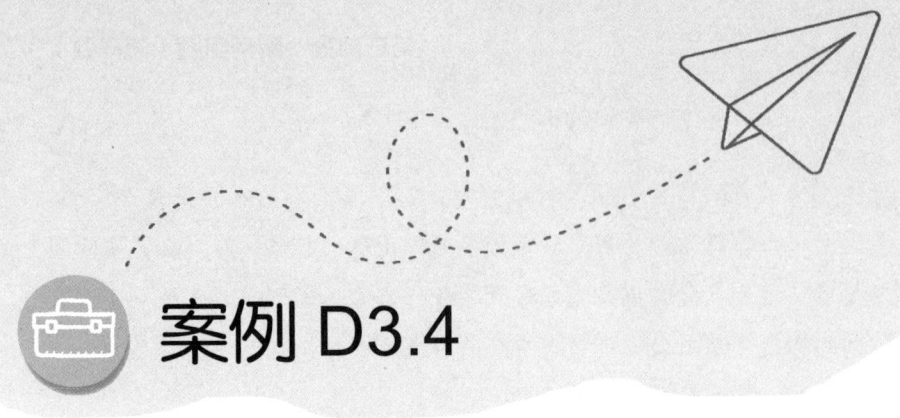

案例 D3.4

如何通过学以致用提升领导力效能

Melanie Brunet Relyea
Oneida Nation Enterprises 培训和发展经理

米歇尔·库珀
Oneida Nation Enterprises 培训主管

↗ 背景

Oneida Nation Enterprises LLC（ONE）建立于 1990 年。自从 Turning Stone 赌场度假村于 1993 年开业以来，ONE 就成了一家拥有 14 家企业的大型集团，拥有员工 4 700 多人。ONE 旗下的企业包括便利店、游船码头、健康护理、休闲娱乐、影视制作及印度国家今日媒体网。

业务的快速增长，催生了一大批晋升机会。虽然我们提供了基本的管理培训，但是我们发现单纯的培训课程并不能有效地推动学习转化或技能应用。问题主要表现在两个方面：

1. 有许多经理都把时间和精力花在了处理基本的员工绩效问题上，如出勤率和绩效欠佳等。

第三部分 案例回顾(怎样做)

2. 面对需要经理处理的问题时,员工会寻求其他帮助。

我们需要一种新方法来解决这些问题,所以我们设计了领导学习循环项目。该项目为期八周,以传授核心领导技能和推动技能的即时应用为主要目标。

↗ 行动

领导学习循环项目以大卫·科特莱尔的《周一清晨的领导课》(*Monday Morning Leadership*)一书为理论基础。领导每周学习一章,然后根据书中的内容设立行动变革目标。在下周上课的时候,领导需要向大家汇报他们的进步和困难。无论你的进步多么微乎其微,你总能收到认可和鼓励;而面对问题,大家会一起讨论解决方法,齐心协力战胜困难。学员根据新章节的内容,每周设立新的目标;在八周的学习里,学员会一直重复这样的流程。

在第八周项目结束的时候,学员会设立一个未来目标,确保自己能够继续应用学到的技能和行为。项目结束2~3个月之后,学员需要参加一项调查,报告他们的进度和效果;6~9个月之后,他们的经理也需要参加调查,反映学员的表现。此外,已经毕业的学员每个月都会收到一份领导月报;班级聚会也会每年定期举行。如果这些毕业生在工作中遇到了困难或取得了成就,都可以和他们的讲师分享。

书中的八个部分如下:

- 第一周——司机与乘客。领导必须放弃"搭便车"的自由;现在他们必须承担起一切责任,包括对自己员工的责任。
- 第二周——要事第一。如果领导不能设立明确的期望、目标和优先顺序,员工的动机、热情和投入程度就会受到打击。"因为对周围的人失去了信心,人们才会选择离职",因此,如果领导不能提供明确和一致的预期目标,员工就会选择离开。
- 第三周——逃离管理黑洞。领导必须走出办公室,深入员工,确保员工明白领导对他们的期望,展示关怀,建立信任,了解员工的绩效水平。

- 第四周——做正确的事。不管有多困难，领导必须马上处理绩效和行为问题，否则他们的领导形象就会受到影响。

- 第五周——只雇用合适的员工。企业最重要的资产就是优秀的员工。如果选择了错误的员工，领导就要付出所有的时间来弥补这一错误。无论是对于团队还是企业，随意选择员工有百害而无一利。领导必须精挑细选，才能打造出强大高效的团队。

- 第六周——效率至上。领导的时间就是他们的责任。他们必须通过删除或淘汰不必要的工作来减少工作量，或者通过优先排序、减少干扰和提高会议效率来改善工作效率。

- 第七周——水滴石穿。员工只有了解了工作内容、工作方法和绩效反馈之后，才能发挥最大作用。领导都知道"水滴石穿"的故事，所以必须尽早杜绝这些"水滴"，即影响士气和动机的因素，如消极情绪、流言蜚语、愤世嫉俗和恐惧懦弱。

- 第八周——进入学习地带。我们都知道，没有跟进和巩固项目的培训难以实现绩效改善。在培训课程结束后，领导必须继续努力。他们应该设计行动计划，朝着每周设立的目标继续努力。

我们会定期举办毕业生聚会，并向毕业生发放有关领导力的材料。此外，我们也会在其他领导力项目中强化相关内容和技能；在领导团队季度会议上，首席运营官也对这一做法表示了认可。

结果

《周一清晨的领导课》一书的目的是改善领导在三个关键领域的效率：

1. 设立明确的预期绩效；
2. 解决绩效问题；
3. 改善绩效水平。

2011年1月至2012年1月，共有75名学员从领导学习循环项目中毕业。

这些学员的经理在调查中表示，学员在这三方面都取得了一定成绩。通过对比项目前后的技能应用数据，我们发现，领导者在这三方面的效率都有了显著提升（见图 D3.4.1、图 D3.4.2、图 D3.4.3）。

今天，领导学习循环项目仍然是新老领导必修的基础课。一位已经毕业的学员表示：

"我很高兴能有机会参加这个项目，学习许多管理技术和知识。领导学习循环项目的独特之处在于，它以直观的形式向我们呈现了最基本的概念，并且要求学员立即采取具体行动，把这些概念应用到工作中去。刚开始的时候，你会觉得这些内容都是常识，但是很快你就会发现，这些常识能够带来强大而持久的影响。"

——VIP 服务总监 Dan

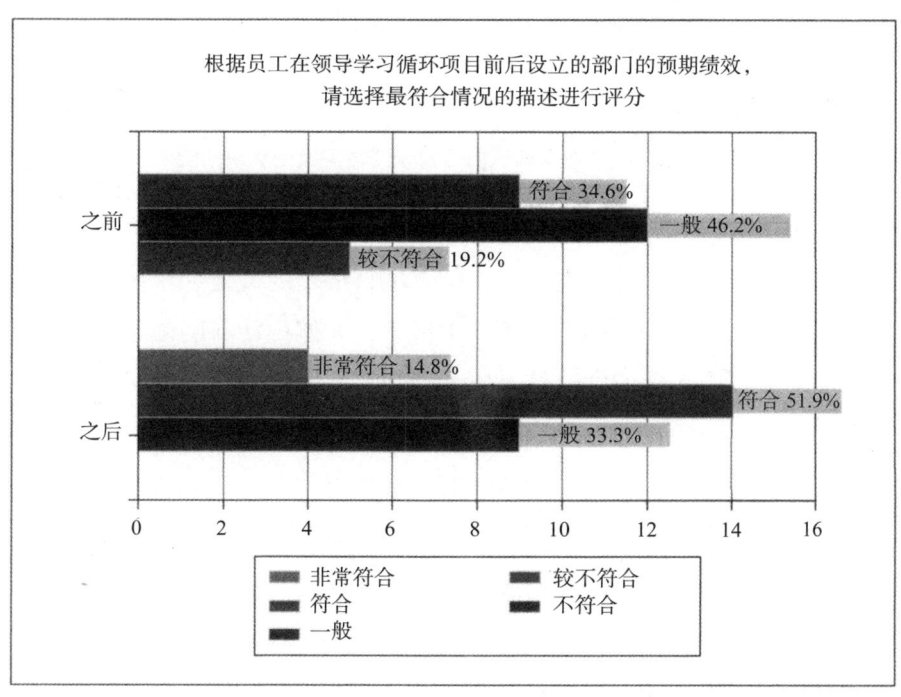

图 D3.4.1 经理在培训前后的期望

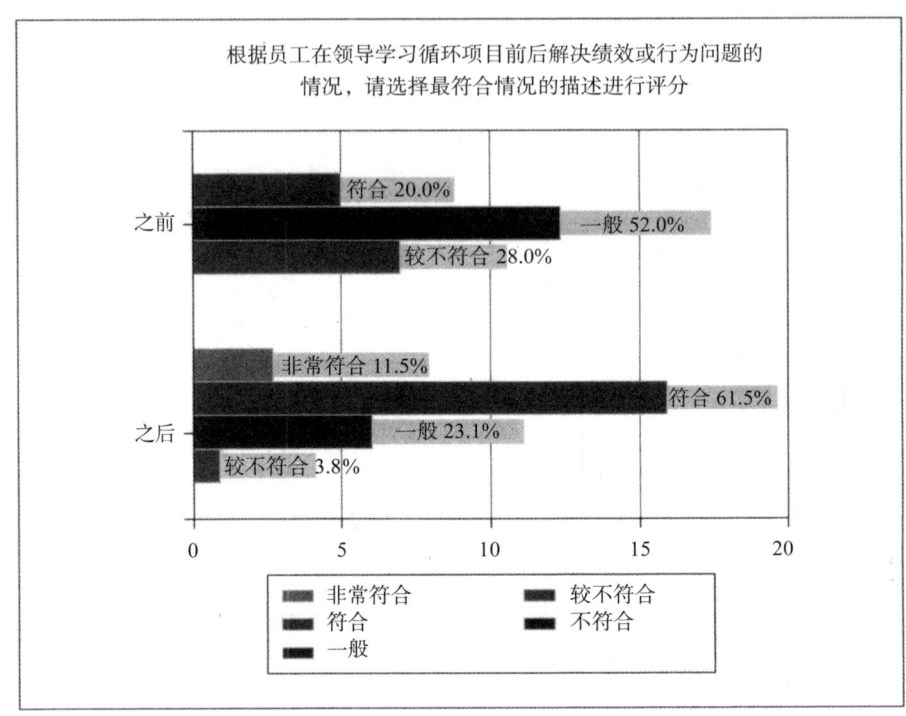

图 D3.4.2　经理在培训前后对于绩效问题的解决情况

↗ **经验总结**

第一，来自高层领导的支持和认可是项目成功的关键。获得这些支持和认可是一个漫长的过程。我们必须付出努力，才能推动高层领导完成整个项目，鼓励（或要求）他们的直接下属参加项目。随着时间的推移，项目逐渐在企业中形成了口碑，项目的成效也日渐提升。这是因为总监需要对他们的经理负责和传授知识，而主管则需要对领导负责。在今后的项目中，我们会首先邀请高层领导参与，然后在其他级别的领导中实施同样的步骤。

第二，后续跟进是推动学习转化的关键。在学习期间，学员必须练习学到的技能和行为，并且为今后的在岗应用准备好计划。目前，我们正在重新定义项目的终点线，确保学员在项目结束后能够继续应用所需技能。

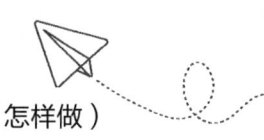

第三部分 案例回顾(怎样做)

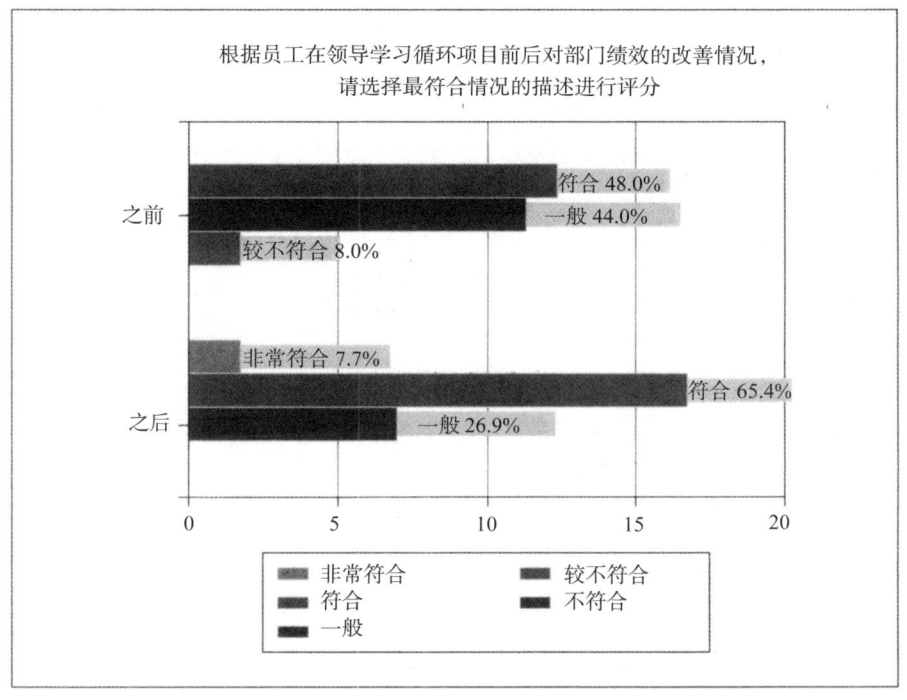

图 D3.4.3　经理在培训前后对于绩效问题的改善情况

↗ 成功关键

- 根据预期业务需求,制定明确的培训目标。
- 明确说明项目可以给学员、部门和企业带来的收益。
- 定期向高层领导汇报进度和成绩。
- 及时汇报评估结果。

↗ 注意

- 不要凭空想象。做出任何决定之前,都要进行全面的评估。

↗ **建议**

- 根据预期业务结果,设计完整的学习体验。
- 不要让日常工作妨碍了学习的转化和应用。
- 获得成功就应该庆祝;向学员、业务伙伴和所有为成功做出贡献的人给予认可和奖励。

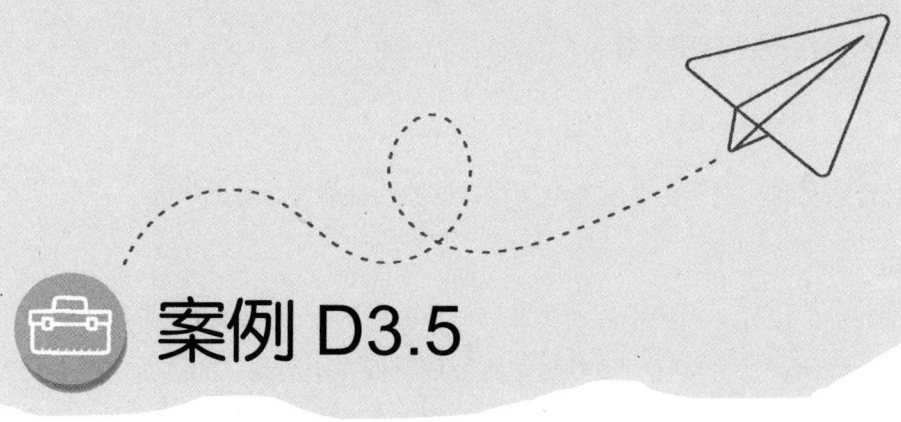

案例 D3.5

如何将一线主管转化为安全领导

瑞贝卡·奈杰尔

BST 公司营销传播经理

↗ 背景

BST 公司成立于 1979 年，是一家国际性的安全咨询公司，同时也是行为安全管理行业的先驱者。一直以来，BST 都以创新和思想领导者的身份享誉国内外。

对于希望改善企业安全绩效的客户来说，最好的办法就是强化一线领导的职责和影响。通过适当的措施构建起强大的安全文化，不仅可以提高工作的安全性，也可以提升主管和经理的领导技能，推动生产、质量和其他关键绩效的提高。

但是，传统的安全培训并不能满足企业的安全需求，即使邀请了最有经验的讲师也不行。为什么？因为传统的安全"培训"与工厂领导的日常工作没有任何相关性。

因此，我们把重点放在了日常工作中的核心安全活动上，以此为基础设计出相应的领导技能培训项目。我们把这些安全活动称为"关键时刻"，因为主管不必特意花时间强调企业的安全文化,这些活动就是最好的机会。

↗ 行动

根据我们的设计,一线主管在实践领导技能的同时,也可以改善核心安全活动。这样的方法可以让一线领导更有效地执行安全活动,同时在实际工作中应用领导技能,而他们的总体工作量却不会增加。

我们把所有的安全活动分成了五类(见表 D3.5.1),主管可以参考表格中的"关键时刻",在构建安全文化的同时,锻炼自己的领导能力(见表 D3.5.2)。

表 D3.5.1 关键主管活动及其对安全文化的影响

活 动	影 响
安全联络员	提供支持和指导,了解安全问题
工作安全简报	加强风险识别和缓解措施的使用
人身危害识别	确保工作环境和设备的安全性
安全流程验证	改善关键安全流程的使用规范
事故响应和根源分析	预防为主,向伤者表示关心和慰问

表 D3.5.2 关键主管活动及其与领导力实践的联系

活 动	影 响
安全联络员	反馈
工作安全简报	交流、协作
审核验证	责任
人身危害识别	行动导向
事故响应和根源分析	信任

认识以上五种关键活动,是抓住"关键时刻"和提升安全文化的第一步。在执行活动的时候,我们要尽量做到严格、连贯、高效,早日达到熟练水平;只有自己熟练,才可以向他人传授这些技能。

对于某些关键的安全领导技能,只有培训或工作坊是不够的,我们必须进行学习转化。首先,我们要向主管传授基本概念、企业目标、项目的预期收益等;其次,我们要教会他们如何在安全活动中应用相关的领导技能;最后,我们通过实地教练和进度评估等方式巩固培训效果。经过这一系列流程,主管就可以看到自己的进步,并且在实践应用中提升自己的技能,最终获得最佳的安全绩效。

结果

- 使用这一方法之后,组织在安全性和领导技能方面都有了显著改善。
- 主管与团队成员的关系和交流得到了改善。
- 主管的学习热情高涨,因为这种方法不仅有效,而且不会增加他们的工作负担。

建议

- 优秀的领导能够同时兼顾工作绩效和员工关系。
- 培养领导时要从这两方面同时入手。
- 主管可以在实践领导技能的同时,通过核心活动构建安全文化,这样才能成为更好的领导。
- 学习必须进行转化;课程结束并不代表学习结束。

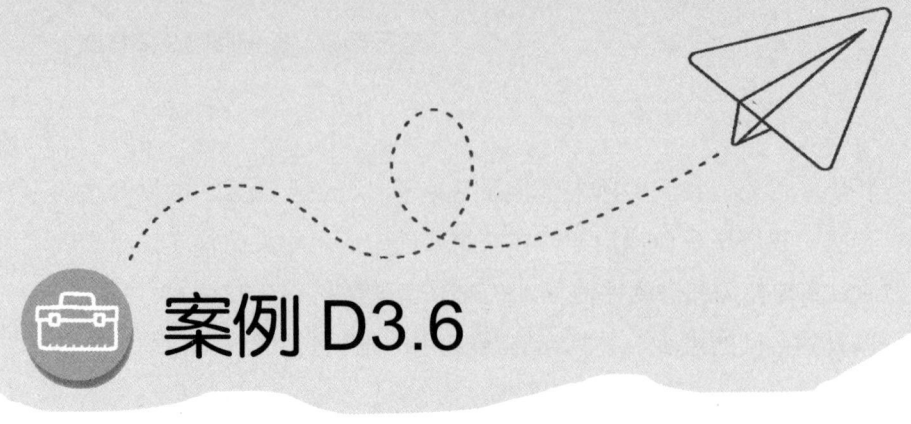

案例 D3.6

如何在领导发展项目中发挥主动性

伯纳德·班克斯中校

美国西点军校教授，行为科学和领导能力部门主管

↗ 背景

美国西点军校建立于 1802 年，学校的使命是为美国军队、国家和同盟国军队培养精英领导人才。目前，学校拥有学生 4 400 人，分别来自美国的 50 个州和 36 个国家和地区。

在西点军校四年严格的本科教育中，最具标志性的就是它的核心课程。每个学生都必须成功完成至少 40 门课程。在这些课程中，有 30 门为必修课程，这是为了确保学生在数学、科学、工程学、人文社科、身体素质、领导力和品格发展等方面的全面发展。

西点军校设有 13 个学院，主要负责核心课程的教学工作和保持优良的学术传统。其中，行为科学与领导力培训学院下设五个专业（管理学、心理学、社会学、工程心理学和领导发展学），负责两门核心课程（"PL 100：面向领导的大众心理学"和"PL 300：军事领导学"）的教学工作。通过这些课程，学校希望学生能够了解领导学的相关知识及与行为影响中的人为因素相关的问题。军事领导学（PL 300）是所有大三学生的必修课。

学习了 6Ds®法则的相关内容（特别是第四法则）之后，行为科学与领导力培训学院决定对 PL 300 的授课方式进行变革。学院希望经过变革之后，学生能够更加主动地追求课程目的和两个主要目标。

↗ 行动

在进行变革之前，PL 300 的课程目的如下。

通过学习该课程，学生可以在多元化、动态化的背景下，应用所学知识、经验和反思，更有效地领导士兵和军事组织。也就是说，完成本课程后，学生将变成更优秀的领导。为了实现这一目的，PL 300 设立了两个主要目标：

- 提升学生的领导能力，让学生从生活和领导经验中反思和学习。
- 学生能够在实践中应用相关框架、概念和理论。

但是，由于支持机制还不够成熟，我们无法保证学生在完成课程之后，能够真的将学习转化成结果。

在我们的实践过程中，发生过这样一件事；通过这件事，我们意识到了预期结果和实际效果之间的差距。PL 300 课程的讲师曾经和几位在墨西哥参加暑期实习的大四学生进行过总结谈话。这次的实习团队由一支来自密歇根大学的团队和三名西点军校的学生组成。实习的主要内容是和宝洁公司合作，为农村地区提供净化水系统。由于工作内容缺乏规划，因此需要队员发挥自己的才智和领导能力解决各种问题。

可是，当我们问学生"在这次实习中，你应用在 PL 300 课堂上学到的内容解决了哪些领导问题"时，学生的回答几乎都是"我根本就没想起来用这些内容"。这时我们才意识到，课程的实际效果离我们的预期效果还有很大距离；学生在学习转化过程中遇到了困难。于是，我们决定改变 PL 300 的课程目的，更加注重课程内容的应用。

2011年秋天，我们对 PL 300 课程的两个主要目标进行了调整"学生将在当前实践中应用相关框架、概念和理论"（原本为"能够"）。尽管我们只改了两处——把"能够"改成"将"，然后增加了"当前"——但是这样的调整却改变了讲师和学生对于课程的看法。现在，我们需要新的工具和流程来确保学习转化。

因此，我们在 PL 300 课程中新增了一项在线学习转化支持系统（ResultsEngine®），为学生提供主动支持，推动知识的应用，并提供实证证据证明学生在领导能力方面的进步。我们向学生提供了以下工具及课程的预期目标。

为了支持大家应用 PL 300 的课程内容，我们为大家提供了在线工具系统 ResultsEngine®。在应用期间，ResultsEngine® 会提出以下五个问题：

1. 你应用了哪些来自 PL 300 课程的框架、概念或理论？
2. 描述你在应用过程中的经历和获得的收益。
3. 这些经历对你的领导能力有哪些改善作用？
4. 改善成果如何（请从以下答案中选择：刚刚起步/初见成效/效果显著/巨大改善）？
5. 你会如何利用这些经验来进一步提升自己的领导能力？

在最后一次更新时（七周以后），你需要回答以下问题来说明自己在领导力发展方面取得的成绩：

1. 回顾自己在过去七周里获得的进步，你觉得自己的哪些应用和改善最值得骄傲。
2. 其他人对你的改变有何评价或反应，请举例说明。
3. 这些经验对你以后应用所学知识有哪些帮助？
4. 今后培养士兵的个人优势、能力或才能的时候，这些经验对你有哪些帮助？

第三部分 案例回顾(怎样做)

↗ 结果

期末进行的调查反映出了学生行为的巨大改变。例如,以下三方面的反馈数据表明,与上一学期相比(调整学习目标和鼓励应用之前),我们在这一学期有了巨大的改善:

1. 学生非常期待在实践中应用课程内容。
2. PL 300为学生的实践应用提供了流程和支持。
3. 能够与课程导师分享详细明确的实例。

其他反馈也证明了我们的成绩。

讲师还注意到,学生评估理论应用水平的能力有所提升。此外,学生参与课堂讨论的积极性也提高了,因为在 ResultsEngine®的支持下,他们找到了课堂内容和实际生活之间的联系。

↗ 建议

- 设计发展项目的时候,一定要"以终为始",确保预期结果和实际需求之间存在联系。
- 推动学以致用。空想并不能带你走向成功。
- 确保项目目标强调的是学习和应用("将"使用),而不是只有学习("能够"使用)。
- 使用多种方法都不能实现预期目标时,你需要对结果进行评估,并对方法进行调整。

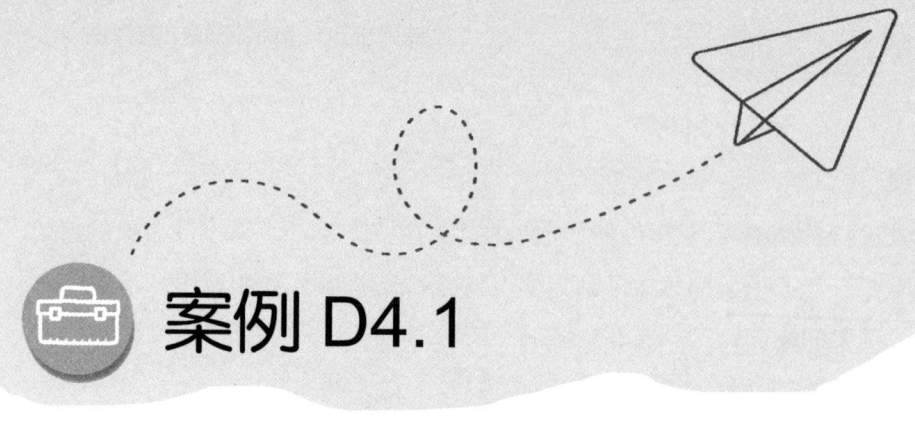

案例 D4.1

如何利用即时应用清单保证学习转化

卡尔霍恩·威克

Fort Hill 公司创始人

↗ 背景

Fort Hill 公司是学习转化理论的先驱者和领导者。我们的目标是重新定义学习的终点线。对我们来说，学习的最终目的是通过绩效改善，获得商业结果。1999 年，我们开发了第一个学习转化支持系统，即现在大家所熟知的 ResultsEngine®。自问世以来，有来自 60 多个国家和地区的超过 20 万名学员使用过这个系统。《将培训转化为商业结果》一书也是在我们的研究基础上诞生的。

最近，一家高科技企业的学习领导向我展示了他设计的一个新项目。这位朋友非常热衷于将学习转化为业务结果，希望我能提出一些改善建议。他的设计让我印象非常深刻，这种创新项目可以让企业经理来执行。

公司的决策者一直在寻找一种可以改善领导效率的项目（第一法则）。他们在过去当领导时积累了一些领导力发展经验，所以他们希望自己的经理可以回顾和使用这些经验。而项目设计（第二法则）则需要经过几个月的案例

第三部分 案例回顾（怎样做）

研究和讨论。每个月的案例都非常有趣，围绕不同的领导力或业务挑战展开。

学员被分成不同的团队，他们需要从众多选择中找出能够解决案例中挑战的方案。然后，每个团队都要向大家介绍他们选择的方案和原因，听取大家的讨论意见和反馈。这些月度课程的创新之处在于，不需要学习和发展讲师，工厂领导就可以带领学员完成整个学习过程。

从决策者和学员的角度来看，这次实验项目是一次巨大的成功。因此，企业决定在全球各分支机构推广这一项目。

但是，了解了项目的流程和内容之后，我提出了一个问题："学员什么时候可以在实际工作中应用所学知识？"虽然这个项目设计得非常巧妙，却忽略了学习转化这一步。我忽然意识到，这样一位有经验、有热情的学习领导都会遗漏这个环节，如果他们的工作辅助中能加上这个关键环节，他们一定会受益匪浅。所以，我想到了飞机起飞前的检查清单。就算再有经验的飞行员，在起飞前也一定会使用检查清单来确定没有遗漏任何事项。我们在实施项目前，也应该学习这种做法。

↗ 行动

首先，我分析了转化步骤被遗漏的原因，主要包括以下三个方面：

1. 案例和讨论吸引了学员大部分的注意力，让他们觉得好像已经在工作中应用过学习内容一样，但是实际上根本没有学习转化这个步骤。

2. 项目的反馈让人非常满意，导致设计者认为项目已经足够完美。

3. 设计者没有说明如何把案例研究应用到学员的日常工作中。例如，试验项目中的第一个案例是关于组织在交货期限前的巨大压力。这种事情可能一年也就发生一次。项目的设计者认为，由于这种情况并不常见，所以不需要考虑它的应用。

我曾经是一位仪器导航飞行员，有着20多年的飞行经验，飞行时数超过1 000小时。尽管如此，我还是会在每次飞行前都浏览一遍检查清单；我会把清单拿出来一项一项地核对、确认，然后打钩。我并不觉得这是浪费时间，因为如果我因为分心或走神而遗漏了其中的任何一项，都会造成致命的后果。

同样，不管我们设计过多少个项目，在每次启动新项目之前，都不能忽略即时应用检查清单（见示例D4.1.1），这样才能保证万无一失。

示例D4.1.1　即时应用检查清单

↗ **项目设计速查清单**

☐ **背景**：明确说明了需要通过学习解决职场中的哪些问题。

☐ **学习**：通过学习，把职场中的挑战变成改善机会。

☐ **联系**：为学员提供应用机会和相关支持，帮助他们建立起学习和实践之间的联系。

☐ **应用**：通过示范、练习、工作辅助和流程工具等为学员的应用提供支持。

☐ **期望**：学员的绩效水平得到改善。

☐ **行动**：开始行动！

↗ **项目执行速查清单**

☐ **背景**：课程应该贴近学员的工作环境和工作内容。

☐ **学习**：学员的应用情况是评估教学成效的标准。

☐ **联系**：坚持强调学习和实际工作的联系。为学员提供多种关键和流程，帮助他们寻找应用机会。

☐ **应用**：通过示范、练习、工作辅助和流程工具等为学员的应用提供支持。

☐ **期望**：学员的绩效水平得到改善。

☐ **行动**：开始行动！

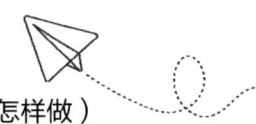

第三部分　案例回顾（怎样做）

结果

在这些速查清单的帮助下，项目有了三方面的显著改善。

1. 项目设计者在每周或每月的基础上，通过实例向学员说明工作中可能遇到的类似情况。案例研究仍然是主角，但是设计者强调了案例和实际工作之间的联系，让学员能够马上把学到的内容应用到工作中。这位学习领导表示，现在他不光关注学习内容，而且也关注学员的实际情况；这是一种思维上的突破，他正在把这种做法应用到其他项目中。

2. 这些检查清单让我们意识到，学员是真正的学习者，我们需要为他们搭起"联系的桥梁"。之所以想到这一点，是因为有个学员曾说过："我永远都不会遇到案例研究中的情况，所以我不知道应用这些内容有什么必要。"而我们架起的这座"桥梁"，就可以帮助学员把学习内容和实际工作联系起来。大部分聪明的学员都可以自己架起这座"桥梁"，但是也有一些学员需要外来的帮助。

3. 学员需要寻找机会，把在培训中学到的内容应用到实际工作中。现在，从第二次案例研究开始，学员都要首先报告他们的应用情况和收获，然后才能开始讨论下一个案例。这样不仅可以强调应用的重要性，也发挥了"间隔学习法"的强大作用，巩固了之前学过的内容。

让决策者十分欣慰的是，这些改变不仅可以让经理和领导对案例研究课程保持热情，也提升了他们的绩效水平。项目经过改善后，在整个企业内部推广开来，每个月都会收到大量的成果报告。这些报告证明了学习转化对于绩效改善的推动作用。

↗ 建议

- 启动项目前,应该先完成即时应用检查清单。
- 启动项目前,应该确保学习内容和学员的实际工作之间存在联系。
- 确保学员能够即时将所学内容应用到工作中。
- 为学员提供明确的绩效改善目标。
- 检查清单核对无误后,就可以启动学习转化过程。

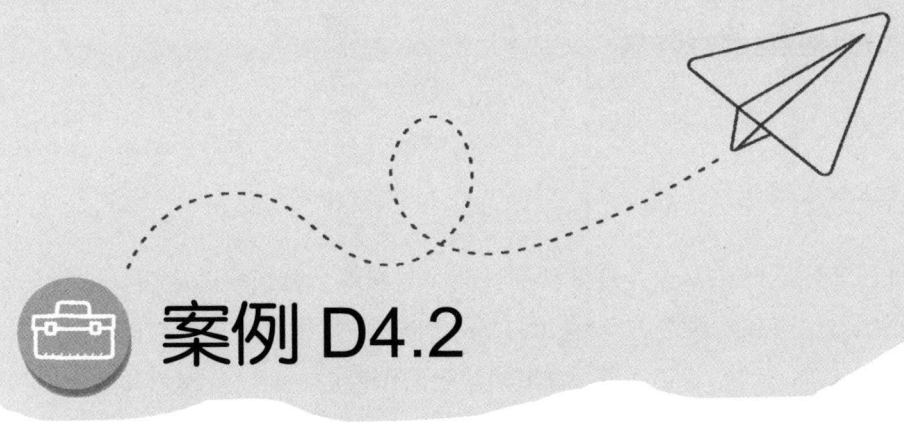

案例 D4.2

如何通过学习转化改善精益生产

Alex Jaccaci

海宝公司（Hypertherm）企业改善培训讲师

Charlie Hackett

海宝公司企业改善团队领导

↗ 背景

海宝公司是一家设计和生产等离子、激光和水射流等先进切割系统的企业。公司的技术和产品被广泛应用于造船、制造、农业、运输和工业建设等行业。作为一家联营企业，海宝公司的总部位于美国新罕布什尔州，几乎所有的产品都在美国境内制造。

海宝公司的培训团队包括：

- 企业发展团队，负责各公司的发展。
- 海宝技术培训团队，负责培训数控机床操作员。
- 客户培训团队，负责海宝员工的培训。

- 企业改善团队。

企业改善团队的主要任务是推动高性能工具在整个公司里的应用。这些工具包括精益生产和六西格玛模型，可以推动企业的持续改善和卓越运营。

在过去的16年中，海宝公司一直把精益生产作为企业的经营理念和战略。2010年，海宝公司设计了一个精益生产原则和标准的模型，作为实现卓越经营的蓝图。模型的设计者、公司管理层及运营团队的领导一致同意，通过让所有的650名生产员工参加学习项目，推动卓越精英和持续改善。

在团队顾问凯文·杜根的支持下，企业改善团队为卓越运营学习项目设计了一系列精益生产原则和标准。这个项目的目的是为员工提供学习机会，然后将10项精益原则应用到在职改善项目中。

行动

此次项目以《将培训转化为商业结果》一书为指导，以学习转化和商业结果为目标。精益生产项目为期13周，要求海宝公司所有工厂的团队成员参加。

该项目的目标是让员工了解精益生产的原则，然后在目标生产环节应用精益改善措施，将学习转化为商业结果。项目由四个阶段组成，需要领导和学员的共同参与。各阶段的具体内容及主要活动如下。

阶段一：准备阶段（40天）

目的：通过规划收益，吸引团队领导的参与，让学员做好参加项目的准备。具体步骤包括：

1. 企业改善团队（CIT）组织领导层计划会议，确定预期结果和评估标准。
2. CIT和团队领导分析当前形势和预期目标之间的差距。
3. 团队领导确定改善的优先顺序，并为工程团队选择学员。
4. 团队领导向学员介绍精益生产的原则和标准及学习流程和目标。
5. CIT邀请学员参加项目，并提供培训前的预习材料。

第三部分 案例回顾（怎样做）

6. CIT 向团队领导开展有关"学习转化和实现目标的最佳实践"的培训，为领导提供支持，创造良好的转化环境，并鼓励领导者为改善提供支持。

↗ 阶段二：课堂培训（8小时）

目的：通过以应用为中心的学习项目，让学员熟悉精益生产的原则。具体步骤包括：

1. 每堂课开始时，高层管理者要大致回顾一下海宝公司在追求精益生产和卓越运营的过程中的业务案例。

2. CIT 向学员介绍精益生产的 10 项原则和基本概念。

3. 学员参加利用 Legos® 制作的生产模拟场景，通过三轮模拟生产，了解精益生产原则在工作中的应用。

4. 学员前往工厂实地考察，观察和寻找精益生产原则在工作中的应用情况。

5. CIT 示范精益生产原则在海宝公司的应用情况，并邀请参加过以往项目的工程团队介绍他们的成功故事和应用经验。

6. 学员在课堂上与工程团队合作完成改善项目的规划。

7. 学员完成课堂评估，了解培训是否满足预期学习目标。

↗ 阶段三：应用阶段（45天）

目的：将学习延伸到学员的日常工作中，通过在职改善项目应用精益生产原则。具体步骤包括：

1. 学员与 3~4 名工程队员合作，将精益生产原则融合到自己的价值观中。

2. 每支工程团队都要设计一个工程计划，并且在执行过程中获得来自工程决策者的认可、教练和支持。

3. 工程团队根据"计划—执行—检查—处理"流程，设立工程目标、解决方案和评估标准。

4. 上级团队公共区域设置一个公开板块，展示所有团队的工程进度。

5. CIT 为工程团队及工程决策者提供教练和支持，推动精益原则的实践和应用。

6. 工程完成后，团队要在交接班会议上向所有成员汇报工程结果和学习情况。

7. 学员完成精益生产原则和标准测试，了解他们对关键内容和流程的掌握情况。

8. CIT 组织阶段三的团队领导召开会议，回顾工程进度，为阶段四做好准备。

9. 学员完成工程结果和学习转化评估。

阶段四：成果评估（21天）

目的：评估学习和改善结果，对学员的成就表示认可，开始进行持续改善的规划。具体步骤包括：

1. CIT 收集数据并分析项目结果，包括阶段二和阶段三的评估，学员完成课程的情况（出勤率、及格率及是否按时完成），成功实现学习转化的员工比例，成功完成的改善工程数量，学员参与情况，以及项目的推动和阻碍因素。

2. CIT 组织阶段四团队领导会议，对学习内容进行总结，制订持续改善计划，让项目继续发挥作用。

3. 作为完成课程的奖励，学员将收到一件精益生产 T 恤衫。

4. CIT 组织庆祝和报告会，向海宝公司的团队和受邀来宾介绍项目成果。

5. 在庆祝活动期间，介绍较为突出的几项改善过程。

6. 团队领导制订和执行持续改善计划。

结果

截至目前，一共有三支团队（共 248 名学员）完成了精益生产学习项目。我们可以通过以下数据了解项目带来的改变：

1. 课程完成情况。98%的学员完成了指定课程（按时出席、通过测试、完成工程项目——新的终点线）。

2. 主动汇报学习转化进度。90%的学员表示已经在工作中应用了学习内容并获得了绩效改善。90%的学员表示,通过应用所学知识,他们为团队和海宝公司带来了积极影响。

3. 通过绩效改善情况对学习转化进行评估。95%的学员团队在45天的期限内完成了改善工程。

4. 员工参与/学员主动汇报参与情况。91%的学员表示自己曾积极地应用所学知识为团队带来改善。

5. 成功因素。项目获得成功,最关键的因素在于学员能够发扬和领会团队精神,互助学习,共同进步。

所有的成果都证明,"将培训转化为商业结果"是实现学习转化和绩效改善的有效框架。接下来,我们会在已有经验和成果的基础上,继续在海宝公司的其他生产团队中推行精益生产学习项目。

精益生产学习项目的另一个成果在于,企业改善团队和企业内其他的学习部门,开始把6Ds®法则和学习转化与培训和发展项目结合起来。

建议

- 以终为始——确定团队领导期待的业务结果和改善成果,然后设计相应的项目来满足这些期望。
- 在项目中同步设置一项领导力发展追踪系统,为领导提供培训和支持,确保他们能够为学员提供学习转化和绩效改善过程中所需的支持。
- 在各级领导中建立统一的标准和目标,确定学习和改善活动的优先顺序和重点。
- 将学习转化设置为项目目标,向领导和学员说明项目的价值及如何实现学习转化。
- 设计和收集评估学习转化结果的标准,并与学员和决策者分享。
- 培训课程要以实践和应用为主,帮助学员把培训内容应用到日常工作中。(在本案例中,65%的时间用于实践活动,35%的时间用于讲座教学。)

- 布置活动项目或作业,让学员在课后的学习转化阶段能够拓展所学内容。
- 向团队和决策者报告学员团队取得的成绩。
- 充分利用"将培训转化为商业结果"这一有效工具,推动学习转化,为组织带来绩效改善。

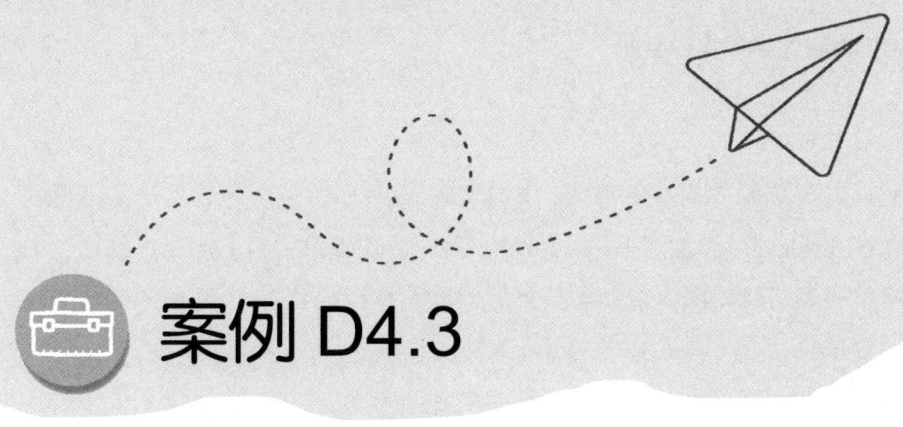

案例 D4.3

如何设计出低成本、易操作的跟进项目

罗布·巴特利特
DirectWest 企业培训讲师

↗ 背景

DirectWest 是 SaskTel 集团旗下的全资子公司,为 mysask411 解决方案的独家供应商和加拿大萨斯喀彻温省的首选搜索引擎商。凭借最全面的当地信息来源(纸质、在线和 SaskTel 移动电话名录),公司一直致力于使用创新产品和服务为买卖双方搭建桥梁。DirectWest 的总部位于加拿大萨斯喀彻温省的里贾纳,拥有员工 100 人;其中,培训部门只有 1 名员工。

公司的一个部门提出了改善沟通的需求。我们组织了一次工作坊,研究公司的沟通现状。讨论的结果是每位团队成员选择一个方面进行改变或完善,从而改善他们的人际沟通能力。

↗ 行动

我们知道,在这种软技能培训项目中,后续跟进是保证学习转化的关键。考虑到公司培训部门的规模(只有我一个人),我们需要一种高效的解决方案。

因此，我通过每周邮件提醒的方式，要求团队成员回答三个问题。这些问题都是建立在 Friday5s®模型之上的。同时，我还会在邮件中附上沟通小技巧，如一份简单的表格或插图，帮助学员更好地理解材料内容。

示例 D4.3.1 展示了一份邮件样本。

示例 D4.3.1　邮件提醒样本

主题：沟通技巧提醒

大家好，这里是为你们准备的周五提醒。

学习新技能的关键在于不断地反思和计划。我为大家准备了三个问题，请结合以上内容作答（这些问题最多占用大家 5 分钟的时间）。

1．上周我尝试了_____，获得了不错的效果。

2．上周我尝试了_____，效果并不理想。

3．下周我将尝试_____。

本周沟通小技巧：

"如何_____"

↗ **结果**

项目结束后，有 80%的学员提出了后续要求，希望讲师能够为他们提供针对某一特定主题的指导。在过去的培训项目里，我们从来没有考虑过后续跟进的问题。

第三部分 案例回顾(怎样做)

↗ **经验总结**

- 在提出具体的培训要求之前,我会提前三周开始给学员发送邮件,让他们对即将到来的改变充满期待。
- 我觉得这些提醒邮件最好由企业的决策者发出,而不是培训讲师。来自领导的大力支持是项目成功的关键。

↗ **建议**

- 项目结束后,应该提供后续跟进,提醒学员复习学习内容。
- 跟进项目不需要完美无缺,只要能够提醒学员回顾和应用学习内容就可以了。

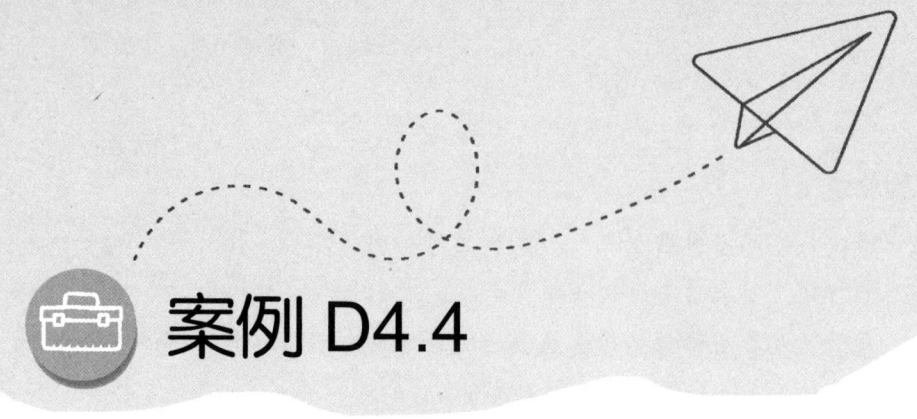

案例 D4.4

如何利用间隔学习法和游戏学习法让产品发布培训更有成效

邓肯·伦诺克斯
Qsream 公司 CEO

↗ **背景**

医药行业是美国管控最严格的行业之一。制药公司必须谨慎规避金融和制度风险,保证企业的医学顾问和销售团队具备所需能力,能够安全、有效地从事销售活动。医药代表不仅需要全面了解产品的特性,还应该了解各种疾病的信息及监管和医疗体系的复杂规定。

世界上最大的医药公司之一正在准备推出一种治疗慢性阻塞性肺病(COPD)的新型药物。目前,公司面对的主要挑战是让 3 000 多名销售员工做好准备,迎接即将到来的竞争和监管挑战。

对于品牌经理来说,他们的关键任务是掌握所需知识。如何让销售团队成员长期掌握这些知识,就成了一项更大的挑战。19 世纪德国心理学家赫尔曼·艾宾浩斯根据研究结果,提出了"遗忘曲线"理论(见图 D4.4.1)。

第三部分 案例回顾(怎样做)

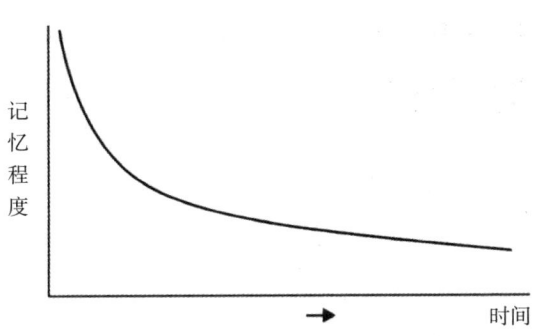

图 D4.4.1 遗忘曲线(艾宾浩斯,1885 年)

艾宾浩斯指出,遗忘在学习之后就立即开始,遗忘的速度呈先快后慢的趋势。不管培训的内容多么有趣或有效,如果不进行复习,30 天之后人们就只能记起大约 20% 的内容。为了对抗遗忘曲线的规律,"间隔学习法"诞生了,这是一种结合了回顾、重复和积极参与的学习方式。

由于此次的新品发布非常重要,公司必须保证所有的销售代表都牢记产品和监管的相关信息。因此,这家公司向 Qstream 公司寻求帮助。Qstream 公司是研究销售培训结束后知识的长期记忆和持续应用的先驱者,并提供相关的技术解决方案。

↗ 行动

借助培训团队的经验,这家巨头企业开始对销售代表进行新产品培训。培训使用了传统的销售准备方案,内容包括一份正式的行动计划、启动会议、在线学习和评估,以及销售管理辅导和教练。

虽然市场监管越来越严格、竞争越来越激烈,但是品牌经理必须确保销售代表掌握了关键信息,并且可以随时应用。培训团队也考虑过使用传统的方法巩固学习效果,如增加 E-Learning 的课时数,使用更丰富、更有互动性的内容,提供更多面对面交流的机会等。但是他们很快发现,这些方法的效果都不够理想,他们需要一种颠覆性的方法来改变目前的局面。

这家公司和我们取得了联系,了解了 Qstream 的游戏化学习和分析移动系统。这个系统最初是在哈佛大学开发的,将个性化、互动化、游戏化和"间隔学习法"(目前正在申请专利)相结合,通过问答和奖励的形式巩固学员对核心信息和技能的掌握。这个系统可以在计算机或移动设备上使用,每天只要花 3 分钟,就可以看到效果。在我们的临床对照实验中,这个方法可以有效提升实验对象对医学概念和信息的长期记忆和理解。

在阶段一面向 150 名医药顾问的试验初见成效以后,公司决定在 2 500 多名销售代表中推广这个由 25 道问题组成的"进修课程"。

这个系统每隔一天就会向用户发送两个问题,测试他们对所学内容的掌握(见示例 D4.4.1)。用户可以在计算机或移动设备上直接回答。

示例 D4.4.1　Qstream 问题示例

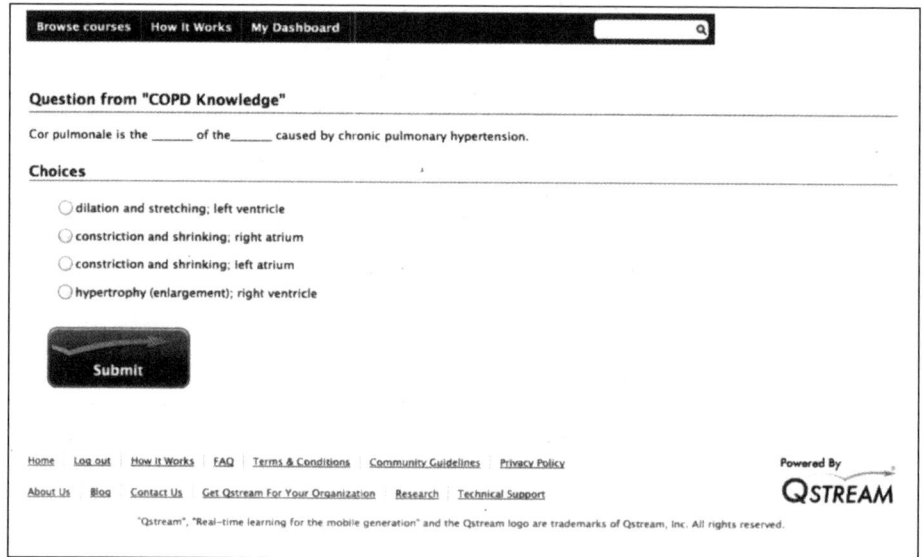

提交答案以后,销售代表马上就可以看到其他人的回答,以及每个问题的答案和讲解(见示例 D4.4.2)。如果用户能够答对两次同一道题,那么这个问题将不再出现,由新的问题替代。整个过程会一直进行下去,直到用户掌握了所有内容。

示例 D4.4.2　Qstream 问题反馈示例

结果

使用 Qstream 系统之前，客户公司的培训总监一直都因为员工对知识的掌握水平苦恼不已，而且公司也确实为培训投入了大量的资源。

> "问题在于，工作中有太多干扰因素。我们的销售代表被各种产品邮件和信息轰炸，根本没时间复习和回忆学习内容。"

采用了我们的移动平台之后，这些员工可以充分利用间隔学习法的优势，将相关产品信息分割成许多小部分，坚持每天学习一点。而排行榜和评分系统则利用了销售代表争强好胜的天性，通过公开每位用户的得分，激发大家的学习兴趣和热情。统计表明，学员的参与率已经超过了 80%。

客户公司的培训总监说："代表们都很喜欢这个系统。我总会听到他们说自己'着迷了'。他们会把闹钟定在早上 4 点，就为了比别人先答题。"到项目结束的时候，分数排名前十的员工被邀请参加公司会议，以表彰他们在项目中取得的成就。

从整体来看，这个项目让整体的记忆水平提高了150%，而且由于员工能够灵活运用所学知识，培训效率也提高了 40%。公司已经把这个平台推广到了其他两个部门，证明了它在销售之外的其他应用。

↗ 成功关键

为了加速这个平台的推广，品牌团队需要再次应用在线学习课程的内容；这个课程是公司医药和法规培训中的一部分。同时，他们还需要接触不同的问题类型，灵活运用图表和视频等辅助工具。由于学习内容比较复杂，因此需要提供公司学习管理系统的参考链接。

Qstream 为客户提供了简单、强大的用户体验，将评分系统、排行榜和答疑博客相结合，成功吸引了学员的兴趣。这一强大的在线分析引擎，让品牌经理看到了前所未有的参与、掌握和记忆水平，同时填补了员工的关键知识差距。

↗ 建议

- 学习后的回顾和复习非常重要。复习最好能够在学习项目结束后立即进行，这个时机视各公司的情况而定。Qstream 这类系统可以随时随地使用，让大家每天只花 3 分钟就能掌握学习内容；它巩固了员工对销售信息和技能的长期记忆，从而增加了销售额。这就是 Qstream 带给组织的最大收益。

- 用户，尤其是在职的销售代表，非常喜欢融合了简单工具和游戏元素的学习体验。而排行榜、奖项等激励因素，则唤起了员工心中的求胜欲和参与的热情。

- 问题的总数不要太多（20～25 道问题），课程的时间不要太长；只强调那些最具有相关性、最贴合工作内容的信息。如果学习内容太多，销售代表就会自动屏蔽掉它们；在他们看来，你的这些努力都是毫无价值的干扰。

第三部分 案例回顾(怎样做)

- 再次使用已有的学习内容时,如在线学习课程或评估的内容,最好的办法就是巩固项目。利用不同的问题达到不同的目的,是一个轻松有趣的过程。如果第一次设计这样的项目,你可以先思考一下需要使用哪些信息。记住,如果你能成功地把这些核心信息和技能改编成问题,那么你也可以把它们设计成一门课程!
- 根据项目结果,评估培训的成效,并分析团队在能力、趋势和知识方面的差距。但是,你应该注意这些信息的用途。如果你以惩罚为目的,那么学员的参与热情和反馈质量将出现急剧下降。
- 实验!再小的调整都会对员工的参与和掌握水平造成巨大影响。使用在线分析系统和简单的编辑工具。这些工具可以灵活满足你的需求,包括即时上传课程直播和问题。

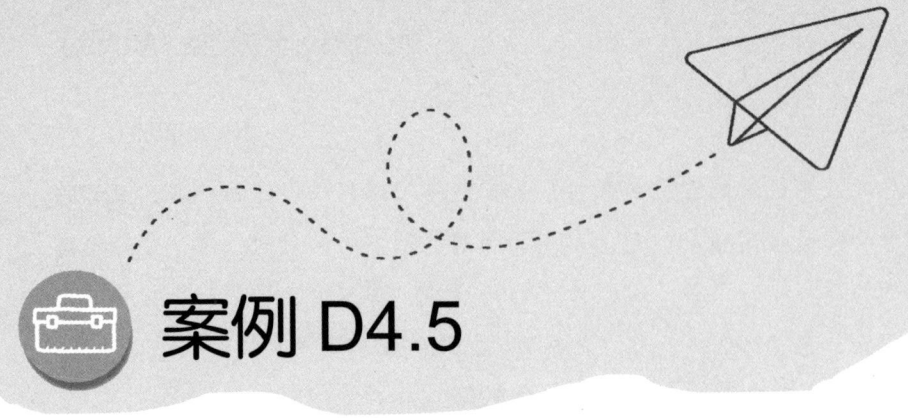

案例 D4.5

如何利用管理者推动学习转化

杰夫·里普

澳大利亚 Institute for Learning Practitioners 研究总监

↗ 背景

通过研究和实践,我们总结出了以下观点:

- 由于培训的目的是达到指定的绩效标准,那么培训的成效和价值完全取决于学习转化的情况。
- 学习转化是完成学习流程和到达预期目标的关键环节。学习和转化是两个并行的过程。
- 在大多数组织的培训中,转化都是最薄弱的环节。这些组织或者极少应用学习内容,或者直接跳过应用这一步。
- 有时学员对培训项目的评价很好,却不能把培训内容应用到工作中。这就像我们常说的"纸上谈兵"。
- 没有学习转化,企业的投资就会被浪费(负投资回报),同时还浪费了巨大的机会成本,特别是员工的时间。
- 缺乏转化会对培训的可信度和声誉造成负面影响。培训无法产出成效,学员和学习发展部门就会成为众矢之的。

- 影响转化的因素包括个人、培训设计和职场因素。职场中的阻碍是主要因素。
- 员工缺乏动机和热情,也会导致负面或不良的转化氛围。
- 影响转化的主要因素是学员的直线经理。一位学员曾说过:"我对经理感兴趣的内容有很大兴趣!"
- 大多数经理都没有意识到他们在培训过程中的重要作用,也不知道如何有效地推动学习转化。
- 缺少支持。经理需要在培训前、培训中和培训后发挥领导作用,推动最大化的学习转化。

↗ **行动**

在以上结论的基础上,我们设计出了一种能够推动学习转化的项目。这是一种专门为学员(同步或异步培训)的直线经理设计的研究型培训项目。

我们设计这个项目的一个关键原则是,把项目作为一种研究高效培训的模型。也就是说,通过执行项目内容和流程,我们将学会如何实现成功的学习转化。该项目的具体内容如下。

- 四个阶段。项目包括四个阶段:准备;工作坊;转化;应用报告(见图D4.5.1)。经理们会提前对该项目有所了解。这是一个为期八周的项目,以学员提交应用报告为终点线。

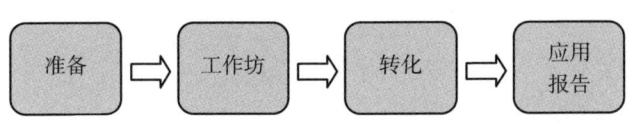

图 D4.5.1 项目的四个阶段

- 定位。在培训前的交流中,应该把培训定位成领导技能发展项目,以获得最大的投资回报率为重点。最理想的情况是,学员和直线经理能在培训前进行交流。
- 准备。学员为接下来两个月即将参加培训的下属制定"结果路线图"，并向他们介绍这个工具，强调培训的相关性。
- 工作坊。我们设计了一节为期半天的课堂学习，并邀请了资深的培训讲师前来公司授课。这种在公司内进行的授课，有助于学员学习相关知识，分享心得体会，了解项目的相关性，并与经理建立伙伴关系。工作坊包括四个板块：
   1. 转化问题
   2. 转化动机
   3. 转化战略
   4. 为转化制订计划

学员可以轻松地在工作中应用工作坊介绍的实用模型和想法。工作坊以活动和学员的参与为主，确保培训能够实现预期学习目标。

- 转化。学员可以访问在线支持网站，了解自我管理转化战略、工作辅助，以及有关学习转化和转化战略的相关信息。
- 应用报告。应用报告（现在也叫能力报告）提供了学员在工作中成功应用学习内容的证据。

结果

在这一项目的帮助下，许多企业都取得了不错的成绩：

- 认识到管理学习转化的重要性。
- 了解了如何改善培训结果。
- 经理能够积极地鼓励和支持学习转化。
- 学员收到了更多来自管理者的支持。
- 学习转化的动机和热情有所提升。
- 转化氛围有所改善。

第三部分 案例回顾（怎样做）

- 更好的学习转化，并且从转化中总结经验。
- 培训效果、价值和投资回报率有所改善。
- 培训的可信度和声誉有所提升。
- 领导力发展项目得到巩固。

推动学习转化可以带来"三赢"：转化在培训过程中得到了改善；转化战略可以用于今后的项目；领导者的行为对员工的参与有着积极影响。

↗ 成功关键

- 将培训定位成领导力/技能发展项目。向领导说明培训可以带来哪些收益。
- 培训内容应该简明、实用。如果转化过程难度过大或耗时过多，这些内容就只能是"纸上谈兵"。
- 帮助学员的直线经理树立正确的榜样。确保他们的行为能够展示培训的核心内容。

↗ 建议

- 鼓励管理者在转化过程中积极参与并发挥影响。
- 组织相关培训，让经理了解自己在转化中的作用及如何有效推动转化。
- 将项目打造成最佳示范，并通过项目强化与直线经理的伙伴关系。

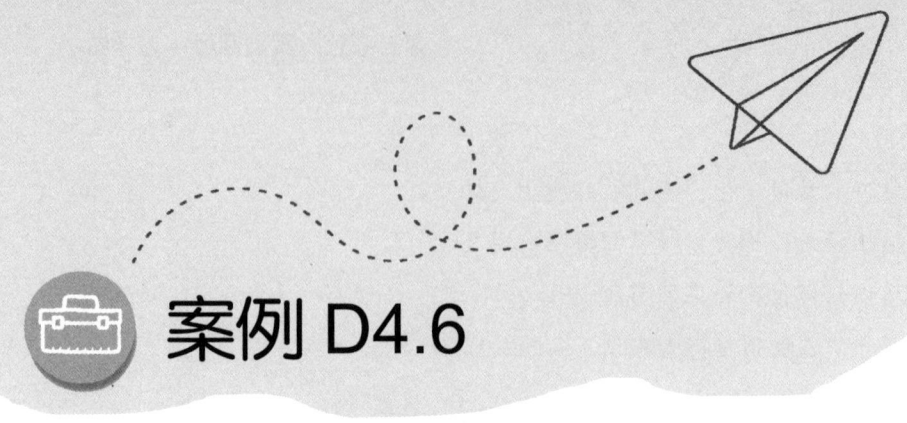

案例 D4.6

如何让管理者对学员的成就表示认可

迈克·施瓦茨

考克斯媒体集团（Cox Media Group）学习项目经理

↗ 背景

考克斯媒体集团是一家综合了广播、出版、直营和数字媒体业务的企业，旗下拥有 CoxReps(大型广告公司)、考克斯 target 媒体和 Savings.com 等公司。其中，考克斯 target 媒体经营的 Valpak 品牌在北美市场直营企业中处于领先地位，而 Savings.com 也占据着行业的前沿。2013 年，集团的业务范围包括 14 家电视台、1 家本地有线电视频道、57 家广播频道、8 家报纸、数十家出版物，以及 100 多项数字服务。

为了推动中级管理人才的职业发展，集团特别设计了考克斯集团领导力项目。项目面向集团所有业务部门开放，每期课程招收 20 名学员。每年集团会同时举办两次培训。

这个为期七个月的项目包括：

- 前往亚特兰大总部参加为期三天的领导和管理培训课程。

- 在培训课程期间设计和完成小组项目。
- 360度反馈。
- 使用在线目标设定和进度报告工具。

↗ 行动

在学员"毕业"前,我们会要求学员的直线经理提交一份报告,介绍学员取得的绩效改善和进步。我们会在项目的毕业典礼上宣读这些报告,并向学员提供副本。

↗ 结果

这些实质性的表彰措施主要有两方面的影响:

- 对于学员来说,这是对他们取得进步的公开认可。这样的认可强化了学员及其直线经理之间的联系;同时肯定了学员的成绩及经理的关注。
- 对于项目来说,这是对项目成效的有力证明,证明了项目确实推动了学员的成长。经理既是独立的观察者,又是提供支持的参与者,对项目的成功有着不可估量的影响。

下面我们准备了两份报告样本,大家可以从中感受到这些语言的意义和价值。

⊃ 样本一

"你曾经说过,要尽最大的努力,做最好的自己。如今你真的做到了!感谢你的辛勤付出和努力学习;看到你从一名优秀的团队成员成长为更加优秀的团队领导,我倍感欣慰。你在培训中获得成长;希望今后你在面对困难时能够更加沉着,将一切尽在掌握之中。沉着是你的优势,也必将带给你回报。简单的祝贺已经不能表达我的心情,但是你的进步确实值得祝贺。祝贺你!"

⊃ 样本二

"看着你在项目中一步步成长，我真心为你感到高兴。这次项目恰好赶上了如此重大的组织重组。在这次重组中，你的职位得到了提升，恰好是测试你学习成果的绝佳机会。在这样紧张的时刻，你一次次地展示了自己的专业技巧和应变能力。无论大小问题、轻重缓急，你都能沉着自若、胸有成竹。在重组的过程中，你也遇到过比较棘手的决策。我希望这次项目教会了你审时度势，做出最明智的决策。你拥有敏锐的分析能力，希望你能善用这一优势并从中受益。不久以后你将担任重要的管理职务，感谢这类项目为我们培养了一颗又一颗明日之星。"

↗ 建议

- 在项目开始时，提醒经理准备好对学员的进步表示认可和祝贺。
- 为经理提供充足的时间准备成就报告。
- 为经理提供以往的报告样本作为参考。
- 将提交报告的截止日期设在学员"毕业"前。
- 邀请项目中的其他学员在毕业典礼上宣读报告。

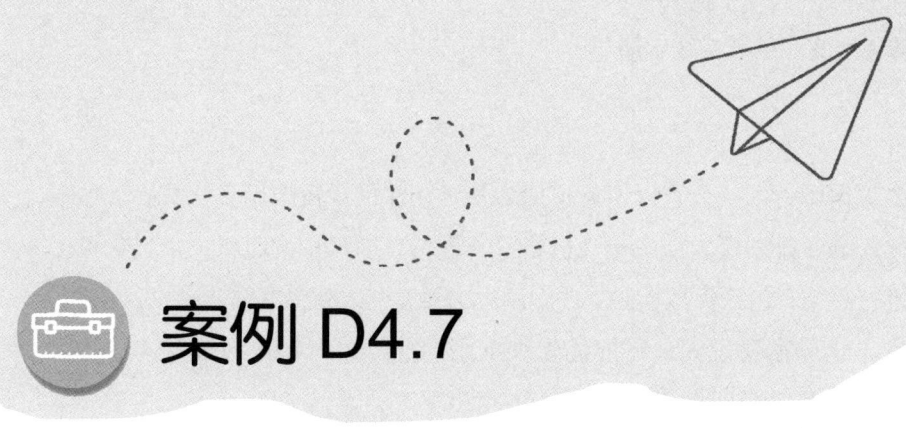

案例 D4.7

如何持续改善优先级管理培训

马克·莱兰

Learning Andrago 总裁

↗ 背景

我们的培训项目就像 GPS 中的三角定位一样。首先,我们会通过收集信息、确定绩效差距根源和行动阻碍,对客户的当前位置(当前绩效)进行评估。然后,根据客户的目的地(预期绩效),我们会设计好一条路线,带领客户到达目的地并评估改变带来的影响。和 GPS 一样,我们的工作是规划通往目的地的路线和设计投资回报率的评估标准。

举例来说,我们的某位客户遇到了一个问题:他们公司的销售代表不懂业务的轻重缓急。面对这种情况,大家都觉得应该安排这些员工参加优先级管理课程;但是我们知道,这些课程并不能解决问题。因此,我们为这些销售代表设计了一个混合学习项目,其中包括为学习转化提供的支持。

↗ 行动

项目的第一步,是使用在线匿名问卷的方式评估学员对优先级管理的态度和了解。接着,我们布置了一篇比较短的阅读作业,要求学员在参加课堂学习前完成。

这个工作坊为期一天，以情景模拟为开场。在情景模拟里，学员必须把事项按照优先顺序排列好才能阻止飞机坠毁。进行总结讨论的时候，学员对自己的学习进行总结，包括模拟体验、近期读过书目、个人感受和需求评估结果等。

接着，学员需要设立自己的优先级排序标准。第二次模拟练习让学员能够把这些新标准应用到真实的业务工作和活动中。

但这里并不是学习的终点。我们知道，为了实现预期商业结果，我们必须继续跟进，推动培训内容在学员日常工作中的转化。

我们的转化战略以工作坊结束时的行动计划讨论会为核心。学员需要签署一份"应用承诺合同"表明自己的决心。在讲师的指导下，学员写下他们要"开始、告别、改善、变革"的内容。合同采用表格的形式，一式三份（见示例 D4.7.1）。

示例 D4.7.1 应用承诺合同

优先级管理

开始	告别
改善	变革

完成行动计划后，学员将寄出其中一份。两周后，学员将收到自己寄出的合同，以此作为履行承诺的提醒。第二份合同交给讲师，供他们进一步分析。最后一份合同则折好后塞进网球里（网球要事先切开）。学员把球抛给随机对象；拿到其他学员的合同之后，学员应该等待下一步指示。

我们为客户设计了一份转化计划，包括如何持续学习，如何为变革提供支持，如何鼓励员工使用新的优先级标准等。计划的具体内容如下。

第三部分 案例回顾（怎样做）

- 公司的总经理在第一周通过邮件把新的优先级管理标准（工作辅助）发给所有员工。
- 我们会对收集到的所有合同的内容进行频率分析。这样可以为客户提供指导，找出影响转化过程的重要因素：
  —— 员工承诺变革和应用的决心
  —— 员工打算开始或告别的行为
  —— 应用过程围绕的中心
  —— 应用过程中可能出现的阻碍
- 学员在两周内收到自己的应用承诺合同。
- 营销总监设计一份可以和 Outlook 兼容的模板，保证优先级排序标准能够持续发挥作用。
- 销售经理在第三周开始跟进讨论，了解自己需要提供的支持。
- 总部指示学员直接与网球中的合同所属的学员联系（伙伴系统）。
  —— 组织所有员工参加一次非正式的讨论，讨论优先级管理、每个人的进度和取得的成效。
  —— 这些讨论的目的是激发员工的应用动机，分享近来取得的成绩。有了别人的陪伴，学员变革和改善的动力会更加持久。
- 客户通过各种沟通和项目保持员工对优先级管理的重视，并为销售代表的变革和应用过程提供支持。

↗ **结果**

- 我们没有选择在工作坊结束的时候使用一级问卷。向成功迈出的第一步是签署"应用承诺合同"。学员对于应用的重视程度提高到了 8.4 分（+1.4，满分 10 分），而他们达成预期目标的信心也提高到了 8.4 分（+1.4，满分 10 分）。
- 学员踊跃参与"应用承诺合同"的制定，平均每位学员在每份合同中列举的行动数为 7.4 项。

- 在"即将开始的行动"中,大部分学员都表示今后会定期进行优先级检查。这一态度恰好符合了客户的预期行为目标之一。而在众多学员承诺"告别"的行为中,最为普遍的是"消极懈怠"。
- 工作坊结束两个月后,我们与客户进行了一次会谈,了解对方的销售代表在日常工作中实践优先级管理的情况。客户对于目前的情况非常满意;学员仍然在坚持应用项目的内容和行为。
- 遗憾的是,客户没有提供预算信息,所以我们无法正式评估员工行为变革的程度或项目给业务带来的影响(第四级)。

经验总结

- 学习优先级管理等概念时,应该采用体验式学习法。我们成功说服了客户摒弃说教式的培训方式。整个工作坊都是学员进行实践的舞台,为今后更好地转化和应用奠定了基础。
- 尽可能多地使用转化计划,鼓励客户监督员工的持续学习和应用。客户可能不知道如何为学习转化提供有效支持,但是在我提供了一份建议步骤之后,他们做得越来越好。
- 很可惜,大多数客户都没有意识到评估项目结果的重要性。今后,我们会为工作坊前后的态度问卷调查设置一个价格,方便我们收集更多证据证明持续变革。

成功关键

- 我认为学习转化计划非常关键。我们应该定期与客户联系,提醒他们执行这些计划。如果没有我这一外来支持,客户很快就会把这些计划抛到脑后,而转化过程也会被每天的工作取代。

注意

- 如果你是外部的服务供应商,一定要避免指导客户什么该做,什么不

该做。虽然转化过程需要经常巩固，但是不注意这个"度"的话就会招人厌烦。另外，要保证你的想法能够获得管理层的认可，而且项目方法得当。

↗ 建议

- 如果你希望项目能够发挥作用，那么你就应该尽力做到最好。在界定项目终点线这件事上，没有任何妥协的余地。
- 实践第一法则（界定业务结果）的时候，要在项目开始前商定转化的相关事项。因为培训结束后，人们的精力就会被工作中的其他事项分散。
- 转化过程就像在健身房里做运动。只有照着计划坚持执行，才能看到成效。
- 提前获得决策者和学员对转化计划的支持和认可。如果跳过这一步，你的后续跟进（第四法则）和实施积极支持（第五法则）可能就会遇到问题。

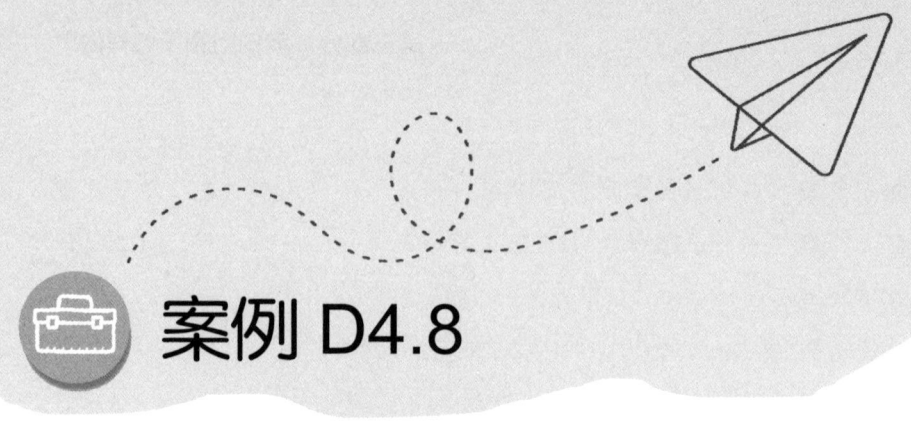

案例 D4.8

如何将学习转化为行动

埃玛·韦伯

澳大利亚 Lever Learning 公司创始人、总监

↗ 背景

莫里郡议会是澳大利亚新南威尔士州最大的政府机构之一,管辖着当地所有的服务和监管机构。

目前,议会面临的主要问题之一是无法有效管理员工绩效。这里的管理不光指年度的绩效考评,还包括管理者如何通过日常的行动和交流保证组织员工的行为和效率。这也是许多组织都会遇到的问题。

某家与议会合作多年的培训机构建议组织一次为期一天的绩效管理项目。项目的内容很好,属于那种能够获得完美评价的项目。

该项目的项目目标如下:

- 掌握如何执行有效的日常绩效沟通。
- 了解领导、行为和绩效之间的联系,以及如何通过树立榜样、设定期望、提供反馈和制定战略来提升个人绩效。

真正的挑战不是员工在项目结束时能不能了解或掌握这些概念,而是员

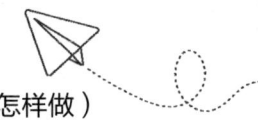

第三部分 案例回顾(怎样做)

工能不能在工作中应用这些知识和技能。

所以,议会决定向 Lever Learning 寻求帮助。"将学习转化为行动"(Turning Learning into Action®,TLA)项目是我们的专有设计,可以保证把学员在培训中学到的内容转化为工作中的行为改变。我们曾为 IT、金融服务和制造业的客户提供服务,无论是面向上千名员工进行的跨国领导力培训项目,还是为部门提供的销售培训,这一工具都能提供有效支持。

在这里,我们选择通过这个小型项目来介绍我们的方案、学习转化方法和评估流程。

↗ 行动

我们与目前的培训供应商合作,携手推动学习在工作中的真正转化。我们的任务是填补有效学习和业务结果之间缺失的学习转化环节。"将学习转化为行动"(TLA)是一种学习转化方法,在培训结束后,通过定期进行有针对性、有结构体系和有明确责任划分的一对一对话,解决学习转化的问题。

用最简单的话来说,我们的 TLA 方案主要有三个关键步骤:

- 准备。
- 行动。
- 评估。

TLA 的第一步是准备。培训课程结束后,讲师会与学员一起制订具体的行动计划。这些计划的副本随后会被提交给教练和学员的直线经理。

在这些个人行动计划中,学员将他们在培训中学到的内容与工作中的机遇和挑战建立联系。

接着,我们要求学员签署一份学习合同(包括保密工作和流程安排),承诺和保证他们了解了跟进项目的内容。根据安排,在接下来的 12 周里,学员需要与 TLA 专家进行三次 30 分钟的电话跟进讨论。

到培训结束的时候,学员已经完成了这三次讨论,确定了下一步行动,并且为接下来的三个月制订了行动计划。

我们会向所有的关键决策者(包括学员的直线经理和项目的出资人)汇报项目进度和结果。

示例 D4.8.1 是一份绩效管理项目的行动计划样本。

示例 D4.8.1　行动计划样本

行动计划		项目名称:绩效管理		日期:2012 年 12 月	
学员姓名:依安·史密斯		E-mail:_____		TLA 教练:Phenella Lill	
电话:(固定)_____		(手机)_____		职务:填埋设施经理	
课程1:2013年1月18日14:00		课程2:2013年2月8日13:15		课程3:2013年3月8日15:30	
	完成培训课程后使用			现 状	计 划
你的预期目标是什么? 你计划在何时应用项目中的哪些内容?	为什么选择这个目标? 这个目标对你个人来说有什么意义? 它为什么重要?	评估标准/成功标准 如何判断你是否获得了成功? 通过各方面的观察来进行评估		现状如何? 按照 1~10 的标准为现状打分	下一步行动 在接下来的48小时里,你会采取哪些行动? 你会在未来采取哪些行动?
从1月中旬开始,定期与团队成员进行一对一面谈	有助于了解员工的进展情况,让他们工作得更开心	确定每位员工在最大化生产效率过程中的进度		1 2 3 **4** 5 6 7 8 9 10	开始规划一对一面谈 在日程中安排第一次面谈
每月召开员工会议	加强交流、反馈和认可	举行会议		1 **2** 3 4 5 6 7 8 9 10	确定日期并发出邀请
确定预期目标,管理私人电话的使用	最大化地利用员工的时间和工作效率	员工效率提高,工作压力减少		1 2 **3** 4 5 6 7 8 9 10	工作期间禁止使用私人电话

签名:本人_____已经阅读并了解背面所附学习合同的内容。
课程联系电话:欧洲/英国 +44 333 301 0714　亚洲/美国/澳大利亚 +61 2 8221 8833 E-mail:phenella@leverlearning.com

TLA 的第二步是三次 30 分钟的行动对话,这些对话在学员完成培训回到工作岗位上时进行。顾名思义,这些对话的主题是行动——完成这些跟进讨论之后,学员会采取哪些行动来实现他们的预期目标。

学员和 TLA 专家在数周时间内,通过电话联系完成这些对话,促使学员进行自我反思。行动对话的真正目的并不是学员和外部教练的对话,而是学员和自己进行的对话。这是推动学员真正进行学习转化的过程,并且提醒学员准备好迎接即将发生的变化。

示例 D4.8.2 展示了整个跟进对话的流程。

第三部分 案例回顾（怎样做）

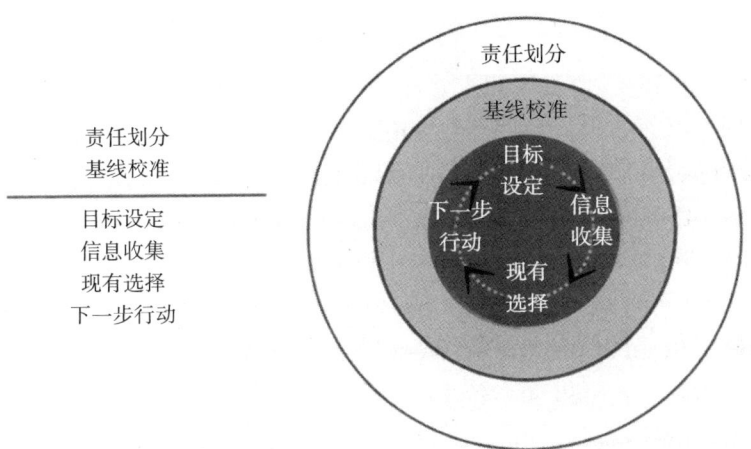

示例 D4.8.2 ACTION 行动法

ACTION 对话模型中的 ACTION，指的是对话各阶段的英文首字母缩写。

A=责任划分（Accountability）：建立过程背景和 TLA 关系。

C=基线校准（Calibration）：以学员目前的绩效分数为基准，为 TLA 计划设定预期目标。

T=目标设定（Target）：学员的目标是什么？各阶段的目标分别是什么？

I=信息收集（Information）：收集工作环境中的各项信息。

O=现有选择（Option）：学员在目前有哪些选择？他们能做些什么？

N=下一步行动（Next Steps）：学员需要采取哪些行动来实现预期目标？

例如，某位学员的目标是与团队成员定期进行一对一会谈。过去，他只是偶尔与团队中的四位成员开个会，所以他的起始分数是 2 分（10 分为满分）。开始改变之后，这一分数迅速提高到了 5 分，他自己觉得进步很大。但是，在与 TLA 讨论之后，他意识到自己每个月都在有意避开那些比较"棘手"的队员。仔细分析之后，他找出了这些队员之所以"棘手"的原因，以及他应该采取哪些措施来解决这一问题。他为接下来的每次会谈做好了精心的准备。到了第 12 周结束的时候，大家都养成了在会谈前做好准备的习惯。更重要的是，这样的定期会谈给这位学员带来了宝贵的收益。TLA 专家划分了每个人在实现预期目标过程中的责任，从而成功实现了学习转化。

学员完成 TLA 计划以后，就进入了 TLA 的最后一个阶段：评估。在这一阶段，我们会收集学员在培训课程结束之后和 TLA 对话期间取得的成就。通常我们都在项目开始后三个月在线收集这些信息。

结果

最后，学员需要完成一份在线进度调查。这份调查以学员的行动计划为基础，在收集信息的同时，对学员的进度进行追踪。所有收集到的信息和进度都会公布在学习布告栏里（见示例 D4.8.3）。

学习布告栏共包括六个板块（请参考示例 D4.8.3）。

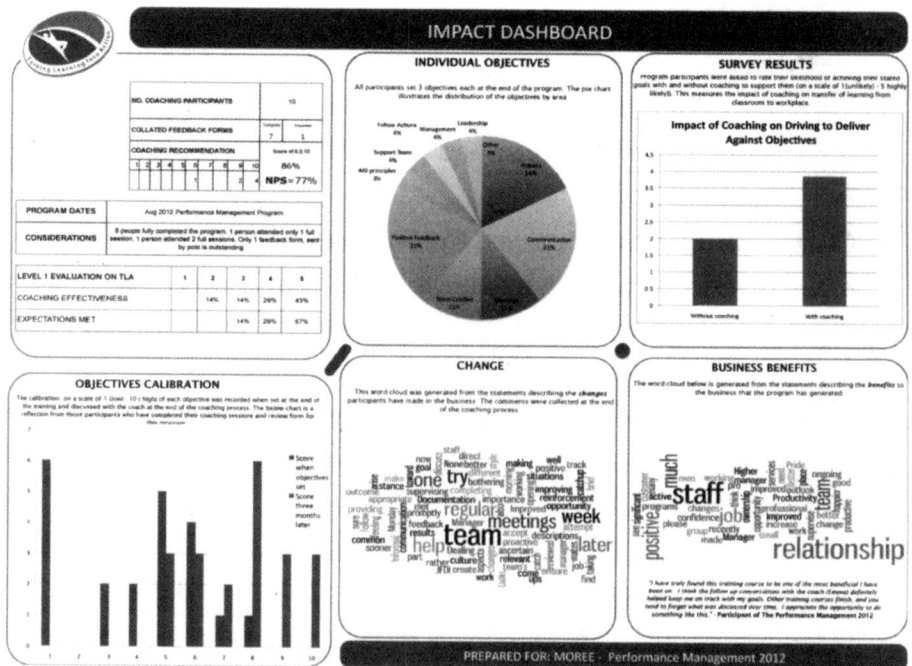

示例 D4.8.3　学习布告栏样本

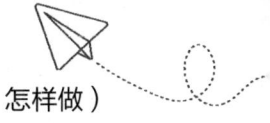

第三部分 案例回顾（怎样做）

1. 项目介绍（左上）。项目介绍板块介绍了项目的概要信息。有时也可以采用 Net Promoter Score（NPS）指标。了解 Kirkpartrick/Phillips 评估法的读者可以看到，图中提供的都是一层评估数据：反应层数据。有 72%的学员给流程的效果打了 4 分/5 分（满分 5 分）。

2. 个人目标（上中）。培训项目结束后，学员就要执行他们在 TLA 计划中制定的三项行动。饼图展示了学员目标中不同的主题或领域，方便决策者快速了解这些行动的关键主题或类型。

3. 调查结果（右上）。在反馈调查中，我们会向所有 TLA 学员提出以下两个问题：

- 你是否达到了自己项目结束时设立的目标？按照 1～5 分的评分标准，你会给自己的完成情况打几分？
- 如果没有教练支持的话，按照 1～5 分的评分标准，你会给自己的完成情况打几分？

这些问题可以让学员看到自己在 TLA 项目中获得的进步，并且促使他们思考在没有教练支持的情况下会发生什么。

4. 目标校准（左下）。这一部分是学员根据目标得分情况进行的总结：他们在项目前后发生了哪些变化。客户也可以收集学员直线经理的看法进行交叉比较，但是，在这个例子中，自我总结报告已经足够。

5. /6. 改变（下中）和业务收益（右下）。在这一部分，我们把反馈调查中收集到的所有信息放在了一起。这些信息都是学员对"你做出了哪些改变"和"这些改变为你带来了哪些收益"这两个问题的回答。根据答案出现的频率，不同的大小或颜色表示了不同的重要程度。

大家可以从图中看到，绩效管理项目收益的关键词是"积极""关系"和"员工"。

除了学习布告栏，我们还对每位学员的案例进行了研究，总结成学习故事供组织中的其他员工参考（见示例 D4.8.4）。通过对学员进行电话访问，我们以案例研究的形式记录了学员遇到的问题、采取的解决方案及获得的成果。

示例 D4.8.4　个人案例研究样本

成功关键

培训项目能否成功，主要取决于以下几个关键因素：

- 为 TLA 学员选择最匹配的合作对象。无论是接受过专业培训的内部经理、学习发展专家，还是外部的 TLA 专家，在选择 TLA 对话伙伴的时候，必须确保他们了解这些对话的特殊性。这些对话的目的是推动变革，因此，经理和学习发展专家必须改变以往的自我定位和沟通方式。而 TLA 专家则不存在这些问题，因为这就是他们的本职工作；所以，他们是大多数 TLA 对话伙伴的最佳人选。

- 明确划分项目讲师和 TLA 专家的职责。学员通常觉得讲师就是这一领域的专家，所以他们会要求讲师直接提供答案，而不考虑利用教练支持来推动变革。

- 鼓励学员的直线经理参与到项目中。我们鼓励学员与他们的直线经理共同讨论行动计划，确定经理在学习转化中可以投入多少时间。另外还要考虑经理是否真的擅长这一领域；如果不擅长，经理只要为员工提供鼓励就可以了。
- 在项目开始前，做好后勤支持准备。后勤支持是项目成功和评估的关键；确保后勤准备到位，能够为项目提供点对点的支持。无论项目规模大小，我们都会采用同样的方法；完善的后勤准备是实现预期目标的重要环节。

建议

- 学习转化是一个漫长而辛苦的过程，一定要坚持到底。大家可以通过试验项目汲取经验并不断完善。
- 学员是推动变革的主体。学员的参与、投入和责任远比经理的参与重要。
- 充分利用电话这一技术优势。
- 选择合适的方法确保项目成功。
- 与关键决策者分享项目成果，说明项目为组织带来的收益。

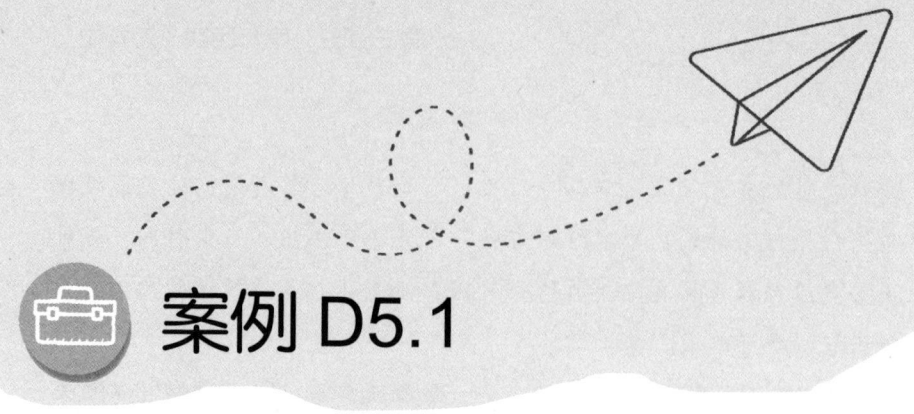

案例 D5.1

如何利用主要决策者传播企业文化

Conrado Schlochauer

AfferLab 公司合伙人

↗ 背景

Promon Engenharia（简称 Promon）是一家来自巴西的工程公司，拥有超过 52 年的市场经验，尤其擅长工程、管理、采购、建筑安装和信息技术等行业。在巴西，Promon 是拥有最多项目组合的工程公司之一，年收入可达 5 亿美元。Promon 旗下拥有一批独立企业，这些企业都根据 Promon 集团的整体战略、政策和方针进行日常运营和管理。

Promon 之所以能够取得这些成绩，与它独特的企业文化密不可分。公司内部的关系就像一个专家社区，而决策者就是这个团体的创立者。为了强化企业文化在公司决策者中的影响，Promon 邀请 AfferLab 公司（巴西国内企业学习行业的领军企业）设计了一个辅导项目。

这个项目的目标如下：

- 积极推广 Promon 的企业文化和价值观。

- 提供职业规划。
- 鼓励员工建立组织关系网。

行动

AfferLab 一直致力于以创新的方法推动深入学习,支持学习转化,促进行为变革,以及根据企业的战略目标改善业务结果。

了解了文化转化对员工的重要意义之后(社会学习),我们为 Promon 的专业人士设计了一套定制的辅导方案,帮助他们强化和传播 Promon 独特的文化和价值观。在设计这个项目的时候,我们使用了 6Ds® 法则框架(见示例 D5.1.1)。

示例 D5.1.1 6Ds® 法则在设计中的体现

第一法则: 界定业务结果	与培训投资者商定培训目标: "在企业的主要决策者中推广 Promon 文化,并为员工带来组织发展和职业生涯发展。"
第二法则: 设计完整体验	学习体验的内容包括: • 迷你课程(导师) • 培训实践 • 会议讨论 • 评估调查
第三法则: 引导学以致用	分别对导师和学员进行有关个人职责、预期目标和如何优化项目价值的培训。 • 导师:正式培训(8 小时) • 学员:交流讨论(2 小时)
第四法则: 推动学习转化	• 讨论框架 • 个人发展计划(新方法) • 双向评估

续表

第五法则： 实施绩效支持	• "学习广场"（交流日常经验和体会的最佳机会）
第六法则： 总结培训效果	• 评估调查：六个月后收集学员的想法和体会

↗ 特别亮点

- 成功的辅导要求导师和学员之间必须完美契合，否则辅导就无法发挥作用。导师的知识和技能是决定辅导项目能否成功的最关键因素；而学员也应该保持积极的态度，认真学习和听取导师的指导。
- 为了保证导师和学员能够为辅导做好准备，从而获得最优效果，我们设计了一套完整的学习体验：
  — 组织一次公开的研讨会，供大家讨论项目可以为学员和公司带来的收益。
  — 导师同意参加项目之后，为他们提供一个专为此次辅导项目设计的网站。
  — 接着，通过电子邮件向导师发送项目简介和相关材料。
  — 导师参加一个 8 小时的基础课程，包括基本培训、项目机制和往期导师的经验分享。
  — 最后，导师会在项目期间参加名为"学习广场"的讨论会，讨论问题，分享经验和看法。
- 向学员介绍他们的指定导师。我们要保证此次交流能够确定双方的预期目标，设定一致的预期行为和行动。
- 通过 4 小时的双向评估会（"学习广场"），推动参与者的经验交流。
- 获得管理层的同意之后，我们开始与人力资源部门信息共享，让流程更加公开，把员工发展的责任交给了企业。

- 导师和学员一起制定个人发展计划目标。双方第一次见面时，应该商定预期目标和未来日程。在辅导过程中，个人发展计划就像路标一样，引导着导师和学员随时检查进度或根据需要调整目标。
- 导师不仅有参加培训的机会，也可以参考其他人的例子，从而扩展他们在这一领域的知识。他们不一定要与人力资源部门分享员工的个人发展计划。

↗ **结果**

学员的反馈表明，辅导项目有效传播了 Promon 文化，并且推动了员工的个人发展。

↗ **经验总结**

- 为学员选择匹配的导师，是项目成功的关键。
- 在建立辅导关系前，导师和学员最好接受过适当培训，并且对彼此有一定的了解。
- 亲和图可以推动整个项目顺利进行。

↗ **建议**

- 了解背景情况和客户的战略需求。
- 在项目开始时就建立成功的标准。
- 选择合适的工具。

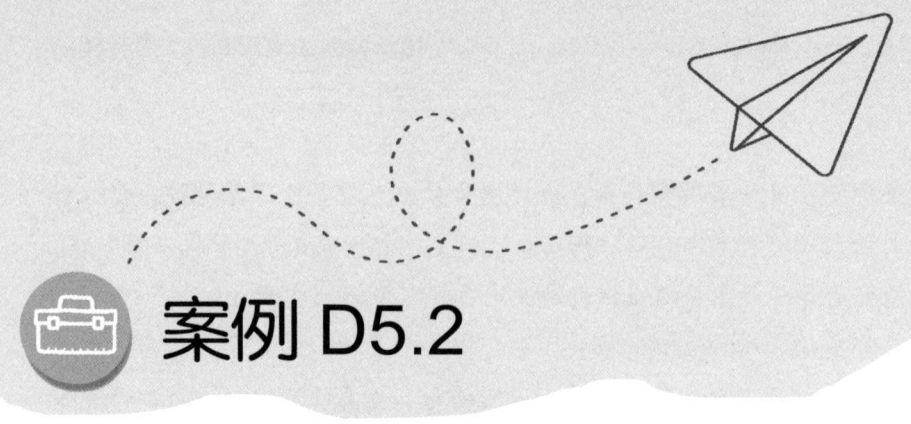

案例 D5.2

如何通过胜任教练改善绩效

杰夫·里普

澳大利亚 Institute for Learning Practitioners 研究总监

背景

在大多数人眼中,培训只是一场活动。人们会说"我参加了一次培训"或者"我上了一堂关于×××的课",说明他们认为活动结束后,培训也就完成了。

学习行业的从业者都知道,上面这种想法其实不对。培训其实是一个持续影响的过程。培训的目的是通过学习活动改善员工的绩效。因此,达到预期的绩效收益或标准才是培训真正的终点线。

在从培训到商业结果的因果链中,学习转化是一个至关重要的环节(见示例 D5.2.1)。

示例 D5.2.1　6Ds®从培训到商业结果的因果链

在如今如此激烈的竞争环境下,经理不仅需要员工能力出众,还需要他们能够胜任自己的工作。胜任是指"员工能够顺利、熟练地完成工作"。我们说一个人能够胜任某项工作,不仅指他能够正确完成工作,还指他能够快速、流畅地完成工作。学员几乎不可能通过培训课程就达到胜任水平,因为他们没有足够的时间改掉旧行为和旧方法,掌握新行为和新方法。而且,真正的胜任能力只能在工作中慢慢培养。

从能力培养的角度来看,培训活动只能算"热身"。这些活动和课前讨论一起,为学员在工作中的持续学习打下了基础,最终才能达到胜任标准。

培训效果的公式如下:

$$\text{初步学习} \times \text{行动学习} = \text{结果}$$
$$(\text{课程}) \quad (\text{在职}) \quad (\text{胜任})$$

↗ 行动

为了保证学员在培训课程结束后能够继续学习,并且积极参与行动学习和培养胜任能力,我们设计了一系列名为"胜任教练"的项目。

胜任教练在培训活动的基础上,新增了两个关键阶段:胜任能力培养(实践)和经验总结。完整的学习体验如下。

- 阶段一:准备。通过课前准备,让学员了解培训的相关性和重要性。
- 阶段二:课程/工作坊(热身)。阶段二由各种形式的学习活动组成,包括工作坊、在线学习课程或虚拟课程。
- 阶段三:胜任能力培养(实践)。阶段三由一系列必要的实践活动(行动学习)组成,其中应该至少包括三次胜任教练活动。
- 阶段四:经验总结。学员必须提交一份经验总结(也叫应用总结、成功总结或成就总结)才算完成培训。

有一点需要注意,我们必须在项目开始前,向学员说明整个项目的结构和各个阶段的概要。通过"热身"和"实践"这类表达,学员就会明白课程(阶段二)并不是主要活动,阶段三才是关键的学习阶段。

胜任教练可以由以下人员进行：

- 其他学员。
- 往期学员（成功完成整个项目的学员）。
- 讲师。
- 学员的直线经理。

最好的办法就是建立"伙伴系统"，让学员能够互相进行胜任教练，这样教练和学员都能受益。如果学员不具备教练能力，我们可以邀请往期学员、讲师或学员的直线经理承担主要的教练工作。

在展开教练之前，我们要先为各位教练安排一次简短的面谈或在线学习，向他们介绍如何进行胜任教练。面谈或学习的内容包括原理、方法、成功因素、责任和收益等，具体如下：

- 胜任教练的意义和重要性。
- 成绩出色者可以获得哪些收益。
- 为什么实践活动（行动学习）对于个人发展如此重要。
- 实践、引导反思和前馈的重要意义。
- 胜任教练规划轮和反思框架等工作辅助。
- 从经验中发掘问题并学习。
- 调整因走出"舒适区"带来的情绪波动。
- 胜任教练的作用和职责。
- 通过经验总结，强化学习效果和庆祝取得的成就。

研究表明，学员的直线经理对于学员的学习转化有着最主要的影响。因此，直线经理必须为胜任教练和培训的三、四阶段提供积极支持。

鼓励经理给予支持的办法之一，就是向他们说明胜任教练的概要，尤其要强调他们对于项目成功的关键影响；另外，还要介绍学员的经验总结及如何利用这些总结进行持续改善。

↗ 结果

通过实施胜任教练，企业获得了以下收益：

- 这一过程明确说明了学习转化的重要作用。
- 学员及其直线经理一致认为这种方法十分有效、合理。
- 学员更好地了解了教练、引导反思和体验式学习。
- 提升了绩效收益的可预测性。
- 推动了学习转化和胜任能力发展，改善了培训效果。
- 带来了真正的业务结果：员工绩效获得了重大、显著的改善。
- 树立了持续改善的文化。
- 改善了一系列影响员工敬业度的关键因素。
- 证明了培训的效果和有效性。

↗ 成功关键

- 注意，必须在项目开始前向学员说明整个项目的结构和各个阶段的概要。
- 确保学员的胜任教练和直线经理做好了参与的准备。
- 对学员及其直线经理进行跟进，保证完整体验。

↗ 建议

- 培训是一个过程，而不是一次活动。
- 通过学员间的胜任教练，推动学习在工作中的转化，并且保证学员掌握知识以后能够通过实践发展胜任能力。
- 把提交经验总结作为完成培训的标准之一。

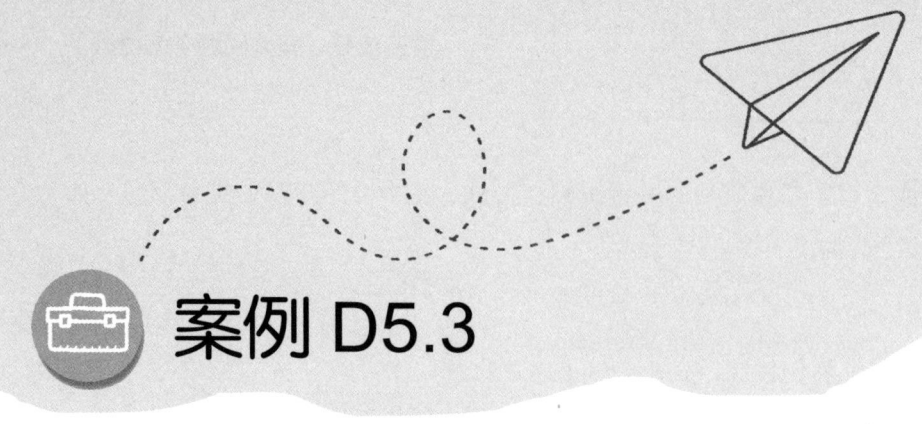

案例 D5.3

如何推动学员实现最优学习转化

Ishita Bardhan
塔塔汽车学院管理优才发展中心学习和发展部门总经理助理

Kanika Sharma
塔塔汽车学院管理优才发展中心学习和发展部门高级经理

↗ 背景

塔塔汽车有限公司是印度最大的汽车制造商。2011—2012 年，公司的业务收入达到了 325 亿美元。它是全球商用汽车和客车制造业的领军人物，也是印度第一家在纽约证券交易所上市的工程类公司。

在塔塔汽车的人力资本战略中，最重要的一项就是人才和领导力发展。我们建立塔塔汽车学院就是为了满足公司目前和今后的领导力需求，推动员工向着组织的战略目标迈进。

领导能否为员工提供建设性的反馈意见及绩效改善教练，是影响绩效评估流程的重要因素。有效的教练可以帮助员工提升个人职业素养，从而提升公司的整体绩效。为了满足公司对更有效的绩效评估和教练的需求，我们设计了一项名为"教练 imPACT"的项目（PACT 是"绩效评估和教练工具"的缩写）。

我们意识到，为了改善组织绩效，我们必须推动新技能在工作中的转化和应用。我们知道影响转化氛围的因素多种多样，我们还知道员工的日常工作非常繁忙。所以，我们的解决方案必须易于理解和应用，具有时间效率，并且拥有强大的证据支持。

总体来说，此次项目的最终目标是提升员工学习转化的能力，并确保员工能够得到相应的支持。

↗ 行动

我们的项目由五个阶段组成（见示例 D5.3.1），分别是课前预习、两次课堂学习（中间需间隔 30 天的应用期），以及在职学习。

我们主要通过以下流程来实现学习转化：

1. 使用"教练镜子"作为反馈工具；
2. 三次实践练习；
3. 使用应用计划表；
4. 教练模拟。

↗ 使用"教练镜子"作为反馈工具

在第一次课堂授课期间，学员需要完成一份"教练镜子"问卷。这份问卷收集了学员自身和同事关于自我教练能力的反馈。之后，学员会收到一份简要的评价。

这一过程有两方面的作用：

- 让学员了解自己的教练能力及需要改善的方面。
- 通过同事间的互相鼓励和监督，创造更有效的社会动机。

示例 D5.3.1　imPACT 项目的五个阶段

学习序列

阶段一 — 课前预习（3.5 小时）
- 在线教练模拟"自信教练"（测试模式）
- 了解工作中的教练情况
- 回答有关问题

阶段二 — 课堂学习（8+4 小时）
- 开始接触和破冰活动
- 认识教练
- GROW 和教练学习包简介
- 教练镜子
- 教练态度——彼此信任
- 教练技能——建立信任和表达尊重
- 教练技能——积极倾听
- 教练态度——教练仪态
- 总结

阶段三 — 30 天计划（2 小时）
- 三次实践练习
- 使用应用计划表

阶段四 — 课堂学习（8 小时）
- 破冰活动
- 教练技能——如何在 GROW 中有技巧地提问
- 教练技能——绩效评估和直接沟通（反馈）
- 构建教练对话
- 行动计划

阶段五 — 在职学习（3 小时）
- 教练伙伴会谈
- 在教练中与领导建立联系
- 完成在线模拟教练"自信教练"（探索模式）

终点线：年度教练奥林匹克

TATA MOTORS ACADEMY

354

第三部分 案例回顾（怎样做）

↗ 三次实践练习

在两次课堂学习期间，学员必须进行三次实践练习，锻炼自己应用所学技能的能力。只有完成了三次练习后，学员才能注册第二次课程。三次练习的安排如下：

- 第一次授课结束前，学员被随机分成三人一组。
- 在这三次练习中，每位学员都要轮流扮演教练、学员和观察员的角色。
- 扮演学员的人应该准备一个来自实际工作中的培训问题供大家讨论。教练需要借此机会练习学到的技能，观察员负责提供反馈。
- 每个小组都应该完成三次练习。每次练习 1 小时，因此扮演教练的学员有两次 30 分钟的练习机会。
- 观察员可以在检查清单上记录其余两人表现的优点和不足之处。

这一过程不仅可以让学员在安全的环境中练习所学技能，也可以推动学员承担学员的责任。如果整个团队可以一起参加这个项目，那么就可以为经理的参与打下坚实的基础，从而推动学习转化。

↗ 使用应用计划表

在每次练习过程中，扮演教练的学员需要使用应用计划表来反思自己应用学习内容的情况，并制订接下来的行动计划（见示例 D5.3.2）。应用计划表可以强化学员对关键概念的掌握，让学员看到自己的进步，并且推动持续改善。

↗ 教练模拟

教练模拟是指使用在线模拟器，让学员对模拟情境做出反应。这些情境都是发生在经理和直接下属之间的跟人有关的问题。模拟器为学员提供了一个练习教练技能的安全环境，并且具有优秀的互动性。

示例 D5.3.2　实践练习中使用的应用计划表

教练的态度		
① 互相信任 ② 教练仪态	背　　景	
	我进行了哪些准备	
	我采取了哪些行动	
	我对于效果的反思	
	与＿＿＿讨论我的想法	

↗ **结果**

　　我们的项目得到了学员的广泛认可,并且鼓励学员进行定期练习和实践。同时,学员也非常欢迎互为练习伙伴的做法。我们欣慰地发现,间隔学习法的使用成功改善了学员对课程内容的记忆:在五个阶段中,我们不断地复习和巩固各种原则、概念和方法。

　　在与学员进行的中期讨论中,我们发现大部分学员都完成了实践练习,并为同组成员提供了反馈建议。我们还发现,在练习过程中,学员会主动帮助他人应用/实践难度较大的技能,并且积极听取别人提出的改善建议。

↗ **建议**

- 使用不同来源的影响因素(社会动机、社交能力和个人能力),创造一个积极的转化氛围。
- 通过巩固和评估为转化过程提供支持。
- 如果项目中安排了课后作业,那么可以要求学员必须完成作业才能参加下一节课程。
- 提供支持,强化学习效果,确保学员掌握预期技能,为企业创造价值。

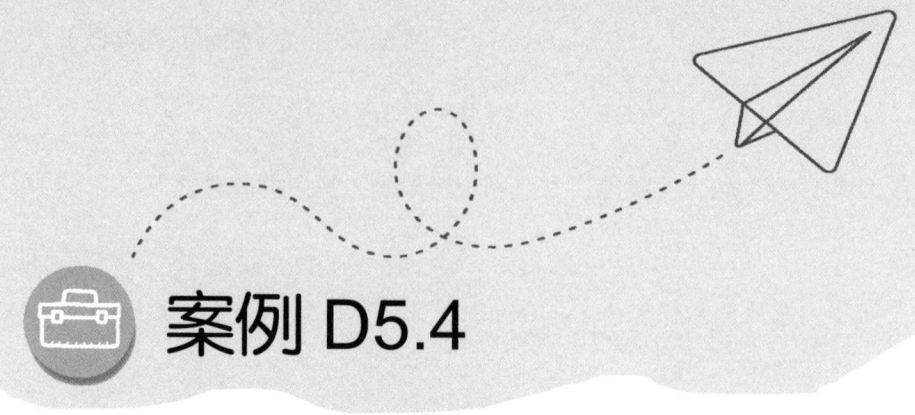

案例 D5.4

如何为技术能力培训项目实施绩效支持

Hemalakshmi Raju
塔塔汽车学习和发展部门总经理助理

Sumita Menon
塔塔汽车学习和发展部门经理

↗ 背景

塔塔汽车有限公司是印度最大的汽车制造商。2011—2012 年，公司的业务收入达到了 325 亿美元。公司成立于 1954 年，目前是印度国内最大的商用汽车供应商，同时也在载客汽车供应量中位列前三。公司主打中小型汽车及重型货车，同时也是世界第四大卡车和客车制造商。

塔塔公司的愿景是"为所有客户、员工、合作伙伴及股东带来最难忘的体验和价值"。为了实现这一愿景和我们的业务目标，公司的人力资本战略特别强调员工的学习和能力发展。

随着越来越多国际和本土企业的出现，印度的汽车行业面临着前所未有的激烈竞争。在这样的市场环境下，卓越的品质就成了一项非常重要的竞争优势。因此，我们的管理层致力于打造一个品质至上的企业文化。各工厂也采取了一系列措施，保证稳定、一流的产品质量。

在 2012 年年初，我们推出了 autonova TX 项目。这是一项针对商用汽车业务部门展开的大型技术能力培训，帮助部门实现"零缺陷，零返检"。

行动

我们选择了几条特定的生产线，开始严格实施 autonova TX 项目。我们希望借助此次项目打造出一系列模范生产线，然后逐步改造其他生产线的流程。

之所以选择这些生产线，是因为它们的改善能给业务和客户基础带来最大影响。接着，我们又制定了一系列学员选拔标准：

- 确定在生产的各阶段对产品质量有直接或间接影响的所有部门。
- 找出这些部门中五项关键素养不达标的员工。
- 部门领导批准和安排员工参加培训。

为了确保培训能够改变员工的工作行为，让员工对培训结果负责，每位学员都要在培训结束时填写一份报告表，详细说明他们在规定时间内完成的项目。学习和发展团队设计了一个专门的追踪器来记录项目情况，同时还会要求学员定期汇报项目进度。

autonova TX 项目最大的成功，就是它对产品质量的影响。为了保证培训的应用并进行实地监督，我们设计和实施了一系列绩效支持。

在我们提供的支持中，其中一个关键元素就是质量关键点检查清单。生产过程中的每个环节都应该确保这些质量关键点达标。检查清单会一直贯穿整个生产过程，提醒一线员工注意核对及发现疏漏。

这份清单由精英中心、直线经理、工厂质检和中心质检组成的跨部门团队联合设计，使用了 5W1H 分析法。

1. 目的（Why）：使用质量关键点检查清单，避免常见失误。

2. 场所（Where）：哪些地方（产品/工厂/生产线/车间）需要进行检查或失误排查。

3. 对象（What）：哪些项目（缝隙/水渍/污渍/密封情况等）需要接受检查。

4. 执行人（Who）：谁来执行检查（操作员/管理人员）。

5. 时间（When）：检查的频率。

6. 方法（How）：检查的方式（测量/视检/触检）。

检查清单中既有图片标示，又有文字说明，确保执行人明确了解检查的场所和对象（见示例 D5.4.1），同时还可以保证流程的一致性，并在每天的工作中对缺陷和失误进行监督。清单中包含一系列项目（最多 30 项，平均每个环节 3 项），打印在 A4 纸上使用。清单内容的灵活性很高，可以根据问题出现的频率和严重程度随时调整其中的项目。

工厂的领导会签发一份 RACI 责任分配表（安排各活动和交付项目的负责人、顾问、联络人），保证检查清单中内容的执行。

生产主管是检查清单的主要执行人，他的直接上司会对这一过程进行监督。质量团队会对清单中的数据进行统计，然后提交给精英中心的经理。经理会对质量关键点指标进行调整，从而优化整个清单。每个月，生产负责人、质量负责人及学习和发展团队会对清单的执行情况和数据分析进行审核，确保没有任何误差。

我们发现，大部分学员在第一次应用新知识或新技能的时候，都会遇到各种问题。这时，他们需要来自外部的定期支持和反馈。因此，我们为每个 autonova TX 主题配备了两名导师。这两名导师都是学员每天会接触到的高层领导，负责与主题相关的生产的核心环节。他们的主要职责是监督学员在项目结束后的应用情况，并为学员提供建设性的意见、支持和教练。

第三部分 案例回顾（怎样做）

示例 D5.4.1 绩效支持检查清单样本

	BIW 检查清单		日期	BIW 编号：
塔塔汽车浦那公司			班次	型号：

序列号	检查对象	规格	测量仪器	合格/不合格	检查人	图片
6	后门设置					
a	侧壁与后门间距	6 ± 2 mm				
b	左右门板中心与侧壁距离	8 ± 2 mm				
c	确保折线与后门和侧壁之间的缝隙折线	± 2 mm				
d	确保与侧壁齐平	± 2 mm				
e	确保密封尾柱间隙	9(+2,−1) mm				
f	确保扭矩紧固	(4.8 ± 0.7) Kgm				
7	前门设置					
a	确保前门与 B 柱（A,B）之间的距离	6 ± 2 mm				
b	确保前门与侧盖（E,F）之间的距离	6 ± 2 mm				
c	确保前门与侧盖之间的缝隙折线	± 3 mm	量尺			
d	确保前门与 B 柱之间的缝隙折线	± 2 mm	量尺			
e	确保与侧壁齐平（A,B）	± 2 mm	量尺			
f	确保前门与侧盖齐平（E,F）	± 1 mm	量尺			
g	确保扭矩紧固	(4.8 ± 0.7) Kgm	扭矩扳手			
8	密封性、车顶横梁固定及推拉门配件					
a	确保按照密封要求使用密封胶	—	目测			
b	确保按照密封要求在车顶衡量使用胶粘密封剂	无缝隙	胶检			
c	确保推拉门水平至于轨道中	—	目测			
9	引擎盖水平及侧盖设置					
a	确保两侧侧盖与引擎盖中心距离相同	最大 2 mm 锥形缺口	量尺			
b	与侧盖顶线 C 位置对齐	± 2 mm	量尺			

每条生产线都会设置一个布告栏，对 autonova TX 项目的结果进行监督和回顾。布告栏的内容包括质量关键点指标、当前状况、预期目标等。质量关键点指标由 CX 所有人和质量团队共同确定，最后由各生产线的车间质量负责人核准。根据布告栏中的信息，我们可以掌握清单进度，制订行动计划。

学习项目是否成功，取决于企业的参与情况和负责程度。在 autonova TX 项目中，这一点是靠学习辅导委员会（LAC）来保证的。LAC 是塔塔汽车集团的一个学习管理机构，主要职责是保证学习内容与公司业务的一致。

各工厂的 LAC 由工厂负责人、生产负责人、质量负责人和他们的下属团队组成，这些人每个月都会对项目的结果进行回顾。中央 LAC 由生产副总裁、各生产地的工厂负责人、生产负责人和质量负责人组成，他们每个季度会对项目进行回顾。LAC 对每条生产线的进步进行回顾和总结，然后制订进一步的行动计划。LAC 会议则为各生产地的知识和经验交流提供了一个平台。

结果

这个项目为公司带来了显著的改善。选择特定的生产线，让我们可以快速确定项目学员；而培训、绩效支持和执行监督三管齐下，则为企业带来了巨大的业务收益。

目前我们取得的成绩包括：

- 产品质量。自项目实施五个月以来，整体合格率从 70% 提高到了 95%。
- 返工成本。自项目实施五个月以来，返工的员工数量减少了 75%。

建议

- 项目后的绩效支持是所有培训项目成功的关键。
- 高层领导更加关注业务结果而不是学习结果。
- 鼓励企业领导参与到学习过程中，可以培养他们对学习的责任感，保证他们为学习过程提供支持。
- 项目需要定期回顾和总结。

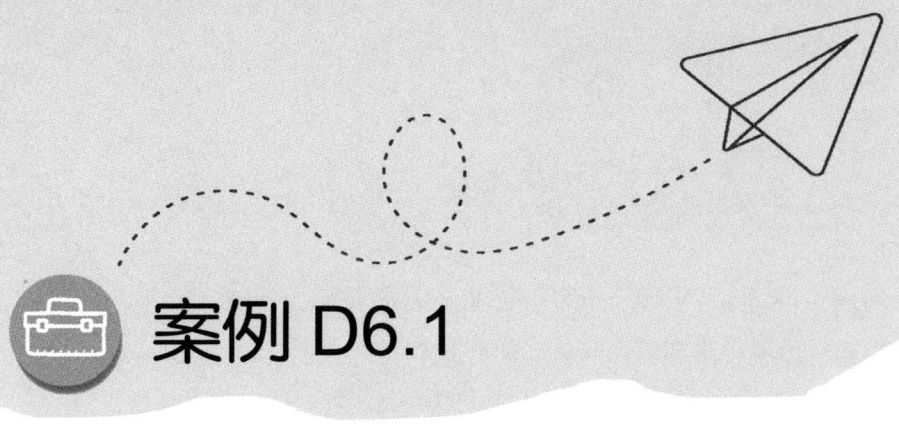

案例 D6.1

如何引导客户做到以终为始

佩吉·帕尔斯基
Knowledge Advisors 公司战略评估顾问

↗ 背景

Knowledge Advisors 是一家业界领先的学习和人才分析机构,通过实用的学习评估指导和战略,帮助组织更好地分配人力资本。公司独有的分析系统"Metrics that Matter®"可以评估和改善组织的人才发展项目,提升生产率,减少管理成本,并通过基于数据的决策过程改善投资回报率。

Knowledge Advisors 的客户包括众多全球领先企业,如四大会计师事务所、培训 125 强中位居前茅的三家企业、全球最大企业,以及久负盛名的美国国防大学。

所有组织都需要对它们的项目进行可扩缩、可重复的评估,那些战略项目或成本较高的项目更是如此。这些项目不仅要保证优质的学习体验,还要保证能给组织带来业务收益,所以它们受到了格外多的关注和监督。我们的大多数客户都遇到了同一个问题:没有在第一法则阶段(界定业务结果)制定明确的成功标准,没有了解投入(如设计、开发和执行方案所需的资源)、产出(如完成培训的员工)和短期影响(工作绩效得到改善)等因素对于提升客户满意度、增加市场份额和改善盈利等最终目标的影响。

作为一名专业顾问，我在引导客户实践"以终为始"的过程中，主要有两个目标：

1. 明确项目投入（资源、资金、技术）、项目活动（评估、培训、支持、教练）、产出、短期结果和最终收益之间的联系。

2. 说明把前期活动系统地加入点对点的培训方案开发中的重要性。

↗ 行动

为了加强培训项目和业务结果之间的联系，我选择了项目评估中的标准方法。这种方法并不是专门针对培训的，而是一种联系变革方案和最终影响的流程工具。这一流程属于逻辑建模，内容非常简单。

简单地说，逻辑模型是一种逻辑链，描述了项目联系和项目的预期成果。它由一系列假设关系组成，这些假设关系会推动预期收益的实现。逻辑模型分析了项目的现状、活动、直接产出（或项目的交付成果）、短期和中期结果（如新知识、技能或行为），以及最终收益（见示例 D6.1.1）。

示例 D6.1.1　培训的逻辑模型

现状	资源	活动	产出	短期/中期结果	最终收益
现状	投入	行动	变化	结果	收益
·组织需求 ·能力 ·诱因 ·优先级	·时间 ·金钱 ·材料 ·设备 ·技术 ·人力	·设计课程 ·执行培训 ·学员教练 ·完成顶点项目 ·能力评估	·学员人数 ·执行评估数 ·目标达成比例	**短期**：知识、态度、技能、志向、动机 **中期**：行为、实践、决策	·敬业度提升 ·流程改善 ·客户满意度提升 ·收入增加

假设　　　　　　　　外部因素

评估
确定重点、收集数据、分析及总结结果、报告

在逻辑建模的基础上，我又新增了三项内容：

第三部分 案例回顾（怎样做）

- 确定项目出资人及他们对于成功的标准。
- 介绍方案内容及所有推动收益的要素。
- 收集其他成功要素或阻碍因素（如绩效激励、其他技能培训、组织变革等）。

有了逻辑模型的帮助，我们不仅可以确定鲜明的预期目标，也可以保证项目结果的可信度。

在建立培训的基本假设之前，我会思考两个问题：

- 为什么要进行培训？
- 你希望培训能够带来哪些结果？

寻找这两个问题的答案时，我们最好能采用思维导图的方式，方便客户思考培训的预期结果和收益。如果客户无法区分短期结果（知识增加）、中期结果（能力提升）和可见影响（客户保留率提升），头脑风暴可以帮助他们厘清项目的各元素是如何联系在一起的。示例 D6.1.2 展示了思维导图的一部分，这是对一项管理发展项目进行的假设。

示例 D6.1.2　管理发展项目的思维导图

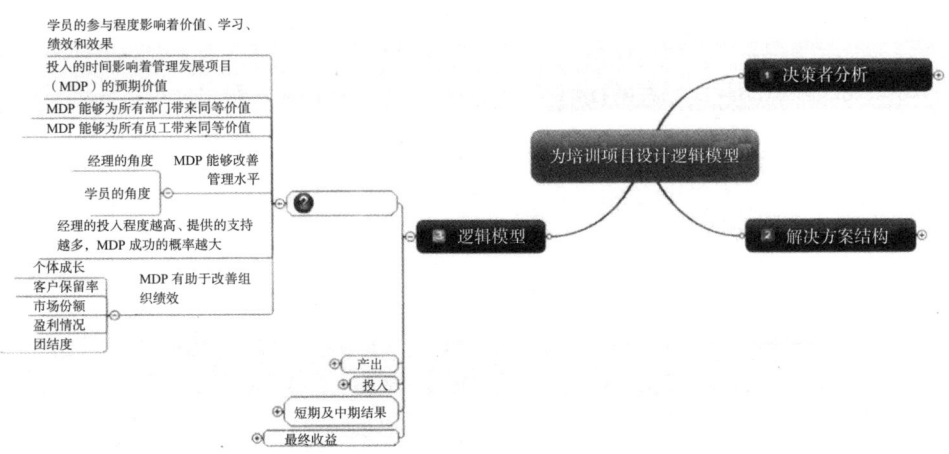

完成思维导图之后，我会指导客户确定影响链中每个环节的关键指标：

- 在接下来的六个月，我们会对50位新上任的经理展开培训。这些学员什么时候能完成培训项目中的所有环节？
- 直线经理什么时候能看到学员在工作中应用新行为？
- 什么时候能看到项目对员工保留率、客户忠诚度和销售额的影响？

讨论完这些问题以后，我们就可以设定成功的标准和期限。这些讨论很有必要，因为它让大家明白以下要素：

- 第二法则。设计完整体验需要通过前期准备或评估确保学员做好了参加培训的准备。
- 第四法则。推动学习转化需要来自管理层的支持和正式的教练项目，帮助学员克服应用过程中出现的问题，建立问责机制。
- 第五法则。实施绩效支持需要运用工具和社交网络来推动学员间互相学习。

示例中的那个管理发展项目经过分析之后，投资者确定从培训开始到取得收益共需要13个月的时间（见示例D6.1.3）。所以，现在出资人对项目中的其他关键活动有了明确安排，可以推动全面的学习转化。

示例 D6.1.3　从培训到收益的时间线

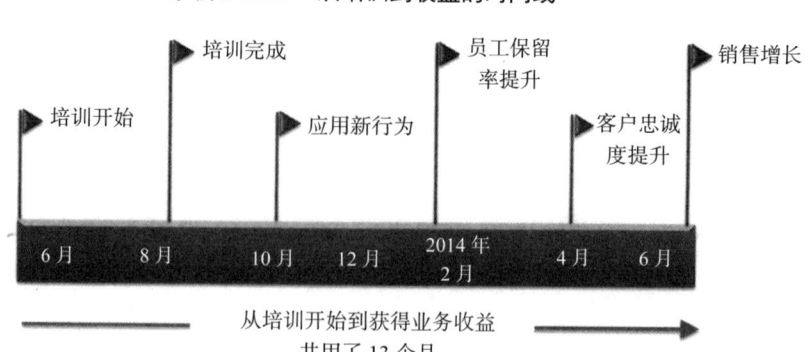

第三部分 案例回顾（怎样做）

↗ **注意**

使用逻辑建模的最佳时机是项目设计的早期阶段。遗憾的是，在工作中，我总是后知后觉，经常在项目开始几个月甚至几年之后才意识到这一点。所以，逻辑建模就像逆向工程一样，既可以带来多重收益，也存在一定的风险。

最大的风险就是它会暴露出设计中的缺陷。我曾经请一支客户团队介绍一下他们的项目有哪些预期行为目标，以及这些目标与日常工作的联系。客户反问道："你是指能力素质模型吗？"结果，讨论结束后，客户叫停了项目的开发，开始根据能力素质模型对项目收益进行调整。

在另一位客户的例子里，逻辑模型表明，项目无法为客户带来预期的业务收益。这个项目原本是为了培养领导储备人才，但是项目的内容却以知识和技能为主。因此，即使这个项目能够提升员工的行为和技能水平，但是对于提升领导人才储备的素质却毫无帮助。

暴露项目设计中的缺陷，尤其是长期项目中的缺陷，将对项目的可信度造成影响，让管理者对投资的价值产生怀疑。所以，我建议大家提前进行逻辑建模，通过逻辑模型改善项目设计，为学习和发展部门带来长期收益。

↗ **结果**

在我的客户中，所有使用过逻辑建模的人都有过"顿悟"。他们发现在他们的培训项目和业务结果之间，缺少一条清晰的"影响链"。由于这一环节的缺失，他们无法对项目进行有效的影响分析，也无法证明项目可以给企业带来的业务结果。

在客户收获的各种体验中，最有意义的就是他们可以与业务伙伴建立不同的关系。与企业决策者的交流不仅推动了责任共担机制的建立，也强调了项目的重要性。明确项目的预期目标和收益之后，客户就可以更有效、更快速地提供高品质的解决方案。

认识逻辑建模的强大效果之后，一些客户决定在他们和项目出资人的讨论中引入逻辑模型框架。某位从事绩效顾问工作的客户还把这一步骤融入业

务需求分析和客户签约阶段。他们发现，单纯地说项目会提升销售额并不能令人信服，正确的表达应该是："项目会使下一财年的销售额增长5个百分点，达到增长20%的预期目标。"

简而言之，逻辑建模让项目的前期讨论更加严密，并且改变了设计团队与企业的交流；这一改变不仅发生在项目之后，而且贯穿了培训方案开发的完整周期。这个过程不仅有明确的体系，而且可以无限重复；它推动客户设计出更优秀的项目，从而带来业务结果，证明学习发展对企业的重要性。对于学习发展行业的从业者来说，这一过程让我们拥有了更多话语权和影响力。

建议

虽然逻辑建模由来已久，但是很少有学习发展部门用到它。无论变革的对象是什么，我都建议大家从小处开始，然后不断扩大。另外，虽然逻辑建模适用于任何项目，但是在战略类、高成本或具有重大意义的项目中，它可以发挥最大作用。

我建议大家按照以下步骤来执行这一过程：

- 学习相关内容。互联网上有许多免费的材料可供大家参考，而且市面上也有许多关于这方面的优秀著作。
- 选择一个关键项目进行实践，正在进行中的项目也可以。邀请曾参与项目设计、开发或执行的同事和决策者参与。
- 分析在项目的哪个阶段加入这一流程。选择具体的项目进行试验，如领导力发展项目或销售技巧项目。
- 选择合适的执行人。执行人应该利用技巧和自信说服出资人加入业务讨论中。
- 交流使用新方法的经验心得。学习和发展部门应该为逻辑建模过程提供支持。
- 学习、推广、改善。推广的范围越大，这一流程对项目前期讨论的影响越大。

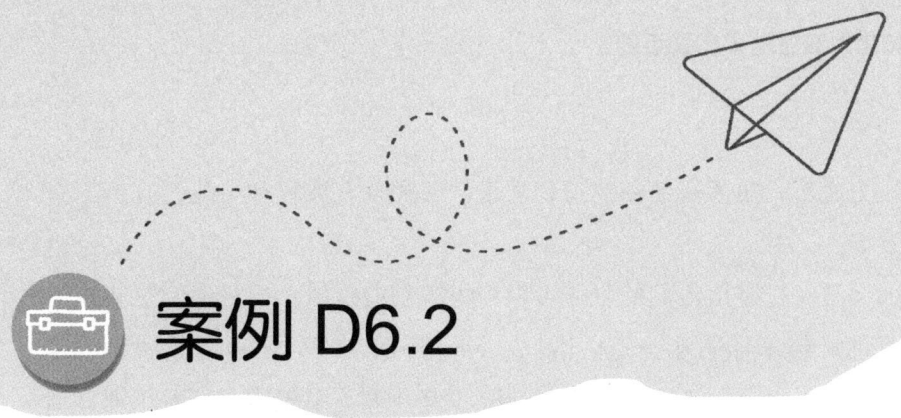

案例 D6.2

如何通过评估实现巅峰服务

乔伊斯·多诺霍
阿联酋航空集团（Emirates Group）学习发展学院商业和服务战略方案经理

保罗·比奇
阿联酋航空全球联络中心经理

卡伦·贝尔怀特
阿联酋航空零售和联络中心副总监

吉姆·柯克帕特里克、温迪·柯克帕特里克
Kirkpatrick Partners 顾问

↗ 背景

阿联酋航空集团是业界领先的旅行和运输服务供应商，拥有员工 68 000 多人。阿联酋航空（EmiratesAirline）是其旗下的众多业务之一，总部位于迪拜。阿联酋航空集团成立于 1985 年，是世界上跨国常旅飞行里程数最多的航空公司。集团拥有自己的学习和发展部门，为企业内的大多数业务部门提供培训服务。

2012 年，集团迎来了业务发展的高峰，同时也面临着前所未有的资源压力。在压力之下，集团有了新的迫切需求：回顾现有流程和实践，改善工作绩效和效率。

培训部门一直坚信他们的服务可以为组织创造价值，但是他们往往找不到实质性的证据来证明这一点。因此，阿联酋航空集团学习和发展部门与Kirkpatrick Partners联手启动了一项大胆的变革项目，从追求"有效培训"延伸到了追求"培训效能"。

我们选择了集团全球联络中心的"巅峰服务（SOAR）项目"作为试验对象，检验新方法的有效性。这次合作主要出于两方面的原因：

1. 双方在以往就进行过合作；更重要的是，保罗·比奇和他的老板卡伦·贝尔怀特都十分期待这次变革。双方的积极参与和合作大力推动了项目走向成功。

2. 此次项目具有重大的战略意义，如果取得成功，将为今后类似的合作项目打下基础。

↗ 行动

集团在迪拜、孟买、墨尔本、曼彻斯特和纽约率先实施了该项目，并计划下一财年在广州推广这一项目。

为了实现"有效培训"和"培训效能"两个目标，在为期两天的培训活动前后，企业都做了大量的准备。

首先，集团通过一份声明详细介绍了这次项目的内容和细节，这是整个项目的基础和指示路标。声明的具体内容如下。

我们的职责。阿联酋集团学习和发展部门致力于改善各级员工的绩效水平，部门员工一直在携手努力提升整个集团和Dnata集团（集团在迪拜国际机场的联合航空服务供应商）的竞争优势。

我们的信念。成为世界一流的培训供应商并不是我们的最终目标，我们还有更多理想。

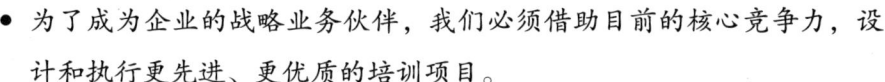

第三部分 案例回顾（怎样做）

- 为了成为企业的战略业务伙伴，我们必须借助目前的核心竞争力，设计和执行更先进、更优质的培训项目。
- 学习是一个过程，不是一场活动。我们的目标和职责要延伸出本部门，和各级领导合作，才能为企业创造价值。我们的主要工作是为相关人员提供建议和支持，推动持续学习和培训内容的应用。
- 建立业务伙伴关系，是实现培训效能最大化的最佳方式。而建立伙伴关系的第一步，就是与内部客户建立合作、桥梁和信任。
- ADDIE模型已经非常完善，但是我们对其中的每个环节都进行了强化。ADDIE也需要与时俱进，所以，我们在制订培训计划的时候，坚持"以终为始"，并使用Kirkpatrick模型进行反向操作。
- 丰富多彩的培训形式（包括正式培训）共同推动了培训内容的应用和商业结果的出现。

项目前期准备：

1. 双方的关键领导学习Kirkpatrick基本原则：

- 以终为始。
- 预期回报率（Run on Expectations，ROE）是价值的终极指标。
- 业务伙伴关系是获得良好ROE的必要条件。
- 首先创造价值，然后证明价值。
- 提供令人信服的证据证明底线价值。

2. 确定具体的成功标准及后续的跟进工作。记录项目中的关键流程和职责、所需推动因素及评估方法。

SOAR正式培训：在这个项目中，学员对自己的职责有了新的认识：他们是精英服务人员，需要为所有致电阿联酋联络中心的客户提供难忘的体验。在为期两天的课程中，学员认识了集团推出的新主题：你好明天。

此外，项目还介绍了联络中心全新的服务风格，目的是打造出与品牌更为一致的服务文化。

在新推出的 30 项服务标准中，有 10 项为关键行为。集团会收集与这些行为相关的数据，并以布告栏的形式进行持续追踪。

呼叫中心顾问和他们的团队领导也要接受有关新服务模型的培训。每位领导都要带领一队顾问（包括直接下属和非直接下属，团队成员和非团队成员）。团队领导还要接受一项为期两天的领导力培训项目（"教练—执行"项目）。

SOAR 跟进项目：我们知道，只有培训是无法实现巨大的绩效改善和商业结果的。因此，在培训结束后，我们通过一系列努力，确保培训内容的最大化应用。下面是我们采取的措施，这些措施共同推动了学习和绩效改善项目走向成功：

- 坚持在职培训。
- 领导为学习和发展部门员工提供指导。
- 正式和非正式的表彰认可。
- 管理层以身作则。
- 内部质量人员对客户通话进行监听，并根据质量审核清单中的标准进行评分。
- BPA（外部营销公司）执行神秘顾客调查。
- 学员和领导完成服务应用评估调查。
- 通过客户调查和电话访问对服务应用进行评估。
- 每月更新布告栏，追踪关键指标进度。
- 持续的绩效数据分析和跟进调整。

↗ **结果**

培训结束后，通过对关键行为的监督，我们看到了业务伙伴模型的效果。

图 D6.2.1 中的数据表明，呼叫中心顾问在 SOAR 项目前后的服务行为有了显著改善。

另一个证据是客户投诉数量的下降（见图 D6.2.2）。

	基准	5月	6月	7月	8月
DX BCC	52.58%	↑58.30%	↑59.73%	↑61.74%	↑63.65%

服务核心	基准	5月	6月	7月	8月
沉稳可靠	58.89%	↓57.23%	↓54.79%	↑59.95%	↑67.23%
经验丰富	33.87%	↑37.79%	↑39.98%	↑41.58%	→41.07%
同情及友好	54.86%	↑61.36%	↑64.32%	→64.83%	→65.39%
理解及尊重	79.01%	↑87.76%	→88.22%	↑89.94%	↑91.83%

图 D6.2.1　主要指标变化（以服务的核心因素为例）

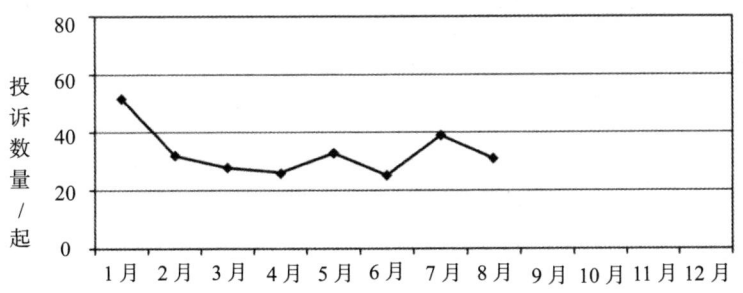

图 D6.2.2　SOAR 项目开始后，客户对呼叫中心服务的投诉数量变化

由于培训与整体业务战略之间有着明确联系，并且强调了应用的重要性，呼叫中心的员工对培训给予了很高的评价。以下我们选择了一些比较有代表性的评论。

- 来自孟买公司的员工："参加过 SOAR 项目之后，我非常以公司为荣，而且有时还会改变人们的想法，这让我特别开心，也特别满足。我真的特别庆幸自己参加了这个项目。圣方济各·沙雷氏曾说过，'做你自己，做最好的自己'，我觉得这就是 SOAR 的意义所在。"

- 来自迪拜公司的员工:"SOAR 改变了我思考问题的方式,找回了我心中人之所以为人的那部分。SOAR 不仅教会了我们专业的知识和技能,还教会了我们如何心存信念,学以致用。"

来自客户的反馈同样证明了培训的效能。

- 来自孟买的客户:"我成为 Skywards 金卡会员已经好多年了,最初是在新加坡入会的。前段时间,我有一些礼券需要兑换,来自印度公司的 Lloyd Fernandez 特别热情地帮我解决了问题。我想借这个机会对 Lloyd 说一声'非常感谢',希望阿联酋航空能给予他表扬。"
- 来自迪拜的客户:"我对阿联酋航空有哪些意见和建议?最近,我本来已经订好了圣诞节的机票,但是由于工作上的突发事件,我必须改签。你们的呼叫中心的服务太让人满意了!每位和我沟通的客服都非常有礼貌,并且帮我解决了棘手的问题。你们一定要把这些话传达给客服员工,因为我知道有时候员工只能看到负面的反馈。我对阿联酋航空的服务非常满意!"

对员工行为的持续监督也为我们带来了另一项重要收益:组织可以发现和记录存在问题的地方及未来改善的方向。团队领导为他们的直接下属提供了完美的支持和示范;在他们的日常工作中,有至少 60%的时间都在亲身实践着各种新行为。但是面对非直接下属时,领导的实践时间通常都少于 20%(见图 D6.2.3)。

只有通过评估和监督工作实践情况,学习团队才能找出问题所在。高层领导拿到这些数据之后,就可以决定哪些地方需要变革并提供相应的支持。

↗ 总结

建立了伙伴关系,培训才得以走出课堂,走进企业。企业的决策者和学习发展团队经过一年的合作和努力,终于迎来了成功。在这个过程中,学习发展团队赢得了所有人的信任，并且和大家建立了更牢固的伙伴关系。我们会继续深化合作，以便对项目流程进行持续改善。

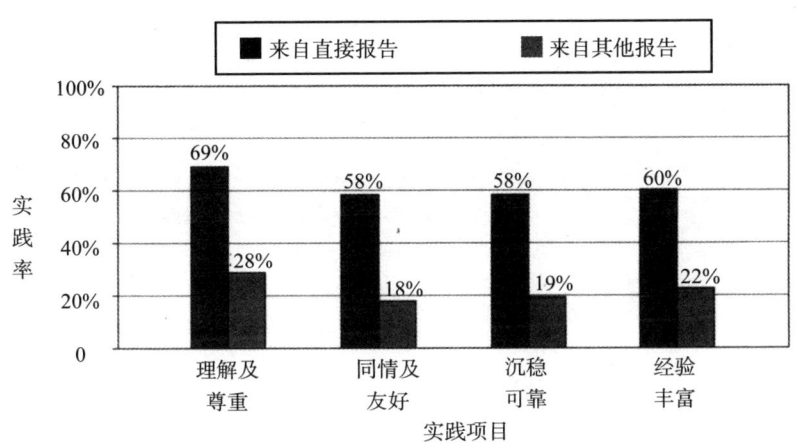

图 D6.2.3　团队领导面对直接下属和非直接下属时的应用差异

↗ 建议

- 在设计任何关键培训项目之前，都要与各方进行会谈并达成一致看法，明确项目过程中的关键职责和步骤。
- 单独的培训课程并不能满足企业的需求，应该为项目提供完整的学习和绩效支持。
- 在执行培训的过程中，应该对关键行为和其他重要指标进行监督，并根据收集到的数据随时进行调整。

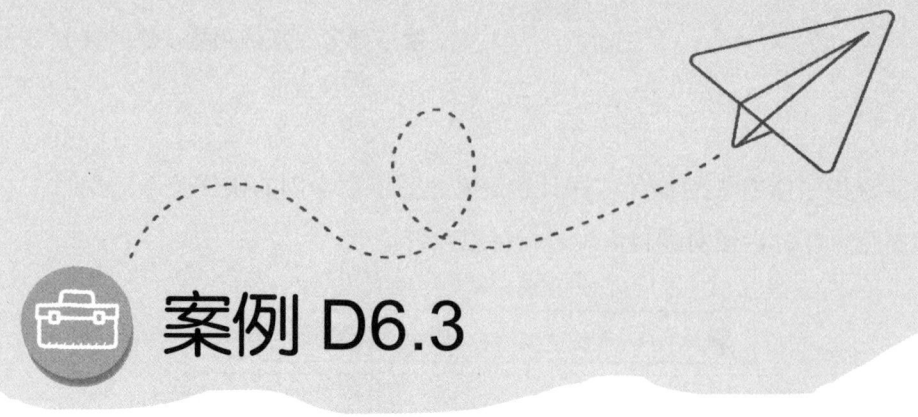

案例 D6.3

如何利用 NPS 追踪和改善领导力影响

西尔万·牛顿

通用克劳顿管理学院（GE Crotonville）业务和地区高级经理

↗ 背景

通用电气是世界上最知名的企业之一，连续数年被评为"世界最受尊敬的公司"。公司年销售收入超过 1 500 亿美元，业务遍及全球，员工数量超过 30 万人。

通用之所以能够取得如此瞩目的成就，其中一个重要原因就是公司对发展领导力的重视和投资。学院名称"克劳顿"（源于著名的"克劳顿村"）代表着卓越的领导力发展才能。

尽管学院已经久负盛名，但是我们不能就此止步；我们必须不断完善，精益求精。其中就包括如何培训和培养未来的领导人才。

在 2008 年我担任克劳顿 EMEA 团队（负责欧洲、中东和非洲业务的领导力发展团队）负责人时，在一次非现场会议中，我向团队成员提出了这样一个问题："如何增加我们的影响力？"在那之前，我们的讨论永远都是围绕"活动"指标（项目数和学员数）或者"满意度"指标（良好的反馈）展开的。

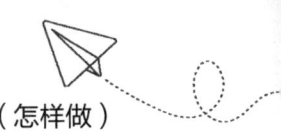

第三部分　案例回顾（怎样做）

是时候分给业务目标一些关注度了。这个简单的问题引起了大家的热烈讨论。大家意识到，我们可以改善以往的评估方式，用新方法来评估我们为学员和整个企业带来的影响。那么，我们现在有哪些评估指标？

首先，我们有大量关于消费者满意度的数据——学员对我们项目的反馈。学员的评价一向很高，却无法证明项目是否真的能提升他们的领导力：他们的行为是否有所改变？绩效是否有所提升？我们需要的是来自客户——学员的经理和上司——的数据。他们是否看到了培训带来的收益？

作为一家企业，公司最忌讳的就是繁文缛节。大家做每件事情都要讲求效率。所以，我们需要找到一种简单（却不简陋）、有效、可靠的评估方式，而且成本不能超过项目的授课成本。

终于，我们发现了一种突破性的方法：团队决定使用净推荐值（Net Promoter Score，NPS）来评估项目满足客户需求的程度，并在整个集团内部进行推广。2003 年，佛瑞德·赖克霍德在《哈佛商业周刊》中发表了一篇名为"The Number You Need to Grow"的文章，首次提到了净推荐值（NPS^{TM}）这一概念。客户可以按照 0（不推荐）到 10（非常推荐）的标准为某项产品、服务或企业的推荐度打分。然后用 9～10 分的百分比（推荐者）减去 0～6 分的百分比（批评者），就可以得出净推荐值。

↗ 行动

每个季度，我们都会对上一季度学员的直线经理展开调查。我们请这些经理按照 0～10 分的标准为项目打分，了解他们是否会向同事或其他具有潜力的员工推荐我们的领导力培训项目。打分的依据是他们观察到的项目对直接下属领导力的影响。然后我们会根据经理的打分计算 NPS。

很显然，经理的 NPS 分数比学员的反馈更客观、更有效。首先，这些数据并不是在项目结束后立即收集的，而是在项目结束后三个月；这时学员已经度过了"兴奋期"，项目的真正效果也慢慢显现出来。第二，NPS 并不是满意度调查，而是对项目影响的评估。

收集了几个月的数据之后，我们设定了一个延伸目标：让下一年的 NPS 分数提高 20 个百分点。当时我们并不知道如何实现这个目标，甚至都不知道这个目标是否实际。但是我们决定赌一把，不再拘泥于一点一点的进步，而要勇于挑战自己的胆识和创造力。

通过学习各种资料和 6Ds® 法则，我们了解了经理对学习转化的重要作用。经理的积极参与可以有效改善项目影响和 NPS 得分。因此，我们开始尝试推动经理的参与。在我们尝试的各种方法中，有成功，也有失败。我们汲取了成功的经验，修改或淘汰了失败的方法。

最后，我们总结出了几种最成功的方法：

- 项目开始前，给学员的直线经理发一封邮件。邮件内容包括项目简介和目标概述、培训前会谈的简单框架（包括应该问哪些问题），以及如何把培训和学员最近一次的绩效考核联系在一起。
- 课程结束后，给经理发一封跟进邮件，内容包括培训后会谈的内容概要和具体的模板。

最后，我们还尝试了让经理参与到项目过程中：

- 鼓励学员在项目期间向经理提交一份简要的"状态报告"。例如，"这是我们目前的情况，这是我们已经完成的内容，这是我到目前为止的主要收获。"
- 我们还要求讲师向所有的经理发送一份期中报告，介绍课程进度、已经完成的关键主题和有待完成的主题。这样可以推动经理给学员一些鼓励和支持。

6Ds® 法则和以往的经验告诉我们，这些方法可以推动经理参与到学习过程中，从而提高项目的影响力；但是我们仍然需要数据来证明这一点。因此，我们通过一整年的数据，对比了项目前讨论、项目后讨论，以及同时进行两项讨论对经理 NPS 的影响。

↗ 结果

我们的第一个发现就是，根据 NPS 的评估结果，这些推动经理参与的行动让项目的影响力有了整体提升。这也是我们最重要的发现，因为经理的 NPS 越高，他们越愿意在领导力发展项目中继续投资。

更有趣的是相关分析的结果。统计表明，是否进行项目前讨论和经理在三个月后给出的 NPS 分数（根据项目影响）有很大的相关性，在项目前后都进行讨论也具有同样重要的相关性。这和我们预测的一样。但没有想到的是，单独的培训后讨论却不会有助于提高 NPS 分数。

项目前讨论的影响正好印证了布林克霍夫的"学习意向"概念。如果学员在项目开始前和经理进行过有关培训的讨论，他们就会怀着更积极的态度和更高的意向去学习。项目开始后，讲师会注意到学员在课堂讨论中的质变。此时，学员会变得更加投入和专注。

↗ 总结

经理的参与——尤其在项目前的参与——可以有效提升关键领导力项目的影响力。

↗ 成功关键

- 根据量化标准设定延伸目标。
- 改善客户（学员的直线经理）而不是消费者（学员）对项目的评价。
- 推动经理参与到项目过程中，特别是项目前的讨论。
- 提供简明的行动指导，让经理可以轻松有效地参与到学习过程中。

↗ **建议**

- 设定一个可以评估的延伸目标。目标应该具有挑战性,这样才能推动大家发挥创意,大胆思考。
- 借鉴他人经验,不用事事都自己动手。
- 多问多读。借鉴其他公司(包括你的竞争对手)和行业的好方法。
- 凡事不一定一试就会成功。实际上,经历过失败才能不断完善。我们试过许多办法。成功了,我们吸取经验;失败了,我们进行改善或淘汰。

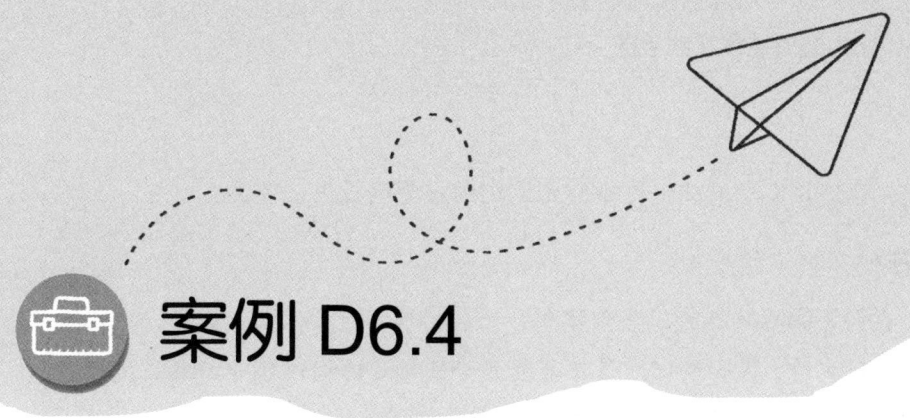

案例 D6.4

如何利用成功案例证明培训的价值

史蒂夫·阿克莱姆

甲骨文公司（Oracle）北美销售人员发展部门总监

帕特里夏·格雷戈里

甲骨文公司北美销售人员发展部门高级总监

↗ **背景**

甲骨文公司是一家提供优化和全面集成的商务软硬件系统的企业，客户数量超过 390 000 家（包含财富 100 强企业），遍布全球 145 个国家和地区的各行各业。公司年营业额超过 370 亿美元。

在甲骨文，销售人员发展部门主要负责北美地区销售员工的培训、学习和发展。我们的工作主要是组织销售员工参加销售过程各环节的培训和学习，包括销售介绍、产品信息、交流和沟通技巧、谈判和展示技巧，以及高层交流技巧（因为我们提供的是企业级解决方案）等。

虽然我们的项目一直反响不错，但是我们也曾遇到过问题：无法有效评估项目的商业价值并向管理层报告。参加 6Ds®工作坊之后，我们最重要的一点收获，就是收集学员在工作中应用培训内容之后提供的反馈。

↗ 行动

- 我们关注的焦点除了培训课程，还包括培训前后的活动。
- 在培训前，我会鼓励学员及其直线经理讨论培训内容并制定应用目标，以此来培养学员的学习意向。
- 项目结束后三个月，我们会安排学员及其直线经理再次进行讨论，简要回顾学员达成的成就。

培训结束三个月后，我们会使用一种自动系统来收集学员的成功故事。我们会对学员进行调查；如果条件允许，我们还会请学员用具体事例说明他们是如何利用培训内容获得这些成绩的。

接着，我们会把这些故事整理成简单易读的报告提交给各位经理，让他们能快速、直观地了解培训在工作中的应用情况。

↗ 结果

对于我们实施过的每个项目，学员都能提供相应的事例说明他们是如何应用学习内容推动销售或获得进步的。尽管学员的回应率还很不理想，但是收集到的例子都成功获得了高层管理者的注意和信任。这些例子不仅得到了来自管理层的积极评价，也吸引了他们对项目的兴趣和参与。

通过跟进项目，我们还发现了项目中不够完善的地方，为以后的持续改善打下了基础。例如，销售人员面向高管客户时，需要了解更多关于特殊行业和应用的信息。虽然这种问题并不属于"培训问题"，却可以改善整个销售流程；如果没有培训后的评估，我们就不会发现这个问题。

↗ 建议

- 项目后的评估并不是终点线；员工在工作中应用培训内容之后，我们要收集相关数据。

第三部分 案例回顾（怎样做）

- 成功故事可以提供可靠有趣的证据，证明培训项目可以带来业务收益。
- 鼓励项目的出资人提供支持。
- 保证你的团队既有商业头脑，又有技术和课程设计技巧；从培训中获得业务影响，离不开商业和学习两方面的专业知识。

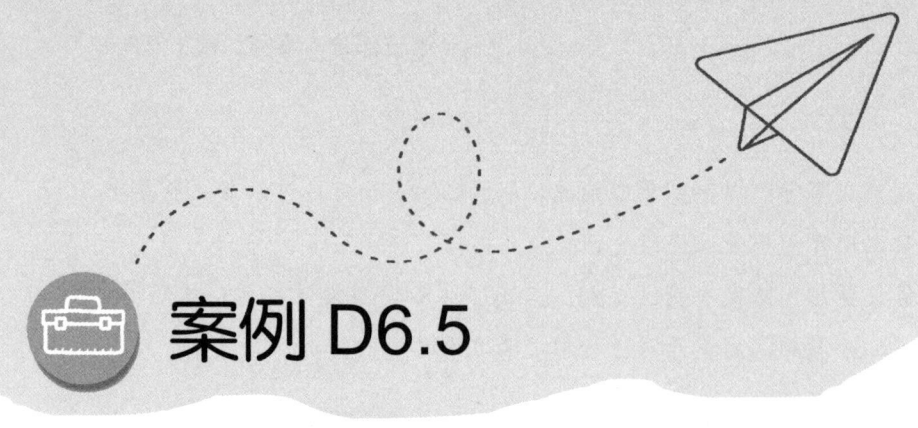

案例 D6.5

如何提升玛氏大学的品牌影响力

玛丽亚·格里格洛娃
玛氏大学（Mars University）营销学院院长

罗伯特·莫菲特
玛氏大学定制学习总监

背景

1911 年，弗兰克·玛氏在美国华盛顿州的塔科马创办了玛氏公司。起先，玛氏只是一家糖果公司。20 世纪 20 年代，弗瑞斯特·玛氏加入了父亲的企业，父子两人联合推出了银河棒（MILKY WAY®Bar）产品。1932 年，弗瑞斯特怀着"让所有投资者互惠互利"的梦想前往英国创办企业。如今，这一目标成了玛氏公司的基石。

玛氏公司总部位于美国弗吉尼亚州麦克莱恩，年收入超过 330 亿美元，主要包括六个业务部门：宠物护理、巧克力、糖果、食品、饮品和系统生物科学。公司在全球拥有员工 72 000 多人，这些员工在每天的工作中践行着"品质、责任、效率、互利、自主"五项原则，通过自己的努力改善人类的生活

第三部分 案例回顾（怎样做）

和地球的环境。

玛氏五项原则是企业文化和经营的根基。它们跨越了地区、语言、文化和年龄的差异，将所有玛氏员工紧密地联系在一起。

一直以来，公司都非常重视员工的发展，并且在全球多数公司都组织过培训和发展项目。2004年，公司决定建立玛氏大学。这所虚拟的企业大学下设10个学院，将所有的战略投资都汇集到一起，组织各种领导力发展和职能学习培训。

玛氏公司一向推崇自主经营管理和务实精神，上层领导不会过多干预员工的工作和行动。对于我们的大学来说，这就意味着我们要充分利用现有资源。10个学院各自拥有不同的形象标识，各地区和市场更是如此。每个学院都以自己的标识为荣，并且想尽办法突出自己的与众不同。

随着业务的快速增长和员工人数的猛增，公司亟待进一步推广企业文化。因此，我们需要对玛氏大学的战略作用和效果进行重新评估。这一决定吸引了所有人的目光，也推动了"一个玛氏大学"项目的诞生。

↗ 行动

面对各学院不同的品牌风格和重点，我们决定为玛氏大学打造一个强大的全球品牌。

我们从战略角度出发，明确了玛氏大学对公司和所有员工的承诺：向所有地区的所有业务公司提供全球统一的玛氏学习项目。我们的目标是：让员工更好地了解我们的身份和努力。

明确目标之后，我们就可以确定自己的责任和行为标准。我们以有声故事的形式向大家介绍我们的战略，成功吸引了所有员工的注意。这一步的作用是让所有人"看到"我们。

最后，我们设计了一个个性突出、特征鲜明的品牌标识（见示例D6.5.1）。这个标识打破了以往所有的品牌形象，传达了统一的品牌体验。

示例 D6.5.1　玛氏大学标识

为了设计这个标识，我们组建了一支特别的项目团队，通过收集查阅大量资料，回顾了品牌历史及它在企业中的作用和意义。接着，我们把这些发现整理成了"品牌故事"。我们与一家专门的设计公司合作，设计了品牌体验和实施材料，包括全面的品牌方针和使用指南，目的是在整个企业内建立统一的标准。然后，我们在玛氏大学组织了一次内部项目，和大家分享我们的品牌故事和意义，确保所有的学院和地区企业都能全面了解我们的品牌方针。最后，我们制定了责任目标和时间框架，开始在整个公司推广这一新的品牌形象。

结果

如今，玛氏大学成了一个具有强大影响力和备受人们尊敬的品牌，几乎出现在玛氏公司的每个办公室里。公司网站上也有关于玛氏大学的内容。因为玛氏大学是公司向每位员工的发展做出的承诺，所以它为公司吸引了更多新成员。我们充分发挥品牌的影响力，提升了玛氏大学团队的凝聚力，统一了课程结构和能力框架，推动了项目的持续改善。

对我们来说，最重要的就是来自员工和团队的反馈和故事，因为它们可以证明我们的项目和支持给员工的工作和生活带来的影响。

建议

- 出资人是关键；进行品牌推广之前，一定要获得项目出资人的认可和批准。
- 建立强大的品牌需要两点：创意和行动准则。

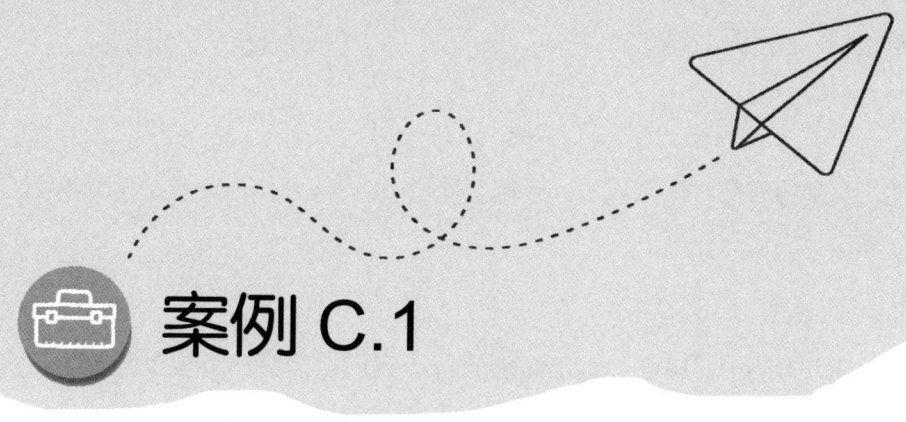

案例 C.1

如何将 6Ds® 法则逐步融入组织文化

汤姆·施坦格
考文垂劳工赔偿服务机构学习顾问

乔恩·赫塔度
考文垂劳工赔偿服务机构资深学习顾问

↗ 背景

考文垂劳工赔偿服务机构的主要职责是为雇主提供劳工赔偿成本和护理管理解决方案、保险服务和第三方管理服务,而学习发展部门的使命是通过学习解决方案为战略运营目标提供支持。我们的工作内容包括维持应答顾问关系,帮助出资人实现目标,以及建立员工与企业业务目标的联系。

2012 年 1 月,我们发现自己的培训项目无法满足公司的业务目标和绩效支持需求。当时,我们只对项目进行了 Kirkpatrick 一级评估(反应)和二级评估(学习),所以我们组建了一个小组委员会(指标团队)来研究和执行相关政策和程序,以便进行三级评估(行为)和四级评估(结果)并推动学习转化。

经过几个月的研究，团队成员一致同意使用 6Ds®法则作为此次文化变革的基础。

↗ 行动

我们首先使用 6Ds®法则进行了需求分析。我们在需求分析表中插入了 6Ds®法则结果规划轮中的四个问题；学习顾问在访问项目出资人的时候，可以参考这份表格。这样做不仅有助于学习顾问和出资人熟悉这些问题，也改变了我们以往设计培训项目的方式。

接着，我们对所有处于设计阶段的培训项目进行了审查，并使用 6Ds®法则找出了需要改善的地方。以"服务部门培训项目"为例，我们和负责该项目的学习顾问进行了会谈，向他们介绍了我们的想法，对方同意对项目做出以下修改：

- 与项目出资人会谈，修改之前的预期目标，制定项目结果的评估标准。
- 使用学习转化检查清单，推动学员及其直线经理参与学习过程，并鼓励学员在工作中应用新技能。
- 重新制定学习目标，其中要包括具体的可评估行为；保证学习目标与业务结果一致。
- 完善课程内容，增加模拟练习和活动的数量，帮助学员顺利实现从培训到工作的无缝对接。
- 与质量检查部门和学员的直线经理合作，为学员提供及时反馈。

↗ 结果

通过使用 6Ds®法则结果规划轮进行需求分析，我们的培训方式发生了重大变革：

- 与客户建立双向理解关系，理解彼此的预期目标。
- 专注于预期目标及需要改善的行为。

- 设计匹配的培训项目，满足或超越出资人的预期目标。

这些改变为服务部门培训项目带来了以下影响：

- 88%的受访者表示他们可以自信地在工作中应用新技能；100%的受访者表示愿意在工作中应用新技能。
- 培训后评估和质量检查数据表明，学员确实在工作中应用了新技能。
- 培训结束后三个月，出资人表示，由于新技能的应用，部门开支减少了76%。

↗ 建议

- 鼓励项目出资人回答结果规划轮中的问题，最好能让他们提前熟悉这些问题。要求对方回答问题之前，你应该向他们解释为什么要提这些问题。
- 你的首要任务是和出资人建立伙伴关系。如果没有他们的支持，就无法保证培训会带来行为改变。

第四部分

行动指南

在这一部分，我们为大家准备了实用的行动指南。在使用 6Ds®法则工具和执行高效学习战略的时候，大家可以参考以下的执行内容。

行动	名称
行动 D1.1	如何使用结果规划轮确定业务目标
行动 D1.2	如何确定是否有必要进行培训
行动 D1.3	如何使用（和避免使用）学习目标
行动 D2.1	如何提升员工的学习动机
行动 D2.2	如何培养结果意向
行动 D2.3	如何通过课前准备改善培训的效果
行动 D2.4	如何重新定义学习的终点线
行动 D3.1	如何使用（和避免滥用）幻灯片
行动 D3.2	如何吸引和维持学员的注意力
行动 D3.3	如何在课间休息之后重新集中学员的注意力
行动 D3.4	如何构建支架式教学（Scaffolding）
行动 D3.5	如何构建学习的价值链
行动 D3.6	如何引入练习
行动 D3.7	如何完善预测值评估
行动 D4.1	如何提醒学员应用所学知识
行动 D4.2	如何推动学员制定行动规划
行动 D4.3	如何通过商业论证推动学习转化
行动 D5.1	如何为管理者和教练提供绩效支持
行动 D5.2	如何发挥同级教练的作用
行动 D5.3	如何设计高效的绩效支持
行动 D6.1	如何保证评估的相关性
行动 D6.2	如何改善评估的可信度
行动 D6.3	如何让评估更加令人信服
行动 D6.4	如何使用成功案例评估法
行动 D6.5	如何设计优秀的调查

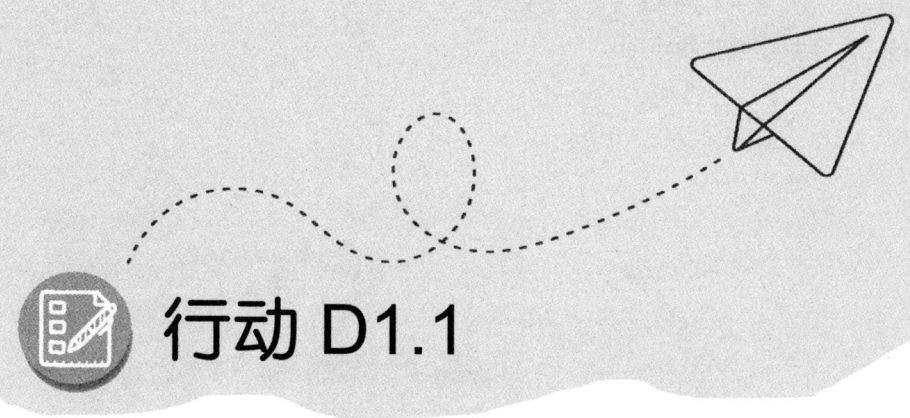

行动 D1.1

如何使用结果规划轮确定业务目标

↗ 内容简介

"学习部门存在的唯一目的就是推动业务结果"。因此,培训能否成功,先决条件之一就是我们是否了解培训的业务目标和企业领导对于成功的定义。如果培训人员可以把目光放在业务需求上,他们就可以成为绩效顾问和值得信赖的企业顾问。

6Ds®法则结果规划轮(见图行动 D1.1.1)是一种有效的辅助工具,可以帮助我们看清培训需求背后的业务原理。规划轮中的问题则可以作为我们和业务经理会谈的框架。

↗ 行动指南

1. 收到培训请求后,请业务经理安排一次简短的会面,便于你们进一步讨论需求细节。你应该强调预期目标的重要性,并且表示你非常乐意为对方提供高效的培训项目。

2. 开始讨论前,先回顾一下相关材料,如培训内容和对方的业务计划。

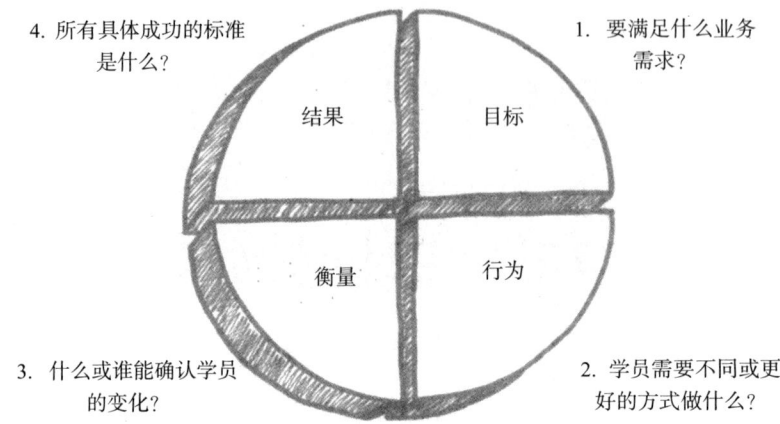

图 行动 D1.1.1　6Ds®法则结果规划轮

3. 进行讨论时，首先要说明培训的目标和价值，然后提出培训日程供双方协商。

4. 按照以下步骤逐一提出结果规划轮中的四个问题：

- 开放式问题。
- 进一步探索答案。主要有两种方法：第一，要求对方举例说明；第二，"你能否解释一下……"
- 应用主动倾听的技巧；不断重复你听到的内容，向对方确认你的理解是否正确。
- 如果有必要，重新调整会谈框架，保证谈话始终围绕着业务目标展开（而不是培训项目）。
- 不要过于在意问题的顺序。如果对方在你提问第一题的时候给了第四题的答案，你应该先把回答记下来，之后再想办法处理。实际上，6D公司的合伙人之一 Conrado Schlochauer 认为，从"你期望培训后，学员的行为有何变化"这个问题问起，讨论会更有效率。

第四部分 行动指南

5. 问完了前面四个问题之后,继续问第五个问题:"为了实现你说的预期目标,还需要哪些准备,如激励、认可、经理的支持等?"问这个问题,是为了让对方认识到培训只是解决方案的一部分,项目的成功还受工作环境(转化氛围)的影响,而工作环境则是由他们控制的。

6. 最后,讨论结束之后,把讨论的结果整理成一份谅解备忘录(见示例行动 D1.1.1),感谢对方抽出时间和你见面,确认你的理解正确无误,并就项目成果签订"合约",划分各自的职责和责任。

示例 行动 D1.1.1　谅解备忘录模板

> 尊敬的_____:
>
> 　　感谢您昨天能抽出时间和我讨论_____项目。为了确认我对业务需求和项目成果的理解正确无误,我特别整理了这份备忘录供您参考。
>
> 　　此次培训项目需要满足的业务需求为_____。因此,项目的预期业务结果包括:_____。
>
> 　　如果培训及后续巩固能够成功,学员在工作中将出现_____和_____等变化。除培训外,您还需要做好以下准备,为员工提供支持以实现业务目标:_____、_____和_____。
>
> 　　培训结果由_____进行观察,并由_____进行评估。如果项目能够满足_____标准,就可以认定项目成功。
>
> 　　如果以上总结存在任何问题,或需要更改或增删内容,请随时联系我。再次感谢您为优化项目成果所做的贡献。
>
> 　　此致
> 　　敬礼!
>
> 　　　　　　　　　　　　　　　　　　　　　　　_____

↗ 成功关键

- 真正了解企业情况和出资人的预期目标。
- 良好的倾听技巧。
- 顾问式的态度和风格。
- 乐于尝试新事物。
- 包容不同的观点。
- 及时跟进，保证双方达成共识。

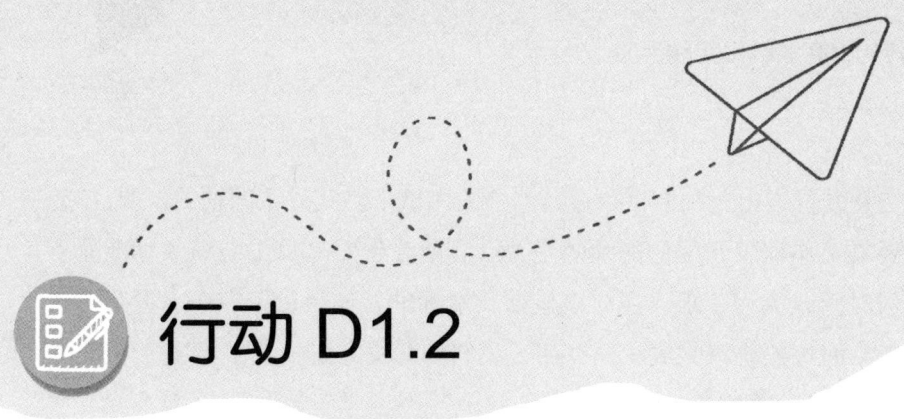

行动 D1.2

如何确定是否有必要进行培训

↗ 内容简介

布罗德和纽斯特洛姆在 *Transfer of Training* 一书中写道:"设计和执行培训项目需要高昂的成本;在解决员工绩效问题时,人力资源发展部门和组织不能把培训作为第一选择,而应该作为最后选择。"

遗憾的是,许多企业管理者在遇到绩效问题时,第一反应往往是组织培训。但并不是所有的问题都能通过培训解决。

可是,如何确定哪些绩效问题可以通过培训解决(培训只是解决方案中的一个重要部分,并不是整个解决方案)?哪些问题并不适合通过培训解决?

↗ 行动指南

如果组织确实遇到了绩效问题,而且解决这些问题带来的价值超过了解决问题所花的成本,那么关键就在于确定问题是否由缺乏技能或知识导致。影响员工绩效的因素有很多(见图 D1.2),培训的作用只是传授知识和技能(对员工的态度也稍有影响)。如果问题并不是由缺乏技能或知识导致的,那么培训不仅发挥不了作用,还有可能导致问题更加严重。

马杰和派普指出，我们可以通过严格的测试来确定导致问题的根源："如果员工要靠工作谋生，他们的绩效是否会有所改善？"员工的绩效标准除了规定完成时间或流程要求，还应该包括质量标准。如果员工在毫无退路的情况下还是不能按照要求完成工作，那么我们的解决方案中就需要加上培训和/或工作辅助了（见图行动 D1.2.1）。

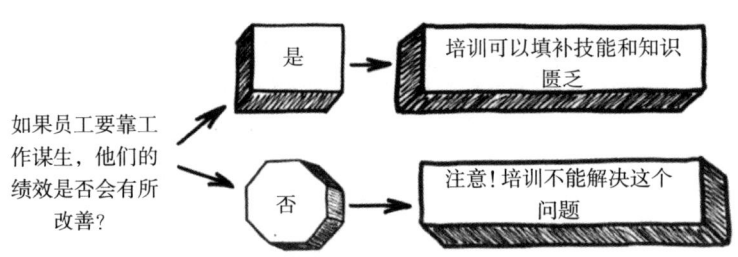

图 行动 D1.2.1　决定是否有必要进行培训的测试

另外，如果人们有能力按照要求完成工作，但他们却没有这样做，那么问题就不是由缺乏技能或知识导致的，也无法通过培训（至少是对员工的培训）来解决。马杰和派普还说过，"如果问题的根源不是技能匮乏，那就不用考虑培训了"。这时，我们的主要任务就是找出问题真正的根源，说服管理者在进行培训之前/之余，必须解决这些问题。

在工具 D1.2 中，我们用流程图为大家描绘了这一过程。

↗ **成功关键**

- 确定绩效问题是否真的存在及是否值得解决。
- 确定问题的根源是否为技能或知识缺乏（从员工的角度看待问题）。
- 如果是，请完成需求分析，设计和执行相关的培训，并确保工作氛围能够为培训内容的应用提供支持。
- 如果员工有能力按照要求完成工作，却没有这样做，就应该找出影响绩效的真正原因并寻找相应的解决方案。

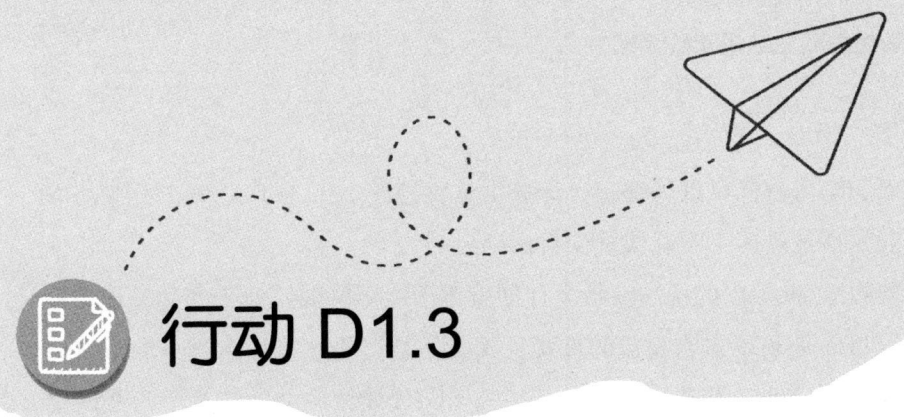

行动 D1.3

如何使用（和避免使用）学习目标

↗ 内容简介

学习目标是联系培训需求和培训过程的重要纽带，主要有三个目的：

- 定义学员在培训结束后应该掌握哪些能力。
- 指导课程设计者选择培训内容、方法和练习。
- 建立培训结果的评估标准。

为了满足以上目的，学习目标必须包含三种元素：

- 绩效。学习目标明确规定了学员必须通过哪些行为或成果来证明自己的能力。
- 条件。学习目标规定了员工需要在哪些条件下（如有）应用学习内容，如场所、时间限制、受众等。
- 标准。学习目标明确制定了绩效评估标准。

明确的学习目标可以为课程设计提供重要指导。Hodell 认为，"几乎所有的设计问题都是目标不明确或缺少目标导致的"。

我们同意 Hodell 的说法。缺少计划就等于注定失败。对于课程设计者来说，课程目标是实现预期收益的重要步骤。但是，仍然有很多人不知道如何和企业领导及培训学员进行交流。有些关于课程设计的文章认为学习或课程目标就是"绩效目标"，但是这些文章只说了学员在培训结束后该怎么做，却没有说他们在工作中应该达到什么样的绩效标准。还有人认为学习目标都是由学习术语堆砌而成的套话（"本课程结束后，学员能够……"），十分枯燥无趣。

最重要的是，这样的学习目标无法回答成人学员最关注的问题：

- 它能带给我什么？
- 它能否帮我改善绩效、责任和成绩？
- 它是否值得我花费时间学习？

同样，如果学习目标只介绍了学员学到的内容，就无法有效回答项目出资人和学员的经理提出的问题：

- 培训项目和我们的业务目标有什么联系？
- 培训是否可以改善绩效？怎么改善？
- 培训是否值得我们投入时间和金钱？

↗ 行动指南

1. 设计培训项目的第一步，就是界定业务目标（见行动 D1.1）。业务目标是所有培训项目的基石，也是组织培训和培训部门存在的根本原因。

2. 制定明确、简洁、完整的学习目标。学习目标是设计培训项目的蓝图，课程设计者可以根据这些目标选择相应的方法、练习、评估和时间分配，确保学习目标的合理性。使用学习目标检查清单（见示例行动 D1.3.1）进行确认。

第四部分 行动指南

示例 行动 D1.3.1 学习目标检查清单

- ☐ 每项目标都使用动词描述了学员应该掌握的能力。
  - ○ 这些动词应该是具体的、可测量的（如列举、分析、解释），避免使用模糊抽象的表达（了解、认识）。
  - ○ 这些动词应该与工作绩效有关（应用、计算、构建），不是对学员记忆水平的测试（列举、定义、标记）。
  - ○ 这些动词应该明确反映如何评估学员的能力。
- ☐ 学习目标包含绩效评估标准。
  - ○ 流程标准（"遵守公司安全流程"或"在10分钟内"）。
  - ○ 产品标准（"客户满意"或"100%精确"）。
- ☐ 学习目标规定了学员必须在哪些条件下应用所学技能。
  - ○ 如果所有目标的应用条件相同，那么应该在引言中注明，避免重复。
  - ○ 这些条件要尽量贴近真实的工作环境，不能由培训环境或"讲师的喜好"决定。
  - ○ 这些条件应该突出关键要素，而不是冗长的设备清单或其他。
- ☐ 学习目标应该言简意赅，避免使用不必要的描述。
- ☐ 语言清晰明确，易于理解，避免使用术语。

3. 按照朱莉·德克森的建议，"不要在课程一开始就介绍学习目标"。我们还要补充一句："也不要在课程说明和项目要求中介绍学习目标"。你应该应用动机交流的原则（见行动 D2.1），介绍培训与当前业务问题或学员工作之间的联系。注意，你的介绍应该生动有趣，并且能让学员认识到培训的相关性和应用性。例如，使用往期学员的感想或成功故事（见案例 D2.2）。

↗ **成功关键**

- 深入了解企业的业务需求和预期绩效。
- 根据企业的预期绩效,制定明确、详细的学习目标供课程设计团队参考。
- 为"它能带给我什么"这个问题提供令人信服的答案,注意它与学习目标的区别。

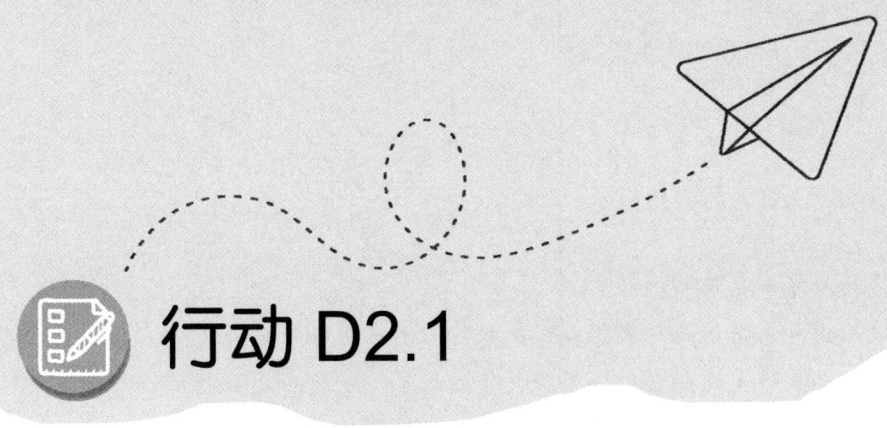

行动 D2.1

如何提升学员的学习动机

↗ 内容简介

动机可以为人们带来强大的动力。有了动机，人们就会发挥创造力，接受挑战，表现得更快、更好；有了动机，员工就会更加乐于学习和应用所学知识。因此，提升学习动机，就可以改善培训效果。

影响动机的因素有很多，分为外部因素和内部因素。外部因素包括预期绩效、奖励机制和组织风气，内部因素包括自信心、归属感、信任和对自我效能的追求。

无论环境和背景如何，提升动机都可以改善学习研究的绩效水平。因此，激发员工的学习动机，尤其在培训开始前，是设计完整体验和优化培训影响的重要环节。

↗ 行动指南

在激发员工的学习动机的过程中，我们要注意四种关键元素：注意力（Attention）、相关性（Relevance）、自信心（Confidence）和满足感（Satisfaction）。这就是凯勒的 ARCS 模型。

吸引学员注意力的方法包括：

- 使用具有启发性的问题。
- 使用出人意料的统计数据或吸引眼球的图像或媒介。
- 强调每名员工在组织中的价值及组织对员工发展的无私投入。
- 增加员工的归属感。
- 邀请声望较高的高层领导向大家介绍培训的重要性；如果条件允许，最好由领导带领大家完成培训项目。

强调培训相关性的方法包括：

- 说明培训和工作内容之间的联系。
- 利用人们对成功的向往。
- 使用往期学员的成功故事和案例。
- 邀请学员的同事发表感想。
- 展示课程目标可以为预期绩效提供的支持。
- 举例说明如何有效应用学习内容。
- 寻找培训与人们的信仰和价值观的联系。

提升学员自信心的方法包括：

- 分享他人的成功经验。
- 表明对学员的信心。
- 鼓励互相协作和团队合作（"你不是一个人"）。
- 表扬学员一点一滴的进步。
- 让学员对学习进度和难度有一定的控制。

创造满足感的方法包括：

- 旗开得胜("初尝成功喜悦")。
- 往期学员发表感想或提供例子。
- 随时提供积极反馈。
- 无论结果如何,都要表彰学员付出的努力。
- 提供进一步的个人发展机会。
- 确保学员的出色表现可以获得其他人(尤其经理)的注意。

总之,在真诚可信的前提下,我们和学员交流时,尤其交流学习机遇时,一定要确保交流的内容能够吸引他们的注意力,强调培训的相关性,提升他们的自信心,并能为他们带来满足感。如果你在交流的过程中表现得冷漠、无趣,缺少真诚,肯定无法唤起学员的动机。因此,学员可以利用 ARCS 原则观察和改善自己的交流技巧,从而提升培训的效果。

检查清单

回顾你在培训项目中的交流表现,看看你的哪些表现符合 ARCS 标准。你的目标是最少满足四项标准中的三项。

标准	预期表现
☐ 注意力	☐ 交流的内容有趣,能够在一开始就吸引学员的注意,使用了如启发性问题、惊人的事实、幽默的语言、动画片等工具。
☐ 相关性	☐ 通过交流,可以建立培训与学员的工作和企业的战略目标之间的联系。
☐ 自信心	☐ 交流的内容应该能够提升学员的自信心,如往期学员的感想及/或他们得到的支持。
☐ 满足感	☐ 交流的内容应该说明学员可以从项目收益中获得满足感。例如,个人能力的提升、来自他人的认可、绩效改善等。可以使用往期学员的成功案例或成功感想作为补充材料。

↗ **成功关键**
- 了解你的受众，试着从他们的角度思考问题。
- 先发制人，在开始时就抓住对方的注意力。
- 阅读需要交流的内容。你会对这些内容做出怎样的反应？
- 邀请一些人进行试验。
- 避免使用枯燥的术语、夸张的语言或进行乏味的表达。
- 交流的内容必须能唤起你的兴趣和动机。

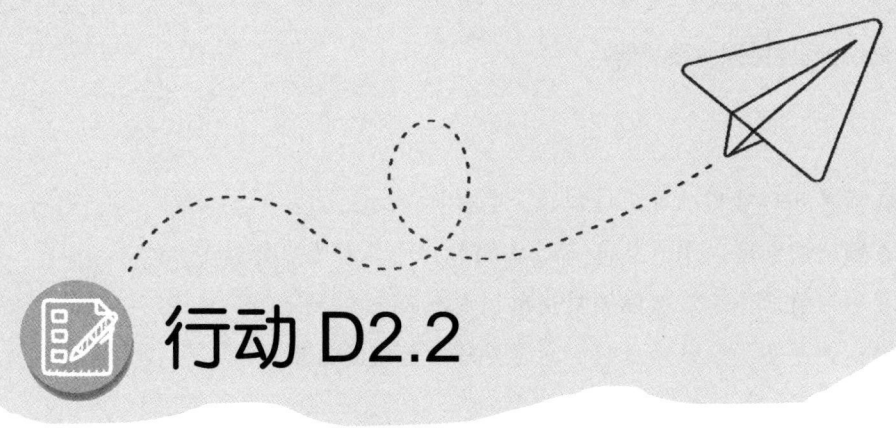

行动 D2.2

如何培养结果意向

↗ 内容简介

学习和发展项目必须带来商业结果,这是 6Ds®法则的中心主题。学员应该怀着明确的目标和预期来参加培训,这样才能加强价值链中的第一个环节——学习。这些目标和预期就是布林克霍夫和阿普金所说的"结果意向"。

当学员能够主动思考培训可以给他们带来的收益及他们可以从培训中获得的内容时,就产生了结果意向。在设计课程说明和邀请的时候,我们可以特意强调项目的收益和应用性;或者在培训开始前,安排学员和他们的直线经理进行一次讨论。这些做法都有助于培养学员的结果意向(见行动 D2.1)。

结果意向对于项目启动来说非常重要,但学习并不是我们的终极目标。学习只是我们通往结果的一个环节。如果能在一开始就培养学员的结果意向,那么培训的效果也会有所改善。拥有结果意向的员工会主动应用他们学到的内容,并且知道这些应用会给他们带来的收益。他们了解项目的最终目标,也愿意为自己的应用情况负责。

我们可以通过以下途径来培养学员的结果意向:

- 在项目开始时明确说明培训的业务目标。
- 在培训前和培训中,坚持强调 WIIFM(它能带给我什么)。
- 在培训前后,向经理强调应用培训内容的重要性。
- 培训开始前,帮助学员制定学习目标及后续的应用目标。

↗ 行动指南

将培训转化为商业结果包括四个阶段(见图行动 D2.2.1)。成功的培训项目可以在四个阶段一直培养学员的结果意向。

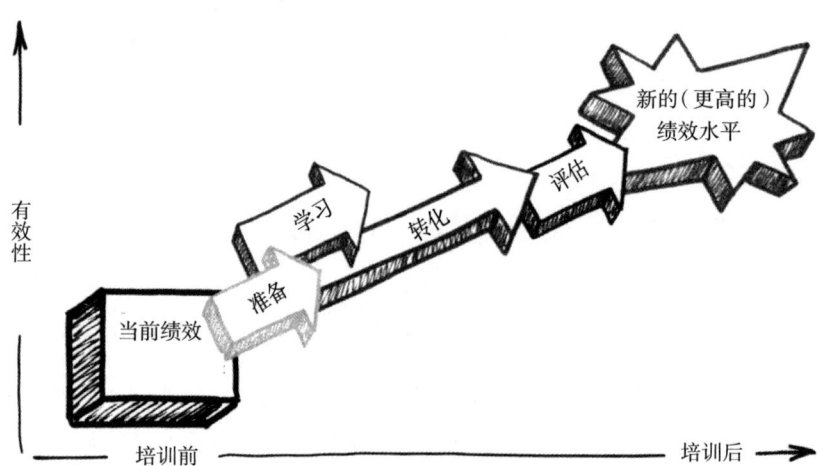

图 行动 D2.2.1 将培训转化为商业结果包括四个阶段:准备、学习、转化和评估

↗ 阶段一:准备

1. 向学员和他们的直线经理清楚地说明预期绩效及培训项目可以为他们的工作带来的影响。

2. 利用往期学员的成功故事,激发新学员对培训项目的兴趣和期待(见案例 D2.2)。

3. 项目开始前,安排学员及其直线经理进行一次关于预期结果的讨论。工具 D2.2 中的"学习合约"可以为讨论提供方向,并且以记录的形式强调结果的重要意义。你也可以阅读《将培训转化为商业结果·转化篇》（电子工业出版社，2024 年 3 月出版）获得更多信息和指导。

↗ **阶段二：学习**

1. 在培训过程中，不断强调项目的业务目标和预期结果，以及学习与学员日常工作的联系。

2. 使用与公司业务或工作内容相关的案例和故事。

3. 引入练习时，要先说明这样做的原因及练习与学员工作的关系（见行动 D3.6）。

4. 要求学员在培训中讨论他们在实际工作中遇到的问题，然后制订具体的应用计划。

5. 在培训过程中，安排几次应用情况回顾，并为学员提供足够的反思时间和指导。

6. 如果条件允许，可以要求学员制订应用计划；也可以在培训刚结束和结束几周后，给学员制定一些具体的应用目标。

↗ **阶段三：转化**

1. 不断提醒学员进行学习转化，维持他们的结果意向（见行动 D4.1）。

2. 鼓励经理们的参与：

- 向经理提醒培训项目的业务目标及他们在达成目标过程中的推动作用。
- 提供简单、具体的指导，优化培训的投资回报率。
- 如果条件允许，可以把学员的个人目标和行动计划副本发送给对应的直线经理。

阶段四：评估

1. 重新定义终点线。学员必须在工作中应用培训内容，才能获得奖励或毕业证书（见行动 D2.4）。

2. 向学员的直线经理强调认可的重要性，并推动他们的参与（见案例 D4.6）。

成功关键

- 在项目的前、中、后期，都要注意培养学员的结果意向。
- 向学员及其直线经理说明培训可以带来的商业结果。
- 鼓励学员及其直线经理进行培训前讨论，培养结果意向。
- 确保经理和讲师不断强调项目的相关性和业务影响。
- 利用往期学员的成功故事，激发新学员对项目的兴趣和期待。
- 设立应用目标，推动直线经理的参与。

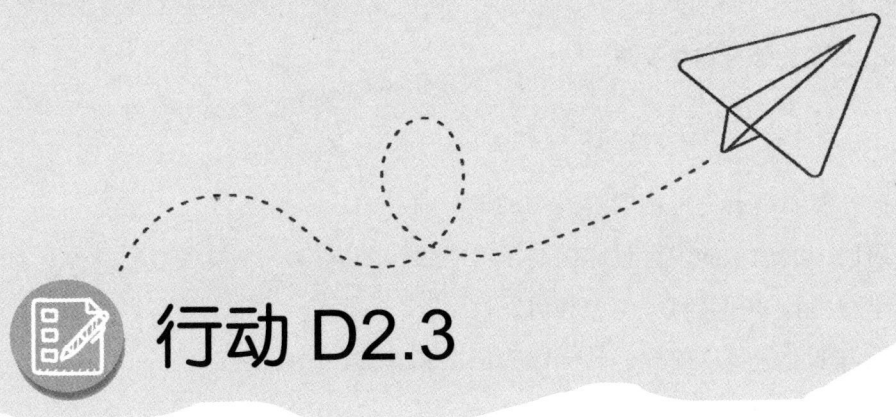

行动 D2.3

如何通过课前准备改善培训的效果

↗ **内容简介**

阶段一的学习有很多种叫法,如课前预习;但是不管你采用哪种叫法,它都是完整学习体验中的一个重要步骤。这一阶段的学习主要是为了满足以下目的:

- 保证学员的注意力。
- 培养学员的结果意向。
- 激发学员对学习内容的兴趣。
- 统一学员对概念和术语的掌握水平。
- 收集数据供培训期间使用。

为了让阶段一的学习发挥作用,我们必须满足以下五个条件:

1. 必须为阶段一的学习提供坚实的依据和理由。

2. 向学员明确有力地说明阶段一的学习的目的。
3. 阶段一的学习的内容量应该与学习时长匹配。
4. 学习内容必须具有吸引力和启发性。
5. 后续学习应该以阶段一的学习为依据和基础,但是不能重复。

↗ 行动指南

1. 所有课程设计都应该包含阶段一的学习。
2. 明确阶段一的学习的目的。向学员说明原因、方法及时间安排。
3. 寻找新的形式代替阅读作业。

- 课前预习的形式多种多样,除了阅读,还有很多有趣和高效的预习方法(见工具D2.4)。
- 在设计课程的时候,选择能够推动学员主动学习和思考的教学方法。

4. 使学员能用最少的时间和精力完成预习目标。如果学员觉得课前预习的任务量太大,他们就会拒绝预习。

- 检查课程设计:真的有必要这样做吗?
- 删除所有与后续课程无关的内容。
- 提供准确的预计完成时间。
- 如果有多项作业内容,应该安排好优先顺序。

5. 确保后续学习以阶段一的学习为依据和基础,避免重复阶段一的学习内容。在学员正式学习的过程中,你可以对阶段一的学习做个简短的回顾,但是绝对不要把所有的内容都重复一遍。对那些已经完成阶段一的学习的学员来说,这样的重复是一种惩罚;但是对那些没有预习的学员来说,这样做反而是一种奖励。

6. 最好把完成阶段一的学习作为参加后续学习的强制要求,尤其适用于以讲师授课为主或成本较高的阶段二学习。一些公司使用了"为学习的权利而努力"政策，如果学员没有完成预习，就必须退出培训项目。

↗ **成功关键**

- 了解阶段一的学习的目标和原因。
- 预习内容应该与培训目标有关。
- 尽量选择有趣的形式，吸引学员的积极参与。
- 后续学习应该以课前预习为基础，但是要避免重复。

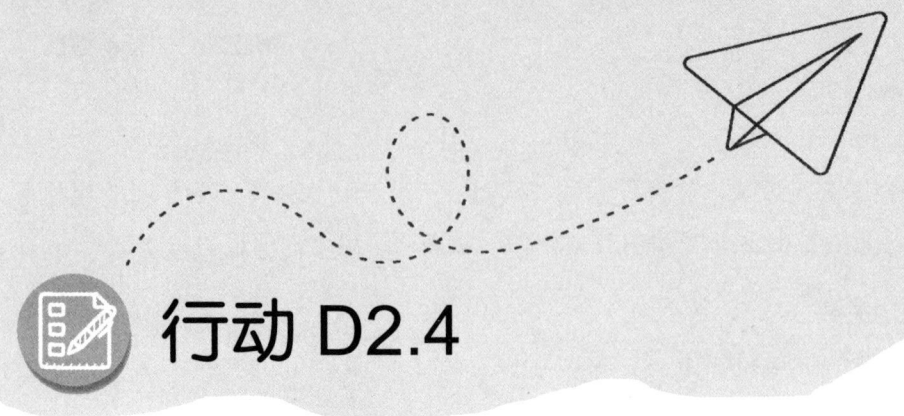

行动 D2.4

如何重新定义学习的终点线

> **内容简介**

我们都知道,只有经过转化和应用,培训才能为组织和个人创造价值。但是,大多数培训项目仍然停留在"课堂授课"阶段,许多个人和组织认为参加过培训课程就可以坐等收益。为了进一步发掘培训的价值,我们需要重新定义培训的终点线,把目光从完成培训课程转移到在职应用上。

> **行动指南**

1. 寻找和修改强调"培训课程"的措辞和项目。大部分培训项目都在用含蓄或直接的方式强调着培训课程的重要性。例如,"为期一天的课程"这个表达就暗示着只用一天就可以完成培训项目。我们可以把这句话修改为"项目为期三周,包括一天的课堂授课"或者"一天的互动工作坊结束之后,会开始为期三周的在职应用"。如果培训日程和安排中出现了"项目结束"或"毕业"等用语,也会在不经意间传递"只要来上课就可以了"的信号。面对这种情况,我们可以把这句话改成"开始在工作中应用"或类似的具有前瞻性的表达。

2. 重新制定项目的毕业要求。在课程结束后就对学员进行表彰或颁发证书，会让他们觉得自己已经达到了所有预期目标。但是，学员只有在工作中应用了培训内容，我们的投入才算值得。因此，我们必须明确地告诉学员："只有行为发生了改变，培训才算完成。"

方法之一就是在培训结束一段时间之后，如果有证据可以证明学员在工作中应用了培训内容，那么就可以向学员授予证书或奖励。证据的类型取决于工作性质和员工绩效对组织的贡献程度。在某些情况下，简单的自我总结就可以；毕竟有所作为总是好过现在毫无作为。对于那些需要密切监督的工作，我们可以要求学员的直线经理提交一份"完成证明"。对于那些需要直接接触客户的工作，我们可以对员工和客户的互动进行监控和评分。对于其他类型的工作，我们可以要求学员提交一份能够证明自己进步的作品或产品（如一篇报告或一份演示报告）。

这里的关键在于，"完成"不仅指完成课堂学习，还包括学员在向着预期目标前进的道路上有所进步。

3. 培训结束后，一定要给予学员认可并使他们有成就感，这样才能维持他们的内在动机。内在动机的强大作用已经无须我们多说。对于员工来说，最强大的两种动机莫过于进步带来的满足感和成功带来的成就感。我们可以通过向学员提供应用反馈来提升他们的内在动机。这也是 ResultsEngine® 等学习转化支持系统设置进度表的原因。在案例 D4.4 中，我们介绍了 Qstream 这一软件系统。这个软件系统通过利用游戏元素，鼓励学员定期复习和检查学习。另外，我们也可以鼓励学员进行自我评估和反思；在培训结束一段时间之后，我们可以要求学员对自己的绩效水平打分，然后和培训前进行比较。

例如，在 6Ds® 工作坊结束 2～3 个月后，我们安排了一次电话访问，要求学员回答以下问题：

- 我设立了哪些目标？

- 我能够达成哪些成就？
- 我在这一过程中有哪些收获？
- 我对同事有哪些建议？

我们明确地表示，这次电话调查才是培训项目的"终点线"，这推动了学员的积极参与。借着这个机会，他们可以自豪地分享自己取得的成绩及学到的经验。对讲师来说，这样的电话访问也非常鼓舞人心，因为我们看到了学员的进步，我们为他们感到骄傲——这样的体验并不多见。

4. 最后，在调整"终点线"的时候，一定要对学员的努力和成就表示感谢和认可。提醒学员的直线经理要有所表示，最好能让他们亲自对学员表示认可和鼓励（见案例 D4.6）。

成功关键

- 一致性：确保课程说明和活动始终强调转化和应用的重要性，它们是完整学习体验中不可缺少的环节。
- 改变自己对培训的认知：从"活动"变成"过程"，从"学习"变成"绩效"。
- 为学员提供成就感和满足感，对他们的努力表示认可。
- 推动人力资源部门和直线经理接受新的终点线并进行相应的政策调整，一定要把奖励放在学习转化之后。

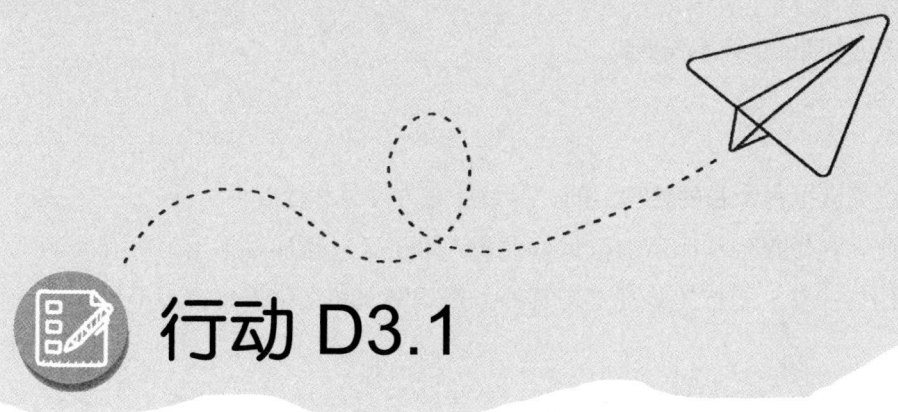

行动 D3.1

如何使用（和避免滥用）幻灯片

↗ 内容简介

PowerPoint 及其衍生工具是一款应用非常广泛的办公软件。我们在开会或做报告的时候，总会将幻灯片作为辅助工具。虽然优秀的幻灯片确实可以强化学习和记忆效果，但是目前滥用幻灯片的情况太普遍，于是便有了"杀手幻灯片"这种说法。

虽然这本书的主题不是如何使用幻灯片，但是掌握一些使用幻灯片的重要原则，大家就可以利用幻灯片来大大改善培训的效果。

↗ 行动指南

1. 避免文字过于密集。加尔·雷纳德在《演说之禅》（*Presentation Zen*）中把陈列了许多文字的幻灯片称作"幻灯文档"（Slideuments）。人类的大脑非常擅长把图像和声音结合在一起，所以我们在演示图片或表格的时候，总是会配上解说，以便推动学员的理解和记忆。但是，我们的大脑并不擅长把两种语言信息结合在一起，如一边听演讲人的解说，一边看密密麻麻的文字。

这两个过程会抢占大脑的处理空间，导致注意力过载和理解力下降。

因此，在做报告和演示前，最好准备一份讲义，这样就不用把所有内容都塞进幻灯片里。幻灯片等视觉工具的作用是突出和强化信息，而不是承载信息。

2. 避免罗列过多要点。满满一屏幕的要点会让学员失去兴趣。在 slide:ology 工作坊中，南希·杜阿尔特提出了几项"要点定律"：

- 避免滥用项目符号。
- 如果必须使用，一定要注意数量。
- 使用标题。
- 使用排比结构。
- 尽量避免使用子目录。
- 使用与主题相关的图片。

与主题相关的图片可以帮助你强调要点（强化视觉记忆）或给学员带来新鲜感（如通过图示说明两项变量的关系）。但是，与主题不相关的图片不仅起不到辅助作用，还会分散学员的注意力，对学习造成干扰——如特别漂亮但是与内容无关的装饰图片。因此，我们要避免使用与主题无关的图片。

3. 实现信噪比最大化。加尔·雷纳德把工程学中的"信噪比"这一概念应用到了幻灯片中。在这里，信噪比是指有效信息（信号）和无关信息或分散注意力的内容（噪声）的比例。大多数幻灯片里都有许多无关元素（背景图片、装饰性的页眉和页脚、坐标线、标签等）。雷纳德建议："如果将某些元素删除之后并不会对幻灯片的内容造成不利的影响，那么你就该考虑是不是要减少这些元素的数量或者干脆全部删除它们。"（具体内容请见案例D3.2）。对于课程幻灯片来说，简单的表格比照片或复杂的配图有用得多，因为它减少了不必要的信息（噪声），有助于学员把注意力放在关键内容（信号）上。

4. 演示事物发展的过程。过去的黑板粉笔教学有一个优点，就是讲师需要亲自画图、写等式或绘制图表，因此讲课的速度自然就慢了下来。学员可以清楚地看到事物发展的过程（如价格与产量比的变化范围），然后在记笔记的时候再回顾一遍。现在，我们只要一点鼠标，表格和图片就会自动出现在屏幕上。由于结果被直接展示出来，发展过程却被省略了，因此学员没办法复述这一过程，因此也无法理解这一过程。

我们可以用一系列幻灯片来说明事物发展的过程。例如，先给学员看表格中的坐标轴，让他们猜测一下情况会怎样发展。大量证据表明，与直观的展示结果相比，使用一系列静态示意图可以使学员获得更好的学习效果。

5. 关上投影仪。上课的时候，我们没必要一直开着投影仪。历史上最出名的演讲都没有使用幻灯片。演讲者仅靠生动的语言就可以吸引学员的注意，唤起学员的兴趣，打动学员的心灵。爱德华·塔夫特为了说明这一点，曾经模仿过林肯的葛底斯堡演说，并且特意在其中用了幻灯片。

所以，我们建议你关掉投影仪，或者干脆不要使用幻灯片；你和你的学员也许会觉得这样的体验很新鲜。我们知道有几家公司禁止高管人员在领导力项目中做演示的时候使用幻灯片。没有了高科技工具的辅助，这些人在演讲的时候，反而显得更加真诚、可信。

↗ 成功关键

- 幻灯片的作用是说明和强调演讲内容，而不是代替它们。
- 避免使用文字密集的"幻灯文档"，它们会降低学员的学习效果。
- 谨慎选择图片。
- 避免不必要的信息和装饰元素，实现信噪比最大化。
- 演讲时没必要一直开着投影仪。

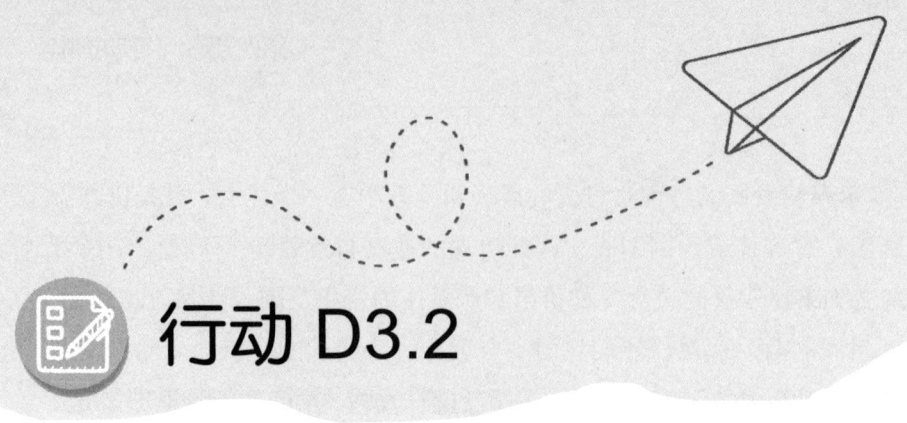

行动 D3.2

如何吸引和维持学员的注意力

↗ 内容简介

吸引和维持学员的注意力是保证学习效果的前提条件。这是因为在学习过程中,人们只会处理、编码和记忆他们注意的内容,而注意力集中的时限非常有限。著名的"双耳分听实验"就证明了人类注意力的过滤作用。在这个实验中,学员需要同时听两个不同的讲座,但是他们同时段只能把注意力集中在其中一个讲座上面。因此,尽管学员听到了两个讲座,他们却只能回忆起他们专心听的那个。

这个实验带给我们的启发是,虽然学员听到了课程的内容(通过讲座、网络广播、练习或讨论的形式),但是如果他们不主动集中注意力的话,是无法掌握这些内容的。

人们有时会走神,"通常情况下,在演讲开始 25 分钟之后,学员就会开始走神"。实际上,如果演讲的内容不能重新吸引学员的兴趣,他们的注意力会在 10 分钟之后开始降低。了解了"守门员效应"之后,我们在设计课程的时候就应该就采取一些具体措施,在一开始就抓住学员的注意力(加涅"教学过程九阶段"中的阶段一),然后时不时地帮助他们集中注意力。

第四部分　行动指南

↗ **行动指南**

1. 每 10 分钟休息一次。使用一些刺激因素来重新获得学员的注意力。有效的刺激因素有两个特征：与主题相关，并且可以激发起情感反应，如笑声、紧张、怀疑、惊讶、疑惑等。

2. 使用与主题相关的刺激因素维持学员的注意力。相关性是这里的关键。例如，虽然讲一个与主题无关的笑话可以让人们暂时放松，但这种行为会对学习过程造成干扰，因为它会转移人们的注意力。因此，无论你使用哪种手段来维持学员的注意力，一定要确保它与主题相关。

3. 调动学员的感情。在维持注意力和创造长效记忆的时候，感情可以发挥非常强大的作用。我相信你们对这一点也深有体会：那些与感情有关的记忆总是特别深刻，有时候我们想忘也忘不掉。所有的感情——喜悦、悲伤、惊讶——都可以帮助我们记忆和回忆。因此，调动学员的感情，可以推动整个学习过程（见案例 D3.1）。这也说明了为什么情景模拟、游戏或趣味小故事都是特别有效的教学手段，可以为我们带来意想不到的效果。在神经领导力研究所（Neuro Leadership Institute）开发的 AGES 学习记忆模型中，一共包括四项关键因素，而注意力和感情就是其中的两项。

4. 讲故事。"故事更容易记忆——因为在很多时候，我们就是靠故事来记忆的。"帕特森及其同事在《影响力》一书中指出："好的故事可以为人们提供生动具体的细节，这是粗略的概括和含糊的总结无法比拟的。故事之所以能改变人们对世界的看法，是因为它呈现了一幅精彩纷呈、动人心弦、令人难忘的因果关系图。"

5. 引发人们思考。有效的学习需要人们对信息进行主动思考和编码。换句话说，人们必须主动思考。你可以通过多种方法来引发学员进行主动思考，如要求他们回答问题、参与游戏、向同事解释知识点，或者加入讨论。鲍勃·派克为我们准备了多种选择。

6. 混合教学法。你的方法不管多么有效，在被使用太多次之后都会失效，

因此我们要在课程中混合使用多种教学方法。

> **成功关键**
> - 为了避免学员走神,每 10 分钟或 15 分钟都要重新集中他们的注意力。
> - 通过特别的活动维持学员的注意力。
> - 使用多种教学方法。
> - 确保所有的方法都与教学主题有关,并且能够强化学习效果。

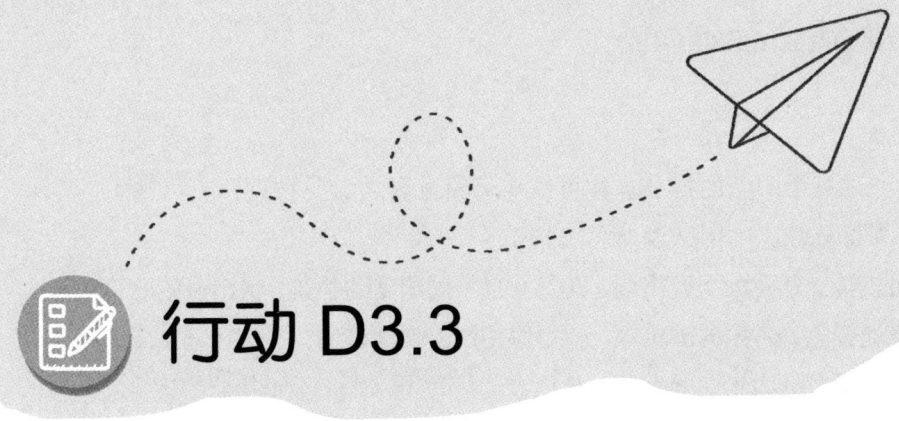

行动 D3.3

如何在课间休息之后重新集中学员的注意力

↗ 内容简介

课间休息对于学员的精神和身体健康非常重要。但是，如何在课间休息之后重新集中学员的注意力，尤其在下午或项目快要结束时，成了许多讲师面临的难题。经过多年的努力，我设计出了一种有趣的练习，可以在课间休息之后重新唤起、集中学员的兴趣和注意力，学员也非常喜欢这种练习。只需要几分钟的时间，我们就可以重新调动课堂气氛，让学员马上转换到积极的学习模式。

↗ 行动指南

1. 在休息之前，告诉学员稍后会有一场小竞赛，并宣布竞赛的开始时间。
2. 竞赛开始。
3. 在幻灯片上展示竞赛问题，不要陈列答案。
4. 每个团队有两分钟的时间回答问题，回答的问题越多越好。
5. 两分钟之后，宣布停止答题，然后要求每个团队念出他们的答案。这时先不要公布正确答案。

6. 记录每个团队的得分。你可以在每轮竞赛之后公布得分（可选）。

7. 为得分最高的团队颁奖（可选）。

你可以选择任意的主题出题。面对来自不同国家的学员，我出过的题目包括美国的交通标志、各国的国旗等。你可以在网上搜索诸如"各国运动"或"哪个国家食用了最多的大米"等主题，然后在幻灯片里一个一个地揭晓答案。

注意，你的这些问题不能包括刚才课上学过的内容。这个比赛的目的是让学员放松身心。苏泽认为，如果学员在课间可以暂时脱离学习内容，他们在接下来的课上就会更加专注。

↗ 成功关键

- 比赛的问题不应该太多，以在两分钟内完成为佳。
- 保证公平竞争，这样学员才能真正开动脑筋思考答案。
- 根据受众选择合适的问题，特别是面对国际受众时。
- 问题的内容应该融合各组学员的多元性。
- 注意使用幽默元素，如趣味主题、问题、双关，或意想不到的答案。

示例行动 D3.3.1 都是我比较喜欢的主题。

示例 行动 D3.3.1　可以使用的主题及其答案

糖果品牌：根据描述猜每种糖果的品牌

1. 神气的三人组	10. 黑洞探索者
2. 坚果之乐	11. 著名作家
3. 红色星球	12. 蜜蜂和花朵
4. 最喜欢的工作日	13. 著名棒球运动员
5. 我们的星系	14. 重复的名字
6. 两个女人	15. 超人的别名
7. 明星国度	16. 爱情
8. 圆形的充气圈	17. 牛奶干了
9. 轻声浅笑	

第四部分 行动指南

世界之最

1. 最大的岛屿	9. 最高的山峰
2. 最小的狗	10. 最大的哺乳动物
3. 最大的淡水湖	11. 最大的大洋
4. 最长的山脉	12. 最长的河流
5. 最小的大陆	13. 最大的沙漠
6. 最大的蛇	14. 最快的陆地动物
7. 最大的海	15. 最小的鸟
8. 最大的国家	

答案

糖果品牌：根据描述猜每种糖果的品牌

1. Three Musketeers	10. Starburst
2. Almond Joy	11. Oh Henry
3. Mars	12. Bit O'Honey
4. Pay Day	13. Baby Ruth
5. Milky Way	14. M & M
6. Hershey	15. Clark
7. Hollywood	16. Kiss
8. Life Savers	17. Milk Dud
9. Snickers/Chuckles	

世界之最

1. 格陵兰岛	6. 水蟒
2. 吉娃娃	7. 南中国海
3. 苏必利尔湖	8. 俄罗斯
4. 安德斯山脉	9. 珠穆朗玛峰
5. 澳大利亚	10. 蓝鲸

续表

11. 太平洋	14. 猎豹
12. 尼罗河	15. 蜂鸟
13. 撒哈拉沙漠	

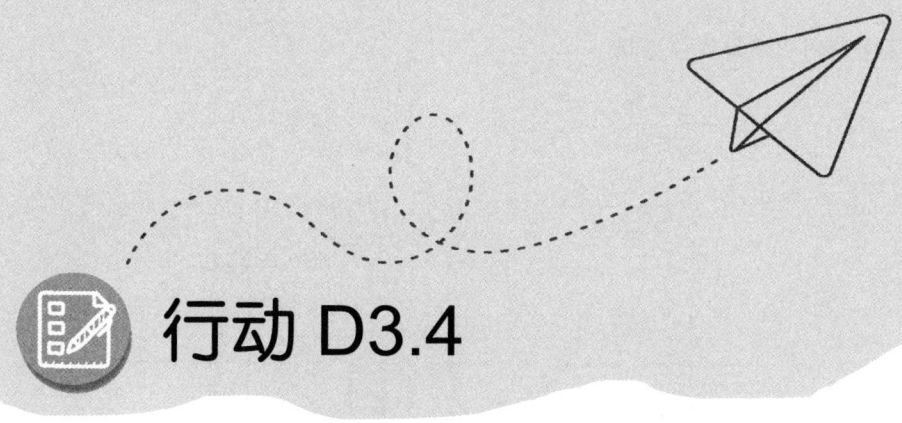

行动 D3.4

如何构建支架式教学
（Scaffolding）

↗ **内容简介**

　　培训的最终目的是提升员工在实际工作中的绩效水平。培训环境与实际工作环境越相似，学员进行学习转化和应用的难度越小。

　　体验式学习（部分体验或完整体验）是指人们通过解决实际工作任务和问题来进行学习。这一方法可以加速人们掌握解决问题的技能。但是大部分工作环境和任务都是相当复杂的，新手在解决实际工作中的问题时，面对大量的信息，很可能不知所措，错过核心要点——如第一次学习驾驶波音 767 飞机。

　　这时，在体验式学习的基础上，我们需要通过支架式教学为学员提供支持，为他们的学习过程铺路（见图行动 D3.4.1）。盖房子的时候，工人需要搭建脚手架才能一层一层地往上盖楼；支架式教学也是同样的道理：为学员提供支持，帮助他们掌握复杂技能，更上一层楼。

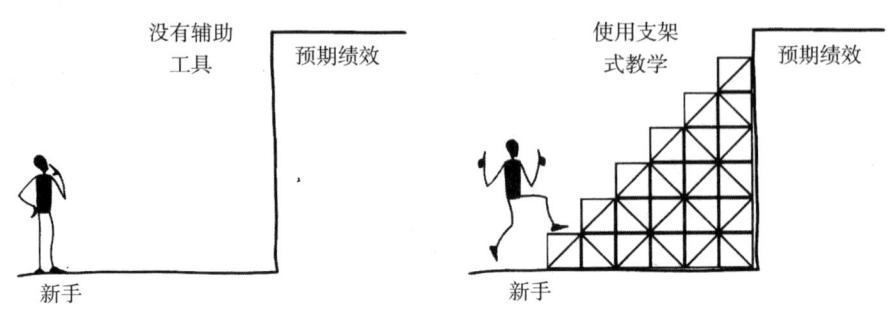

图 行动 D.3.4.1　使用支架式教学可以让学习过程更简单

↗ 行动指南

在培训（现场或虚拟）中设置真实的情景模拟和任务，为学员的学习过程铺路。

1. 演示和实践交替进行。展示如何解决问题或执行任务，然后为学员提供亲自实践的机会。重复后续问题或难度比较大的问题。我们可以在演示和实践的过程中插入判断环节。例如，给学员看一个案例演示（现场演示或视频），然后让他们回答哪些做法是正确的，哪些需要改善。这样做的目的是让学员学会正确识别他人采用的技术和方法，从而对自己的绩效进行评估和改善。

2. 由浅入深，由易到难。开始的时候，选择一些比较简单，但是贴合实际的问题，这可以让学员积累经验和自信；然后慢慢过渡到难度更大或更复杂的问题。

3. 降低初始问题的复杂程度。刚开始做练习的时候，问题不宜过难，如减少问题中的变量或无关因素。例如，在财务课上，先让学员从简单的利润表或资产负债表开始，然后再接触例外情况和更高级的会计原理。

4. 在初期提供大量的帮助和支持，并在培训过程中提供工作辅助工具。支架式教学的目的是帮助学员构建起技能和自信，让他们在学习道路上继续前进。对于他们来说，旗开得胜的意义非常重大。所以，我们要在一开始就做好各种准备（工作辅助、提示、在线帮助或教练）。随着培训的发展，我们要逐渐减少支持，培养学员独立完成工作的能力。

但是，我们要注意不能取消所有支持。学员应该学会使用和利用那些实际工作中也会用到的辅助工具（检查清单、计算机诊断、数据库等）。在处理绝对不能出错的任务时，我们可以要求学员使用这些工具。"再有经验的人，也比不上一张薄薄的检查清单，而且它的应用范围要比我们想象的广泛得多；检查清单是最强大的工具，可以帮助我们避开错误"。

↗ 成功关键

- 培训练习和环境应该尽量贴合实际工作环境。
- 在培训初期，通过支架式教学为学员提供支持；但是随着培训的进行，我们要逐渐减少支持，增加挑战的难度。
- 在培训过程中提供工作辅助和其他形式的绩效支持，鼓励学员在工作中应用培训内容。

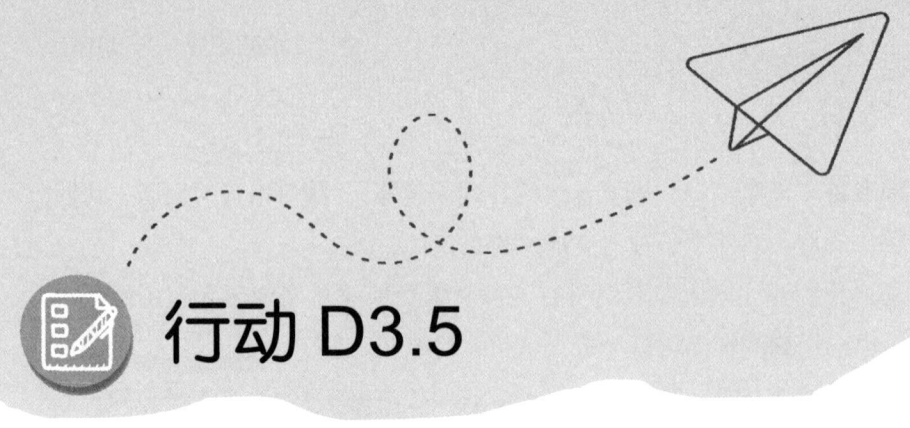

行动 D3.5

如何构建学习的价值链

↗ **内容简介**

成人教育学的基本原则之一是,成年学员只有了解了学习带来的收益后,才会自愿参加学习。

在设计培训项目的时候,构建学习价值链的目的就是保证培训和工作需求之间有明确的联系。迈克尔·波特为了描述增值活动带来的收益,最先提出了价值链这一概念。企业通常都是通过这些增值活动来提升竞争力的。与布林克霍夫和吉尔的影响力地图一样,学习价值链也可以证明培训和商业结果之间的联系。这个过程类似于佩吉·帕尔斯基在案例D6.1中讲到的逻辑建模流程。

学习价值链一共包括三个环节:预期的业务结果,实现业务结果需求的技能和行为,以及帮助员工掌握核心技能和行为的学习体验(见图行动D3.5.1)。

价值链中的第一环——预期业务结果——就是项目存在的原因。这也恰好印证了史蒂芬·柯维的那句名言:以终为始。价值链的第二个环节为我们展示了一个因果联系:为了实现预期业务结果,员工必须采取哪些行动。第三个环节又往前追溯了一步：为了让员工掌握这些需要的技能和行为，企业需要提供怎样的学习体验（广义）。

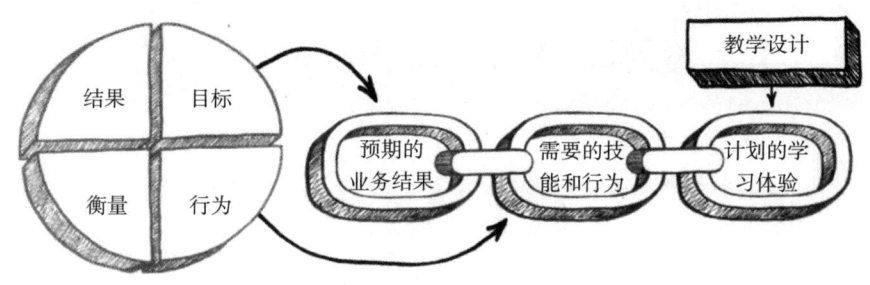

图 行动 D3.5.1　学习价值链

价值链适用于以下任一用途：

- 用于培训项目设计，可以帮助设计者选择最佳教学方法，保证学员可以顺利完成学习过程。
- 用于已完成设计的质量控制流程。

行动指南

使用价值链规划表（见工具 D3.2）为项目设计提供辅助：

1. 将关键业务结果放在第一列。如果你已经完成了结果规划轮（见工具 D1.1），那么第一象限中的答案就是你需要的结果。

2. 在第二列写下实现预期结果所需的行为和技能（规划轮中第二象限的答案）。

3. 运用课程设计的相关知识及本书中的指导选择合适的学习体验，最大化地提升学习效率。把这些内容放在第三列，并与对应的技能或行为联系起来。

4. 增加培训前准备和培训后跟进，保证学习体验的完整性。

使用价值链规划表对已有项目或提案项目进行质量控制：

1. 第三列为关键主题、练习和其他学习活动。
2. 第二列为预期行为和技能；第一列为业务目标。
3. 每项主题或练习都应该与相应的行为或技能及预期目标联系起来。
4. 回答以下关于课程主题或练习内容的问题：

- 这些主题或练习与预期行为或技能之间是否有明确的联系？如果没有，就证明第一法则分析不完整，或者这些内容与课程目标没有直接相关性，应该从项目中删除。
- 如果两者之间存在强大的联系，学员是否能看到这些联系？如果看不到，应该采取哪些措施？
- 教学方法是否与预期绩效匹配？
- 是否为学员提供了充足的练习机会，让学员能够真正掌握知识和技能？

↗ **成功关键**

- 明确界定培训的预期目标及实现这些目标所需的行为和技能。
- 使用价值链、影响力地图或逻辑模型等工具，确保每项主题和练习都与业务目标有着直接联系。
- 根据绩效目标，选择合适的课程策略。
- 学员不会主动看到这些联系，你必须清晰地展现这些联系。
- 引入练习时，请说明练习与预期绩效之间的联系。

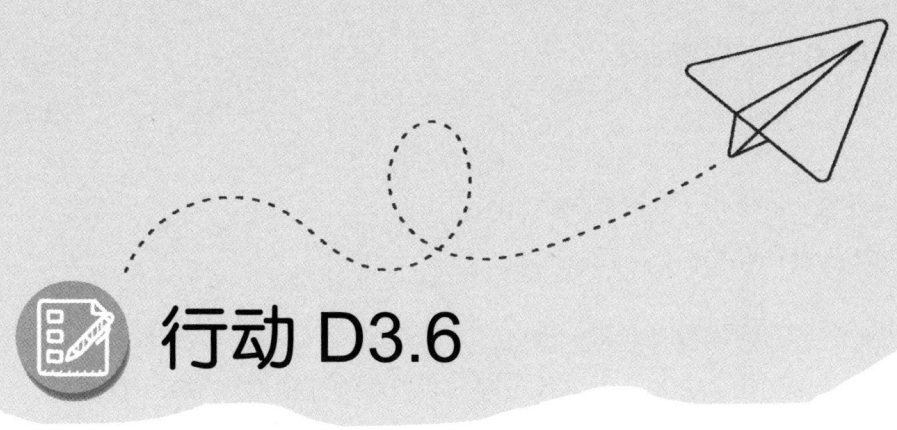

行动 D3.6

如何引入练习

↗ **内容简介**

在设计培训练习的时候,必须遵循"以终为始"原则,即这些练习可以如何培养实现业务目标所需的技能。对于课程设计者来说,这些联系显而易见;但是对于学员来说,却并非如此。如果学员不了解练习和绩效之间的联系,他们就不会认真对待和积极参与练习,也不会有所收获。

导致这一问题的主要原因在于我们引入练习的方式——通常我们会在课堂上或电子课程中使用练习。这就是马戈利斯和贝尔所说的"管理式学习"。学员会想"为什么要进行练习",变得不明所以。典型的例子就是我们经常在课堂上听到的"在接下来的 10 分钟,我会把大家分成几个小组……"或者在电子课程中看到的"为以下情境选择最合适的最下一步行动"。

这种方法存在一个问题,就是引入练习后,学员不会马上开始思考练习的目的和收益,而是在想自己有没有足够的时间做练习,以及自己喜不喜欢这样的形式。这样一来,练习就失去了意义,学员也失去了实践的机会。

当我们邀请(或要求)学员参加培训时,他们都会想到两个问题:

- 这个项目值得我花时间参加吗？
- 我能从中获得什么？

这也是学员看到练习时的第一反应，尤其是那些内容繁多的枯燥练习，如角色扮演。为了让学员完全投入练习中，我们必须让他们看到练习的相关性和应用性。

↗ 行动指南

马戈利斯和贝尔建议，在引入练习的时候，要按照学习和动机原理，按以下四个步骤进行。

1. 说明原因。"（应该）始终站在学员的角度介绍或说明原因"。我们应该回答学员最好奇的问题："为什么要进行练习？"

2. 介绍练习内容。介绍练习内容，让学员能够从练习中有所收获。在介绍练习内容的过程中，使用具体的动词（如确认、列举、排列、解决等）和描述预期成果的语言（如"五项最重要的内容"）。

3. 设置练习环境。马戈利斯和贝尔将第三步定义为：说明学员以怎样的方式完成练习。练习的环境由三种要素构成：练习单位的规模（个人或小组）；小组的人员构成（如有），以及分配给每项任务的时间。

4. 说明需要汇报的内容。第四步也是最后一步，规定了学员或小组在完成练习后，需要向上级组织汇报哪些内容；这些内容里不应该包含行政细节，以避免影响内容的清晰性。学员对他们的讨论内容进行回顾和总结，然后进行汇报。这一过程既可以强化学员的学习效果，也让讲师有机会对关键概念和原则进行说明、完善和延伸。

↗ 成功关键

- 在布置练习前，一定要简单说明为什么要进行练习、怎样完成练习和完成后应该汇报哪些内容。学员是不会主动发现这些联系的。

- 牢记成人教育学的基本原则：成年学员只有了解了学习带来的收益，才会自愿参加学习。
- 要求学员做练习之前，一定要确保所得收益符合投入的时间成本，这可以推动学员的学习和转化。

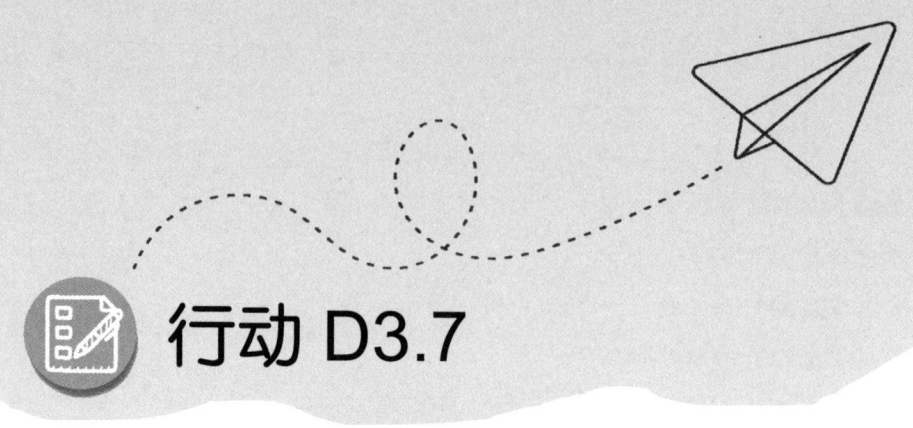

行动 D3.7

如何完善预测值评估

↗ **内容简介**

"预测值"这一概念来源于医学中的诊断测试。测试的预测值是指它的准确性。也就是说,如果测试呈阳性,那么病人患病的概率有多大?如果测试呈阴性,病人是不是真的没有患病?

许多培训项目都通过测试来判断学员是否掌握了学习内容。但是我们经常听到经理抱怨:"为什么学员明明通过了测试,却还是不能完成工作?"这说明一般培训测试的阳性预测值都不高:测试通过并不代表学员掌握了预期能力和技能。为什么?

培训测试和其他形式的学习评估都有一个通病:过于重视死记硬背的内容。在布鲁姆的学习目标分类中,知识(认知)是排在最底层的(见图行动D3.7.1)。虽然更高层的技能(应用、分析等)建立在认知基础上,但是掌握了知识,并不代表学员就有能力去应用它们。

在研究了 E-learning Guild 的测试内容之后,施洛克和卡斯卡拉里发现,"测试的大部分内容都是认知层面的。但相反的是,大部分工作需要的都是认知层面以上的内容。正是由于测试内容和工作内容之间的断层,导致了管理层对培训的效果提出质疑,并且错误地把测试结果当成绩效指标。"他们总结道,"总体来说,如果你真的想改善,最有效的做法就是测试认知层面以上的内容。"

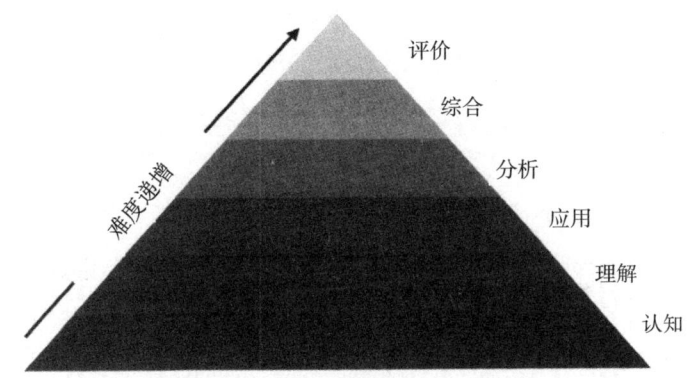

图 行动 D3.7.1　布鲁姆的教学目标分类

为了改善培训测试的预测值,我们需要进一步加强测试内容和预期绩效之间的联系。

↗ 行动指南

1. 保证预期绩效的一致性。"预期绩效的一致性是指预期目标和评估内容一致"。只有形成了一致的标准,评估才能有效衡量学习目标的达成情况。如果学习目标要求学员能够向潜在客户介绍某项信息,那么测试应该考验学员的介绍说明能力,而不是复述能力。

2. 测试问题应该在认知层面以上。如果你想改善测试的预测值,最有效的方法就是考验学员在认知层面以上的能力。很少有工作是只靠回忆信息完成的。而且随着互联网的普及,信息认知变得越来越不重要。当大家都能接触到信息时,真正的考验就成了每个人应用信息的能力。我们没必要测试员工的记忆能力,但是为什么还有那么多的培训测试不明白这一点?因为测试记忆水平的问题最容易编写,它们的答案都是固定的,最适合以选择题的形式呈现。问题在于，这些测试不能预测员工的绩效。

想解决这些问题，你需要检查自己的培训测试，根据布鲁姆分类法对题目进行打分。如果测试中有90%或以上的内容都是简单的知识回顾题型，那么你的组织也和大多数组织一样，没有做到绩效一致性原则。这时，你需要修改测试内容，增加更多认知层面以上的问题，反映出培训的学习目标。

3. 区分正确作答和正确反应的能力。选择题是电子课程和培训测试中常见的一种题型，可以评估学员选择正确答案的能力。但是你要记住，选择正确答案要比创造正确答案简单得多。另外，我们在做大多数选择题的时候，无须借助相关知识就可以轻易排除一个或多个干扰选项。因此，多选题会高估学员的真实水平，尤其是客服、销售和管理等需要在多变的环境中应用学习内容的岗位。

如果一项工作不能靠复述信息完成，而是需要对不同环境做出不同反应，那么培训测试就不能只包括选择题。

4. 尽量还原真实的工作环境。培训评估的重点应该是"学员在真实工作环境中应用新知识和新技能的能力"，即我们常说的"真实评估"。这要求测试的环境应该尽可能还原真实的工作环境，如使用真正的设备或高仿真模拟。测试的最终目的是评估学员在真实工作中应用学习内容的能力。管理者应该使用检查清单、计分卡或量表等工具对学员的工作绩效进行评估，并为学员和培训部门提供反馈。

5. 使用量表和评分标准来改善测试的可信度和反馈的价值。

完成以上几点之后，测试就不再是简单的对错回答了。

当测试中包括多位评估人的时候（如邀请管理者对员工的工作绩效进行评估），我们需要确保各评估人评估标准的一致。你可以向评估人（及学员）提供量表、评分表或检查清单，设定统一的标准。例如，案例D3.2中的信噪比测试。更多关于量表制定和使用的内容，请参考Wolf & Stevens（2007）。

↗ 成功关键

- 评估内容应该与学习目标和绩效标准一致。
- 评估环境应该尽量还原真实的工作环境。
- 测试不光是对学员记忆能力的考验,还要考验他们的应用能力。
- 在(大多数)实际工作中,学员不能只是复述信息,而是要创造正确答案。

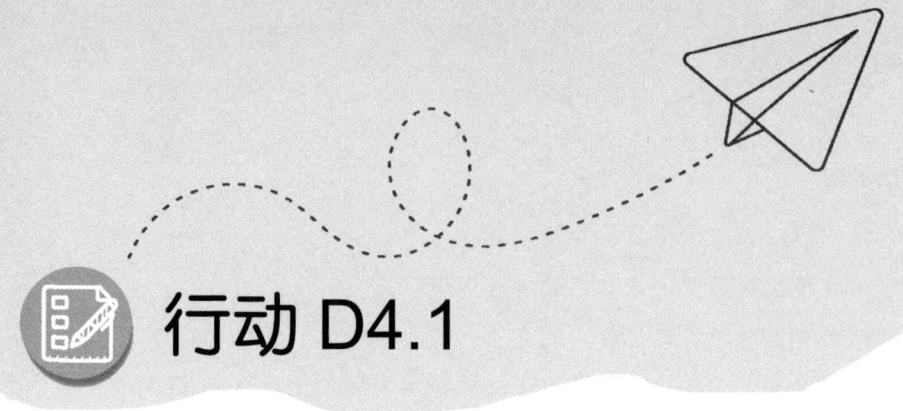

行动 D4.1

如何提醒学员应用所学知识

↗ **内容简介**

在众多推动学习转化的方法中,最基本的一种就是在项目结束后对学员进行定期提醒。

定期提醒有两方面的作用:

1. 时刻提醒学员继续学习和应用培训内容。
2. 强化学员对培训内容的记忆。

许多世界著名的大品牌(如可口可乐、麦当劳、苹果等)每年都会在广告上花费几百万美元,目的就是占据消费者的"心理份额"。这种做法看起来很矛盾:既然你已经这么出名了,为什么还要继续在广告上花钱呢?

因为这些企业都从残酷的经历中学到,没有广告,品牌的心理份额就会下降,最后导致市场份额的减少。培训项目也是如此。项目刚结束的时候,学员都充满干劲地计划在工作中应用培训内容。但是随着时间的推移,如果不提醒的话,学员就会被繁忙的日常工作冲昏了头,忘记当初的承诺,培训的心理份额也随之下降;接着,我们就要付出代价了。

定期提醒的另一个好处是可以强化学员对培训内容的记忆。每当我们回忆一个概念的时候，大脑中都会发生一系列处理过程。使用间隔学习法的话，我们的记忆就会更持久，更容易回忆。

提醒的方式有很多种，关键是要把它们变成项目不可或缺的一部分，这样才能推动学习转化。

行动指南

1. 定期提醒是项目中不可或缺的一部分。
2. 设计项目或审核项目设计时，应该问以下问题："什么样的课后提醒可以长久保持学习效果？"然后在正式的设计中加入这些内容。
3. 提醒应该能推动学员进行积极思考。
4. 通过回忆巩固记忆。广告商用尽各种方法在消费者的心中植入他们的信息，如广告牌、广告歌、飞机上的桌板广告等。我们可以用简单的邮件提醒达到同样的效果。邮件的内容可以是培训课程中用到的材料、海报、屏保或内容节选。当然，如果可以使用新材料或稍有不同的材料就更好了，如应用小贴士、趣味摘抄、相关文章摘要等（见案例 D4.3）。

由于培训的概念和技能比广告形象复杂得多，因此我们的大脑在处理这些信息的时候，需要经历更复杂和更持久的运作。我们可以通过向学员提问的方式来实现这一目标，尤其是使用那些设有评分系统的问题，这样就可以追踪学员的得分情况（见案例 D4.4）。

学习日志也是一种提醒方式，由学员自己记录他们应用学习内容的过程和成果，尤其适用于软技能培训和管理培训。学员可以以纸质形式记录，也可以使用博客或其他社交媒介进行记录。

5. 保证提醒的频率，才能长久保持学习效果；但是也不要过于频繁，否则会导致学员厌烦。一般来说，重复的次数越多，间隔学习的效果越好。但是，考虑到大多数人每天工作繁忙，如果提醒的内容过多或频率太高，都会给他们造成额外的负担。理想的情况是每隔几天或几周提醒一次。另外，提醒的内容一定要简短、有用，并且与学员的工作相关。

6. 使用不同的形式。为了防止学员对提醒麻木，保证他们积极学习提醒内容，我们应该使用不同的形式来吸引学员阅读和思考提醒内容，如问题、小贴士、摘抄、反思等。

7. 使用科技手段进行长期管理。当学员人数较多或培训规模较大时，我们不可能单靠人力来管理整个提醒过程。所以，我们可以使用专门的在线系统来完成这项工作。根据你的具体需求和预算，选择合适的工具。

- 许多邮件系统都可以设置定时发信。
- 部分学习管理系统具有项目提醒功能。
- 专门的学习转化支持系统，如 Qstream 或 Cameo（发送问题功能）、ResultsEngine® 和 TransferLogix（提供应用支持）。

↗ **成功关键**

- 定期提醒是学习和转化过程中不可或缺的一部分。
- 培训结束后立即开始提醒。
- 定期提醒的频率应该适中，不能没有效果，也不能增加学员的负担。
- 通过提醒鼓励学员积极思考或行动，如回答问题或发表评论。
- 使用多种提醒形式，避免学员失去新鲜感。
- 使用科技手段进行有效管理。

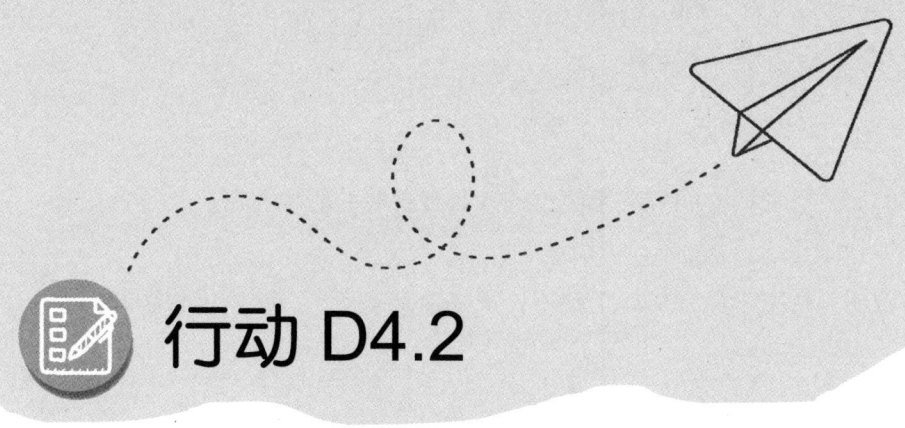

行动 D4.2

如何推动学员制定行动规划

↗ **内容简介**

大量研究证明，设立目标可以有效地推动学习转化。因此，行动计划和目标成了培训设计中的一个重要组成部分。但是，如何才能吸引学员参与这个过程，以发挥它的重要作用呢？

澳大利亚 Institute for Learning Practitioners 研究总监杰夫·里普设计了"Let's Roll"项目，通过充满趣味的团体活动鼓励学员回顾学习内容，思考行动计划。该项目由两类问题组成：推动学员回顾和讨论学习内容的回顾型问题，以及强调学习转化重要性的应用型问题。

↗ **行动指南**

1. 使用时机。我们可以在培训课程结束后实施这个项目，尤其适用于没有安排正式的应用规划和时间有限的项目。我们也可以在课堂上实施这个项目。

2. 材料。你需要以下材料：

- 提前准备好 12 道问题。
- 一个 12 面的骰子（12 面体）。

3. 时间。活动的时间取决于学员的人数和游戏的轮数。每位学员每轮有半分钟的时间。

4. 说明。所有学员围成一个圆圈，最好围着桌子坐。然后讲解游戏目的和规则：

- 游戏的目的是回顾课程内容，思考应用计划。
- 学员轮流掷骰子。
- 邀请一位志愿者读出相应的问题，掷骰子的学员必须回答这个问题。
- 虽然游戏不一定需要助手，但是志愿者的工作最好由学员担任，而不是讲师。把 12 个问题放在每个人都看得到的地方，或者打印出来分发给大家。

游戏说明示例

"我会给×××（助手姓名）一份问题，这些问题都是和我们的课程及应用有关的。（把问题交给助手）每个人都有一次掷骰子的机会。（拿起骰子向大家展示）根据每个人扔出的数字，×××（助手姓名）会读出相应的问题，然后由这位同学回答。请大家务必认真回答；回答完之后，请把骰子传给你左边的同学。"

如果时间允许，你可以告诉学员："我们会进行两轮游戏，所以你们每个人都有两次机会。在第二轮游戏中，如果你扔出的数字和前一轮相同，你可以再扔一次。"

游戏开始。将骰子递给坐在你左边的助手。传完一圈之后，轮到助手掷骰子时，你可以让他自己读出问题，也可以替他读。

如果学员人数较多，你可以把学员分成两组（或更多）同时进行游戏。这时你需要多准备一个骰子和一份问题。

第四部分 行动指南

5. 问题示例。以下问题仅供参考,你可以根据情况进行调整和更换。

(1)回顾型问题。

① 在这个课程中,你学到的最有意义的内容是什么?

② 你有没有经历过"茅塞顿开"的时刻?

③ 哪件事情让你最吃惊?

④ 哪件事情让你特别开心?

⑤ 选择一位学员,告诉大家他为你提供了哪些帮助。

⑥ 在你之前的努力中,有没有哪件事情已经初见成效?

(2)应用型问题。

① 你会怎样应用学到的内容?

② 学习本课程之后,你希望改变哪件事情?

③ 你希望改掉或减少哪种行为?

④ 你希望开始或增加哪种行为?

⑤ 你希望与同事分享哪种想法?

⑥ 你可能会遇到哪种阻碍?你准备如何解决?

> **变化 1:课堂回顾**
>
> 在课程中回顾学习内容,你需要准备 6 个回顾型问题和一个 6 面的骰子。你也可以增加问题数目,然后准备相应的骰子。8 面和 10 面的骰子虽然常见,但是通常有一面是零。

> **变化 2:游戏**
>
> 游戏需要使用标准的 6 面骰子。把回顾型问题和应用型问题按照 1~6 的顺序编号。在第一轮游戏中,提问回顾型问题;在第二轮游戏中,提问应用型问题。你也可以增加问题的数目,然后准备相应的骰子。

6. 总结。感谢学员的参与和分享。再次强调学习的意义和应用的重要性。

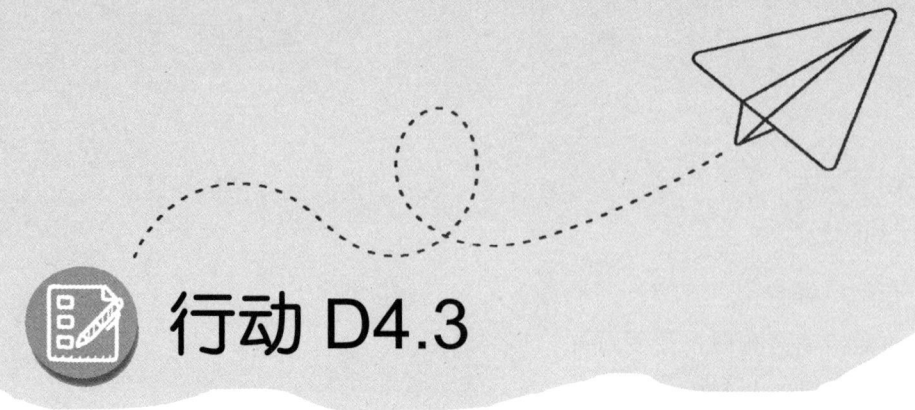

行动 D4.3

如何通过商业论证推动学习转化

> **内容简介**

学习转化是把培训变成商业影响的必经之路。学习转化可以改善商业影响,但是需要我们投入时间和金钱——开发新资源或重新分配现有资源。培训组织需要通过商业论证来证明这些资源对学习转化的支持作用。

> **行动指南**

在分配资源的时候,企业领导都会以最大化短期和长期投资的回报率为目标。进行商业论证的时候,我们需要说明预期成本和收益与投资提案之间的联系。为了设计出能够有效支持学习转化的商业论证,我们需要提供令人信服的证据,证明项目的预期回报远远大于所需投资。

1. 了解目前的学习转化率,即能够坚持认真应用学习内容改善绩效的员工比例。评估转化率之前,双方需要对"业绩改善"的标准和相应的评估系统达成共识。

2. 了解培训一名学员所需的完全成本。"完全成本"是指所有的成本花

第四部分 行动指南

费，包含学员及讲师的工资，以及差旅、材料、场地、牌照等费用。这笔花费可能超过你的想象。如果你没有相关经验，可以向财务部门寻求帮助。

3. 了解绩效改善可以为组织带来的财务价值，即员工的绩效得到改善之后可以为公司创造哪些价值。对于有些培训来说，要衡量这一项还是很容易的，如那些减少失误或提高销售额的培训；然而，对另外一些培训来说就不同了，如领导力培训。如果你不是财务方面的专家，在评估软技能培训的价值时（如更换员工产生的成本），我们还是建议你寻求财务部门的协助。这样你的论证才更有可信度。

4. 使用价值证明转化率有所改善，如表行动 D4.3.1 中的例子。

第二列为当前的学习转化情况。然后组织为每个学员投资 200 美元支持他们的学习转化（成本增加 20%），其他项目或者内容未发生变化。第三列展示了这一措施带来的收益。

表 行动 D4.3.1　使用价值证明转化率有所改善

项　目	目前情况	改　善　后
学员人数	100	100
每位学员所需成本	1 000 美元	1 200 美元
转化率（真正应用培训内容的学员比例）	20%	30%
每位应用培训内容的学员创造的价值	6 000 美元	6 000 美元
项目的投资回报率*	120 000 美元（20%）	180 000 美元（50%）

注：*投资回报率（ROI）=（回报−成本）/成本

以上的商业论证清晰易懂。虽然我们在每个学员身上多花费了 200 美元，但是总回报有了很大的提升。这一切只是因为我们改变了一个因素：在学习转化上的投资。

当然，实际的回报取决于成本、转化率，以及特定项目产生的价值。不过，考虑到目前大多数公司的转化率都非常低，这样的投资通常都能获得良好的回报。

上述案例的前提是企业有额外的资源进行投资，但是这样的情况并不常见，因为大部分改善的培训预算都是固定的。这时，我们就需要对资源进行重新分配。方法之一就是减少学员数量。这个办法听起来有些不合理，但是当学习转化率比较低的时候，通过减少培训人数把省下来的钱投资在学习转化上，可以带来显著的经济效益。

我们可以来算一算。在上面的例子中，维持总支出不变，然后改变学员人数。你会看到，83名学员和30%的转化率会比100名学员和20%的转化率带来更多经济效益。在很多情况下，减少学员人数，提高培训转化率，都可以有效改善培训的效果。

↗ 成功关键

- 向企业领导说明学习转化是实现培训价值的重要环节。
- 为学习转化投资提供商业论证。
- 收集公司数据，证明目前的转化率有待提高。如果无法收集相关数据，那么可以使用当前行业的平均值。
- 计算项目中有待发掘的价值。
- 介绍相关措施，说明问题及所需成本。
- 说明预期效果和价值。
- 实施新项目并评估结果。
- 汇报项目结果，证明投资的价值。

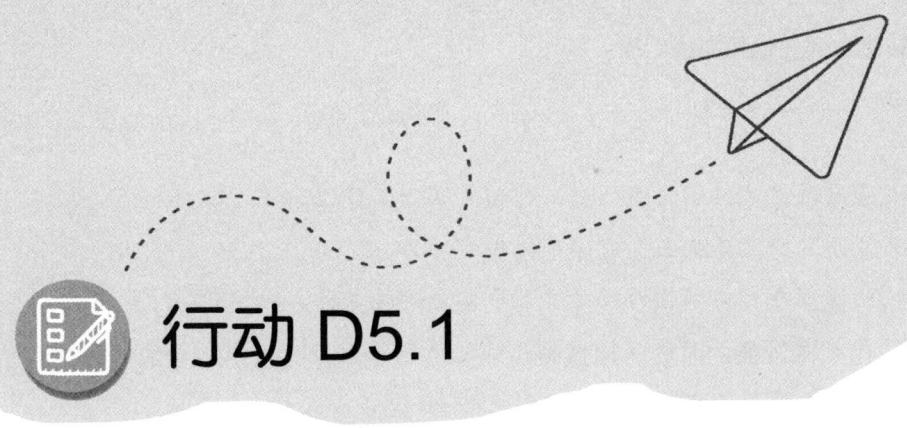

行动 D5.1

如何为管理者和教练提供绩效支持

↗ 内容简介

经理是影响培训效果的重要因素。辉瑞公司的调查显示,经理对培训结果有着深远影响。该调查在培训结束几个月后对领导力发展项目的学员进行了 360 度绩效评估,了解了项目的实际成效。调查的结果十分具有启发性:通过他们的直接下属、同级员工和直线经理的观察,在各位直线经理的指导和支持下,学员的领导力有了显著提升。而那些没有得到直线经理支持或指导的学员,绩效改善则十分有限。其他研究也证实了同样的结果。

由于直线经理是决定培训有效性的关键因素,因此培训机构不仅需要为学员提供绩效支持,也需要为学员的直线经理提供。记住,培训项目越重要,越离不开绩效支持。这些管理者决定着"培训项目的成败",没有教练,培训项目就有可能失败。所以,我们必须为管理者提供支持。

↗ 行动指南

1. 设计培训方案的时候,应该为管理者提供有效的绩效支持。

- 把学员的直线经理组成小型工作组或专门工作组。
- 讨论项目的业务收益,为项目提供推动力。
- 询问他们在具体课程的教练过程中需要哪些支持。
- 根据以上信息,为经理提供相应的支持。如果经理可以参与设计和准备过程,他们会更加积极地应用这些支持。
- 提供简洁、具体、实用的指导。支持不应该过于复杂或耗时。
- 经理们可以参考工具 D2.1 和工具 D2.5 中来自《将培训转化为商业结果·转化篇》一书的例子。

2. 如果时间和资源允许,在重要项目之前(见案例 D4.5 和案例 D5.3),组织学员的直线经理参加培训。培训的目标是保证管理者对他们的教练能力充满信心——包含一般教练和针对特殊内容的教练——从而发挥他们的影响力,推动学习转化和商业影响。

3. 为管理者提供支持,是培训项目的重要组成部分。管理者是保证培训能够带来商业影响的关键因素。因此,所有的重要项目都应该为管理者提供绩效支持,强化他们作为教练和导师的角色。

↗ 成功关键

- 了解具体的业务需求。
- 了解管理者所需的具体帮助。
- 充分利用管理者的反馈。
- 选择匹配的支持媒介。
- 确保提供清晰、简洁、实用的指导。
- 收集管理者的反馈,了解措施效果及待改善的问题,然后进行持续改善。

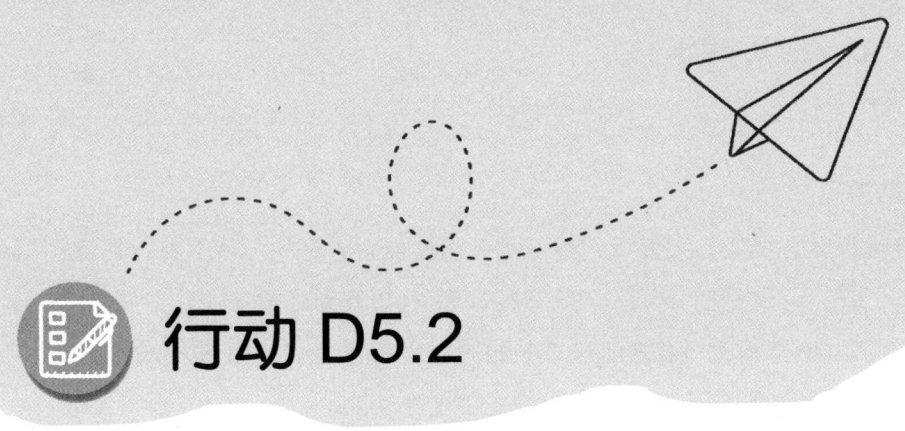

行动 D5.2

如何发挥同级教练的作用

> **内容简介**

同级教练是一种非常强大的绩效支持形式,导师目前还没有获得充分利用。这种支持形式不仅适用于入门课程,也适用于高层领导力发展项目。例如,通用公司克劳顿管理学院的琳达·夏基指出,"如果领导团队能分享彼此的发展需求和使用教练模型的经验,他们会发现:他们面对相同的问题;他们能从彼此那里获得良好的改善建议;他们可以互相支持,共同提升"。

同级教练还有助于相互监督并鼓励继续应用培训内容("我愿意应用培训所学知识")。最好的学习办法就是成为别人的老师,所以同级教练可以强化员工的学习效果。

所有的培训项目结束后,我们都可以使用同级教练来提供支持或推动转化;这种方式尤其适用于领导力及软技能培训项目,因为这些项目都需要坚持实践才能完全掌握。然而,有效的同级教练不仅指课堂中的活动,还包括为整个学习过程提供指导和支持。

↗ 行动指南

1. 提供教练框架。大多数人都不是天生就懂得教练的。就算有过教练经验的人，也离不开模型的帮助，如马歇尔·戈德史密斯的前馈法、案例 D4.8 中的 "ACTION" 模型、案例 D5.2 中的胜任教练模型，以及其他教练对话方法。

成功的关键在于为教练对话提供统一的模型，既方便使用，又能推动教练和学员的参与。培训中应该至少安排一次实践机会，让学员可以互相了解，逐渐熟悉模型和彼此。

2. 教练和学员都需要做好准备。有效的教练需要教练双方建立伙伴关系。学员和教练都必须明白自己的角色。教练应该向学员说明他们的责任，并且指导他们从教练活动中获得最大收益。教练者必须能够区分教练与提供建议的区别。

3. 制订教练计划。如果培训项目中已经提前安排了教练计划，将有效推动教练活动的展开。在培训结束之前，安排学员以一对一或者三人一组的形式，协作完成每周或双周计划。然后小组成员分享经验、成绩和感悟（新的终点线），从而提升学员的责任感。如果条件允许，我们可以邀请学员的直线经理或后续行动规划委员会的成员加入，以此来强调终期报告的重要性。

4. 三人一组优于两人一组。尽管同级教练通常以两人一组的形式进行，但是我们也可以考虑把学员安排成三人一组。这样做的优势在于，如果小组中的一个成员跟不上进度或者因为工作压力太大而退出，其他两个人还可以互相支持。在其他两个人的监督下，学员就不会偷懒或者找借口了。

↗ 成功关键

- 为了达到最优的教练效果，教练和学员都应该做好准备。
- 提供教练体系或框架。
- 制订教练计划并划分各自的责任。

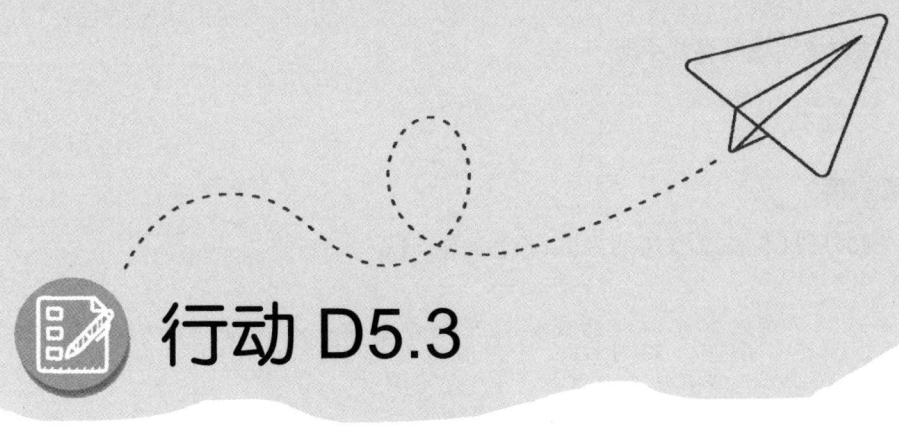

行动 D5.3

如何设计高效的绩效支持

↗ 内容简介

通过推动有效的学习转化和应用,绩效支持(包括工作辅助、检查清单、服务台等)可以增加培训的投资回报率。另外,绩效支持还可以提高质量,降低成本,避免出现严重错误。

高效的绩效支持包括以下几点特征:

- 可以满足"切身需要"。
- 随时随地满足需要。
- 具有明确针对性。
- 具有实用性,即符合已有资源和使用者的技能水平。
- 语言简洁精练,实施过程简单有效。
- 有效。

设计绩效支持的时候,我们要牢记这些规则,然后根据以往的经验进行测试和改善。

行动指南

1. 根据切身需要或以往的经验设计绩效支持。

- 与近期学员及其直线经理交谈，了解他们在应用培训内容中遇到的困难。
- 调查工作中出现错误的根本原因。通过提供更好的指导、工作辅助、检查清单等方式避免此类错误。
- 根据以往的培训经验选择有效的绩效支持，并将其融入整个课程的设计和实施中。

2. 确定需要绩效支持的时机和方式，确保时机及需求的有效性，然后选择匹配的实施方式。

- 思考哪些情况下需要提供工作辅助，以免对实施过程造成限制。
- 如果没有计算机，那么再优秀的计算机辅助工具也无法发挥作用。
- 如果有需要，可以在指定场所张贴具体指导，或者把指导内容加入操作系统。
- 指导的内容应该具有针对性。尽量缩小内容的范围。
- 如果通过手册或在线系统提供绩效支持，应该确保内容简洁，容易检索，方便员工在需要的时候快速有效地定位相关内容。

3. 为了确保支持的可行性，我们应该考虑使用者的技能水平和读写能力，以及相关背景下有哪些资源可以被利用。

- 选择使用者可以理解的专业术语。
- 使用简单的插图或照片帮助使用者快速定位关键部分（见案例 D5.4 中的示例 D5.4.1）。
- 测试使用者是否能够确实理解和应用指导内容。

- 语言简洁精练，重点突出。删除所有无关紧要的细节、步骤及语言。
- 寻求专业编辑的帮助，确保内容清晰准确。
- 在有效性和实用性的前提下，尽可能地降低执行成本。例如，把指导内容印刷在名片大小的卡片上，方便员工放在钱包里。
- 使用培训中用过的插图等内容，这样可以强化学员的记忆和应用，同时减少成本。
- 把绩效支持作为教学设计的一部分，这样可以提升项目效率，改善项目结果。

4. 邀请使用者在真实的工作环境中测试支持的有效性。
5. 征求反馈以进行持续改善。

↗ 成功关键

- 邀请课程设计专家设计工作辅助。
- 绩效支持是课程设计和培训项目中不可或缺的一部分。
- 绩效支持应该随时随地可供使用，并且符合针对性、实用性、低成本及高效率等标准。
- 对绩效支持进行测试并不断完善。

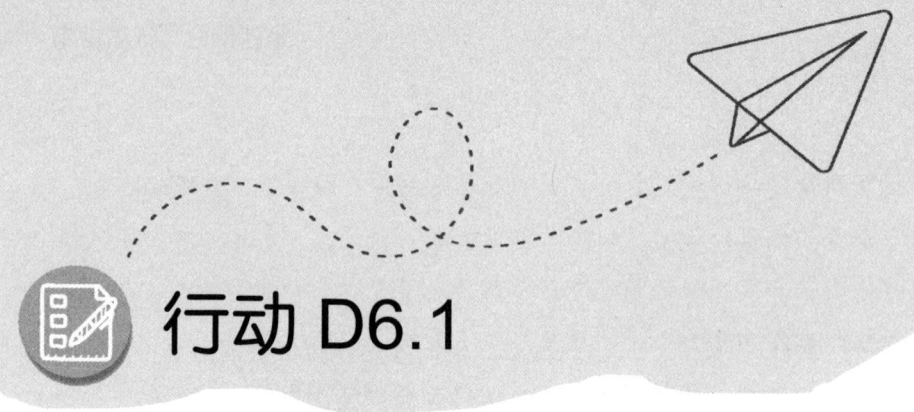

行动 D6.1

如何保证评估的相关性

↗ 内容简介

有效评估的第一个标准是相关性。与什么相关？找到培训设立时的首要目的。如果你的评估没有直接测量培训被设计产出的结果，那么评估就无法回答最基本的问题："培训成功了吗？"

↗ 行动指南

1. 明确需求。对于每个培训项目，都要直接或间接地说明你们的目标："把你的人员、时间和资源交给我们，我们会帮助你改善（某方面）的绩效。"你的目标越明确，相关的评估越清晰。总之，必须评估项目的目标。确定目标之后，评估的对象就显而易见了。

2. 利用常识。如果培训项目的目标是缩短满足需求所需的时间，那么很显然，评估项目有效性的方法就是看这个时间是否有所减少。如果项目的目标是提高报告的质量，那么评估的对象就是报告的质量。如果项目的目标是提升安全性，那么你需要对"安全"事件进行评估，如事故数、受伤人数、时间损失等。学员对项目的喜爱程度或他们的收获，都与目标达成与否无关。

注意，我们在这里讲的并不是如何评估项目结果，因为它需要特别的技术或专业知识；但是如果事先没有就评估对象达成一致，再专业的知识也无用武之地。

3. 事先与项目出资人达成一致看法。他们才是项目最终的评审，所以我们要不断与他们核实，确保评估的相关性得到他们的认可（满足他们对于培训效率的要求）。

↗ 成功关键

- 使用系统化流程（如结果规划轮、PrimeFocus™、逻辑模型或本书中讨论过的其他方法）严格定义预期商业结果。
- 思考："评估哪些方面才能证明我们达成了目标？"
- 推动项目出资人的参与。最好能在设计项目前就评估方法与他们达成一致看法。
- 确定评估对象之后再讨论评估办法；不要混淆"是什么"和"怎样做"的顺序。

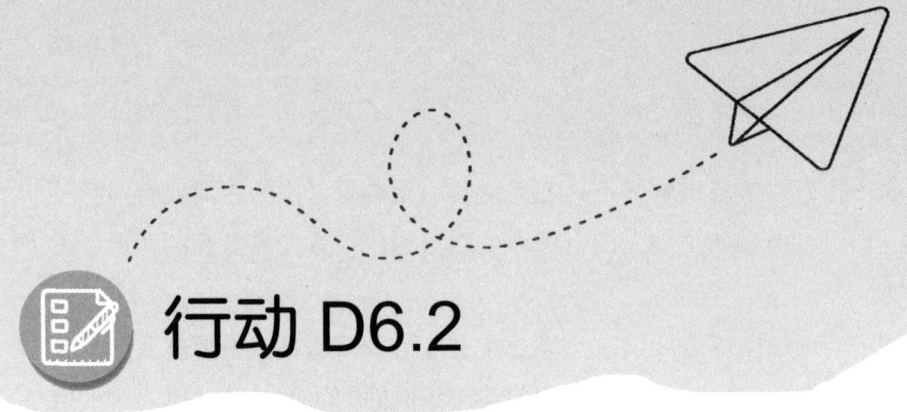

行动 D6.2

如何改善评估的可信度

↗ **内容简介**

在目标受众眼中，有效的项目评估必须具有相关性、可信度和可靠性。我们特意强调"目标受众"这几个字，是因为虽然也有著作讲过如何进行有效可靠的评估，但是可信度始终是评估项目价值的最终标准："我是否相信这个结果？"

可信度非常重要。如果你的受众不相信你的数据，他们就不会相信你的结论，也不会接受你的建议。

人们对于可信度的看法取决于他们的公司文化和职业。例如，研究人员对实验设计和数据分析比较敏感，而业务经理则更关注金融债券及相关数据。

尽管如此，我们还是总结出了一些应用建议，可以帮助你改善任何评估的可信度，从而增强项目的影响。

↗ **行动指南**

1. 预先达成一致看法。由于可信度是受众评估项目结果的最终标准，因此我们应该预先与出资人就评估方法和可信度标准达成一致看法。如果你辛辛苦苦完成了评估并且汇报了结果，对方却不认可你的评估方法，那么这完全是在浪费时间、精力和金钱,也不利于你的个人声誉。

2. 尽可能收集充足的数据(注意其中的"度")。一般情况下,数据越充足,可信度越高,你对结果就越有自信。2 000人的样本和6个人的样本相比,当然是前者的可信度更高。但是凡事总有个度,如果超过了回报递减点,收集数据所需的成本就会高于这些数据能给我们带来的价值。

我们可以利用统计学办法来确定样本规模。根据受众对精确程度的要求,我们可以寻求统计人员的帮助(见第3点),但是大多数商业分析都不需要那么高的精确度。根据一般经验,如果项目比较小(50人或以下),那么就把所有学员都加入样本。对于大型项目来说,50人的样本也足够了,除非评估结果有很大的可变性。

进行样本调查的时候一定要特别注意。如果你没有接受过相关培训,那么一定要寻求专业的指导建议。一定要随机选择样本,避免因为疏忽大意而产生偏差。进行调查时,请注意受访对象的回复率。如果在所有的受访对象中,仅有一小部分人做了回复,那么他们就无法代表整个样本组。例如,如果有些人的回答比较极端(非常正面或非常负面),就有可能导致结果偏差。

3. 使用可靠的数据来源。确保当你收集的调查数据来源可靠。大多数人都比较热心,哪怕他们并不了解调查的主题,也会回答调查问题。例如,有些评估需要以学员提供的财务预测为依据。管理层是否认为所有参加调查的学员都具有提供合理财务预测所需的知识和专业背景?如果答案为"否",那么根据这些预测计算出来的投资回报率都不可靠。同样,你可以要求经理报告学员使用培训内容的频率,从而证明学员行为的改变。这样很好,但前提是经理与学员必须在同一个地方工作,或者经理有足够的机会观察学员的行动。否则,评估的可信度就会受到影响。

如果你利用外部的比较办法(如在培训上的平均花费)或者"科学研究的数据"(如不同种类培训的相对有效性),请确保注明你引用的出处,这样会增加可信度。并且,使用那些你的受众可能会相信的来源——在受审核的期刊上刊登的科学研究、政府数据，或者权威刊物，如《哈佛商业评论》。尽可能避免商业出版物或通过卖主私人刊登的"研究"。

只要有可能的话，尽量使用独立第三方收集的数据，如财务部门、监管部门，或者独立的客户调查机构。他们收集到的数据比培训部门收集到的数据更有可信度，因为这些数据的提供者与最后的调查结果没有利益冲突。

4. 使用多于一处的数据来源（第三方数据）。寻找其他可靠的数据来源，为评估结果提供支持。如果有两个或以上的独立数据来源都得出了相同的结论，评估的可信度就会提高。例如，某个销售培训项目结束后，销售人员表示他们现在可以更好地回答客户的问题。但是，仅凭他们的报告还不够，因为大多数人都会高估自己的表现。如果客户代表也能够证明销售人员的表现与之前相比有所改善，那么这将为销售人员自己的报告带来更高的可信度。

5. 寻求专家的帮助。有时，依靠专家的帮助和建议，也可以提升评估的可信度（以及可靠性和有效性）。我们可以找到许多关于评估的著作和课程，也可以找到许多关于取样、调查设计、统计归纳的研究。组织可以向特定领域的专业人士（如市场调查、品质控制、流程改善等）说明自己的预期目标并寻求相应帮助。

同样，作为学习行业的从业者，你可能没有接受过金融和财务分析方面的培训。但是你的目标受众中有很多人都接受过相关培训。所以，通过寻求财务分析师的帮助，或者请求财务部门完成财务分析，都可以增加评估的可信度（并且减少失误）。

6. 就同一对象进行比较。当我们宣布培训达到了某种效果时（提高、减少、加速等），实际上我们是在进行某种比较，通常是与培训前的状态或没有参加培训的员工的绩效进行比较。评估的可信度取决于你选择的对照组。

在实验室里，我们可以随机设定对照组。但是在公司培训及大多数培训决策中，我们没必要如此严格。我们可以对比每位学员在培训前后的绩效差异，让他们成为自己的"对照组"。但是这样的评估方法仍然存在漏洞，因为有些变化需要长期的经验积累才能实现。这对新学员来说比较不公平。

通常比较是在两个群体之间进行的——一组已经接受了培训，另一组还没接受培训。判断可信度的前提是两个对照组具有可比性。如果一个组里都是经验丰富的学员，而另一个组里都是新学员；或者一个组在某地接受过培训，而另一组不仅没有接受过培训，连工作环境也不一样，那么这样的对比得出的结论都是不可靠的。

在实际生活中，不存在完美的对比。因此，我们应该尽可能选择相似的对照组，从而保证评估的可信度，并且发现设计中需要改善的地方。

7. 承认项目的局限性。如果你既能看到分析和结论的优势，也不避讳其中的局限性，那么评估的可信度就会增加，你的建议更有可能被对方接受。我们不是让你自我贬低或低估整个项目，而是建议你进行客观的总结陈述。例如：

- "基于样本的规模，我们不能完全保证……"
- "回顾来看，我们应该更快执行研究……"
- "由于这些主要是自陈报告，可能……然而……"

8. 制订持续改善计划。如果你可以坦诚说明项目及评估中有待改善的地方并提出改进意见，那么评估的可信度也会有所提高。

↗ **成功关键**

- 执行评估之前，与关键决策者讨论评估战略。
- 使用最大的样本规模。
- 如果条件允许，可以使用第三方评估，尤其适用于评估结果出乎意料或者存在潜在争议。
- 选择合适的对照组。
- 无须事事都自己动手，可以向专业人士寻求帮助。
- 如实报告评估结果并指出其中的优缺点。
- 使用评估可信度检查清单（见工具 D6.1）确保评估质量。

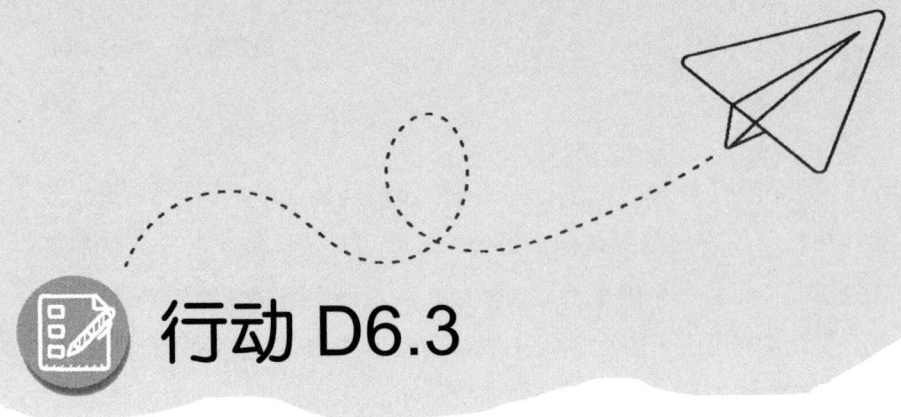

行动 D6.3

如何让评估更加令人信服

"发展部门的报告总是长篇累牍、枯燥无味、无聊透顶。"
——约翰·沙利文,The Future of Executive Development 作者

↗ **内容简介**

Bersin 说过:"评估业务流程的目的是为今后的改善收集可付诸行动的信息。"因此,评估培训结果的目的是掌握形势,为培训部门和业务经理提供行动指导,从而提升组织的竞争力和商业结果。

有效评估的第三个标准,就是评估结果必须令人信服——能够说服目标受众采取相应行动。这意味着除了商业结果、相关性、可靠性、设计细节等重要信息,成功的评估还必须激发企业采取行动。行动内容包括推广成功的方案,淘汰失败的项目,改善失败的必需项目,以及改善转化氛围。

如果评估看似成功,却不能产生实际行动,那么它就是在浪费我们的时间和金钱。评估必须有信服力。

↗ **行动指南**

1. 确保评估结果的相关性和可信度。这是一个评估成功的必要条件。如

第四部分　行动指南

果评估结果与预期目标无关或缺乏可信度，那么这个结果完全没有说服力。

2. 在执行总结中报告整个评估过程。企业领导的时间宝贵。他们几乎不会去读你的整篇报告，更不会逐字逐句地分析报告的内容。你必须在报告中突出关键信息和你的建议，因为领导一般都会看这些内容。千万别把重点放在最后一页，毕竟你不是在写小说或者侦探故事。你应该把所有的内容都放在开头，并且最好把报告的长度控制在一页。

3. 了解你的受众。分析培训受众很重要，但是分析报告受众也同样重要（甚至更重要）。决策者喜欢直击要点，还是想了解更多细节及过程？在会议中，他们喜欢边看幻灯片边听报告，还是反感员工滥用幻灯片？

4. 使用商业术语。记住，关键的决策人是企业领导，不是培训专家。我们要避免使用学习或人力资源的专业术语（如"第三级评估"）。尽量使用普通语言及商业术语。你的首要目标是让受众理解报告的内容，而使用培训术语有可能会弄巧成拙。

5. 善用故事。作为学习专家，我们都知道故事在教学中的重要性。其实报告也是如此。在 *A Whole New Mind* 一书中，丹尼尔·平克写道："故事容易记忆，是因为我们就是用故事的形式来记忆事情的。"无论你的数据或者表格多么强大，在解释观点的时候，一定要用具体的例子来说明。这些例子用故事的形式介绍了培训给人们带来的收益。人们可能记不住图表的内容，但是他们一定会记住（并且复述）故事的内容。

6. 确保评估内容论点明确，并且提出了下一步计划。你的建议应该清晰、直接。我们都听过很多论点不明的报告，肯定会有"然后呢？论点是什么？"这样的疑问。我们应该在报告中提供清晰、直接、明确的建议，防止学员产生疑问。例如：

- "基于这些结果，我们建议在所有工厂推广这个项目。"
- "由于缺乏一线经理的支持和后续跟进，我建议取消该项目，把项目资

源分配给更有潜力的项目。"

- 无论你的建议是否会被接受，别人都会对你表示感谢，并且认为你是一个思维清晰的行动派，这对你的事业有很大的促进作用。

↗ 成功关键

- 确保你的评估结果具有相关性和可信度。缺少这两点，评估结果永远都不会令人信服。
- 了解受众感兴趣的内容，并且使用他们熟悉的表达。
- 使用故事和例子解释关键内容，加深学员对报告内容的印象。
- 提供具体可行的建议。

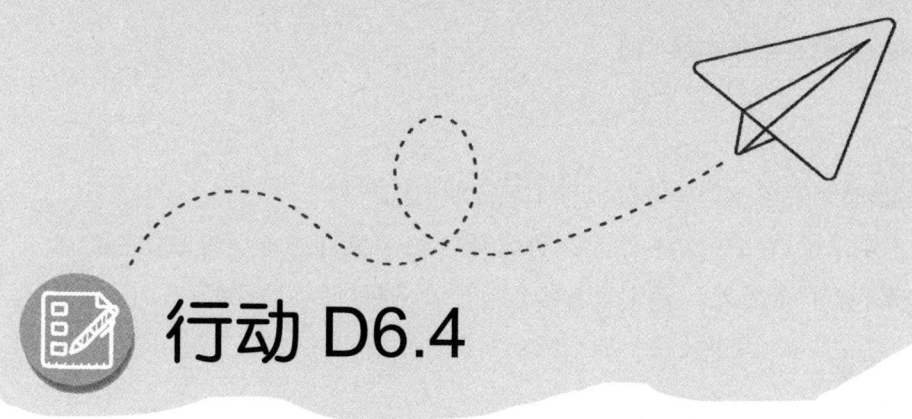

行动 D6.4

如何使用成功案例评估法

↗ **内容简介**

培训需要投入时间和资源。企业领导需要知道培训是否值得投资,是否具有良好的投资回报率。在如今的竞争环境中,他们还需要知道如何进一步改善培训效果。

罗布·布林克霍夫提出了成功案例评估法这一理论,把人们的关注点从证明培训价值转移到了改善培训成效。这主要考虑到培训中的两个方面:

1. 在所有培训项目中,学员的应用和结果都存在很大差异。
2. 培训本身并不能证明项目是否实现了预期结果。

在第一种情况中,"应用和结果的差异"意味着"平均"成就是有误导性的。有的员工没有应用培训内容,有的员工却勤勉实践;"平均"成就夸大了培训给前者带来的价值,低估了培训给后者带来的价值。第二种情况则说明你永远不能把培训的影响与转化氛围分割开来。因此,你在评估的时候必须考虑两者优势和劣势。

使用成功案例评估法(或其他评估法)进行评估之前,必须考虑两点因素:

1. 清楚了解了培训的业务目标（见行动 D1.1）。
2. 厘清培训、在职行动和结果之间的因果关系（见行动 D3.5 及案例 D6.1）。

如果我们已经在第一法则过程中确定了业务目标，也厘清了培训、在职行动和结果之间的因果关系，那么成功案例评估法一共包括三个步骤（见图行动 D6.4.1）：

图 行动 D6.4.1　成功案例评估法的三个步骤

1. 对学员进行调查并分成三组：应用培训内容并获得进步的学员，完全没有进步的学员，以及介于两者中间的学员。
2. 采访成就最突出的学员，并评估他们取得的成就；了解那些未取得成功的学员遇到了哪些困难和阻碍。
3. 报告调查结果、结论及建议。

↗ **行动指南**

1. 对学员进行分类诊断，找出最成功和最失败的学员。

- 无论项目规模大小，最有效的办法就是在学员中进行调查，这样才能获得足够的回应样本。
- 培训结束后，我们必须等待学员取得成就后再进行调查。调查的最佳时机取决于培训的类型。如果是可以立即应用的技术类培训，可能只需要几天；如果是软技能培训，那么可能需要几个月。
- 用最少的问题来调查学员是否应用了培训内容，以及是否获得了积极的或者实质性的成果。

2. 采访最成功和最失败的学员。

- 采访的目的是验证和量化（如果条件允许）学员取得的成果和遇到的阻碍。

- 从最成功和最失败的学员中随机选择受访者。
- 准备访谈框架,确保内容和流程的一致性。
- 对于成功案例,采访的目的是了解个人绩效和组织影响(如有)分别获得了哪些结果,然后把这些结果整理成故事的形式。
- 对于失败案例,采访的目的是了解他们没有应用所学内容的原因,或者为什么应用没有给他们带来成果。
- 对所有你准备收录在报告中的成功案例进行单独确认。

3. 分析采访结果,制定改善建议,并进行有效的报告和传播。

- 回顾调查结果和访谈内容。

按照以下主题进行归类:

- 证明培训带来的积极收益的例子。
- 获得成功的学员比例。
- 培训和转化氛围中推动成功的因素。
- 培训和转化氛围中阻碍成功的因素。
- 改善建议。
- 将采访结果整理成报告的形式,在不同的场合中分享,确保报告内容获得足够的重视。

↗ 成功关键

- 了解培训的业务目标和管理层的预期结果。
- 收集成功案例和失败案例。只有了解失败的原因,才能进行改善。
- 对所有你准备收录在报告中的成功案例进行单独确认。
- 成功和失败不仅取决于转化氛围(培训前后的活动),也取决于培训本身。
- 无论结果是成功、失败,还是原地踏步,都要勇于和大家分享。

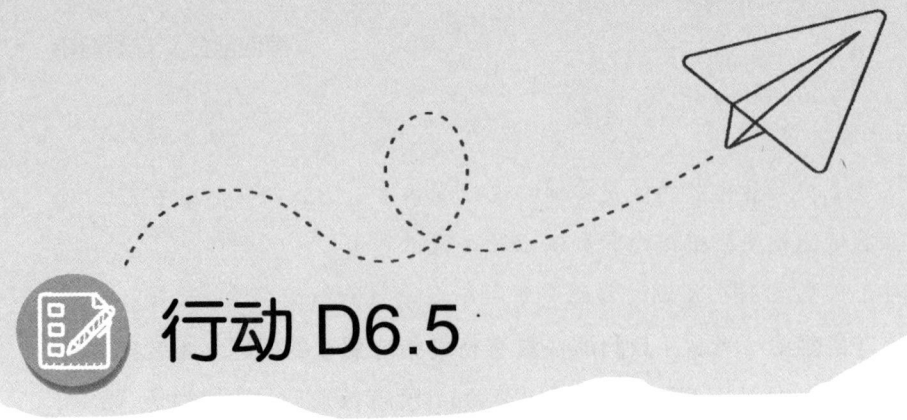

行动 D6.5

如何设计优秀的调查

↗ 内容简介

Zoomerang®和 SurveyMonkey®等在线调查工具的普及，为我们收集调查数据带来了很大便利。任何人都可以在几分钟之内设计出一份调查，然后进行投放。然而，这种便利性也给调查的质量（有效性和可靠性）带来了一定影响。"设计优秀的调查问卷非常困难，需要大量的时间进行开发和完善"。

我们见过的许多调查（包括一些来自商业调查公司的调查）都包括特别难以理解或让人没办法回答的问题。"哪怕你选择了正确的问题，但是如果表达得不好，调查的结果也会受到影响——这和差劲的问题带来的后果是一样的"。而且，如果问题不好，受访者的回答也不会好到哪里。

以下内容可以帮助你设计出优秀的调查，从而获得更加相关、可靠、令人信服的数据。

↗ 行动指南

1. 尽量减少调查问题的数量。调查的回应率和问题的长度成反比。调查的问题越多，回应的对象越少。回应率非常重要，因为回应率越低，调查的可信度越低。如果整个集团中只有很少一部分人参加了调查，那么调查结果就会受到质疑。对项目比较有感悟的人（正面或负面感受）与那些不关注项目的人相比，更愿意帮助我们完成调查。

避免"无意义"问题，只问那些具有行动指导意义的问题。不要问那些你不能或者不会去改变的事，而且不要浪费时间统计调查对象的性别、职位、任职时间等，除非这些信息有特定的用途。

2. 使用调查对象可以理解的术语和语言。有时候，人们总会特别热心地想帮忙。所以他们即使不明白问题的意思，也会参加调查，特别是打分类的调查。但是，只有调查对象理解问题的意思，调查结论才有效。我们应该尽量把问题设计得短一些，使用简单的语言及清晰易懂的句子结构。使用专业术语的时候，我们要确保调查对象可以理解它们的意思，并且在任何可能引起歧义的地方做注解。避免使用缩略语，因为不是所有人都知道它们的意思。在正式投放调查之前，从目标人群中选择一部分样本进行测试。

3. 确保调查对象的回答具有可靠性。理想情况下，所有的调查对象都应该提供有效、可靠的答案。但是，在很多我们见过的调查中，都包括一些调查对象完全不理解的问题。例如，在面向经理的调查中，询问学员做出某种特定行为的频率。这个问题看似合理，但是，问题的前提是经理有机会对员工进行观察。如果员工进行的是远程工作，这个问题就不适用了。因此，我们要准备一个"其他"选项——如"没有观察机会"——这样人们即使不知道答案，也不会迫于压力随便作答。同样，我们还要确保调查对象具有一定的专业背景，能够回答调查问题。例如，很多调查会问人们有关财务价值预测的问题。如果目标人群没有接受过这方面的培训或者没有相关经验，那么调查结果就缺乏可信度。

4. 避免复合型问题。调查设计中存在一个很普遍的错误（特别是当你有意控制问题数量时），就是在一个问题中包含多个要点。例如，"对你来说，培训是否具有吸引力？是否有用？"也许这两个问题具有相关性，但是它们不是一个问题。学员可能会同意其中一个，而不同意另一个。分析结果的时候，如果你发现这类复合型问题的得分较低，你也无法确定是哪个因素（还是两种因素）导致了这样的情况，更不知道怎样解决这个问题。你可以把这个问题分成两个单独的问题，也可以去掉其中的一个因素（如"吸引力"）。总之，复合型问题会影响结果分析，所以应该避免使用。同样地，还有"和/或"这样的问题。

5. 采用一致的评分方法。你可以制定一致的评分标准，为一系列陈述问题打分（如"根据以下评分标准，对陈述进行打分"），从而提高调查的可靠性。这样就不用为每个问题制定不同的评分方法。确保评分方法适用于所有被评价的参数。例如，问题是"你对于教练的满意度如何"，那么评分标准必须反映出从"非常不满意"到"非常满意"的范围。相反，如果是"我非常满意此次教练"这种调查同意程度的问题，那么评分范围就应该是从"强烈不同意"到"强烈同意"。

6. 避免误导调查对象。如果调查问题具有诱导性，那么调查结果的可信度将受到质疑。例如：

- "你不觉得……"
- "它不就是……"
- "大多数人都认为我们对培训的投资不够。你对我们目前的投资有什么看法？"

7. 在发布调查之前进行测试和修改。为了提高调查结果的质量，最好的办法就是在目标受众中选出一部分样本进行测试。样本人员完成调查后，我们需要收集他们对于调查问题的反馈，请他们指出任何不清楚或者无法如实回答的问题。我们也可以要求他们把问题读出来，然后解释他们的理解，从而确保他们的理解符合我们的预期。在广泛投放调查之前，我们应该对所有存在问题的地方进行修改和完善。

第四部分　行动指南

↗ 成功关键

- 设计调查问题之前,首先确定你想调查的内容以及你将如何利用调查结果。
- 尽量减少调查问题的数量。
- 使用简单、清晰、易懂的术语和句子结构。
- 允许调查对象跳过某些他们觉得无法回答的问题。
- 发布调查之前,首先进行测试和修改。

反侵权盗版声明

　　电子工业出版社依法对本作品享有专有出版权。任何未经权利人书面许可，复制、销售或通过信息网络传播本作品的行为；歪曲、篡改、剽窃本作品的行为，均违反《中华人民共和国著作权法》，其行为人应承担相应的民事责任和行政责任，构成犯罪的，将被依法追究刑事责任。

　　为了维护市场秩序，保护权利人的合法权益，我社将依法查处和打击侵权盗版的单位和个人。欢迎社会各界人士积极举报侵权盗版行为，本社将奖励举报有功人员，并保证举报人的信息不被泄露。

举报电话：（010）88254396；（010）88258888
传　　真：（010）88254397
E-mail：dbqq@phei.com.cn
通信地址：北京市万寿路173信箱
　　　　　电子工业出版社总编办公室
邮　　编：100036